Leo N. Tolstoi

Staat – Kirche – Krieg

Texte über den Pakt mit der Macht und
das Herrschaftsinstrument Patriotismus

Band-Signatur
TFb_B002

Tolstoi-Friedensbibliothek
Reihe B I Band 2

Herausgegeben von
Peter Bürger

Leo N. Tolstoi

Staat – Kirche – Krieg

Texte über den Pakt mit der Macht und
das Herrschaftsinstrument Patriotismus

Ausgewählt und neu ediert
von Peter Bürger

Tolstoi Friedensbibliothek
TFb_B002

Die TFb-Buchausgaben
folgen dem Editionsprojekt
www.tolstoi-friedensbibliothek.de

© 2023

Leo N. Tolstoi

STAAT – KIRCHE – KRIEG

Texte über den Pakt mit der Macht und
das Herrschaftsinstrument Patriotismus

Ausgewählt und neu ediert von Peter Bürger

Tolstoi-Friedensbibliothek: Band-Signatur FTb_B002

Herausgeber, Redaktion & Gestaltung: Peter Bürger
www.tolstoi-friedensbibliothek.de
Umschlagbild: W. G. Tschertkow (1854-1936)

Herstellung und Verlag: BoD – Books on Demand, Norderstedt
ISBN: 978-3-7347-6301-4

Inhalt

Vorwort des Herausgebers   7

I.
ERNSTE GEDANKEN ÜBER STAAT UND KIRCHE
(Cerkov' i gosudarstvo, 1879)   9

II.
PATRIOTISMUS UND CHRISTENTUM
(Christianstvo i patriotizm, 1894)
Deutsch von Adele Berger   23

III.
BRIEF AN DIE REDAKTION DER LONDONER ZEITUNG
„DAILY CHRONICLE" (1894)
Übersetzt von L. Albert Hauff   87

IV.
SINNLOSE HIRNGESPINSTE
Eine Auseinandersetzung über Autokratie und Demokratie
(Bessmyslennye mečtanija, 1895)   93

V.
BRIEF AN EINEN POLEN
(10. September 1895; übersetzt von L. A. Hauff)   107

VI.
PATRIOTISMUS ODER FRIEDEN
(Patriotizm ili mir?, 1896)
Übersetzung von Sophie Behr   114

VII.
CATHARGO DELENDA EST (1898)
Übersetzt von Nathan Syrkin   125

VIII.
PATRIOTISMUS UND REGIERUNG
(Patriotizm i pravitel'stvo, 1900)
Übersetzung von Wladimir Czumikow   135

IX.
MUSS ES DENN WIRKLICH SO SEIN ?
(Neuželi èto tak nado?, 1900)
Übersetzt von Wladimir Czumikow   163

X.
„EINES IST NOT"
Über die Staatsmacht
(Edinoe na potrebu, 1905)
Berechtigte Übersetzung von Adolf Heß   193

XI.
AUS DEM LESEZYKLUS FÜR ALLE TAGE
(Krug čtenija, 1904-1906)
Von Leo Tolstoi ausgewählte und selbst verfasste Texte   245

XII.
DIE HALTUNG DER FRÜHEN CHRISTEN ZUM KRIEG
Zusammengestellt von Nikolaj N. Gussew,
bearbeitet von Leo N. Tolstoi (um 1908)   293

XIII.
ES IST ZEIT, ZU BEGREIFEN
Ein staatskritischer Text über den „Dschingis Khan
mit Telegraphen" (Pora ponjat', 1909)   297

———

ANHANG

Gesamtübersicht und Anmerkungen
zu den ausgewählten Texten   311

VORWORT
DES HERAUSGEBERS

Dieser zweite Sammelband der Reihe B unseres Editionsprojektes ‚Tolstoi-Friedensbibliothek' ist der Trias „Staat – Kirche – Krieg" gewidmet. Erschlossen werden Texte aus drei Jahrzehnten. Sie sind z. T. noch weniger bekannt als die religiösen (bzw. theologischen) Grundwerke von LEO N. TOLSTOI (1828-1910) und angesichts fehlender Antiquariatsangebote zumeist nur als ziemlich teure Nachdrucke oder gar nicht mehr erhältlich.

Schon als junger Mann bestreitet TOLSTOI kategorisch, der Staat als Betreiber von Totmachmaschinen könne ein Hüter von Moral sein.[1] (Im letzten Lebensjahr wird er dann vor einem „Dschingis Khan mit Telegraphen" warnen →XIII). In seiner ‚Sinnkrise' der 1870er Jahre erahnt der Dichter so etwas wie ein ‚Lehramt der Armen' und versucht deshalb, sich wieder der volkskirchlichen Praxis zu nähern. Ein Religionsunterricht, in dem seine Kinder Katechismus-Paragraphen über erlaubte Tötungsakte lernen sollen, führt schneller als alle anderen Bedenken zum Abbruch der Annäherungen an die Priesterkirche.

Zu Beginn des unheilvollen 20. Jahrhunderts wendet sich TOLSTOI mit folgender Botschaft an seine Menschengeschwister: „Nur dann könnt Ihr Euch befreien, wenn Ihr mutig in das Gebiet jener höheren Idee der Verbrüderung aller Völker eintretet, der Idee, die schon lange ins Leben getreten ist und Euch von allen Seiten zu sich heranruft" (→VIII). Patriotismus ist in seinen Augen Sklaverei: ein Herrschaftsinstrument, mit dem die Interessen einer kleinen Minderheit verschleiert und die Massen in den Abgrund der militärischen Heilslehre getrieben werden.

Der Staat benötigt für seine Kriegsapparatur vor allem einen Kirchenbau, welcher die Botschaft der Religion ins Gegenteil

---

[1] Vgl. Leo N. TOLSTOI: Texte gegen die Todesstrafe. Über die Unmöglichkeit des Gerichtes und der Bestrafung der Menschen untereinander. Mit einem Geleitwort von Eugen Drewermann. (= Tolstoi-Friedensbibliothek: Reihe B, Band 1). Norderstedt: BoD 2023.

verfälscht, die Waffenproduktion absegnet und die Ermordung von Menschen im Namen einer angeblich von Gott verliehenen Vollmacht rechtfertigt. Seit der konstantinischen Wende zu Beginn des 4. Jahrhunderts erfüllen die großen ‚christlichen' Institutionen ohne jede Scham diese Aufgabenstellung. Sie erweisen sich als Dienstleister der Mächtigen und Besitzenden.

Das authentische Christentum unschädlich zu machen, darin liegt TOLSTOI zufolge die Funktion des mit dem Staat paktierenden Kirchentums. Hier pflichtet der russische Denker dem sonst wenig geschätzten FRIEDRICH NIETZSCHE bei (→XI.C) und zeichnet sich durch eine Vehemenz aus, die uns – je nachdem, wo wir beheimatet sind – in Erstaunen oder Erschrecken versetzt. Noch ohne Kenntnis der auf allen Sendern theologisierten Kriegsgewalt im ‚Menschenschlachthaus 1914-1918' vertritt er schließlich – besonders nachdrücklich in den Traktaten „Muss es denn wirklich so sein?" (→IX) und „Eines ist Not" (→X) – die These, es seien weder soziale Befreiung noch Frieden möglich, solange die traurigen Staatskirchen- und Klerikergebilde fortbestehen: Erst wenn diese gotteslästerliche „falsche Lehre aufhört zu existieren, wird es kein Heer geben und … jene Vergewaltigung, Knechtung und Demoralisierung, die an den Völkern verübt werden, aufhören."

In seinem Lesezyklus für alle Tage (Krug čtenija, 1904-1906) möchte LEO N. TOLSTOI, der sich in wissenschaftlicher Hinsicht durchaus nicht mit editorischen Tugenden hervortut, seine Freude an den Sprach- und Lebenszeugnissen anderer mit uns teilen (→XI). Wieso kennt kaum jemand die scharfsinnige Kritik der Staatsmacht aus der Feder des sechszehnjährigen Etienne de La Boëtie (1530-1563) oder die Entlarvung des blasphemischen Kriegskirchenkomplexes schon durch den tschechischen Laienreformator Peter von Chelčický (ca. 1390-1460)? Abhilfe soll geschaffen werden durch Lesebücher im Dienste des Lebens. Die populäre Vermittlung historischen Grundwissens über den Pazifismus der Alten Kirche (→XII) war den zeitgenössischen Zensoren allerdings schon zu viel des Guten.

pb

I.
Ernste Gedanken über Staat und Kirche
(Cerkov' i gosudarstvo, 1879)

Von Graf Leo Tolstoi

Aus dem russischen Manuskript übersetzt[2]

(Vorwort des Herausgebers [dieser Übersetzung]: Nachstehende Broschüre soll den Lesern als eine Ergänzung der philosophischen Schriften des Grafen Leo Tolstoi dienen. Obgleich bereits im Jahre 1886 entstanden, erschien sie [diese Übersetzung, pb] trotzdem nicht im Druck, sondern es wurden von ihr nur zwei Exemplare hektographisch vervielfältigt.

Indem ich die gegenwärtige Ausgabe dem denkenden Publikum übergebe, halte ich es für meine Pflicht zu bemerken, daß man die Anschauungen Tolstois über Gott, Christus und Religion und seine Anschauungen über die Kirche, das heißt über dieselbe in ihrer gegenwärtigen Gestalt, wohl auseinander halten muß.

Tolstoi erscheint in dieser Schrift als Gegner der Kirche in ihrem jetzigen Zustande, weil ihm dieselbe den wesentlichen Inhalt der Religion Christi, d. h. den Gottesglauben und die Liebe zum Nächsten nicht zur fruchtbaren Wirksamkeit kommen zu lassen scheint.

Einige Ausdrücke, die mir im Original zu schroff erschienen, sind in der Übersetzung gemildert worden.

Berlin den 14. Februar I 2. Februar 1891.
Der Herausgeber)

---

[2] Textquelle I [Lev Nikolaevič TOLSTOJ:] Ernste Gedanken über Staat und Kirche – von Graf Leo Tolstoi. Aus dem russischen Manuskript übersetzt. Berlin: Verlag Cassirer & Danzinger 1891. [28 Seiten]

Der Glaube ist dasjenige, was dem Leben einen Sinn giebt, dasjenige, was Kraft zu demselben verleiht und die Richtung desselben bestimmt.

Diesen Glauben findet jeder lebende Mensch und auf Grund desselben lebt er. Hat der Mensch dagegen keinen Glauben, so stirbt er.

Abgesehen von diesem Glauben bedarf er alles dessen, was die ganze Menschheit sich erarbeitet hat. Dieser Erwerb der Menschheit heißt „Offenbarung" und ist dasjenige, was dem Menschen den Sinn des Lebens begreifen hilft.

Hierauf beruht das Verhältnis des Menschen zum Glauben.

Bewunderungswürdig ist es aber, daß es Menschen giebt, welche Alles aufgeboten haben, damit diese und nicht jene Form der Offenbarung von der gesammten Menschheit unbedingt anerkannt werde. Zu diesem Zwecke verdammen, bekämpfen und vernichten sie alle diejenigen, welche mit ihnen nicht übereinstimmen. Auf die gleiche Weise handelt die entgegengesetzte Partei und so bekämpft und vernichtet Einer den Anderen, wobei jeder behauptet, daß seine Ansicht die richtige sei.

Ich erstaunte anfangs darüber, daß eine solche handgreifliche Absurdität und ein derartiger Widerspruch nicht den Glauben selbst vernichtet und daß es überhaupt noch Menschen giebt, die an einen solchen Betrug glauben; denn vom allgemeinen Standtpunkte aus betrachtet, ist es unumstößlich wahr, daß ein jeder Glaube ein Aberglaube oder, besser gesagt, ein Betrug ist, was ja auch die jetzt herrschende Philosophie nachzuweisen sucht. Vom allgemeinen Standpunkte aus kam auch ich unabweislich zu der Anschauung, daß aller Glauben menschlicher Betrug sei, doch konnte ich nicht bei dieser Erwägung stehen bleiben, da die ganze Dummheit des Betruges seine Augenscheinlichkeit zusammen mit der Thatsache, daß die Menschheit ihm trotzdem verfallen ist, darauf hinweist, daß diesem Betruge etwas zu Grunde liegt, was an sich nicht Betrug ist, es sei denn, daß alles thöricht ist, was nicht trügen kann.

Diese allgemeine Unterordnung der wahrhaft lebenden Menschheit unter einen solchen Betrug ließ mich die Wichtigkeit der Erscheinung, welche der Grund dieses Betruges ist, erkennen und veranlaßte mich die Lehre der Christenheit, welche der Glaube der Menschen unserer Umgebung ist, zu zergliedern.

Solche Überzeugungen haben sich mir vom allgemeinen Standpunkte aufgedrängt. Zieht man jedoch den persönlichen Standpunkt in Betracht, von welchem aus ein jeder Mensch, wie auch ich selbst, um zu leben, einen Glauben an den Sinn des Lebens haben muß, so erscheint diese Thatsache in ihrer Ungereimtheit noch auffallender, denn, warum ist es notwendig nicht nur zu glauben, sondern seinen Glauben auch einer Prüfung zu unterziehen. Der Mensch lebt, folglich begreift er den Sinn des Lebens. Er hat sein Verhältnis zu Gott begründet, er kennt die Wahrheit, wie auch ich die Wahrheit der Wahrheiten kenne. Die Äußerung dieses Verhältnisses kann verschieden sein, während das Wesentliche in allen Äußerungen gleich bleiben muß. Aber wie könnte ich Jemand zwingen oder es von ihm verlangen, daß er seine Erkenntnis ebenso ausdrückt, wie ich meine Erkenntnis[;] da hilft weder Zwang, Gewalt, noch Schlauheit und Betrug. Der Glaube ist das Leben des Menschen und dem Menschen seinen Glauben nehmen, um ihm einen anderen zu geben, wäre ungefähr dasselbe, als wollte man ihm das Herz aus dem Leibe reißen, um ein anderes hineinzusetzen.

Solches wäre nur in dem Falle möglich, wenn sein Glaube, oder der meine, nur in Worten bestände, nicht aber das bedeutete, was uns Beiden notwendige Lebensbedingung ist.

Jeder Mensch, der durch seinen Glauben an Gott sein Verhältnis zu dem Schöpfer begründet hat, kann weder durch Gewalt noch List zu einem anderen Verhältnisse zu Gott gezwungen werden. Trotzdem dieser Zwang zu einem anderen Glauben innerlich nicht möglich ist, wird und wurde er äußerlich überall vollzogen.

Die Menschen wollen und wollten einer dem andern etwas, was *ihrem* Glauben ähnlich ist, aufdrängen[,] und es fanden sich Menschen, die dieses mit sich geschehen ließen.

Der Glaube kann sich selbst nicht aufdrängen oder aus irgend einer äußeren Ursache angenommen werden, das wäre kein wirklicher Glaube, sondern eine Glaubenstäuschung. Aber diese Täuschung ist schon seit lange[m] ein wesentlicher Faktor des menschlichen Lebens.

Worin aber besteht diese Täuschung und worauf läßt sie sich zurückführen. Wie haben die, welche täuschten, sie hervorgerufen und wie hat sie sich bei den Getäuschten erhalten können. Ich rede nicht von dem Betrug des Brahmanentums, des Buddhaismus, des Confucionismus und Mohamedanismus, – man braucht diesen nicht mehr nachzuweisen, er ist Jedem, der über die angeführten Religionen Forschungen angestellt hat, klar. Ich rede aber von dem Christentum, einer uns bekannten, notwendigen und teuren Religion. Hier ist jede Täuschung auf einen phantastischen Begriff von der Kirche gebaut, welcher auf nichts gegründet ist und welche [sic] Jeden, der mit der christlichen Lehre näher bekannt wird, durch seine Absurdität in Erstaunen versetzt.

Unter allen gottlosen Begriffen und Worten giebt es keine Worte und Begriffe, die noch gottloser wären, als der Begriff der „Kirche."

Es giebt keinen Begriff, welcher mehr Böses hervorgerufen hat und welcher der christlichen Lehre so feindlich ist, als der Begriff der „Kirche." –

Eigentlich bedeutet das Wort ἐκκλησία „Versammlung" und sonst nichts, wie es ja auch im Evangelium gebraucht wurde. In den Sprachen aller modernen Völker dagegen bedeutet das Wort ἐκκλησία „Haus des Gebetes".

Über diese Bedeutung ist das Wort in keiner Sprache hinausgekommen, trotzdem die Täuschung des Begriffes der Kirche schon 1500 Jahre besteht.

Wie aber die Priester dieses Begriffes der Kirche *bedürfen* geht aus folgendem Satz, den sie sich zu ihrer Richtschnur gemacht haben, hervor: „Alles, was ich rede, ist Wahrheit und falls Du nicht daran glaubst, so verbanne, verdamme oder peinige ich Dich."

Eine solche Auffassung der Kirche ist aber ein Sophismus, welchen sie für ihre dialektischen Zwecke wohl nötig haben mögen, der aber auch das ausschließliche Eigentum derer, die seiner bedürfen, bleibt. – Nicht nur dem einfachen Volke, sondern auch den Angehörigen der gebildeten Klassen ist eine solche Auffassung fremd, obgleich sie dieselbe aus dem Katechismus gelernt haben.

Trotzdem es lächerlich erscheinen könnte, diese Deutung des Wortes „Kirche" ernst zu nehmen, muß es doch in Anbetracht dessen geschehen, daß viele Menschen diesem Begriffe eine ungeheure Bedeutung beimessen. Aber in der That ist diese Auffassung eine sehr falsche. Wenn man sagt: „Die Kirche ist eine Versammlung von wahrhaft Glaubenden" – so ist damit noch nichts gesagt. Es ist ebenso bedeutungslos, wenn man ein Orchester eine Versammlung von „wahrhaften" Musikern nennt und nicht hinzufügt, was unter „wahrhaften" Musikern zu verstehen ist. Die Theologie aber beweist, daß nur der ein wahrhaft Gläubiger ist, der nach den Vorschriften der Kirche lebt, d. h. welcher der Kirche angehört.

Nun giebt es aber nur eine wahre Kirche, in welcher es Hirten und Herden giebt. Die von Gott eingesetzten Hirten lehren die wahre und einzige Lehre. Sie sagen:

„Alles was ich jetzt im Namen Gottes sagen werde, ist die reine Wahrheit! – Darüber hinaus giebt es keine Wahrheit."

Der ganze Irrtum beruht also auf der falschen Auffassung des Wortes „Kirche". Ferner besteht er darin, daß sich Leute finden, welche ihren Glauben durchaus Anderen beibringen wollen.

Warum aber wollen sie denn durchaus ihren Glauben einem Andern beibringen? Wenn sie einen wahren Glauben hätten, so wüßten sie, daß der Glaube der Sinn des Lebens ist, also das Verhältnis des Menschen zu Gott, in welchem jeder Mensch steht. Sie mußten es also wissen, daß man nicht diesen wahrhaften Glauben, sondern nur einen falschen lehren kann.

Jedoch sie wollten lehren! – Aber warum?

Die einfachste Antwort hierauf wäre die: „Der Pfaffe braucht Eier, (die er von der Gemeinde erhält). Der Erzpriester einen Palast, Pasteten und seidene Priestergewandung *ec.*" – doch diese Antwort würde nicht das Richtige treffen. Hier besteht ohne

Zweifel ein innerliches, psychologisches Motiv zur Irreführung, sonst würde dieselbe nicht solange bestehen, denn auf die Frage: „Wie kann ein Mensch (z. B. der Henker) den anderen, gegen den er absolut nicht in dem Grade feindlich gesinnt sein kann, wie es die That verlangt, töten" – genügt nicht die Antwort, daß der Henker, um Wein, Brot und ein rotes Hemd zu erlangen tötet. – Ebenso unzureichend wäre der Grund, daß der Kiewsche Metropolit ein Gehalt von 30.000 Rubel (gegen 85.000 Mark) jährlich erhält, um zu erklären, warum er mit seinen Mönchen Säcke mit Stroh füllt und sie heilige Reliquien nennt. Das eine wie das andere ist zu schrecklich und widerstrebt der menschlichen Natur zu sehr und deshalb kann dafür eine so einfache und grobe Erklärung nicht genügend sein.

Um ihr Thun zu erklären, werden der Henker und auch der Metropolit eine ganze Reihe von Gründen anführen, von welchen der Hauptgrund wahrscheinlich eine historische Überlieferung sein wird.

Der Henker sagt: „Man muß den Übelthäter bestrafen. Er wird schon seit dem Anfang der Welt bestraft. Strafe ich ihn nicht, so straft ihn ein anderer. Ich werde es mit Gottes Hilfe besser als ein anderer ausführen."

Ebenso sagt der Metropolit: „Es ist eine sichtbare Gottesverehrung erforderlich. Solange die Welt steht, werden die Reliquien der Heiligen besucht und verehrt und wenn nicht ich die Verwaltung derselben ausübe, so thut es ein anderer. Ich hoffe mit Gottes Hilfe, die materiellen Opfer, welche die Reliquienverehrung den Gläubigen auferlegt, so gottgefällig wie möglich zu verwenden."

Um vollständig zu verstehen, wie diese Einrichtungen sich in der (griechisch-katholischen) Kirche herausgebildet haben, muß man dem Anfange und der Quelle derselben nachspüren.

Wir reden hier von dem, was allgemein bekannt ist, – vom Christentum.

Wenn wir auf den Anfang der christlichen Lehre im Evangelium zurückblicken, so finden wir, daß hier jede sichtbare Gottesverehrung ausgeschlossen und jede Lehrhaftigkeit der Religion getadelt wird. Entfernen wir uns jedoch von der Zeit Christi und nähern uns unserer Zeit, so sehen wir, daß die jetzige Lehre von den christlichen Grundsätzen ganz bedeutend abweicht. Diese Abweichung begann schon in der Zeit der Apostel, besonders aber war es Paulus, welcher das Christentum in der Form der Lehre verbreitete. Und je mehr sich das Christentum ausbreitete, desto mehr verbreiteten sich auch die sichtbare Gottesverehrung und solche Lehren, die Christus selbst nicht gelehrt hat.

In der ersten Zeit des Christentums war die Idee der Kirche nur der Inbegriff derjenigen, welche den Glauben bekannten, den auch ich für wahr halte.

Diese Bedeutung des Begriffes ist vollständig richtig, wenn der Glaube sich nicht in Worten äußert, sondern in der Führung des Lebens, denn der eigentliche Glaube kann gar nicht in Worten ausgedrückt werden.

Der Begriff der wahren Kirche diente außerdem noch als Argument gegen die in ihrem Glauben Abweichenden. So war vor Konstantin und dem Konzil zu Nicaea die Kirche nur ein ideeller Begriff.

Seit der Zeit Konstantins und des Konzils zu Nicaea erscheint die Idee der Kirche realisiert; denn von hier aus datieren die Einrichtungen der Reliquien und Heiligenverehrung, die für den Metropoliten, die des Abendmahles, das für die Pfaffen·geschaffen wurde [sic], der Synoden ec. Wohl können wir über diese Institutionen in Erstaunen geraten und nicht anders können wir sie erklären, als daß eben das Konzil es für vorteilhaft fand, jene Einrichtungen in's Leben zu rufen.

Immerhin war ein derartiges Vorgehen nicht neu und es ist nicht daraus entstanden, daß vielleicht einzelne Privatpersonen ihren Vorteil dabei suchten, denn es giebt kaum solch ein Ungeheuer unter den Menschen, das sich als Erster zu einer derartigen That entschließen könnte, wenn es keine anderen Gründe hierfür gegeben hätte. Dennoch ist die Annahme nicht ausgeschlossen, daß selbstsüchtige Motive vorlagen.

„An den Früchten werdet ihr sie erkennen."

Der erste Grund war der Haß und die Feindschaft gegen

Arius und seine Anhänger. (Auf dem Konzil [325 n. Chr.] standen sich zwei Parteien, die Arianer und Athanasianer feindlich gegenüber, die Lehre der letzteren wurde als orthodoxes [katholisches] Glaubensgesetz angenommen, die der ersteren als Häresie verdammt); der zweite wichtigere wohl die Vereinigung der Kirche mit der staatlichen Gewalt.

Nach den heidnischen Begriffen stand Konstantin der Große an der Spitze der Menschheit (er wurde zu den Göttern gerechnet!), und als er den christlichen Glauben annahm, gab er damit dem ganzen Volke ein Beispiel. Er bekehrte es und half ihm gegen die Ketzer und begründete auf dem ökumenischen Konzil den rechtgläubigen christlichen Glauben.

Hier fing das Mißverständnis an. Noch heute hält man an der Verbindlichkeit gegenüber den Bestimmungen dieses Konzils fest. Jenes Ereignis [Konstantins Annahme des Christentums] wandte auf solche Weise einen großen Teil der Menschheit von seinem eigenen Glauben ab. Eine Menge von Christen aber wandelt seit dieser Zeit auf halbheidnischem Wege fort bis auf den heutigen Tag.

Karl der Große und Wladimir setzten Konstantins Werk fort und dieselbe Täuschung dauert bis heute, darin bestehend, daß die Annahme des Christentums von solchen mit Gewalt gefordert wird, welche wohl den Buchstaben, aber nicht den Geist des Christentums verstehen.

Dieses doch nur scheinbare Christentum in einer profanierenden Verbindung mit dem Staat, besteht nun schon 1500 Jahre und es gehört keine geringe Mühe dazu, die komplizierten Sophismen zu zerstören, welche überall dazu dienen, das Christentum mit dem Staat zu vereinigen, die christliche Religion gänzlich zu verunstalten und welche sich bemühen, die Heiligkeit, die Legalität des Staates und seine Möglichkeit ein christlicher zu sein, begreiflich zu machen.

Der Begriff „Christlicher Staat" ist ebenso unfaßbar wie der Begriff „Heißes Eis."

Es giebt entweder keinen Staat oder es giebt kein Christentum.

Um dieses zu begreifen, müssen wir alle die Phantasieen, welche uns anerzogen sind, vergessen und direkt von den historischen und juristischen Wissenschaften Aufklärung zu erlangen suchen.

Alle diese Wissenschaften haben eigentlich keine reelle Grundlage und sind nichts weiter als eine Apologie des Zwanges.

Übergehen wir die Geschichte der Medier und Perser *ec.* und wenden wir uns direkt zur Betrachtung der Geschichte desjenigen Staates, welcher den Bund mit dem Christentum zuerst geschlossen hat. –

Rom war zur Zeit der Entstehung des Christentums ein Räubernest, welches sich durch seinen Raub immer mehr vergrößerte und Völker durch Zwang und Mord unterjochte. Diese Räuber mit ihren Hauptleuten an der Spitze, welche bald Cäsar, bald Augustus hießen, plünderten und marterten die Menschen zur Befriedigung ihrer launenhaften Begierden.

Ein Nachfolger dieser Herrscher des räuberischen Roms, welcher Konstantin hieß, der sehr gebildet und von den brutalen Vergnügungen seiner Zeit übersättigt war, zog etliche christliche Dogmen seinem heidnischen Glauben vor: Er vertauschte die Menschenopfer mit der Liturgie und die Verehrung des Apollo, der Venus und des Zeus mit der Verehrung Gottes und seines Sohnes Christus, und diesen Glauben befahl er unter die zu verbreiten, welche unter seiner Gewalt standen. „Die Fürsten regieren das Volk unter Euch, soll es nicht also sein? –" „Du sollst nicht ehebrechen!" – „Du sollst nicht Böses mit Bösem vergelten!" – Alles das hatte ihm Niemand gesagt.

Aber Du willst ein Christ heißen und dabei fortfahren, Herrscher eines räuberischen Kriegsvolkes zu bleiben, zu schlagen, zu brennen, die Ehe zu brechen, zu martern und zu verschwenden?

Es war alles dieses möglich!

Sie machten ihm das Christentum so mundgerecht und richteten es ihm so bequem ein, wie man es kaum erwarten konnte. Sie sahen voraus, daß, wenn er das Evangelium lesen würde, er das begünstigen könnte, was dort gefordert wird: Ein christliches Leben und nicht Kirchenbau und Kirchenbesuch. Das alles sahen sie voraus und suchten ihm mühsam ein solches Christentum zurechtzumachen, daß er ungescheut nach alter heidnischer Weise leben konnte.

Einerseits war ja Christus, der Sohn Gottes, nur deshalb gekommen, um ihn und die anderen zu erlösen. Andererseits hatte ja Christus gelitten, damit Konstantin leben konnte, wie er wollte. Das aber war noch nicht alles. Man ließ ihn auch Buße thun und Brod und Wein verschlucken – solches würde ihm zum Heil gereichen und Alles würde ihm verziehen werden.

Außerdem segneten sie seine Residenz, die, wie wir schon sagten, ein wahres Räubernest war, salbten ihn und nannten ihn von Gottes Gnaden. Dafür willfahrte er auch ihnen, als sie die Pfaffenversammlung (das Konzil von Nicaea) wünschten, ließ sie das Verhältnis des Menschen zu Gott und zu den Menschen festsetzen und befahl ihre auf dem Konzil gefaßten Beschlüsse zu verbreiten.

So wurden alle Teile befriedigt und dieser Glaube besteht nun 1500 Jahre auf der Welt; andere Herrscher kriegerischer Völker führten ihn ebenfalls ein und auch sie wurden gesalbt und Alles – Alles – war von Gott. Ja, wenn überhaupt irgend ein gewaltthätiger Fürst seine Unterthanen plünderte und viel Volk unterwarf, so salbten sie ihn und nannten ihn von Gottes Gnaden. –

Der Pfaffe dagegen ist nicht nur von Gott, sondern er ist fast Gott selbst, denn in ihm ist der heilige Geist.

Trotzdem alles so gut war, verstanden sie es doch nicht, sich darüber zu einigen[,] und deshalb fingen die Gesalbten an sich gegenseitig zu befehden und Schimpfnamen beizulegen, die sie thatsächlich auch verdienten.

Die Menschen aber, welche alles dieses hörten, verloren ihren Glauben an diese Gesalbten und an die Gefässe des heiligen Geistes und lernten es, sie so zu nennen, wie sie sich selbst gegenseitig nannten, d. h. Räuber und Pharisäer.

Die Räuber erwähnte ich nur, weil sie die Pharisäer verderben. Es ist aber die Rede von den scheinbaren Christen, zu welchen diese durch die Verbindung mit den Räubern geworden waren.

Anders konnte es ja auch garnicht sein.

Von derselben Minute an, in welcher die Pfaffen den Herrscher salbten und ihm sagten, daß er durch seine Gewalt den Glauben der Demüthigung, Selbstaufopferung und Vergebung der Schuld erzwingen könne, wichen sie vom Wege des Glaubens ab.

Die ganze Geschichte der jetzigen, nicht ideellen Kirche, d. h. die Geschichte der Hierarchie unter der Macht der Könige ist eine Reihe von grausamen Versuchen der Hierarchie, diejenige Wahrheit, welche sie fälschlich predigt, und von welcher sie durch ihre Thaten abweicht, zu erhalten.

Die Bedeutung der Hierarchie ist nur auf die Lehre, welche sie lehren will, gegründet.

Die wahre Lehre spricht von der Demut, Selbstaufopferung, Liebe und der Armut, aber sie selbst wird durch Gewalt und Zwang aufgedrungen.

Damit aber die Hierarchie ein Bestehen hat, darf sie von dieser Lehre nicht abweichen und, um sich und ihren Bund mit der Regierung zu rechtfertigen, muss sie mit mannigfaltigen Täuschungen den wirklichen Thatbestand der Lehre verbergen und deshalb legt sie alles Gewicht nicht auf den inhaltlichen Thatbestand der Lehre, sondern auf ihre äußere Form.

So ist das Thun der Hierarchie die Quelle der Glaubenstäuschung, d. h. diese Quelle ist die Vereinigung der Hierarchie unter dem Namen „Kirche" mit dem Staat durch die Gewalt.

Die Ursache, dass diese Menschen ihren Glauben zu verbreiten suchen, liegt in der Furcht, daß der wahre Glauben sie ihres Mißverständnisses überführen könnte und deshalb müssen sie, um sich in Autorität zu erhalten, religiöse Täuschung ausüben.

Der wahre Glaube kann in allen möglichen Sekten und Ketzereien vorhanden sein, aber nur nicht dort, wo er mit dem Staate in Verbindung steht und mit Gewalt aufgedrungen wird.

Es ist eigentümlich, daß die Worte: „Rechtgläubig", „katholisch" und „protestantisch," wie sie ja gewöhnlich gebraucht werden, nichts weiteres als die Vereinigung des Glaubens mit dem Staate bedeuten[,] d. h. den sogenannten Staatsglauben.

Dieses ist falsch! –

Die Idee der Kirche, d. h. die Übereinstimmung Vieler im Glauben und die Nähe der Lehrquellen bildeten in der ersten Zeit eines jener schlechten äusseren Motive.

Paulus sagte: Ich weiß es von Christo selbst. Ein anderer wiederum sagte: Ich weiß es von Lucas und alle sprechen: Wir denken richtig und der Beweis dafür, daß wir richtig denken, ist, daß wir eine große Versammlung, ἐκκλησία – Kirche bilden.

Aber von der Zeit des Konzils zu Nicäa, welches der Kaiser berufen hatte, fing jener Zustand an, in welchem alle diejenigen Pfaffen, welche die Lehre anerkannten, nicht das predigten, was sie für recht befanden, sondern das, was ihnen die Kirche vorschrieb.

Die Kirche war nicht nur ein schlechtes Argument, sondern sie wurde eine staatliche Gewalt[;] denn, indem sie sich mit dem Staate vereinigte, fing sie auch an wider den Staat mit Gewalt zu handeln, und alles, was sich mit dem Staat vereinigte, hörte auf „Glaube" zu sein und wurde „Satzung".

Was lehrt das Christentum, wenn wir darunter die Lehre irgend einer oder aller Kirchen verstehen?

Wie man auch die Bestandteile der Lehre trennt und wieder zusammensetzt, so zerfällt die christliche Lehre doch immer in zwei verschiedene Teile.

Erstens, in die dogmatische Lehre von Gott, dem Sohne und dem heiligen Geiste und dem Verhältnis derselben zur Eucharistie mit oder ohne Wein und mit gesäuertem oder ungesäuertem Brot und zweitens, in die Sittenlehre, d. h. die Lehre von der Demut, der Reinheit des Körpers, sowie der Seele und der Friedensliebe.

Die Väter der Kirche bemühten sich diese beiden Lehren im Leben des Menschen zu vereinigen – an diesen Früchten aber können wir erkennen, welche Seite der Lehre die wichtigere und, wenn ich so sagen darf, die wahre ist.

Wendet Euch zur Geschichte des Christentums und ein Schreck wird Euch überfallen!

Wohin wir auch blicken, vom Beginn der christlichen Kirche bis jetzt, zu welchem Dogma wir uns auch wenden, von Christus zum Abendmahl mit Wein oder ohne Wein, – die Früchte dieser vergeblichen Bemühungen, welche auf die Erklärung der Dogmen gerichtet sind, sie heißen Bosheit, Haß, Verzweiflung, Züchtigung der Frauen und Kinder, Scheiterhaufen und Inquisition.

Wendet man sich auf die andere Seite zur Sittenlehre hin – als: Sich in die Wüste entfernen, um sich Gott zu nähern, Brot in den Gefängnissen verteilen *ec. ec.* – so sind die Früchte dieses Lebens alle Freuden und Tröstungen, die wir in diesem Leben finden.

Ein Irrtum ist nur bei solchen möglich, denen die Früchte der Lehren nicht vor Augen waren, oder bei denen, die unschuldig in den Streit hineingezogen wurden und nicht wußten, daß sie mit diesen Dogmen nicht Gott, sondern dem Teufel dienten, denn Christus sprach offen aus, daß er gekommen sei, um alle Dogmen zu vernichten; irren können sich auch diejenigen, welche die Dogmen für mehr halten als Worte oder phantastische Vorstellungen, aber wir, denen der Sinn des Evangeliums, der keine Dogmen anerkennt, aufgedeckt ist und die wir die Früchte dieser Dogmen vor Augen haben, wir – wir können uns nicht irren. –

Die Geschichte dient uns als Probe der Richtigkeit der Lehre, ja sie ist sogar eine mechanische Probe. –

Können wir, das heißt, unsere Religion, auch ohne das Dogma der unbefleckten Empfängnis der Mutter Gottes existieren oder müssen wir es haben?

Was ist die Folge? – Entrüstung, Spott und Gelächter.

Und war es uns von Nutzen?

Gewiß nicht!

Und die Lehre, daß man die Buhlerei[3] nicht verdammen muß – war die uns von Nutzen oder nicht? – Was folgte hieraus?

---

[3] Bezieht sich auf Christus und die Ehebrecherin.

Tausend und abermal tausend mal wurden die Menschen durch die Erinnerung daran in ihrem Urteil über den Ehebruch milder.

Ein anderes: – Sind aber mit anderen Dogmen auch Alle einverstanden?

Nein!

Aber mit dem, das man dem Bittenden geben soll?

Alle!

Ein Dogma, in Betreff dessen niemand mit dem Anderen übereinstimmt, welches sogar die Menschen vernichteten, hat die Hierarchie als Glauben ausgegeben und giebt es noch heute dafür aus. Das aber, worüber Alle einverstanden sind, was Allen notwendig ist und was die Menschen rettet, kann die Hierarchie zwar nicht verneinen, aber sie wagt dieses auch nicht als Lehre hinzustellen, weil es die Verneinung der Hierarchie ist.

II.
Patriotismus und Christentum
(Christianstvo i patriotizm, 1894)

Graf Leo Tolstoi

Deutsch von Adele Berger[1]

VORWORT

Die französisch-russischen Festlichkeiten, die im vorigen Oktober in Frankreich stattfanden, haben mich – und zweifellos auch andere – zuerst belustigt, dann erstaunt und zuletzt empört. Ich wollte diese Gefühle in einem kurzen Zeitungsartikel zum Ausdruck bringen, aber während ich die Hauptursachen des Geschehenen näher studierte, kam ich zu den Reflexionen, die ich hiermit dem Leser darlege.

I.
Russen und Franzosen kennen einander seit vielen Jahrhunderten, wobei sie manchmal in freundliche, öfter leider aus Antrieb ihrer Regierungen in sehr unfreundliche Beziehungen zu einander traten. Plötzlich geschah etwas Seltsames. Weil vor zwei Jahren ein französisches Geschwader nach Kronstadt kam, dessen Offiziere nach ihrer Landung viel aßen und tranken und dabei viele falsche und törichte Reden hörten und hielten und weil voriges Jahr ein russisches Geschwader in Toulon erschien, dessen Offiziere, in Paris angekommen, ebenfalls reichlich aßen und tranken und noch eine größere Menge alberner und unwahrer

---

[1] Textquelle | Graf Leo TOLSTOI: Patriotismus und Christentum. Deutsch von Adele Berger. Berlin SW: Verlag Hugo Steinitz 1894. [118 Seiten]

Reden anhörten und hielten – ja, einzig und allein aus diesem Grunde bildeten sich nicht nur die, die aßen, tranken und sprachen, sondern jeder, der diesen Festen beigewohnt, und selbst solche, die von diesen Vorgängen bloß hörten oder in der Zeitung lasen – kurz, Millionen Franzosen und Russen, plötzlich ein, daß sie auf ganz besondere Weise in einander verliebt seien, das heißt, daß alle Franzosen alle Russen und alle Russen alle Franzosen lieben.

Diese Gefühle kamen in Frankreich durch die Vorgänge im Oktober in ganz unerhörter Weise zum Ausdruck.

Im „Cjelsky Wjestnik"[2]*, einem Blatte, das seine Informationen der Tagespresse entnimmt, erschien die folgende Beschreibung dieser Vorgänge:

„Als das französische und russische Geschwader zusammentraf, begrüßten sie einander mit Kanonenschüssen, feurigen ‚Hurrahs' und mit den begeisterten Rufen: ‚Es lebe Rußland!' ‚Es lebe Frankreich!'

In dieses Freudengeschrei mischten sich die Klänge zahlreicher Musikkapellen (auch die meisten Privatdampfer führten solche mit sich), die ‚Das Leben für den Zar' und die ‚Marseillaise' spielten. Das Publikum auf den Dampfern schwenkte Hüte, Fahnen, Taschentücher und Blumensträuße; viele Boote waren ganz mit Männern und Frauen der arbeitenden Klasse und ihren Kindern besetzt, die Bouquets in den Händen hielten und mit aller Macht ‚Es lebe Rußland!' schrieen. Angesichts einer solchen nationalen Begeisterung konnten unsere Seeleute die Thränen nicht zurückhalten.

Im Hafen waren alle französischen Kriegsschiffe in zwei Divisionen ausgefahren, und unsere Flotte, das Admiralsschiff an der Spitze, fuhr zwischen ihnen durch. Das war ein prächtiger Moment.

Das russische Flaggenschiff gab zu Ehren der französischen Flotte einen Salut von fünfzehn Schüssen ab, und das französische Flaggenschiff antwortete mit dreißig. Aus den französi-

---

[2] *Dorfboten.

schen Schiffen ertönte die russische Nationalhymne; französische Matrosen kletterten auf Maske und Tafelwerk, ununterbrochen ertönte lautes Willkommgeschrei. Die Matrosen schwenkten zu Ehren der lieben Gäste die Mützen, die Zuschauer Hüte und Taschentücher. Überall, auf See und am Strande erdröhnte der Ruf: ‚Es lebe Rußland!' ‚Es lebe Frankreich!'

Wie es bei Besuchen der Marine Brauch ist, gingen Admiral Avellan und die Offiziere seines Stabes ans Land, um den Lokalbehörden ihre Ehrerbietung zu bezeugen.

Auf dem Landungsplatze wurden sie von dem französischen Marinestab und den Oberbeamten des Touloner Hafens empfangen, und unter Kanonendonner und Glockengeläute erfolgte eine freundschaftliche Begrüßung Die Marinekapelle spielte die russische Nationalhymne, die mit einem brausenden ‚Es lebe der Zar!' ‚Es lebe Rußland!' aufgenommen ward.

Das Geschrei schwoll zu einem mächtigen Getöse an, das die Musik und selbst die Kanonen übertäubte. Die Zeugen dieser Scene erklären, daß die Begeisterung der riesigen Menschenmenge in diesem Moment den höchsten Grad erreichte, und daß es unmöglich wäre, in Worten die Gefühle auszusprechen, die die Herzen aller Anwesenden überfluteten.

Admiral Avellan, unbedeckten Hauptes und begleitet von den französischen und russischen Offizieren, fuhr hierauf in das Gebäude der Marineadministration, wo er von dem französischen Marineminister empfangen wurde.

Bei der Bewillkommnung des Admirals sagte der Minister: ‚Kronstadt und Toulon waren jedes einzeln Zeugen der Sympathie, die zwischen dem französischen und dem russischen Volke besteht. Sie werden überall als Freunde empfangen werden. Die Regierung und ganz Frankreich begrüßt Sie und Ihre Kameraden bei Ihrer Ankunft als die Vertreter einer großen und ehrenhaften Nation.'

Der Admiral antwortete, daß er keine Worte finden könne, um seine Gefühle auszudrücken. ‚Die russische Flotte und ganz Rußland werden Ihnen für diesen Empfang dankbar sein,' fügte er hinzu.

Nach einigen weiteren Worten dankte der Admiral, indem er sich von dem Minister verabschiedete, abermals für den Empfang und fügte hinzu: ‚Ich kann mich nicht entfernen, ohne die Worte auszusprechen, die im Herzen eines jeden Russen geschrieben stehen: ›Es lebe Frankreich!‹'"³*

Das war der Empfang in Toulon. In Paris war die Bewillkommnung noch außerordentlicher.

Das Folgende ist eine den Zeitungen entnommene Beschreibung des Pariser Empfanges:

„Aller Augen sind nach dem Boulevard des Italiens gerichtet, wo die russischen Seeleute zum Vorschein kommen sollten. Endlich wird in der Ferne das Gebrause eines wahren Orkanes von Geschrei und Hurrahs gehört. Der Orkan nähert sich. Die Menge wogt auf den Platz. Die Polizei drängt zurück, um den Weg zum *Cercle Mititaire* freizuhalten, aber die Aufgabe ist keine leichte. Es herrscht ein unglaubliches Gedränge. Endlich erscheint die Spitze des Zuges, und im selben Moment erhebt sich ein betäubendes Geschrei: ‚Es lebe Rußland!' ‚Es leben die Russen!'

Alles zieht den Hut; die Fenster und Balkone, sogar die Dächer sind mit Zuschauern bedeckt, die Taschentücher, Fahnen, Hüte schwenken, enthusiastisch jubeln und aus den oberen Fenstern Wolken trikolorer Kokarden herabwerfen. Ein Meer von Taschentüchern, Hüten und Fahnen wogt über den Köpfen der Menge, die aus hunderttausend Kehlen rasend ‚Es lebe Rußland!' schreit, den lieben Gästen die Hände entgegenstreckt und aus jede nur mögliche Art und Weise ihre Begeisterung auszudrücken sucht."

Ein anderer Korrespondent schreibt, daß das Entzücken der Menge einem Delirium glich. Ein russischer Journalist, der sich zur Zeit in Paris befand, beschreibt den Einzug der russischen Offiziere folgendermaßen:

„In der That, das war ein Ereignis von universaler Bedeutung, erstaunlich, zu Thränen rührend, herzerhebend – ein Ereignis, das die Seele mit einem Schauer jener Liebe durchrieselte, die in

---

³ *„Cjelsky Wjestuik", 1893, Nr. 41.

allen Menschen Brüder sieht, die Blut vergießen und gewaltsame Einverleibungen haßt, durch die Kinder der liebenden Mutter entrissen werden. Ich habe mich während der letzten Stunden in einer Art von Betäubung befunden. Es war ein fast überwältigend seltsames Gefühl, auf dem Lyoner Bahnhof unter den Vertretern der französischen Regierung in ihren goldgestickten Uniformen, unter den Munizipalbehörden in voller Gala zu stehen und Rufe ‚Es lebe Rußland!' ‚Es lebe der Zar!' und immer wieder unsern Nationalgesang zu hören.

Wo bin ich? dachte ich, was ist geschehen? Was für eine magische Strömung hat all diese Gefühle, diese Bestrebungen in einen Strom zusammengeführt? Ist das nicht die sichtbare Gegenwart des Gottes der Liebe und Brüderlichkeit, die Gegenwart des höchsten Ideals, das in seinen erhabensten Momenten zu den Menschen herabsteigt?

Meine Seele ist so voll von etwas Schönem, Reinem und Erhabenem, daß meine Feder es nicht auszudrücken vermag. Worte sind zu schwach im Vergleich zu dem, was ich sah und fühlte. Es war nicht Entzücken – dies Wort ist zu alltäglich – es war etwas Besseres, etwas Tieferes, Froheres, Mannigfaltigeres Unmöglich läßt sich beschreiben, was vor sich ging, als Admiral Avellan auf dem Balkon des *Cercle Militaire* erschien. Worte vermögen hier nichts. Während des ‚*Te Deum*', während der Chor in der Kirche ‚Oh Herr, rette Dein Volk' sang, schlugen die triumphierenden Klänge der ‚Marseillaise', von Fanfaren exekutiert, von der Straße zur offenen Kirchenthür herein.

Das rief einen unbeschreiblichen Eindruck hervor."[4*]

II.
Nach der Ankunft in Frankreich gerieten die russischen Seeleute während voller vierzehn Tage aus einer Festlichkeit in die

---

[4] „Nowoje Wremja" 17. (19.) Okt. 1893.

andere; während oder nach einer jeden aßen, tranken oder hielten sie Reden. Der Telegraph aber übermittelte ganz Rußland Bericht, wo und was sie Mittwoch und wo und was sie Freitag aßen und tranken, und was sie bei diesen Gelegenheiten sprachen.

So oft einer der russischen Kommandanten auf das Wohl Frankreichs trank, wurde es der ganzen Welt bekannt gemacht, und jedesmal, wenn der russische Admiral sagte: „Ich trinke auf das schöne Frankreich", wurde das Universum davon sofort benachrichtigt. Der Eifer der Zeitungen war jedoch derart, daß sie nicht bloß die Toaste verewigten, sondern auch die Gerichte, und nicht einmal die *hors-d'oeuvres* oder Imbisse ausließen.

So veröffentlichte ein Blatt das folgende Menu, mit dem Kommentar, daß das Diner ein Kunstwerk gewesen sei:

„Consommé de volaille; petits pâtés.
Mousse de homard parisienne
Noisette de boeuf à la Béarnaise
Faisans à la Périgord
Casseroles de truffes au champagne.
Chaudfroids de volaille à la Toulouse.
    Salade russe.
Croûte de fruits toulonnaise.
Parfaits à l'ananas.
    Desserts."

In der nächsten Nummer stand zu lesen: „Das Diner gab dem vorhergehenden nichts nach. Das Menu lautete:

‚Potage livonien et Saint-Germain.
Zéphyrs Nantua.
Esturgeon braisé moldave.
Selle de daguet grand veneur, etc. etc.'"

Und die nächste Ausgabe enthielt ein drittes Menu, gefolgt von einer eingehenden Beschreibung der Weinkarte – der und der Liquer, der und der Burgunder, *Grand Moët* ec.

In einem englischen Blatte wurde die Menge der während der

Festlichkeiten ausgetrunkenen berauschenden Liqueure angegeben. Sie war so ungeheuer, daß man kaum glauben kann, daß alle Trunkenbolde von Frankreich und Rußland in so kurzer Zeit so viel bewältigen könnten.

Die gehaltenen Reden wurden ebenfalls veröffentlicht, aber die Menschen waren mannigfaltiger als die Reden. Die letzteren bestanden ohne Ausnahme immer aus denselben Worten in verschiedenen Kombinationen. Der Sinn war immer derselbe:

„Wir lieben einander zärtlich und sind entzückt, so zärtlich verliebt zu sein. Unser Ziel ist nicht Krieg, nicht eine Revanche, nicht die Wiedereroberung der verlorenen Provinzen; unser Ziel ist nur Friede, die Förderung des Friedens, die Sicherheit des Friedens, die Ruhe und der Friede Europas. Es lebe der russische Kaiser und die russische Kaiserin! Wir lieben sie und lieben den Frieden. Es lebe der Präsident der Republik und seine Gattin! Wir lieben sie und lieben den Frieden. Es lebe Rußland, Frankreich, deren Flotte und deren Armee! Wir lieben die Armee, aber auch den Frieden und den Kommandanten der russischen Flotte."

Die Reden schlossen regelmäßig, wie irgend ein populäres Couplet, mit dem Refrain: „Toulon-Kronstadt" oder „Kronstadt-Toulon". Die Namen dieser Städte, wo so viele verschiedene Gerichte gegessen und so viele Weine getrunken worden waren, wurden wie Worte ausgesprochen, die die Vertreter einer jeden Nation zu den edelsten Thaten antreiben sollten – wie Worte, die keinen Kommentar erfordern, da sie an und für sich einen tiefen Sinn besitzen.

„Wir lieben einander, wir lieben den Frieden, Kronstadt-Toulon!" Was braucht man diesen Worten noch hinzuzufügen, besonders wenn dabei gleichzeitig zwei Nationalhymnen erklingen – die eine den Zar preisend und alles mögliche Glück auf ihn herabflehend, die andere alle Zaren verfluchend und ihnen Vernichtung weissagend?

Jene, welche ihre Liebesgefühle bei diesen Gelegenheiten besonders gut zum Ausdruck brachten, erhielten Orden und Belohnungen. Andere, die sich wahrscheinlich das Übermaß der

Gefühle zu nutze machten, wurden mit den seltsamsten und unerwartetsten Gegenständen beschenkt. Eine französische Provinz beschenkte den Zar mit einem goldenen Buche, in dem, wie es scheint, nichts oder wenigstens nichts von Bedeutung steht, und der russische Admiral erhielt einen blumenbedeckten Aluminiumpflug und noch viele andere ebenso erstaunliche Kleinigkeiten.

Diese sonderbaren Handlungen wurden von noch sonderbareren religiösen Ceremonien begleitet, deren sich, sollte man meinen, die Franzosen schon längst entwöhnt haben müßten.

Seit der Zeit des Konkordats sind schwerlich so viele Gebete gesprochen worden wie während dieser kurzen Zeit. Alle Franzosen wurden plötzlich sehr religiös und brachten in den Zimmern der russischen Seeleute sorgfältig dieselben Bilder an, die sie kurze Zeit vorher ebenso sorgfältig als schädliche Werkzeuge des Aberglaubens aus ihren Schulen entfernt hatten.

Es wurde unaufhörlich gebetet; die Kardinäle und Bischöfe veranstalteten überall Andachten und hielten selbst die seltsamsten ab. So wandte sich ein Bischof in Toulon nach dem Stapellaufe eines Panzerschiffes an den Gott des Friedens, gab aber gleichzeitig zu verstehen, daß er im Notfalle ebenso bereitwillig mit dem Gotte des Krieges verkehren würde:

„Was sein Schicksal sein wird, weiß nur Gott," sagte der Bischof, von dem Schiffe sprechend. „Wird es aus seinem schrecklichen Leibe Tod aussprühen? Das weiß niemand. Aber wenn wir, nachdem wir heute zum Gotte des Friedens gebetet haben, später einmal zum Gotte des Krieges werden beten müssen, so können wir sicher sein, daß es gegen den Feind in einer Reihe mit den mächtigen Schiffen vorrücken wird, deren Mannschaft heute in einen so nahen und brüderlichen Bund mit uns getreten ist. Möge ihm aber diese Zukunft nie beschieden sein! Möge dieses Fest nichts als friedliche Erinnerungen zurücklassen, wie die Erinnerung an den Großfürsten Constantini (Constantin Nikolajewitsch besuchte Toulon im Jahre 1857). Möge die Freundschaft Frankreichs und Rußlands diese beiden Nationen zu Hütern des Friedens machen!"

Zu derselben Zeit flogen zehntausende von Telegrammen von Rußland nach Frankreich und von Frankreich nach Rußland; die Frauen Frankreichs beglückwünschten die Frauen Rußlands und diese drückten ihren Dank aus. Eine russische Schauspielertruppe begrüßte französische Schauspieler; die französischen Schauspieler antworteten, daß sie die Begrüßung ihrer russischen Kameraden tief im Herzen tragen würden. Russische Rechtsstudenten in irgend einer russischen Stadt drückten der französischen Nation ihre Begeisterung aus. General so und so dankte Frau so und so. Frau so und so versicherte General so und so der Inbrunst ihrer Gefühle für die russische Nation. Russische Kinder schickten Grüße in Versen an französische Kinder; die französischen Kinder antworteten in Versen und Prosa. Der russische Unterrichtsminister versicherte den französischen Unterrichtsminister der plötzlichen Freundschaft für Frankreich, die in allen Kindern, Beamten und Gelehrten seines Departements entstanden sei. Die Mitglieder des Tierschutzvereins sprachen ihre warme Zuneigung für die Franzosen aus. Die Munizipalität von Kasan that dasselbe.

Der Canonicus von Arrare übermittelte dem Protopopen des kaiserlichen Hofes die Versicherung, daß im Herzen aller französischen Kardinäle und Bischöfe eine tiefe Liebe für Seine Kaiserliche Majestät den Kaiser und die ganze Kaiserliche Familie bestehe, daß die französische und russische Geistlichkeit beinahe denselben Glauben habe und gemeinsam die heilige Jungfrau verehre. Darauf antwortete der Protopope, daß die Gebete des französischen Klerus für die Kaiserliche Familie im Herzen des russischen Volkes, das voller Liebe an dem Zar hänge, ein freudiges Echo finde und daß Frankreich, da die russische Nation die heilige Jungfrau ebenfalls verehre, im Leben und im Tode auf dieselbe zählen könne.

Generale, Telegraphenbeamte und Handelsleute wurden von denselben Gefühlen beseelt. Alle Welt beglückwünschte und dankte einander.

Die Erregung war so groß, daß die außerordentlichsten Dinge geschahen, ohne daß jemand deren Sonderbarkeit bemerkte. Im

Gegenteil, jeder billigte sie, war von ihnen entzückt und beeilte sich, etwas Ähnliches zu thun, um von den übrigen nicht übertroffen zu werden.

Wenn manchmal Proteste gegen diesen Wahnwitz erhoben wurden und dessen Unvernunft bewiesen, wurden sie entweder vertuscht oder verheimlicht.[5]*

*So ist mir der folgende Protest bekannt, den russische Studenten verfaßten und nach Paris schickten, der aber von keinem der Blätter acceptiert wurde:

Offener Brief an die französischen Studenten.

Vor kurzer Zeit hat sich eine kleine Verkörperung russischer Studenten, von ihren Inspektoren angeführt, erkühnt, im Namen der Universität über die Toulöner Festlichkeiten zu sprechen.

Wir, die Vertreter des ‚Landsleutebundes' protestieren hiermit nachdrücklich gegen die Anmaßung dieser Körperschaft und im wesentlichen gegen den Austausch der Begrüßungen, der zwischen ihnen und den französischen Studenten stattfand. Auch wir betrachten Frankreich mit warmer Liebe und tiefem Respekt, aber wir thun dies, weil wir in ihm eine große Nation sehen, die in der Vergangenheit immer der Herold und Verkünder der höchsten Ideale der Freiheit, Gleichheit und Brüderlichkeit der ganzen Welt war, und auch als erste kühn versuchte, diese hohen Ideale zu verkörpern.

Der bessere Teil der russischen Jugend war immer bereit, Frankreich als den ersten Kämpfer für eine höhere Zukunft der Menschheit zu akklamieren, aber wir halten Festlichkeiten, wie die von Toulon, nicht für passende Gelegenheiten für solche Begrüßungen.

Im Gegenteile, diese Empfänge repräsentieren einen traurigem aber hoffentlich nur vorübergehenden Zustand: den

---

[5] [In der Vorlage wird die nachfolgende Dokumentation eines Offenen Briefes französischer Studenten – abweichend von der Darbietung in dieser Neuedition – als Fußnote formatiert. *pb*]

Verrat Frankreichs an seiner großen historischen Rolle in der Vergangenheit. Das Land, welches einst die ganze Welt einlud, die Ketten des Despotismus zu brechen und jeder Nation, die sich empören wollte um ihre Freiheit zu erlangen, seine brüderliche Hilfe anbot, zündet jetzt Weihrauch vor der russischen Regierung an, die systematisch das normale organische Wachstum eines Volkslebens hindert und erbarmungslos, ohne Bedenken, jedes Streben der russischen Gesellschaft nach Licht, Freiheit und Unabhängigkeit erstickt. Die Toulouner Manifestationen sind ein Akt in dem Drama des Antagonismus zwischen Frankreich und Deutschland, den Bismarck und Napoleon III. gegründet haben. Dieser Antagonismus hält heute ganz Europa unter Waffen und erteilt das entscheidende Votum in Europa dem russischen Despotismus, der immer die feste Stütze all dessen gewesen ist, was willkürlich und der Freiheit feindlich war, die Stütze der Tyrannen gegen die Tyrannisierten.
Ein Gefühl des Schmerzes für unser Land, des Bedauerns über die Blindheit eines so großen Teiles der französischen Gesellschaft sind die Gefühle, die diese Festlichkeiten in uns hervorrufen. Wir sind überzeugt, daß die jüngere Generation Frankreichs vom nationalen Chauvinismus nicht verlockt wird und daß sie immer bereit ist, für den besseren sozialen Zustand, dem sich die Gesellschaft nähert, zu kämpfen, und wissen wird, wie sie die jetzigen Ereignisse auszulegen, überhaupt welche Stellung sie ihnen gegenüber einzunehmen hat. Wir hoffen, daß unser entschiedener Protest in dem Herzen der französischen Jugend ein Echo finden wird. –"
(Unterzeichnet). Der versammelte Rat des „Bundes von 24 Landsmannschaften" an der Moskauer Universität.

Abgesehen von der bei diesen Festlichkeiten verschwendeten Zeit, der unmäßigen Trinkgelage, von denen sich selbst die Kommandanten nicht ausschlossen, der Sinnlosigkeit der gehaltenen Reden, wurden auch ganz wahnsinnige und tolle Handlungen begangen, ohne daß jemand ihnen Aufmerksamkeit schenkte.

So zum Beispiel wurden eine Menge Leute erdrückt und niemand hielt es für notwendig, diese Thatsache zu berichten.

Ein Korrespondent erzählt, er habe auf einem Balle erfahren, daß es in Paris kaum eine Frau gab, die nicht bereit gewesen wäre, ihre Pflichten zu vergessen, um die Wünsche eines der russischen Seeleute zu befriedigen. Und all' dies ging wie etwas ganz Selbstverständliches unbemerkt vorüber.

Die Erregung förderte auch einige Fälle unverkennbaren Wahnsinns zu Tage. So erwartete eine Frau, nachdem sie ein in den Farben der französisch-russischen Fahnen zusammengestelltes Kleid angelegt hatte, die Ankunft der russischen Seeleute, warf sich in den Fluß und ertrank.

Im allgemeinen spielten die Frauen bei all' diesen Gelegenheiten eine hervorragendere Rolle als die Männer, leiteten dieselben sogar. Die Französinnen gaben sich nicht nur mit dem Zuwerfen von Blumen, verschiedenen Bändern, dem Überreichen von Geschenken und Adressen zufrieden, sondern warfen sich auf der Straße in die Arme der russischen Seeleute und küßten sie.

Einige Frauen brachten ihre Kinder zum Küssen herbei und wenn die russischen Seeleute diese Bitte erfüllt hatten, waren alle Anwesenden von Freude hingerissen und vergossen Thränen.

Diese seltsame Erregung war so ansteckend, daß, wie ein Korrespondent erzählt, ein russischer Matrose, der vollkommen gesund zu sein schien, mitten am Tage über Bord sprang und mit dem Rufe: „Es lebe Frankreich!" herumschwamm. Als man ihn ans dem Wasser zog und über sein Benehmen befragte, antwortete er, er habe geschworen, zur Verherrlichung Frankreichs rings um sein Schiff zu schwimmen.

So wuchs die Erregung wie ein rollender Schneeball und nahm zuletzt solche Dimensionen an, daß nicht nur die auf dem Platz befindlichen oder nervös veranlagte Personen, sondern starke, gesunde Männer von der allgemeinen Strömung ergriffen und in einen abnormalen geistigen Zustand versetzt wurden. Ich erinnere mich sogar, dass ich selbst, als ich zerstreut eine Beschreibung dieser Festlichkeiten las, derart von heftiger Bewegung überwältigt wurde, daß ich in Thränen ausbrach und nur mit Anstrengung meine Gefühle beherrschte.

―――

III.
Ein Professor der Psychologie, namens Sikorsky, hat in den „Annalen" der Kiewer Universität eine geistige Epidemie besprochen, die er im Distrikte Wassilkow studiert hatte und „Malavanchina" [sic] nannte. Das Symptom dieser Krankheit war nach Sikorsky die Überzeugung der unter dem Einflusse eines gewissen Malevani stehenden Bauern, daß das Ende der Welt nahe sei. Infolgedessen begannen sie ihre Lebensgewohnheiten zu ändern, über ihren Besitz zu verfügen, ihre Kleider zu schmücken und auf das Beste zu essen und trinken. Der Professor hielt diesen Zustand für abnormal; er sagte: „Ihre auffallend gute Laune erreichte oft einen Zustand der Exaltation und zwar aus keinem augenscheinlichen Grunde. Sie waren sentimental, bis zum Übermaß höflich, geschwätzig, hatten lebhafte Bewegungen, Thränen traten rasch in ihre Augen und verschwanden ohne eine Spur zu hinterlassen. Sie verkauften das Notwendigste, um Schirme, seidene Taschentücher und ähnliche Artikel zu kaufen, die sie zum Schmucke trugen, aßen eine Menge Süßigkeiten, führten eine vollkommen müßige Lebensweise, besuchten einander und gingen zusammen spazieren. Schalt man sie wegen ihres Benehmens und wegen ihres Müßiganges, antworteten sie stets: ‚Wenn es mir gefällt, werde ich arbeiten, wenn es mir nicht gefällt, wozu mich dazu zwingen?'"

Der gelehrte Professor hielt diesen Zustand für einen ausgesprochenen Fall von Psychopathie und schließt, indem er der Regierung empfiehlt, Maßregeln zur Verhinderung der Ausbreitung anzuwenden: „Diese Malevanchina ist der Aufschrei einer kranken Bevölkerung, ein Gebet um Befreiung von Trunkenheit und Verbesserung der sanitären und Unterrichtszustände."

Aber wenn die Malevanchina der Aufschrei einer kranken Bevölkerung nach Befreiung von der Trunkenheit und von verderblichen sozialen Zuständen ist, welch' furchtbarer Aufschrei eines kranken Volkes und welch ein Flehen um Errettung von den Wirkungen des Weines und einer falschen sozialen Existenz ist die neue Krankheit, die mit so furchtbarer Plötzlichkeit in Paris auftrat und den größeren Teil der städtischen Bevölkerung Frankreichs und beinahe die gesamten Regierungskreise, die privilegierten und civilisierten Klassen Rußlands infizierte?

Zugegeben jedoch, daß in dem psychischen Zustande der Malevanchina eine Gefahr existierte und die Regierung wohl daran that, dem Rate des Professors zu folgen, indem sie einige Führer der Malevanchina in Irrenanstalten und Klöstern unterbrachte, andere hingegen in ferne Länder verbannte – um wieviel gefährlicher muß uns diese neue Epidemie erscheinen, die in Toulon und Paris auftrat und sich von dort durch Rußland und Frankreich verbreitete? Um wie viel notwendiger ist es, daß, im Falle die Regierung sich nicht einmischen will, die Gesellschaft entscheidende Maßregeln trifft, um die Ausbreitung der Epidemie zu verhindern!

Die Analogie zwischen beiden Krankheiten ist eine vollkommene.

Dieselbe auffallend gute Laune, die in eine vage und freudige Ekstase übergeht, dieselbe übertriebene Höflichkeit, Geschwätzigkeit, das gerührte Weinen, für dessen Beginnen und Aufhören kein Grund vorliegt; dieselbe festliche Stimmung, dasselbe Spazierengehen und Besuchen; dieselbe Vorliebe für prächtige Kleider, dieselben unklaren und ziellosen Reden, dasselbe Singen und Musizieren, dieselbe dominierende Stellung der Frauen, derselbe clownhafte Zustand der *attitudes passionnées*, den Sikorsky beobachtete, und der, wie ich glaube mit den verschiedenen, unnatürlichen physischen Attituden übereinstimmt, die viele Leute bei Empfängen und bei den Trinksprüchen der Diners annehmen.

Die Ähnlichkeit ist vollständig; der Unterschied, ein ungeheurer für die Gesellschaft, in der diese Dinge stattfinden, besteht bloß darin, daß in dem einen Falle ein paar hundert armer Bauern ihren Verstand verloren haben, Leute, die von ihrem eigenen kleinen Verdienste leben, ihren Nachbarn keine Gewalt anthun und andere bloß durch die Schilderung ihres Zustandes anstecken können, während im anderen Falle Millionen von Menschen den Verstand verloren haben, die ungeheure Summen Geldes und ungeheure Machtmittel, Flinten, Kanonen, Festungen, Panzerschiffe, Melinit, Dynamit besitzen und außerdem die wirksamsten Mittel zur Verbreitung ihres Wahnwitzes zur Verfügung haben wie Post, Telegraph, Telephon, die gesamte Presse und alle Arten von Zeitschriften, die die Ansteckung mit größtmöglichster Eile in der ganzen Welt verbreiten.

Ein anderer Unterschied besteht darin, daß erstere nicht nur nüchtern bleiben, sondern sich von allen berauschenden Getränken fernhalten, während sich letztere beständig in einem Zustande der Halbtrunkenheit befinden.

Aus diesen Gründen ist zwischen den beiden Gesellschaften, in der solche Epidemien stattfinden, zwischen der von Kiew, wo nach Sikorsky keine Gewaltthat, kein Totschlag vorkommt, und der von Paris, wo bei einem Aufzuge mehr als zwanzig Frauen erdrückt wurden, ein Unterschied, wie zwischen dem Fallen eines kleinen glühenden Kohlenstückchens aus dem Herde auf den Fußboden und dem Feuer, das bereits von den Fußboden und Wänden des Hauses Besitz ergriffen hat.

Das schlimmste Resultat des Ausbruches in Kiew wird sein, daß die Bauern eines millionsten Teiles von Rußland den Ertrag ihrer Mühe ausgeben und die Steuer nicht werden zahlen können. Aber der Ausbruch von Paris und Toulon, der Menschen ergriffen hat, die ungeheure Summen Geldes, die größte Macht, Waffen und Mittel zur Ausbreitung ihres Wahnsinnes besitzen, kann und muß einen furchtbaren Ausgang nehmen. –

―

IV.
Man kann dem Gefasel eines schwachen, alten unbewaffneten Idioten in Nachtmütze und Schlafrock mitleidig zuhören, ohne ihm zu widersprechen, und ihm sogar aus Gutmütigkeit beistim-

men. Wenn jedoch eine Menge kräftiger Irrsinniger, bis an die Zähne mit Messern, Schwertern und Revolvern bewaffnet, wild vor Aufregung ihre mörderischen Waffen schwenkend, aus ihren Zellen hervorbricht, da hört man nicht nur auf, ihnen zuzustimmen, sondern man ist nicht imstande, sich einen Moment sicher zu fühlen.

Ein solcher Zustand höchster Erregung wurde durch die französisch-russischen Empfänge hervorgerufen und hat die ganze russische und französische Gesellschaft ergriffen. Aber diejenigen, welche dieser geistigen Epidemie erlagen, gebieten über die schrecklichsten Waffen des Mordes und der Zerstörung.

Freilich wurde in allen zur Verherrlichung dieser Festlichkeiten gehaltenen Reden und in allen darüber geschriebenen Artikeln beständig verkündet, daß diese Festlichkeiten kein anderes Ziel hätten, als die Sicherstellung des Friedens; selbst die Anhänger des Krieges, darunter der vorher citierte Korrespondent, sprechen nichts von Haß gegen die Eroberer der verlorenen Provinzen, sondern von einer „Liebe, die haßt".

Die Schlauheit der Geisteskranken ist jedoch bekannt, und wir können begreifen, gerade daß die fortwährende Wiederholung des Wunsches nach Frieden und dieses Schweigen über die wahren Gefühle eines jeden ein höchst bedenkliches Phänomen ist.

Der russische Gesandte sagte in seiner Rede beim Diner im Elysée:

„Ehe ich einen Toast ausbringe, der nicht nur in diesen Wänden ein Echo finden wird, sondern in der tiefsten Seele aller, deren Herzen, fern oder nahe, in dem großen, schönen Frankreich wie in Rußland, in diesem Moment im Einklang mit den unseren klopfen – gestatten Sie mir, Ihnen den Ausdruck tiefster Dankbarkeit für die Begrüßung auszusprechen, die Sie dem vom Zaren zur Erwiderung des Kronstädter Besuches abgesandten Admiral boten. In der hohen Stellung, die Sie einnehmen, drücken Ihre Worte die volle Bedeutung der friedlichen Festlichkeiten aus, die mit solcher Einigkeit, Loyalität und Aufrichtigkeit gefeiert werden."

Dieselbe grundlose Anspielung auf den Frieden ist in der Rede des französischen Präsidenten zu finden:

„Die Bande der Liebe, welche Rußland und Frankreich verbinden," sagte er, „und die vor zwei Jahren durch die erhebenden Manifestationen gestärkt wurden, deren Gegenstand unsere Flotte in Kronstadt war, werden täglich fester; der ehrliche Austausch unserer freundschaftlichen Gefühle muß alle jene begeistern, denen die Wohlfahrt des Friedens, der Sicherheit und des gegenseitigen Vertrauens am Herzen liegt ec."

In beiden Reden wird grundlos, unerwartet und ohne jede Gelegenheit auf die Wohlthaten des Friedens und die friedlichen Festlichkeiten hingewiesen.

Dasselbe läßt sich in dem Austausch der Telegramme zwischen dem russischen Kaiser und französischen Präsidenten bemerken.

Der Kaiser telegraphierte:

„In dem Momente, wo die russische Flotte Frankreich verläßt, ist es Mein inniger Wunsch, Ihnen auszusprechen, wie gerührt Ich über den prächtigen und warmen Empfang bin, den Meine Marine überall auf französischem Boden gefunden hat. Die Beweise warmer Sympathie, die abermals so beredt an den Tag gelegt wurden, werden ein frisches Band zu jenen hinzufügen, die beide Länder verbinden, und werden, wie Ich hoffe, zu der Befestigung des allgemeinen Frieden beitragen, der das Ziel Unserer beharrlichen Anstrengungen und Wünsche ist."

Der französische Präsident antwortete:

„Das Telegramm, für das ich Eurer Majestät danke, erreichte mich gerade, als ich im Begriffe war Toulon zu verlassen, um mich nach Paris zurückzubegeben. Die schöne Flotte, auf der ich die große Ehre hatte, die russische Flagge in französischen Gewässern begrüßen zu können, der herzliche und spontane Empfang, der Ihren braven Matrosen überall in Frankreich zu teil wurde, beweisen abermals die aufrichtige Sympathie, die unsere beiden Länder verbindet. Sie beweisen gleichzeitig ein tiefes Vertrauen zu dem wohlthätigen Einfluß, den zwei große, der Sache des Friedens ergebene Nationen ausüben können."

Beide Telegramme enthalten Anspielungen auf den Frieden, die mit dem Empfange der Matrosen nichts zu thun haben.

Es giebt keine einzige Rede, keinen einzigen Bericht, in dem nicht gesagt wird, daß das Ziel aller dieser Orgien der Friede Europas sei.

Bei einem von den Vertretern der französischen Litteratur gegebenen Diner atmete alles Friede. Herr Zola, der kurze Zeit vorher geschrieben hatte, daß der Krieg unvermeidlich und sogar zweckdienlich sei, Herr von Vogué der mehr als einmal dasselbe drucken ließ, sprachen keiner ein Wort von Krieg, sondern nur vom Frieden. Die parlamentarische Session wurde mit Reden über die vergangenen Festlichkeiten eröffnet, und alle Redner erwähnen, daß die Festlichkeiten eine Friedenserklärung für Europa sind.

Das ist so, wie wenn einer in eine friedliche Gesellschaft käme und energisch jeden zu versichern begänne, er habe nicht die geringste Absicht jemandem die Zähne einzuschlagen, die Augen auszukratzen oder die Arme zu brechen, sondern, daß er den Abend auf die friedlichste Weise verleben wolle.

„Es zweifelt ja niemand daran," hat man Lust zu sagen, „wenn Sie wirklich solch' böse Absichten haben, dann erwähnen Sie sie wenigstens nicht."

In vielen Berichten drückt sich offen eine naive Befriedigung aus, daß während der ganzen Zeit niemand auf das anspielte, was wie durch stillschweigende Übereinkunft nicht ausgesprochen werden sollte. Nur ein Unvorsichtiger, den die Polizei übrigens sofort entfernte, gab den Gedanken aller Ausdruck, indem er schrie: „Nieder mit Deutschland!"

In derselben Weise sind Kinder oft so darüber entzückt irgend einen Streich verbergen zu können, daß gerade die gute Laune sie verrät. In der That, warum sich so freuen, daß niemand vom Kriege sprach, wo wir in Wirklichkeit nicht daran denken?

V.
Niemand denkt an Krieg, aber es wird eine Milliarde für die Vorbereitungen dazu ausgegeben und in Frankreich und Rußland stehen Millionen unter Waffen.

Aber all' dies wird gethan, um den Frieden zu sichern: *Si vis pacem, para, bellum* ! *L'Empire c'est la paix. La république, c'est la paix.*

Allein wenn dies der Fall, warum werden die militärischen Vorteile einer französisch-russischen Allianz im Kriegsfalle mit Deutschland nicht nur in allen für die sogenannte gebildete Welt publizierten Blättern und Magazinen erklärt, sondern auch im „Cjelsky Wjestnik", einem von der russischen Regierung für das Volk herausgegebenen Blatte? Warum wird es diesem unglücklichen, von der eigenen Regierung betrogenen Volke eingeprägt, daß es nützlich für Rußland ist, in freundschaftlichen Beziehungen zu Frankreich zu stehen? „Denn wenn unerwarteter Weise die vorher erwähnten Staaten (Deutschland, Osterreich, Italien) sich entschlössen, uns den Krieg zu erklären, würde obwohl Rußland imstande wäre mit Gottes Hilfe allein zu widerstehen und selbst eine so mächtige Allianz zu besiegen, die Aufgabe keine kleine sein, auch große Opfer und Verluste würde der Erfolg nach sich ziehen."[6]*

Und warum wird in allen französischen Schulen Geschichte nach dem Leitfaden des Herrn Lavisse gelehrt (21. Auflage 1889), in welchem folgendes steht:

„Seit der Aufstand der Commune niedergeworfen ward, hat Frankreich keine Unruhen mehr gehabt. Am Tage nach dem Kriege nahm es die Arbeit wieder auf und zahlte Deutschland ohne Schwierigkeiten die ungeheure Kriegsentschädigung von 5 Milliarden.

Aber Frankreich verlor während des Krieges von 1870 seinen militärischen Ruhm, es verlor einen Teil seines Gebietes. Mehr als 1.500.000 Bewohner unserer Departements am Oberrhein, Unterrhein und an der Mosel, die gute Franzosen waren, sind

---

[6] *Cjelsky Wjestnik, 1893, No. 43.

gezwungen worden, Deutsche zu werden. Aber sie sind in ihr Schicksal nicht ergeben, sie hassen Deutschland und hoffen noch immer, daß sie einst wieder Franzosen werden können.

Deutschland schätzt jedoch seinen Sieg und ist ein großes Land, dessen Bewohner ihr Vaterland aufrichtig lieben, dessen Soldaten tapfer und gut discipliniert sind. Um das wieder zu erobern, was Deutschland von uns genommen hat, müssen wir gute Bürger und Soldaten sein; und damit aus euch gute Soldaten werden, lehren euch eure Lehrer die Geschichte Frankreichs.

Die Geschichte Frankreichs beweist, daß in unserem Lande die Söhne immer das Unglück der Väter gerächt haben.

Zur Zeit Karls VII. rächten die Franzosen die Niederlage ihrer Väter bei Crecy, Poitiers und Azincourt. An euch Knaben wird es sein die Niederlage eurer Väter bei Metz und Sedan zu rächen.

Das ist eure Pflicht, die große Pflicht eures Lebens. Diese dürft ihr nie vergessen."

Am Fuße der Seite befindet sich eine Serie von Fragen über den vorhergegangenen Paragraphen.

Die Fragen lauten:

„Was hat Frankreich verloren, indem es einen Teil seines Territoriums verlor?"

„Wieviel Franzosen sind durch den Verlust dieses Territoriums Deutsche geworden?"

„Lieben diese Franzosen Deutschland?"

„Was müssen wir thun, um eines Tages wiederzuerobern, was Deutschland uns genommen hat?"

Außerdem giebt es gewisse Reflexionen über Buch VII, in welchem es heißt, daß „die Kinder Frankreichs ihre Niederlage vom Jahre 1870 nicht vergessen dürfen, daß die Last dieser Erinnerung auf ihrem Herzen ruhen müsse, aber daß die Erinnerung sie nicht entmutigen dürfe, im Gegenteil, ihren Mut anfeuern müsse."

So wird, während in offiziellen Reden mit solchem Nachdruck vom Frieden gesprochen wird, hinter der Scene dem Volke, der aufsteigenden Generation, allen Franzosen und Russen die Gesetzlichkeit, der Nutzen und die Notwendigkeit des Krieges unaufhörlich gepredigt.

„Wir denken nicht an Krieg, wir wollen nur den Frieden sichern." Man hätte Lust zu fragen: „*Qui diable trompe-t-on ici?*"[7], wenn die Frage der Mühe wert und es nicht zu augenscheinlich wäre, wer der unglücklich Betrogene ist.

Der Betrogene ist immer und ewig das thörichte, arbeitende Volk, jenes Volk, das mit seinen schwieligen Händen all' diese Schiffe, Festungen, Arsenale, Baracken, Kanonen, Dampfer, Paläste, Hallen und Triumphbögen errichtet, das alle diese Bücher und Zeitungen druckt, das alle diese Fasanen, Fettammern, Austern und Weine verschafft und transportiert, die von jenen gegessen und getrunken werden, die es ernährt, erzieht, erhält und die es zum Dank dafür betrügen und ihm das schlimmste Unheil vorbereiten; das gutmütige, alberne arbeitende Volk, das, die weißen, gesunden Zähne zeigend, sich kindisch und naiv über den Anblick der Generäle und Präsidenten in voller Gala, die über ihren Köpfen flatternden Fahnen, das Feuerwerk und die prächtige Musik freut. Aber ehe es sich umsieht, wird es keine Admirale, Präsidenten, Fahnen oder Musik mehr geben, sondern ein feuchtes, leeres Schlachtfeld, Kälte, Hunger und Schmerz – vornan der mörderische Feind, rückwärts erbarmungslose Offiziere, die die Flucht verhindern, Blut, Wunden, verwesende Körper und sinnloser, unnützer Tod.

Mittlerweile werden jene, die in Paris und Toulon so gefeiert wurden, nach einem guten Diner, neben sich Gläser mit teurem Wein und Cigarren, in einem warmen Zelte sitzen, auf einer Mappe die Stellen mit Stecknadeln markieren, auf denen eine gewisse Anzahl „Kanonenfutter" ausgebreitet werden soll – „Kanonenfutter", das aus demselben thörichten Volke besteht – um zuletzt diese oder jene Position zu erobern und ein kleines Stückchen Ordensband zu erringen.

―――

[7] [L. A. Hauff übersetzt: *Wer, zum Teufel, wird hier betrogen.*]

VI.
Aber daran denkt ja niemand. „Wir haben keine blutigen Absichten," wird darauf geantwortet. „Alles, was geschieht ist der Ausdruck gegenseitiger Sympathie zweier Nationen. Es kann doch nichts Unrechtes dabei sein, wenn die Repräsentanten einer befreundeten Nation durch die der anderen Nation mit besonderen Ehren empfangen werden? Was kann dabei Unrecht sein, selbst wenn wir zugeben, daß das Bündnis den Schutz vor einem gefährlichen Nachbarn bedeutet, der Europa mit Krieg bedroht?"

Es ist Unrecht, weil es eine Lüge ist: eine freche, nicht zu entschuldigende, verbrecherische Lüge.

Es ist eine Lüge, daß die Russen für die Franzosen und die Franzosen für die Russen plötzlich Liebe empfinden. Es ist eine Lüge, wenn man uns andichtet, daß wir die Deutschen hassen und ihnen mißtrauen, und eine noch größere Lüge ist es, zu behaupten, daß das Ziel· aller dieser unanständigen und wahnsinnigen Orgien die Aufrechterhaltung des Friedens von Europa sein soll.

Wir wissen alle, daß wir weder früher noch jetzt irgend eine besondere Liebe für die Franzosen oder eine besondere Animosität gegen die Deutschen empfinden.

Man sagt uns, daß Deutschland böse Absichten gegen Rußland habe, daß der Dreibund unseren Frieden und den Europas gefährde, daß unser Bündnis mit Frankreich ein Gleichgewicht der Mächte sichern und eine Garantie des Friedens sein werde. Um aber solch einen Zustand zu erreichen, wäre es notwendig die Mächte mathematisch gleichzustellen.

Wenn das Übergewicht auf Seite der französisch-russischen Allianz wäre, würde die Gefahr dieselbe oder eine sogar noch größere sein. Denn wenn Kaiser Wilhelm, der an der Spitze des Dreibundes steht, eine Gefahr für den Frieden bildet, so wäre dies bei Frankreich, das sich mit dem Verluste seiner Provinzen nicht versöhnen kann, um so mehr der Fall. Der Dreibund wird ein Friedensbündnis genannt, während man uns beweist, daß es ein Kriegsbündnis ist. Ganz ebenso kann das französisch-russische Bündnis als ein Kriegsbündnis betrachtet werden.

Außerdem, wenn der Friede wirklich von dem vollständigen Gleichgewicht der Mächte abhängt, wie lassen sich die Einigkeiten definieren, zwischen denen das Gleichgewicht hergestellt werden soll? England behauptet, daß das französisch-russische Bündnis eine Gefahr für seine Sicherheit bilde, die ein neues Bündnis von seiner Seite erfordere. Und in wie viel Bündnis-Einigkeiten soll Europa geteilt werden, damit dieses Gleichgewicht erzielt werde?

In der That, wenn diese Notwendigkeit des Gleichgewichtes in jeder menschlichen Gesellschaft bestände, wäre jeder Stärkere eine Gefahr, gegen die die anderen ein Defensiv-Bündnis eingehen müßten.

„Was ist Unrecht dabei, wenn Frankreich und Rußland sich ihre gegenseitige Sympathie ausdrücken?" wird gefragt.

Es ist Unrecht, weil diese Sympathie eine Lüge ist, und eine einmal gesprochene Lüge endet nie harmlos.

„Der Teufel war ein Mörder von Anfang an und wohnte nicht in der Wahrheit." Lüge führt immer zum Mord, besonders in solchen Fällen.

Das, was jetzt stattfindet, geschah auch vor unserm letzten türkischen Kriege. Damals sah man bei den Russen plötzlich eine große Liebe zu gewissen slavischen Brüdern erwachen, von denen niemand seit Jahrhunderten gehört hatte; denn Franzosen, Deutsche und Engländer standen und stehen uns immer unendlich näher, als ein paar Bulgaren, Serben und Montenegriner. Bei jener Gelegenheit waren derselbe Enthusiasmus, dieselben Empfänge und Feierlichkeiten zu beobachten, die Männer, wie Aksakow und Katkow, die bereits in Paris als Musterpatrioten erwähnt werden, in Scene setzten. Damals wie jetzt war die plötzlich erwachte Liebe der Russen für die Slaven ein Spiel mit Worten.

Zuerst fing man, so wie jetzt in Paris, damals in Moskau an zu essen, zu trinken, Unsinn zu sprechen, war von den edlen Gefühlen, die man empfand, sehr gerührt, sprach von Einigkeit und Frieden und überging mit Stillschweigen die Hauptsache, den Anschlag gegen die Türkei. Die Presse spornte die Erregung an, allmählich mischte sich die Regierung in das Spiel; Serbien empörte sich; diplomatische Noten und halboffizielle Artikel begannen zu erscheinen. Die Presse log und erfand immer mehr, machte der Reizbarkeit Lust, und zuletzt mußte Alexander II., der thatsächlich den Krieg nicht wünschte, darin einwilligen, und es fand statt, was wir wissen – hunderttausende von unschuldigen Menschen gingen zu Grunde, millionen wurden zu Wilden erniedrigt und aller christlichen Gefühle beraubt.

Was in Paris und Toulon stattfand, führt augenscheinlich zu einem ähnlichen oder noch schlimmeren Gemetzel.

Anfangs trinken, ganz so wie damals, Generale und Minister beim Klange der Marseillaise und der russischen Nationalhymne auf Frankreich und Rußland, zu Ehren verschiedener Regimenter, der Armee und der Flotte; die Presse publiziert ihre Lügen, müßige reiche Leute, die nicht wissen, wie sie ihre Kraft und Zeit verwenden sollen, schwätzen patriotische Reden, rühren Haß gegen Deutschland auf, und zuletzt, wie friedliebend Alexander III. auch sein mag, werden die Umstände sich so fügen, daß es ihm unmöglich sein wird, einen Krieg zu vermeiden, den alle in seiner Umgebung, die Presse, und wie es in solchen Fällen immer scheint, die gesamte öffentliche Meinung verlangen wird. Im Handumdrehen wird die gewöhnliche, verhängnisvolle, lächerliche Proklamation in den Zeitungen erscheinen:

„Wir, von Gottes Gnaden Selbstherrscher aller Reußen, König von Polen, Großherzog von Finnland *ec.* verkünden allen unsern treuen Unterthanen, daß wir zum Wohle dieser unserer geliebten, von Gott unserer Sorgfalt anvertrauten Unterthanen es für unsere Pflicht vor Gott erkannt haben, sie auszusenden, zu töten und getötet zu werden. Gott ist mit uns."

Die Glocken werden läuten; langhaarige Männer werden sich in goldgestickte Säcke kleiden, um für ein erfolgreiches Morden zu beten und die furchtbare alte Geschichte wird wieder beginnen.

Exaltierte Menschen werden im Namen des Patriotismus das Volk in den Zeitungen zu Haß und Totschlag aufreizen, froh, daß sich ihr Einkommen dadurch vergrößert. Fabrikanten, Kaufleute, Armeelieferanten werden sich rühren, denn alle erwarten doppelte Einnahmen. Die Regierungsbeamten werden, die Möglichkeit, mehr als gewöhnlich zu unterschlagen, voraussehend, herumschwirren; die Militärbehörden werden sich regen, denn sie werden doppelte Gagen und Rationen beziehen und in der Erwartung leben, für das Hinmorden anderer Menschen verschiedene, alberne Verzierungen zu erhalten, die sie so hoch schätzen: Bänder, Kreuze, Orden und Sterne. Müßige Damen und Herren werden großen Lärm machen, ihren Namen im voraus in der Gesellschaft vom Roten Kreuze eintragen und sich vorbereiten, die Wunden jener zu verbinden, die ihre Gatten und Brüder verunstalten werden; und diese Leute werden sich einbilden, daß sie damit ein höchst christliches Werk thun.

Die Männer aber – von ihrer friedlichen Arbeit, von ihren Frauen, Müttern und Kindern fortgerissen, – hunderttausende von gutmütigen, einfachen Leuten mit mörderischen Waffen in den Händen – werden, die Verzweiflung in ihren Herzen durch Lieder, Schwelgerei und Alkohol erstickend, dahin gehen, wohin man sie führt.

Sie werden marschieren, hungern, frieren, Krankheiten erleiden und daran sterben oder endlich an einen Ort kommen, wo man sie zu tausenden töten wird; oder sie werden selbst ohne allen Grund tausende von Männern töten, die sie vorher nie sahen und die ihnen vorher nie etwas zu Leide thaten oder thun konnten.

Wenn dann die Zahl der Kranken, Getöteten, Verwundeten so groß sein wird, daß nicht Hände genug da sein werden, um sie aufzulesen, wenn die Lust von dem Verwesungsgeruch so infiziert sein wird, daß selbst die Vorgesetzten es unangenehm finden werden, wird eine Pause eintreten. Man wird die Verwundeten, so gut es geht, pflegen, die Getöteten mit Erde und Lehm bedecken, und dann wird die ganze Menge betrogener Menschen weiter und weiter geführt werden, bis die, welche den Plan entworfen haben, seiner müde sind, oder bis die, welche daraus Nutzen zu ziehen dachten, ihre Beute erhalten haben.

Und so wird die Menschheit wieder einmal hart, wild und

tierisch gemacht werden, wird die Liebe in der Welt abnehmen und die Christianisierung der Völker, die bereits begonnen hat, wieder für hunderte von Jahren hinausgeschoben werden.

Und die, die aus all dem Nutzen zogen, werden behaupten, daß der Krieg notwendig war, weil er stattgefunden hat, und werden die Generation vorbereiten, indem sie ihr von den Kinderjahren an den Kopf verdrehen.

———

VII.

Da solche patriotische Demonstrationen wie die Touloner Festlichkeiten, wenn auch nur aus der Ferne, den Willen der Menschen beschränken und sie zu jenen gewöhnlichen Verbrechen führen, die immer der Ausfluß des Patriotismus sind – muß jeder, der den wahren Zweck dieser Festlichkeiten begreift, gegen das, was sie stillschweigend ausdrücken, protestieren. Wenn daher die Herren Journalisten behaupten, daß jeder Russe mit dem, was in Kronstadt, Toulon und Paris stattfand, sympathisiere und daß dieses Bündnis auf Leben und Tod von dem Wunsche der gesamten Nation besiegelt werde; wenn der russische Unterrichtsminister dem französischen Minister versichert, daß seine ganze Brigade von Kindern, Beamten und Gelehrten seine Gefühle teile, oder wenn der Kommandeur eines russischen Geschwaders den Franzosen versichert, daß ganz Rußland ihnen für den Empfang dankbar sein werde; wenn Protopopen im Namen ihrer Heerde antworten und behaupten, daß das Gebet der Franzosen für das Wohl des kaiserlichen Hauses im Herzen der russischen, ihren Zar so liebenden Nation ein freudiges Echo finde; wenn der russische Gesandte in Paris, als Vertreter des russischen Volkes, nach einem Gerichte Fettammern *à la Soubise* oder *lagopèdes glacés*, mit einem Glase *Grand Moët* in der Hand behauptet, daß alle russischen Herzen im Einklang mit dem seinigen schlagen und von plötzlicher und ausschließlicher Liebe für Frankreich erfüllt sind – dann müssen wir, die wir noch nicht

Idioten sind, es für eine heilige Pflicht halten, nicht nur in unserem, sondern im Namen von zehn Millionen Russen auf das energischste gegen eine solche Behauptung zu protestieren und zu erklären, daß unsere Herzen nicht im Einklang mit denen der Herren Journalisten, Unterrichtsminister, Kommandanten der Geschwader, Protopopen und Gesandten schlagen, sondern daß wir im Gegenteil mit Empörung und Abscheu über die verderbliche Falschheit und Lüge erfüllt sind, die sie bewußt oder unbewußt in Wort und That verbreiten. Mögen sie soviel *Moët* trinken, als ihnen beliebt, mögen sie so viel in ihrem eigenen Namen thun: Artikel schreiben und Reden halten, wie sie wollen, wir, die wir uns als Christen betrachten, können nicht zugeben, daß alles, was diese Herren sich schreiben und sagen, für uns bindend ist.

Wir können es nicht zugeben, denn wir wissen, was hier unter all diesem Trinken, dieser Ekstase, diesen Reden und Umarmungen verborgen liegt, die nicht einer Befestigung des Friedens dienen sollen, sondern, wie wir fest überzeugt sind, jenen Orgien und Schwelgereien ähneln, denen sich die Bösen hingeben, wenn sie ein Verbrechen planen.

VIII.
Vor etwa vier Jahren stattete die erste Schwalbe dieses Toulorner Frühlings uns auf dem Lande einen Besuch ab. Es war ein wohlbekannter französischer Agitator für einen Krieg mit Deutschland und er kam nach Rußland, um einer französisch-russischen Allianz den Weg zu bahnen. Er kam gerade, als wir dabei waren die Heuernte einzuführen, und als wir beim Frühstück die Bekanntschaft unseres Gastes gemacht hatten, begann er sofort von seinen Feldzügen, seiner Gefangennahme, seiner Flucht zu erzählen; auch daß er geschworen hatte, nie aufzuhören, für einen Krieg mit Deutschland zu agitieren, bis der Ruhm und die Gren-

ze Frankreichs wieder hergestellt sei, und auf diesen Schwur schien er sehr stolz zu sein.

Alle Argumente unseres Gastes in Bezug auf die Notwendigkeit eines Bündnisses Frankreichs mit Rußland, um die frühere Grenze, Macht und Glorie Frankreichs wieder herzustellen und uns gegen die bösen Absichten Deutschlands zu schützen, hatten in unserem Kreise keinen Erfolg.

Frankreich, behauptete er, könne nie ruhig sein, bis es seine verlorenen Provinzen zurückerobert hätte. Wir antworteten, daß auch Rußland nie zur Ruhe kommen könne, bis es sich für Jena gerächt habe, und daß, wenn die Revanche Frankreichs Erfolg hätte, sich Deutschland rächen müßte, und so ins Unendliche.

Er meinte nun, daß es die Pflicht Frankreichs sei, seine ihm entrissenen Söhne zurückzuerobern; daran antworteten wir, daß der Zustand der Majorität der arbeitenden Bevölkerung Elsaß-Lothringens unter der Herrschaft Deutschlands seit der Zeit, da die Provinzen den Franzosen entrissen wurden, keine Veränderung zum Schlimmeren erlitten habe; die Thatsache aber, daß einige Elsässer als Franzosen und nicht als Deutsche registriert zu werden wünschen, und daß er, unser Gast, den Ruhm der französischen Waffen wieder hergestellt sehen wollte, sei kein Grund, das furchtbare Unheil zu erneuern, das ein Krieg verursachen würde, ja nicht einmal ein einziges Menschenleben zu opfern.

Auf seinen Einwand, daß wir leicht so reden könnten, da wir nie ausgestanden hätten, was Frankreich ausgestanden habe und daß wir ganz anders reden würden, wenn uns die baltischen Provinzen oder Polen genommen würden, antworteten wir, daß der Verlust der baltischen Provinzen oder Polens in keiner Weise als Unglück betrachtet werden könnte, eher als ein Vorteil, da dadurch die Zahl der zu ihrem Schutze notwendigen Truppen der bewaffneten Macht und damit auch die Staatsausgaben vermindert würden. Vom christlichen Standpunkte aber könne der Krieg nie zugegeben werden, da der Krieg morden verlange, während doch das Christentum nicht nur das Töten verbietet, sondern von uns die Besserung aller Menschen verlangt, da es alle Menschen, ohne Unterschied der Nationalität, als Brüder betrachtet.

Eine christliche Nation, die sich zu einem Krieg anschickt, sollte, sagten wir, der Logik nach nicht nur das Kreuz von ihren Kirchtürmen herabnehmen, die Kirchen zu eitlem anderen Gebrauche verwenden, der Geistlichkeit andere Pflichten geben, und vor allem das Evangelium verbieten, sondern sie sollte auch alle Ergebnisse der Moral aufgeben, die dem christlichen Gesetze entströmen.

„*C'est à prendre ou à laisser*" sagten wir. Bis das Christentum vernichtet ist, kann die Menschheit nur durch List und Betrug zum Kriege verleitet werden, wie es jetzt geschieht. Wir, die wir diesen Betrug und diese List sehen, können ihr nicht den Weg bahnen.

Da es während dieser Gespräche weder Musik noch Champagner, noch sonst etwas gab, das unsere Sinne verwirrt hätte, zuckte unser Gast bloß die Achseln und sagte mit der Liebenswürdigkeit eines Franzosen, daß er für den herzlichen Empfang dankbar sei, es ihm jedoch leid thue, daß seine Ansichten nicht ebenso gut aufgenommen wurden.

―――

IX.
Nach diesem Gespräche gingen wir wieder auf die Wiese hinaus. Unser Gast hoffte, bei den Bauern mehr Teilnahme für seine Ideen zu finden. Er bat mich, einem alten, kränklichen Bauern, namens Prokofy, der obwohl er an einem schweren Bruchleiden litt, noch immer energisch arbeitete und mit uns mähte, seinen Feldzugsplan gegen Deutschland zu übersetzen, der darin bestand, von beiden Seiten, der russischen und französischen, einen Druck auf dieses Land auszuüben.

Der Franzose erklärte ihm dies graphisch, indem er seine weißen Finger auf beide Seiten des groben, von der Hitze feuchten Hemdes des Mähers drückte.

Ich erinnere mich sehr gut an das gutmütig erstaunte Lächeln Prokofys, als ich ihm den Sinn der Worte und der Gesten des Franzosen erklärte. Offenbar nahm er den Vorschlag, die Deutschen so zu pressen für einen Scherz, da er nicht begreifen konnte, daß ein erwachsener und gebildeter Mann ruhig und nüchtern den Krieg als etwas Wünschenswertes hinstellen könne.

„Nun, wenn wir ihn von beiden Seiten pressen, wird er ja weder vor noch zurück können," antwortete er lächelnd, den vermeintlichen Scherz ebenfalls mit einem Scherze erwiedernd, „wir werden ihn irgendwo herauslassen müssen."

Ich übersetzte diese Antwort meinem Gaste.

„Sagen Sie ihm, daß wir die Russen lieben," bat dieser nun.

Diese Worte setzten Prokofy noch mehr in Erstaunen, als der Vorschlag, die Deutschen zu pressen: er begann mißtrauisch zu werden.

„Woher kommt er?" fragte er.

Ich antwortete ihm, daß er ein reicher Franzose sei.

„Und was führt ihn her?" fragte er.

Als ich ihm antwortete, daß der Franzose in der Hoffnung gekommen sei, die Russen zu überreden, mit den Franzosen im Falle eines Krieges mit Deutschland in ein Bündnis zu treten, ward Prokofh offenbar ganz mißvergnügt; er drehte sich zu den Frauen um, die dicht daneben auf einem Heuhaufen saßen und rief ihnen mit zorniger Stimme, die unbewußt die durch unser Gespräch in ihm erregten Gefühle verriet, zu, das übrige Heu zusammenzurechen.

„Nun, Ihr faulen Krähen, Ihr schlaft ja alle! Es scheint Euch garnicht so eilig, die Deutschen zu bedrängen! Seht her, dass Heu ist noch nicht gewendet, da wird am Mittwoch vom Pressen noch keine Rede sein!" Dann, als fürchte er, unseren Gast beleidigt zu haben, fügte er, mit einem gutmütigen Lächeln seine abgenutzten Zähne zeigend, hinzu: „Komm lieber und arbeite mit uns und bring' auch die Deutschen mit, wenn wir fertig sind, werden wir ein Fest geben, da können auch die Deutschen mithalten. So ist's."

Mit diesen Worten nahm Prokofy seine Hand, mit den hervortretenden Adern, von der Gabel des Rechens, hob ihn auf die Schulter und ging den Frauen nach.

„Oh, der brave Mann!" rief der höfliche Franzose lachend, und damit hatte seine diplomatische Mission beim russischen Volke vorläufig ein Ende.

Das verschiedene Aussehen dieser zwei Männer: der eine strahlend von Frische und Eleganz, in einem Rocke nach neuestem Schnitte, auf dem Kopf einen hohen Hut, mit seinen weißen Händen, die nie die Arbeit gekannt haben, demonstrierend, wie die Deutschen gepreßt werden sollten; der andere plump, mit Heustaub im Haar, von harter Arbeit gebeugt, sonnenverbrannt, trotz seines schweren Gebrechens immer thätig, mit seinen von der Arbeit geschwollenen Fingern, in seinen weiten selbst gemachten Beinkleidern, den abgenützten Schuhen aus Baumrinde, wie er, mit einem großen Heubündel auf dem Rücken, langsam, mit jener Sparsamkeit der Bewegung, die allen Arbeitern gemein ist, dahinschritt – dieses so verschiedene Aussehen beider Männer machte mir damals vieles klar, was mir seit den Toulloner und Pariser Festlichkeiten wieder lebhaft in Erinnerung gekommen ist.

Der eine repräsentierte die von der Arbeit des Volkes ernährte und erhaltene Klasse, die zum Dank dafür jenes Volk als „Kanonenfutter" benutzt; der andere war eben dieses „Kanonenfutter", das jene ernährt und erhält, die später mit ihm so umgehen.

X.

„Aber Frankreich sind zwei Provinzen entrissen, – einer geliebten Mutter sind ihre Kinder geraubt worden. Rußland kann Deutschland nicht erlauben, ihm Gesetze vorzuschreiben und es seiner historischen Mission im Osten zu berauben, oder wie Frankreich Gefahr laufen, seine baltischen Provinzen, Polen oder den Kaukasus zu verlieren. Deutschland kann nicht von dem Verluste der Vorteile hören, die es mit solchen Opfern erkauft, und England wird niemandem seine Suprematie zur See überlassen."

Nach solchen Worten wird gewöhnlich angenommen, daß der Franzose, Russe, Deutsche oder Engländer bereit ist, alles zu opfern, um die verlorenen Provinzen zurückzugewinnen, seinen Einfluß im Osten zu befestigen, die nationale Einheit zu sichern und seine Beherrschung des Meeres zu wahren.

Man nimmt an, daß der Patriotismus erstens ein allen Menschen natürliches, zweitens ein so hoch moralisches Gefühl ist, daß er allen eingeflößt werden sollte, die ihn nicht besitzen.

Aber weder das eine noch das andere ist wahr. Ich habe ein halbes Jahrhundert unter dem russischen Volke gelebt, und während dieser Zeit habe ich in der großen Masse der arbeitenden Klasse nicht einmal eine Manifestation oder einen Ausdruck dieses patriotischen Gefühles gesehen oder gehört, wenn man nicht jene patriotischen Phrasen mitzählt, die aus Büchern oder in der Armee auswendig gelernt vom oberflächlichen und verdorbenen Teile der Bevölkerung nachgeplappert werden. Ich habe vom Volke niemals einen Ausdruck des Patriotismus gehört, im Gegenteil, sehr oft Ausdrücke der Gleichgiltigkeit oder sogar Verachtung für jede Art Patriotismus und zwar von den ehrwürdigsten und ernstesten Arbeitern. Dieselbe Beobachtung habe ich bei der arbeitenden Klasse anderer Nationen gemacht und die Bestätigung derselben von gebildeten Franzosen, Deutschen und Engländern erhalten.

Die arbeitenden Klassen sind mit der Sorge um ihren und ihrer Familien Lebensunterhalt zu sehr beschäftigt, und diese Sorge beansprucht so sehr ihre Aufmerksamkeit, daß sie nicht imstande sind, ein Interesse an den politischen Fragen zu nehmen, die dem Patriotismus zu Grunde liegen.

Fragen inbezug aus den Einfluß Rußlands im Osten, die Einheit Deutschlands die Eroberung der verlorenen Provinzen Frankreichs oder die Abtretung irgend eines Stück Landes interessieren den Arbeiter nicht – nicht nur, weil er zumeist mit den

Verhältnissen, die diese Fragen hervorrufen, nicht vertraut ist, sondern auch, weil seine Lebensinteressen vom Staate und von der Politik gänzlich unabhängig sind. Für einen Arbeiter ist es vollständig gleichgiltig, wo die und die Grenze festgestellt wird, wem Konstantinopel gehört, ob Sachsen oder Braunschweig ein Glied des deutschen Bundes ist oder nicht, ob Australien oder Montebello zu England gehören sollen, – ja sogar welcher Regierung er Steuer zahlen oder zu welchem Heere er seine Söhne senden muß.

Für den Arbeiter ist es aber eine sehr wichtige Sache, was für Steuern er zu zahlen, wie lange er in der Armee zu dienen, wieviel er für seinen Boden zu entrichten hat und wieviel er für seine Arbeit bekommt – lauter Fragen, die vom staatlichen und politischen Interesse völlig unabhängig sind.

Das ist der Grund, warum trotz der energischen Mittel, welche die Regierungen anwenden, um den Patriotismus einzuflößen und den Sozialismus zu zerstören, der letztere immer weiter in die Massen des Volkes eindringt, während der eifrig gepflegte Patriotismus beständig mehr und mehr verschwindet, und jetzt nur mehr einen Besitz der oberen Klassen bildet, denen er von Nutzen ist.

Wenn es manchmal, so wie neulich in Paris, geschieht, daß der Patriotismus auch die Massen ergreift, so rührt das nur davon her, daß diese einem besonderen hypnotischen Einflusse der Regierung und der herrschenden Klassen erliegen. Ein solcher Patriotismus dauert nur so lange, als der Einfluß währt.

So wird zum Beispiel in Rußland der Patriotismus in Form von Liebe und Anhänglichkeit an die Religion, den Zaren und das Vaterland mit außerordentlicher Energie und allen Mitteln der Regierung – der Kirche, Schule, Litteratur und aller Art von pompösen Ceremonien – dem Volke eingeflößt. Die hundert Millionen von Arbeitern sind trotz des unverdienten Rufes der Anhänglichkeit an die Religion, den Zaren und das Vaterland ein Volk, das sich von Patriotismus und solcher Anhänglichkeit nicht düpieren läßt.

Das russische, arbeitende Volk kennt sogar zumeist nicht

einmal die offizielle orthodoxe Religion, der es so anhänglich sein soll, und wenn es sie zufällig kennen lernt, verläßt es sie und wendet sich dem Rationalismus zu, das heißt, es nimmt einen Glauben an, der nicht angegriffen werden kann und nicht verteidigt zu werden braucht. Gegen den Zaren verhält es sich trotz des beständigen energischen Drängens auf Anhänglichkeit wie gegen jede Autorität: entweder mit Mißfallen oder mit totaler Gleichgiltigkeit. Ein Vaterland, überhaupt etwas außerhalb seines Dorfes und Kreises kennt es nicht, oder es macht keinen Unterschied zwischen diesen und anderen Ländern. So wie früher Russen nach Osterreich oder der Türkei zu emigrieren pflegten, so gehen sie jetzt mit derselben Gleichgiltigkeit nach der Türkei oder nach China.

XI.

Ein alter Freund von mir, der den Winter allein auf dem Lande zuzubringen pflegte, während seine Frau, die er von Zeit zu Zeit besuchte, in Paris wohnte, sprach während der langen Herbstabende oft mit dem Starosten, einem ungebildeten, aber klugen und ehrwürdigen Bauern, der zu ihm zu kommen pflegte, um ihm Bericht zu erstatten. Einst erwähnte mein Freund die Vorteile des französischen Regierungssystems im Vergleiche zu dem unsern. Es war kurze Zeit vor dem letzten polnischen Aufstand und der Einmischung der französischen Regierung in unsere Angelegenheiten. Die patriotische, russische Presse spie damals Feuer und Flamme und reizte die leitenden Kreise so auf, daß die politischen Beziehungen sehr gespannt wurden und man von nichts anderem sprach, als Frankreich den Krieg zu erklären. Mein Freund, der unter dem Einflusse der Zeitungen stand, erklärte dem Starosten das Mißverhältnis zwischen Frankreich und Rußland, und da er ein alter Militär war, sagte er, daß er im Falle der Kriegserklärung wieder in die Armee treten und gegen Frankreich kämpfen würde. Zu jener Zeit wurde eine „Revanche" für Sebastopol von den patriotischen Russen für eine Notwendigkeit gehalten.

„Warum sollten wir mit ihnen Krieg führen?" fragte der Bauer.

„Wie können wir Frankreich erlauben, uns zu diktieren?"

„Nun, Sie sagten ja selbst, daß sie besser regiert würden wie wir," antwortete der Bauer ganz ernsthaft, „da mögen sie es jetzt in Rußland ebenso einrichten."

Mein Freund erzählte mir, daß er von diesem Argument so verblüfft ward, daß er nicht wußte, was er antworten sollte, und in Lachen ausbrach, wie einer, der soeben aus einem neckenden Traume erwacht ist.

Dasselbe Argument kann man von jedem russischen Arbeiter hören, wenn er nicht betrunken oder dem hypnotischen Einflusse der Regierung unterworfen ist. Man spricht von der Liebe des Russen zum Glauben, Zar und Vaterland, und doch wird nicht eine einzige Bauerngemeinde in Rußland zu finden sein, die einen Moment zögern würde, wenn sie zwischen zwei Dingen die Wahl hätte; in Rußland, unter dem „Väterchen Zar" (wie er nur in Büchern genannt wird), bei der heiligen orthodoxen Religion des angebeteten Vaterlandes zu bleiben, aber mit weniger und schlechterem Boden, oder an einem anderen Orte zu leben ohne den weisen Zar und ohne die orthodoxe Religion, irgendwo außerhalb Rußlands, in Preußen, China, Osterreich, aber mit mehr und besserem Boden, – die Wahl würde, wie wir oft Gelegenheit hatten zu beobachten, entschieden zu Gunsten des letzteren ausfallen.

Die Frage, wer ihn regieren werde (und er weiß, daß er unter jeder Regierung ausgeraubt wird), ist für den russischen Bauer von unendlich geringerer Bedeutung als die Frage: „Ist der Lehm weich und wird Kohl darin gedeihen?", vom Wasser gar nicht zu reden.

Vielleicht nimmt man jedoch an, daß diese Gleichgiltigkeit der Russen von der Thatsache herrührt, daß jede andere Regierung besser wäre als ihre eigene, weil es in Europa keine schlimmere giebt. Aber dem ist nicht so; denn so viel ich weiß, kann man dieselbe Gleichgültigkeit bei englischen, deutschen und holländischen Bauern, die nach Amerika auswandern, und bei den verschiedenen Nationen, die nach Rußland emigrieren, beobachten.

Das Übergehen europäischer Nationen von einer Regierung zu einer anderen, von der türkischen Herrschaft zur österreichischen, von der französischen zur deutschen ändert die Lage der wirklich arbeitenden Klasse so wenig, daß diese Veränderung in keinem Falle Unzufriedenheit erregen würde, wenn die Regierung und die herrschenden Stände sie nicht künstlich hervorbrächte.

XII.
Als Beweis für die Existenz des Patriotismus wird gewöhnlich auf die Manifestationen des Volkes bei gewissen feierlichen Gelegenheiten hingewiesen, wie sie zum Beispiel in Rußland bei der Krönung des Zaren oder nach dem Eisenbahnunfalle am 17. Oktober, in Frankreich bei der Kriegserklärung gegen Preußen, in Deutschland nach dem Kriege oder während der französisch-russischen Festlichkeiten stattfanden.

Man muß jedoch wissen, in welcher Weise die Manifestationen arrangiert wurden. In Rußland zum Beispiel werden während jeder Reise des Kaisers Delegierte einer jeder Bauerngemeinde zum Erscheinen kommandiert und für den Empfang und die Begrüßung des Zaren requiriert.

Der Enthusiasmus der Menge wird zumeist künstlich von jenen hervorgebracht, die ihn brauchen, und der Grad der von der Menge zur Schau gestellten Begeisterung ist nur ein Schlüssel zu dem Raffinement ihrer Kunst. Diese Kunst wird schon lange Zeit geübt, und daher haben die Spezialisten darin eine große Geschicklichkeit erlangt.

Als Alexander II. noch Thronfolger war und, wie es Herkommen ist, das Preobaschenskyregiment kommandierte, stattete er einmal dem Regimente, das sich damals im Lager befand, einen Besuch nach Tisch ab.

Sobald seine Kalesche in Sicht kam liefen die Soldaten, die sich damals nur im Hemde befanden, hinaus, um ihren „erhabenen Kommandanten", wie die Phrase lautet, mit Enthusiasmus zu begrüßen. Alle rannten dem Wagen nach und viele schlugen während des Laufes, den Prinzen anblickend, das Kreuz. Alle, die dem Empfange beiwohnten, waren von dieser einfachen Anhänglichkeit des russischen Soldaten an den Zaren und seinen Sohn und durch die echt religiöse und offenbar spontane Begeisterung, die sich in ihren Gesichtern, Bewegungen und durch das Kreuzschlagen ausdrückte, tief gerührt.

Aber all dies war in folgender Weise künstlich vorbereitet worden.

Nach einer Revue am vorhergehenden Tage teilte der Prinz dem Brigadekommandanten mit, daß er das Regiment am nächsten Tage noch einmal inspizieren würde.

„Wann haben wir Eure kaiserliche Hoheit zu erwarten?"

„Wahrscheinlich abends, aber bitte, mich nicht zu erwarten, es sollen auch keine Vorbereitungen getroffen werden."

Kaum war der Prinz fort, so berief der Brigadekommandant alle Hauptleute zusammen und gab den Befehl, daß am nächsten Tage alle Soldaten reine Hemden anzulegen hätten und in dem Momente, wo der Wagen des Prinzen in Sicht käme (zu diesem Zwecke sollten besondere Signalleute aufgestellt werden), sollten alle ihm entgegenlaufen, mit Hurrahrufen nacheilen und jeder zehnte Mann einer jeden Kompagnie sich bekreuzigen. Die Fähnriche stellten die Kompagnien auf und kommandierten jeden zehnten Mann, sich zu bekreuzigen. „Eins, zwei, drei … acht, neun, zehn – Sidorenko, Du hast Dich zu bekreuzigen. Eins, zwei, drei … Iwanov, bekreuzigen!"

So wurde der Befehl ausgeführt und der Prinz und alle, die es sahen, sogar die Soldaten, Offiziere, der Brigadier selbst erhielten den Eindruck einer spontanen Begeisterung.

Dasselbe geschieht, wenn auch weniger peremptorisch überall, wo patriotische Manifestationen stattfinden. So sind die französisch-russischen Festlichkeiten, die uns als der spontane Ausfluß des Nationalgefühls erscheinen, nicht aus eigenem Antriebe erfolgt, sondern durch die französische Regierung von langer Hand und mit großer Kunst vorbereitet.

Sobald das Kommen der russischen Flotte bestimmt war, bildeten sich (ich citiere wieder nach dem offiziellen Organ, dem „Cjelsky Wjestnik") sofort nicht nur in den größeren Städten, auf der ziemlich langen Route von Toulon nach Paris, sondern in vielen weit davon entfernten Orten besondere Komitees für die Organisation der Festlichkeiten.

Überall wurden Beiträge gesammelt, um die Kosten der Begrüßung zu bestreiten; viele Städte sandten Deputationen an unseren Gesandten in Paris, um ihn zu bitten, daß es unseren Seeleuten gestattet werde, sie, wenn auch nur für einen Tag oder eine Stunde, zu besuchen.

Die Municipalitäten aller jener Städte, die unsere Seeleute besuchen sollten, bewilligten große Geldsummen, von mehr als 100.000 Rubeln, um verschiedene Festlichkeiten und Belustigungen zu veranstalten und drückten ihre Bereitwilligkeit, im Notfalle noch größere Opfer zu bringen, aus, um die Begrüßung so prachtvoll als möglich zu gestalten. In Paris selbst wurde nebst der von der Municipalität bewilligten Summe ein großer Betrag von einem Privatkomitee gesammelt, die französische Regierung votierte über 100.000 Rubel für den Empfang der russischen Gäste durch die Minister und Behörden. In vielen Orten, die unsere Seeleute nicht besuchen konnten, wurde beschlossen den 1. Oktober als Festtag zu Ehren Rußlands zu feiern. Eine Anzahl von Städten und Departements sandte besondere Deputationen nach Toulon und Paris zur Begrüßung der russischen Gäste, um ihnen zur Erinnerung an Frankreich Geschenke zu machen oder Adressen zu überreichen.

Der 1. Oktober wurde als Nationalfesttag betrachtet, allen Schulkindern ein Ferientag gewährt und den Soldaten gewisse Strafen erlassen, damit sie sich dieses ersten Oktobers als eines Freudentages in den Annalen Frankreichs erinnern könnten.

Die Eisenbahnen reduzierten, um dem Publikum die Teilnahme an dem Empfange des russischen Geschwaders in Toulon zu ermöglichen, ihre Preise um die Hälfte und veranstalteten Sonderzüge.

Und dann, wenn durch eine Serie gleichzeitig getroffener Maßregeln ein gewisser Teil des Volkes, hauptsächlich der Mob, die städtische Bevölkerung in einen unnatürlich erregten Zustand versetzt wird, heißt es: „Seht, das ist der spontane Ausdruck des Volkswillens!"

Manifestationen, wie die in Toulon und Paris, wie die, die in Deutschland beim Empfange des Kaisers oder Bismarcks oder bei den Manövern in Lothringen stattfinden, wie die, die in Rußland bei jeder feierlichen Gelegenheit wiederholt werden, beweisen nur, daß die Mittel zur künstlichen Erregung einer Nation gegenwärtig in den Händen der Regierung und der herrschenden Klassen liegen, die jedwelche patriotische Manifestation erzielen können, um sie nachher als den Ausfluß der patriotischen Gefühle des Volkes zu bezeichnen.

Im Gegenteil, nichts beweist so klar den Mangel an Patriotismus im Volke wie gerade diese übertriebenen Maßregeln, die für die künstliche Erregung getroffen werden und die geringen Resultate, die mit so großer Anstrengung erzielt werden.

Wenn patriotische Gefühle einem Volke so natürlich sind, warum dürfen sie sich nicht frei ausdrücken, warum müssen sie durch jedes gewöhnliche und ungewöhnliche Mittel aufgereizt werden?

Wenn man in Rußland nur kurze Zeit den Versuch machen würde, bei Gelegenheit der Krönung des Zaren die Eidablegung des Volkes, die feierlichen Gebete für den Zaren bei jedem Gottesdienste abzuschaffen, die festliche Begehung seines Geburts- und Namenstages mit Illumination, Glockengeläute und gezwungenem Müßiggange zu unterlassen, die öffentliche Ausstellung seines Bildes einzustellen und in Gebetbüchern, Kalendern und Lehrbüchern nicht mehr seinen und die Namen seiner Familie, sogar die auf sie bezüglichen Fürwörter in großen Buchstaben zu drucken – wenn man aufhören würde, ihn durch besonders zu diesem Zwecke veröffentlichten [sic] Büchern und

Zeitungen zu verherrlichen, wenn auf das geringste unerbietige Wort gegen ihn nicht mehr Gefängnis stünde – dann würden wir wissen, in welchem Maße dieses Gefühl in dem Volke, in den wirklichen arbeitenden Klassen, in Prokofy und Iwan, den Starosten, lebt, die, wie man sie immer versichert und wie die Fremden es glauben, den Zar anbeten, der sie doch den Grundbesitzern und den Reichen im allgemeinen in die Hände liefert.

So ist es in Rußland; aber mögen in gleicher Weise die herrschenden Klassen in Deutschland, Frankreich, Italien, England damit aufhören, womit sie so beharrlich Patriotismus, Anhänglichkeit und Gehorsam an die bestehende Regierung einflößen wollen, so würden wir sehen, inwieweit der sogenannte Patriotismus den Nationen unserer Zeit natürlich ist.

Aber nun – von Kindheit an wird das Volk durch alle nur möglichen Mittel – Schule, Kirche, Predigten, Reden, Bücher, Zeitungen, Lieder, Monumente – nach einer Richtung verdummt. Dann, wenn durch Gewalt oder durch Bestechung mehrere tausend Leute versammelt sind und diese, vermehrt durch Müßiggänger, die sich zu jedem Schauspiel drängen bei dem Donner der Kanonen und dem Klange der Musik, erhitzt durch den Glanz und Schimmer ringsum, anfangen zu schreien, was andere ihnen vorschreien, so heißt es, daß das der Ausdruck des Gefühls der ganzen Bevölkerung ist.

Aber erstens sind diese Tausend oder selbst Zehntausend, die bei diesen Gelegenheiten Vivat schreien, bloß ein zehntausendstel der ganzen Nation; zweitens wird der größte Teil dieser Tausende, die da schreien und die Hüte schwenken, wenn auch nicht wie in Rußland durch Gewalt versammelt, so doch künstlich durch irgend einen Köder angelockt; drittens wissen von allen diesen Tausenden kaum hundert, was wirklich vorgeht, und die Majorität würde ebenso für die genau entgegengesetzte Absicht demonstrieren; und viertens ist die Polizei anwesend und hat die Macht, sofort jeden stillzumachen, der es versuchen würde, in einer von der Regierung nicht gewünschten Art zu schreien, wie es während der französisch-russischen Festlichkeiten geschah.

In Frankreich wurde der Krieg mit Rußland unter Napoleon I., dann der eben bekämpfte Alexander I., dann die Verbündeten mit ganz demselben Eifer begrüßt; die Bourbons wurden in derselben Weise bewillkommnet, wie das Haus Orleans, die Republik, Napoleon III. und Boulanger, und Rußland akklamiert in gleicher Weise heute Peter, morgen Katharina, Paul, Alexander, Constantin, Nikolaus, den Herzog von Leuchtenberg, die slavischen Brüder, den König von Preußen, die französischen Matrosen und alle, denen die Regierung einen prächtigen Empfang zu bereiten wünscht. Ganz dasselbe hat in England, Amerika, Deutschland und Italien stattgefunden.

Was in unserer Zeit Patriotismus genannt wird, ist einerseits eine gewisse geistige Neigung, die von der bestehenden Regierung durch Schulen, Religion und eine subsidierte Presse beständig unterhalten wird, andererseits eine temporäre Erregung der auf dem niedrigsten moralischen und intellektuellen Standpunkte stehenden Volksklasse, die von den herrschenden Klassen durch besondere Mittel erzeugt und zuletzt als der permanente Ausdruck des Volkswillens ausgegeben wird.

Der Patriotismus der von einer fremden Macht bedrückten Staaten bietet keine Ausnahme von dieser Regel, er ist den arbeitenden Klassen ebenso unbekannt und wird ihnen von den höheren Klassen bloß künstlich eingeflößt.

―――

XIII.
„Aber wenn das gemeine Volk nicht das Gefühl des Patriotismus besitzt, so rührt das davon her, daß dieses erhabene, jedem Gebildeten eigene Gefühl in ihm noch nicht entwickelt ist. Wenn es den Adel dieses Gefühls nicht besitzt, muß es in ihm gepflegt werden und das thut die Regierung."

So sprechen gewöhnlich die herrschenden Klassen, und sie sind so überzeugt, daß der Patriotismus ein edles Gefühl ist, daß das einfache Volk, dem es unbekannt ist, sich für strafbar hält und sich daran zu gewöhnen sucht oder wenigstens sich so stellt.

Worin besteht aber dieses erhabene Gefühl, das der Ansicht der herrschenden Klassen nach im Volke aufgezogen werden soll?

Dieses Gefühl ist sehr einfach zu definieren; es ist das Vorziehen des eigenen Landes oder der eigenen Nation vor allen anderen, ein Gefühl, das seinen vollsten Ausdruck in dem deutschen Liede „Deutschland, Deutschland über Alles" findet; man braucht nur die zwei ersten Worte mit Rußland, Frankreich Italien oder dem Namen eines anderen Landes zu vertauschen und man hat die Formel für das erhabene Gefühl des Patriotismus gefunden.

Es ist ja ganz gut möglich, daß ein solches Gefühl sowohl für die Regierung erwünscht und nützlich, wie für die Erhaltung des Staates notwendig ist, aber man muß einsehen, daß dieses Gefühl nicht ein erhabenes, sondern ein dummes und unmoralisches ist. Dumm, denn wenn jedes Land sich allen anderen überlegen halten wollte, müßten alle Länder bis auf eines im Irrtum sein, und unmoralisch, weil es alle, die es besitzen, dahin führt, ihr eigenes Land und ihre Nation auf Kosten jeder anderen zu übervorteilen – eine Neigung, die in vollkommenem Widerspruch zu dem von allen anerkannten moralischen Grundgesetze steht: „Was du nicht willst, das man dir thu', das füg' auch keinem andern zu!"

Der Patriotismus mag in der alten Welt, wo er den Menschen bewog, dem höchsten Ideal seiner Zeit, dem Vaterland zu dienen, eine Tugend gewesen sein. Wie aber kann der Patriotismus heutzutage eine Tugend sein, wo er von den Menschen ein unserer Religion und Moral gerade entgegengesetztes Ideal, nicht Gleichheit und Brüderlichkeit, sondern die Vorherrschaft einer Nation über alle anderen fordert? Dieses Gefühl ist in unseren Tagen nicht nur keine Tugend, sondern unzweifelhaft ein Laster, ja, der wahre Patriotismus kann überhaupt nicht mehr bestehen, denn für seine Existenz giebt es jetzt weder eine materielle noch eine moralische Begründung.

Der Patriotismus mochte einen gewissen Sinn haben in der alten Welt, wo die Völker in ihrer Zusammensetzung mehr oder weniger gleichförmig, eine Staatsreligion bekannten, sich der unbeschränkten Autorität eines vergötterten Staatsoberhauptes unterwarfen und eine Art Insel in einem Ocean von Barbaren bildeten, die sie zu überschwemmen suchten.

Es ist begreiflich, daß der Patriotismus, d. h. der Wunsch, sich vor den Angriffen der Barbaren zu schützen, die nicht nur bereit waren, die sociale Ordnung zu zerstören, sondern auch mit Plünderung, Morden, Sklaverei, Frauenschändung drohten, unter solchen Umständen ein natürliches Gefühl war, und es ist begreiflich, daß unter solchen Umständen die Menschen, um sich und ihre Landsleute zu verteidigen, die eigene Nation einer anderen vorziehen, ein Gefühl des Hasses gegen die sie umgebenden Barbaren hegen und sie aus Notwehr vernichten konnten.

Welche Bedeutung kann jedoch dieses Gefühl in unserer christlichen Zeit haben?

Warum sollte ein Mann unserer Tage diesem Beispiele folgen, ein Russe Franzosen oder ein Franzose Deutsche töten, da er, wie ungebildet er auch sein mag, wohl weiß, daß die Männer des Landes oder der Nation, gegen die seine patriotische Feindseligkeit gereizt wird, keine Barbaren sind, sondern Menschen, Christen, gleich ihm, oft desselben Glaubens, die nichts wollen, als den friedlichen Austausch der Arbeit, und die außerdem sehr oft durch Interessen gemeinsamer Arbeit oder durch merkantile oder geistige Beziehungen mit ihm verknüpft sind? So kommt es vor, daß einem Menschen die Bewohner des Nachbarlandes öfter näherstehen und notwendiger sind, als die Angehörigen der eigenen Nation; das ist der Fall bei Arbeitern im Dienste fremder Arbeitgeber, bei Geschäftsleuten, Gelehrten und Künstlern.

Außerdem sind jetzt die Lebensbedingungen so verändert, daß das, was wir Vaterland nennen und was wir von allem anderen unterscheiden sollen, aufgehört hat, ein klarer Begriff zu sein, wie es bei den Alten der Fall war, als die Bürger desselben Landes einer Nationalität, einem Staate, einer Religion angehörten.

Begreiflich ist der Patriotismus eines Ägypters, eines Juden, eines Griechen, der in der Verteidigung seines Landes seine Religion, seine Nationalität, sein Heim und seinen Staat verteidigte.

Worin besteht jedoch der Patriotismus eines Irländers, der sich in den Vereinigten Staaten niedergelassen hat und der durch seine Religion Rom, durch seine Nationalität Irland, durch seine Bürgerschaft den Vereinigten Staaten angehört? In derselben Lage sind die Böhmen in Österreich, die Polen in Preußen, Rußland oder Österreich, die Hindus in England, die Tartaren oder Armenier in Rußland oder der Türkei. Nicht zu reden von der Bevölkerung der eroberten Länder, können homogene Völker, wie Russen, Franzosen, Preußen nicht mehr das Gefühl des Patriotismus besitzen, das den Alten natürlich war, weil die Hauptinteressen ihres Lebens – die Familieninteressen, z. B. wenn ein Mann mit einer Frau einer anderen Nationalität verheiratet ist, die geschäftlichen, wenn sein Kapital im Auslande investiert ist, die geistigen, wissenschaftlichen oder künstlerischen Interessen sehr oft nicht mehr in den Grenzen des eigenen Landes, sondern außerhalb, vielleicht gerade in dem Staate liegen, gegen den seine patriotische Feindseligkeit erregt wird.

Der Patriotismus ist jedoch heutzutage hauptsächlich deshalb unmöglich, weil, wie sehr wir uns auch seit achtzehn Jahrhunderten bestreben, die Bedeutung des Christentums zu verbergen, es nichtsdestoweniger in unser Leben gedrungen ist und es in solchem Grade beherrscht, daß der einfachste und ungebildetste Mann heutzutage einsehen muß, daß der Patriotismus mit unseren Moralgesetzen absolut nicht übereinstimmt.

XIV.

Der Patriotismus war eine Notwendigkeit bei der Begründung und Festigung der Macht jener Staaten, die aus verschiedenen Nationalitäten bestanden und sich gemeinsam gegen die Barbaren verteidigten.

Sobald jedoch das Christentum diese Staaten von innen aus umzuwandeln begann und allen einen gleichen Standpunkt gab, wurde der Patriotismus nicht nur nutzlos, sondern sogar das einzige Hindernis der Einigung zwischen den Nationen, für die sie das Christentum vorbereitete.

Der Patriotismus ist heute die grausame Tradition einer überlebten Periode, die nicht nur kraft des Beharrungsvermögens besteht, sondern auch, weil die Regierungen und leitenden Klassen, die sich bewußt sind, daß nicht nur ihre Macht, sondern auch ihre Existenz, davon abhängt, sie beharrlich durch List und Gewalt in dem Volke erregen und erhalten.

Der Patriotismus gleicht heute einem Gerüste, das einst notwendig war, um die Mauern des Gebäudes zu errichten, und das, obwohl es das einzige Hindernis für die Bewohnbarkeit des Hauses bildet, nichtsdestoweniger beibehalten wird, weil seine Existenz gewissen Personen von Nutzen ist.

Seit langer Zeit schon gab und konnte es keinen Grund zur Uneinigkeit zwischen christlichen Nationen geben. Man kann sich sogar unmöglich vorstellen, warum russische und deutsche Arbeiter, die an den Grenzen oder in den Hauptstädten wohnen und gemeinschaftlich arbeiten, miteinander streiten sollten und noch weniger kann man sich eine Feindseligkeit zwischen einem Bauern aus Kasan vorstellen, der die Deutschen mit Weizen versorgt, und einem Deutschen, der ihn mit Sensen und landwirtschaftlichen Maschinen versieht.

Dasselbe ist der Fall zwischen französischen, deutschen, italienischen Arbeitern, und sogar lächerlich wäre es, von der Möglichkeit eines Streites zwischen Männern der Wissenschaft, Kunst und Litteratur verschiedener Nationalität zu sprechen, die für denselben, von der Regierung und der Nationalität unabhängigen Gegenstand Interesse haben.

Die verschiedenen Regierungen können jedoch die Nationen nicht in Frieden ruhen lassen, denn die hauptsächlichste, wenn nicht einzige Existenzberechtigung der Regierungen ist die Pacifikation der Nationen und die Beruhigung ihrer gegenseitigen Feindseligkeit.

Aus diesem Grunde schaffen die Regierungen solche feindselige Beziehungen im Namen des Patriotismus, um dann ihre friedenstiftende Macht zu zeigen. Ähnlich macht es ein Zigeuner, der, nachdem er seinem Pferde etwas Pfeffer unter dem Schwanz gesteckt und es im Stalle geschlagen hat, es herausführt und sich an die Zügel hängend, stellt, als könne er das feurige Tier nur mühsam bändigen.

Da wird uns gesagt, daß die Regierungen bestrebt sind, den Frieden aufrecht zu erhalten. Wie erhalten sie ihn aufrecht?

Die Leute am Rhein lebten im friedlichen Verkehr miteinander. Plötzlich, infolge gewisser Streitigkeiten und Intrigen zwischen einigen Königen, beginnt ein Krieg, und wir erfahren, daß die französische Regierung es für notwendig gefunden hat, diese friedlichen Leute in Franzosen zu verwandeln. Jahrhunderte vergehen, diese Leute haben sich an ihre Lage gewöhnt, da plötzlich entsteht wieder eine Feindseligkeit zwischen den Regierungen der beiden Länder, unter dem nichtigsten Vorwande bricht ein Krieg los, und die deutsche Regierung hält es für notwendig, diese Bevölkerung wieder als Deutsche zu registrieren. Und nun entwickelt sich zwischen allen Franzosen und Deutschen ein gegenseitiges Gefühl des Hasses.

Ein anderer Fall: Deutsche und Russen leben freundschaftlich an ihren Grenzen und tauschen friedlich die Früchte ihrer Arbeit ans. Da beginnen sie über dieselben Institutionen, die nur zur Aufrechterhaltung des Friedens unter den Nationen bestehen, zu streiten, begehen eine Dummheit nach der anderen und sind zuletzt nicht imstande, etwas anderes als eine höchst kindische Art der Selbstbestrafung zu finden, um ihren Willen durchzusetzen und ihren Gegnern einen Possen zu spielen, was in diesem Falle besonders leicht ist, denn die, die einen Zollkrieg veranlassen, leiden nicht darunter, es leiden nur die anderen. Und so entsteht ein Zollkrieg, wie er vor nicht langer Zeit zwischen Rußland und Deutschland stattfand. Auf diese Weise wird zwischen Russen und Deutschen ein feindseliges Gefühl genährt, das von den französisch-russischen Festlichkeiten noch mehr entflammt ward und von einem Momente zum anderen zu einem blutigen Kriege führen kann.

Ich habe die beiden letzten Beispiele des Druckes, den eine

Regierung üben kann, um Haß zwischen zwei Völkern zu erregen, erwähnt, weil sie in unserer Zeit stattgefunden haben; aber in der ganzen Geschichte giebt es keinen Krieg, der nicht von den Regierungen selbst begonnen wurde, die den Interessen des Volkes, für das ein Krieg, selbst wenn er erfolgreich wäre, immer verderblich ist, gänzlich fernstehen.

Die Regierung versichert das Volk, daß es von der Invasion einer anderen Nation oder von einem Feinde in seiner Mitte bedroht wird, und daß das einzige Rettungsmittel darin bestehe, der Regierung sklavisch zu gehorchen. Diese Thatsache wird ganz deutlich während Revolutionen und Diktaturen gesehen, aber sie besteht überall und immer, wo die Macht einer Regierung besteht. Nachdem die Regierung das Volk von seiner Gefahr versichert hat, unterwirft sie es ihrer Kontrolle, und in diesem Zustande zwingt sie es, andere Nationen anzugreifen. So wird die Behauptung der Regierung in den Augen des Volkes verstärkt: *Divide et impera* !

Der Patriotismus in seiner einfachsten, klarsten und unzweifelhaftesten Bedeutung ist nichts anderes als ein Mittel der Herrschenden, ihren Ehrgeiz und ihre Wünsche zu befriedigen; für die Beherrschten bedeutet er die Verzichtleistung auf menschliche Würde, Vernunft, Bewußtsein und die sklavische Unterjochung durch die Machthaber. So ist der Patriotismus überall beschaffen, wo er gepredigt wird.

Patriotismus ist Sklaverei.

Jene, welche den Frieden durch Schiedsgerichte predigen, denken folgendermaßen: Zwei Tiere können ihre Beute nicht teilen, nur wenn sie darum kämpfen. Sie machen es wie Kinder und wilde Nationen; vernünftige Leute aber schlichten ihre Streitigkeiten durch Argumente, durch Überredung und indem sie die Entscheidung der Frage an unparteiische und vernünftige Personen übertragen. So sollten heutzutage die Nationen handeln. Dieses Argument scheint ganz korrekt zu sein. Die Nationen haben heute die Periode der Vernünftigkeit erreicht, sie hegen keine Feindseligkeit gegen einander und könnten ihre Streitigkeiten auf friedlichem Wege schlichten.

Dieses Argument gilt jedoch nur insoweit, als es sich auf das Volk selbst bezieht, und zwar nur auf ein Volk, das nicht unter der Kontrolle der Regierung steht. Ein Volk jedoch, das sich der Regierung unterwirft, kann nicht vernünftig sein, denn diese Unterwerfung an und für sich ist ein Zeichen von Mangel an Vernunft.

Wie kann man von der Vernunft bei Menschen reden, die vorher versprechen, alles – sogar den Mord – auszuführen, wenn die Regierungen, das heißt gewisse Personen, die eine gewisse Stellung erreicht haben, befehlen werden. Menschen, die solche Verpflichtungen eingehen und sich ergeben allem unterwerfen, was ihnen unbekannte Personen in Petersburg Wien, Paris, Berlin bestimmen, können nicht vernünftig genannt werden; die Regierungen aber, das heißt jene, die im Besitze einer solchen Macht sind, können noch weniger für vernünftig gelten, auch läßt sich nichts anderes erwarten, als daß sie diese wahnsinnige und schreckliche Macht mißbrauchen und von ihr geblendet werden.

Das ist der Grund, warum Zwistigkeiten. zwischen Nationen nicht durch vernünftige Mittel, Konventionen, Schiedsgerichte und so weiter geschlichtet werden können, so lange die Unterwerfung der Völker unter die Regierungen fortdauert, denn dieser Zustand bringt immer Verderben.

Die Unterwerfung der Völker unter die Regierungen wird jedoch fortbestehen, so lange der Patriotismus besteht, denn alle Autorität basiert auf Patriotismus, das heißt, auf der Bereitwilligkeit der Völker, sich der Autorität zu unterwerfen und ihre Nation, ihr Vaterland und ihren Staat gegen angeblich drohende Gefahren zu verteidigen.

Die Macht der französischen Könige über ihr Volk war auf Patriotismus gegründet; auf ihm basierte die Macht des Wohlfahrtsausschusses nach der Revolution; dann die Macht Napoleons, als Konsul und Kaiser, nach dem Falle Napoleons die Macht der Bourbons, dann die der Republik, Louis Philipps, abermals der Republik, dann Napoleons III., wieder der Republik, und auf ihm beruhte zuletzt auch die Macht Boulangers.

Es ist furchtbar, es auszusprechen: aber es giebt und gab nie ein gewaltsames Vorgehen eines Volkes gegen ein anderes, das nicht im Namen des Patriotismus ausgeführt wurde.

Im Namen des Patriotismus kämpften die Russen gegen die Franzosen und die Franzosen gegen die Russen; in seinem Namen bereiten sich jetzt Russen und Franzosen vor, die Deutschen zu bekämpfen, und die Deutschen, auf beiden Seiten Krieg zu führen.

Dieses Gefühl führt jedoch nicht nur zu Kriegen. Im Namen des Patriotismus erdrückten die Russen die Polen, die Deutschen die Slaven, töteten die Communarden die Versailler und die Versailler die Communarden.

―――

XV.

Man sollte glauben, daß dank der Ausbreitung der Bildung, des rascheren und leichteren Verkehrs zwischen den verschiedenen Nationen, der Verbreitung der Litteraturerzeugnisse und hauptsächlich der Verminderung der Gefahren von seiten anderer Nationen, es täglich schwieriger und zuletzt unmöglich werden sollte, die Täuschung des Patriotismus fortzuführen.

Es steht jedoch leider fest, daß gerade die Ausbreitung der allgemeinen äußeren Bildung, gerade der erleichterte Verkehr und die Verbreitung der Litteraturerzeugnisse von den Regierungen immer mehr ausgenützt wird und ihnen derartige Möglichkeiten verschafft, das Gefühl gegenseitiger Animosität zwischen Nationen zu entfachen, daß in dem Grade, als die Nutzlosigkeit und Schädlichkeit des Patriotismus immer klarer wurde, auch die Macht der Regierungen und herrschenden Klassen, den Patriotismus unter dem Volke zu erregen, zunahm.

Der Unterschied zwischen der Vergangenheit und der Gegenwart besteht einzig in der Thatsache, daß jetzt eine größere Anzahl von Menschen an den Vorteilen teilnimmt, die der Patriotismus den oberen Klassen verschafft, folglich eine größere Anzahl von Menschen sich damit beschäftigt, diesen erstaunlichen Aberglauben zu verbreiten und zu stützen.

Je schwerer es einer Regierung wird, ihre Macht zu bewahren, desto zahlreicher sind die, die sie teilen.

In früheren Zeiten befanden sich die Zügel der Macht in den Händen weniger Regierungsleiter, der Kaiser, Könige, Herzöge mit ihren Soldaten und Gehilfen; heutzutage nehmen an der Macht und deren Vorteilen nicht nur die Regierungsbeamten und die Geistlichkeit teil, sondern auch die Groß- und Kleinkapitalisten, Gutsbesitzer, Bankiers, Parlamentsmitglieder, Professoren, Gelehrte und sogar Künstler, vor allem die Schriftsteller und Journalisten.

Alle diese Leute verbreiten bewußt oder unbewußt die Täuschung vom Patriotismus, die ihnen unentbehrlich ist, wenn sie die Vorteile ihrer Lage bewahren wollen; und der Betrug hat dank der vielen Mittel, die zu seiner Verbreitung zur Verfügung stehen, und weil der Betrüger mehr sind, denselben Erfolg wie früher, trotzdem es schwerer geworden ist, zu betrügen.

Vor hundert Jahren gehorchte das ungebildete Volk, das keine Idee hatte, woraus seine Regierung bestand, oder von welchen Nationen es umgeben war, blind jenen lokalen Regierungsbeamten und Adligen, denen es leibeigen war; die Regierung brauchte bloß durch Bestechungen und Belohnungen mit diesen Adligen und Beamten auf gutem Fuß zu bleiben, um das Volk zu allem zu zwingen, wessen sie bedurfte. Jetzt, da dass Volk zumeist lesen kann, mehr oder weniger weiß, worin seine Regierung besteht, und von welchen Nationen es umgeben ist, wo Arbeiter sehr leicht und häufig von Ort zu Ort sich bewegen und über das, was in der Welt geschieht, Bericht erstatten können, genügt nicht mehr die einfache Forderung, dass die Befehle der Regierung ausgeführt werden müssen; es ist daher notwendig, die richtigen Ideen über das Leben, welche das Volk besitzt, zu verdunkeln und ihm fremde Ideen über seine Existenz und seine Beziehungen zu anderen Völkern einzuflößen.

Gerade dank der Entwickelung der Litteratur, der Bildung und des erleichterten Verkehrs, flößen die Regierungen, die überall ihre Agenten haben, vermittelst Gesetzen, Predigten, Schulen, der Presse, dem Volke überall die seltsamsten und irrigsten Meinungen über seine Interessen, die gegenseitigen Beziehungen der Nationen, deren Eigenschaften und Absichten ein. Das Volk aber, von der Arbeit so erdrückt, daß es weder Zeit noch Kraft besitzt, die ihm aufgezwungenen Ideen oder die ihm gestellten Forderungen zu erfassen und zu prüfen, beugt sich ohne Murren unter das Joch.

Andererseits werden Männer aus dem Volke, denen es gelang, sich von der unaufhörlichen Arbeit frei zu machen und Bildung zu erlangen, die also, wie man annehmen sollte, den an ihnen verübten Betrug zu durchschauen vermögen, einer solchen Menge von Drohungen und Bestechungen von seiten der Regierung unterworfen, daß sie ohne Ausnahme auf die Seite der letzteren treten, und indem sie eine gut bezahlte und einträgliche Stellung als Priester, Lehrer oder Beamte annehmen, Teilnehmer an dem Betruge werden, der ihre Kameraden vernichtet.

Es ist geradeso, als ob an den Thoren der Bildung Netze gelegt wären, in denen alle gefangen werden, die auf irgend eine Weise der von der Arbeit erdrückten Masse des Volkes zu entschlüpfen vermochten.

Anfangs, wenn man die Grausamkeit dieser Täuschung begreift, empfindet man unwillkürlich Empörung gegen jene, die um ihres eigenen Vorteils willen diesen grausamen, Seele und Körper der Menschen zerstörenden Betrug unterstützen, und fühlt sich versucht, sie einer schlauen Verschlagenheit zu beschuldigen. Es ist jedoch Thatsache, daß sie täuschen, ohne es zu wollen, bloß weil sie sich nicht anders helfen können. Sie betrügen nicht wie Macchiavelli, sie sind sich nicht einmal dessen bewußt, sondern leben gewöhnlich in der Überzeugung, daß sie etwas Ausgezeichnetes und Erhabenes thun – eine Ansicht, in der sie durch ihre ganze Umgebung noch bestärkt werden.

Freilich sind sie sich bewußt, daß ihre Macht und ihre vorteilhafte Lage auf diesem Betruge basiert, aber sie üben ihn nicht, um das Volk zu täuschen, sondern in dem Glauben, daß sie dem Volke nützen. So sind Kaiser, Könige, Minister mit ihren Krönungen, Manövern, Rennen, gegenseitigen Besuchen, während sie verschiedene Uniformen anziehen, von Ort zu Ort gehen und mit ernstem Gesicht überlegen, wie sie den Frieden zwischen den feindseligen Nationen aufrecht erhalten sollen – Nationen, denen es nicht im Traum einfallen würde, miteinander zu kämpfen – ganz überzeugt, daß das, was sie thun, sehr vernünftig und nützlich ist.

In der gleichen Weise sind die verschiedenen Minister, Diplomaten und Beamten, wenn sie ihre reichen, mit allen Arten von Bändern und Kreuzen geschmückten Uniformen anlegen, während sie mit großer Sorgfalt auf dem besten Papier ihre dunklen, verwickelten, gänzlich unnützen Mitteilungen, Ratschläge, Projekte niederschreiben, fest überzeugt, daß ohne ihre Thätigkeit die gesamte Existenz der Nationen stillstehen oder wenigstens verwirrt werden würde.

Ebenso sind die Militärs, während sie, in lächerlichen Kostümen steckend, überlegen, mit welchen Gewehren oder Kanonen die Menschen am raschesten vernichtet werden könnten, ganz sicher, daß ihre Revuen und Manöver dem Volke höchst wichtig und wesentlich sind.

Dasselbe ist der Fall bei Priestern, Journalisten, Verfassern von patriotischen Lehr- und Schulbüchern, die dafür reichliche Belohnungen erhalten, und ohne Zweifel sind die Veranstalter von Festlichkeiten gleich den französisch-russischen aufrichtig gerührt, während sie ihre patriotischen Reden und Toaste halten.

Alle diese Leute thun das, was sie thun, unbewußt, weil ihr ganzes Leben auf dieser Täuschung beruht, und weil sie nicht wissen, was sie sonst thun sollten; überdies finden diese Handlungen die Teilnahme und Billigung aller jener, in deren Mitte sie leben. Da sie alle miteinander verknüpft sind, billigen und entschuldigen sie gegenseitig ihre Handlungen – der König und der Kaiser die der Soldaten, Beamten und Geistlichen, und diese wieder die Handlungen der Kaiser und Könige. Die Bevölkerung, besonders die Stadtbevölkerung aber, der das, was von allen diesen Leuten gethan wird, unbegreiflich ist, schreibt ihnen unbewußt eine besondere, fast übernatürliche Bedeutung zu. Das Volk sieht z. B. daß Triumphbogen errichtet werden, daß Leute sich mit Kronen, Uniformen, prächtigen Gewändern schmücken, daß Feuerwerke abgebrannt, Kanonen abgeschossen, Glocken geläutet werden, daß Regimenter mit ihren Musikbanden ausziehen, daß Briefe, Telegramme, Boten von Ort zu Ort fliegen, und da sie doch nicht glauben können, daß all' dies (wie es wirklich der Fall ist) ohne die geringste Notwendigkeit geschieht, schreiben sie ihm eine besondere, geheimnisvolle Bedeutung zu und empfangen diese Leute mit Geschrei oder ehrfurchtsvollem Schweigen. Gerade durch dieses Freudengeschrei oder diesen schweigenden Respekt aber werden die Leute, die für all' diese thörichten Handlungen verantwortlich sind, in ihrer Idee noch gestärkt. [...][8]

XVI.
Seit einiger Zeit bereits beruht die Macht der Regierung über das Volk nicht mehr auf Gewalt, wie es der Fall war, als eine Nation die andere unterwarf und durch Waffengewalt beherrschte, oder die Beherrscher eines unbewaffneten Volkes eigene Legionen von Janitscharen oder Wachen besaßen. Die Macht der Regierung wird bereits seit längerer Zeit von dem aufrecht erhalten, was man die öffentliche Meinung nennt.

Es besteht die öffentliche Meinung, daß der Patriotismus ein schönes, moralisches Gefühl, und daß es recht und billig ist, unsere eigene Nation, unseren eigenen Staat für den besten der Welt zu halten; aus dieser öffentlichen Meinung folgt natürlich

---

[8] [Hier folgen im Druck über fünf Zeilen Auslassungszeichen. L. A. Hauff bietet in seiner Übersetzung „Christentum und Vaterlandsliebe" von 1894 an dieser Stelle nicht mehr Text, unterlässt aber eine Kennzeichnung der Zensur, welche im Vergleich mit der russischen Gesamtausgabe folgende Passage betrifft: ‚Kürzlich bestellte Wilhelm II. einen neuen Thron mit einigen besonderen Verzierungen, und nachdem er sich in eine weiße Uniform mit Rüstung, Hosen und einem Helm mit einem Vogel gekleidet und darüber einen roten Mantel gelegt hatte, kam er zu seinen Untertanen und setzte sich auf diesen neuen Thron mit der klaren Überzeugung, dass dies eine sehr notwendige und wichtige Angelegenheit sei, und seine Untertanen fanden nicht nur nichts Lächerliches daran, sondern empfanden den Anblick als sehr feierlich.' pb]

eine andere, daß es recht ist, die Kontrolle der Regierung zu billigen, uns ihr zu unterwerfen, in der Armee zu dienen und uns in ihre Disciplin zu fügen, unsere Ersparnisse in Form von Steuern der Regierung zu geben, uns den Entscheidungen der Gerichtshöfe zu unterwerfen und die Edikte der Regierung als göttliches Recht zu betrachten. Eine solche öffentliche Meinung existiert, und infolge derselben hat sich eine starke Regierungsmacht gebildet, die Millionen Geld, einen organisierten Verwaltungsmechanismus, Post, Telegraph, Telephon, Heere, Gerichtshöfe, Polizei, eine ergebene Geistlichkeit, Schulen, selbst die Presse besitzt, und diese Macht der Regierung erhält wieder in dem Volke die öffentliche Meinung, die für ihre Existenz notwendig ist.

Die Macht der Regierung wird von der öffentlichen Meinung aufrecht erhalten, und mit dieser Macht kann die Regierung mittelst ihrer Organe, ihrer Beamten, Gerichtshofe, Schulen, Kirchen, sogar der Presse die öffentliche Meinung, deren sie bedarf, immer aufrecht erhalten; die öffentliche Meinung erzeugt die Macht und die Macht die öffentliche Meinung.

Aus dieser Lage scheint es keinen Ausweg zu geben.

Es gäbe auch keinen, wenn die öffentliche Meinung etwas Festes und Unveränderliches wäre und die Regierung imstande sein würde, gerade die Meinung zu erzeugen, deren sie bedarf. Glücklicherweise ist dem nicht so; die öffentliche Meinung ist erstens nicht permanent und stationär, sondern sie wechselt im Gegenteil fortwährend und bewegt sich zugleich mit dem Fortschritte der Menschheit. Die öffentliche Meinung kann nicht nur nicht nach dem Willen einer Regierung erzeugt werden, sondern sie ist es, die Regierungen erzeugt und ihnen Macht giebt oder entzieht. Es mag scheinen, daß die öffentliche Meinung gegenwärtig stationär und dieselbe ist, wie vor zehn Jahren, daß sie in Bezug auf gewisse Fragen bloß schwankt und zur Vergangenheit wiederkehrt, so z. B. wenn sie eine Monarchie durch eine Republik und eine Republik durch eine Monarchie ersetzt. Dies scheint jedoch nur so, wenn wir bloß den äußeren Ausdruck der öffentlichen Meinung untersuchen, die von der Regierung künstlich erzeugt wird.

Aber wir brauchen nur die öffentliche Meinung in Bezug auf das Leben der Menschen zu betrachten, und wir werden sehen, daß sie nie stagniert, sondern unaufhörlich den Weg wandert, auf dem die ganze Menschheit fortschreitet, sowie trotz Hindernissen und Verzögerungen der Frühling unaufhaltsam der Straße folgt, die die Sonne ihm vorschreibt.

Wenn daher auch dem äußeren Anscheine nach die Lage der europäischen Staaten dieselbe ist wie vor fünfzig Jahren, so sind trotzdem die Beziehungen der einzelnen Völker zu einander ganz verschieden.

Obwohl es jetzt wie damals Souveräne, Truppen, Steuern, Luxus, Armut, Katholicismus, Orthodoxie und Luthertum giebt, so existierte dies in früheren Zeiten, weil es von der öffentlichen Meinung gefordert wurde, während es jetzt besteht, weil die Regierungen das, was einst eine lebendige öffentliche Meinung war, künstlich aufrecht erhalten.

Wenn uns diese Bewegung der öffentlichen Meinung so entgeht, wie die Bewegung des Wassers im Flusse, wenn wir selbst mit der Strömung treiben, so rührt das davon her, weil die unmerklichen Veränderungen in der öffentlichen Meinung in uns selbst vor sich gehen.

In der Natur der öffentlichen Meinung liegt beständige und beharrliche Bewegung. Wenn sie uns stationär erscheint, so rührt das davon her, weil es immer einige giebt, die eine gewisse Phase der öffentlichen Meinung zu ihrem eigenen Vorteil ausgenützt haben und nun alle Anstrengungen machen, ihr den Anschein der Dauer zu geben und die neue wirkliche Meinung, die im Bewußtsein des Volkes bereits lebendig, wenn auch noch nicht vollkommen ausgeprägt ist, zu unterdrücken. Diese Leute, die an einer abgelebten öffentlichen Meinung festhalten und die neue verbergen, sind die Mitglieder der Regierungen und herrschenden Klassen, die den Patriotismus als eine unerläßliche Bedingung des menschlichen Lebens predigen.

Die Mittel, über die diese Leute verfügen, sind ungeheuer, aber da die öffentliche Meinung fortwährend fließt und wächst, sind diese Mittel vergeblich: Die alte verfällt, die neue wächst.

Je länger die Manifestationen einer entstehenden öffentlichen Meinung unterdrückt werden, desto stärker wird sie, desto energischer bricht sie hervor.

Die Regierungen und herrschenden Klassen thun alles, was sie können, um die alte öffentliche Meinung vom Patriotismus, auf der ihre Macht beruht, zu konservieren und den Ausdruck der neuen, die sie vernichten würde, zu unterdrücken.

Es ist jedoch nur bis zu einem gewissen Punkte möglich, die alte zu bewahren und die neue zurückzuhalten, geradeso, wie es nur in einem gewissen Maße möglich ist, fließendes Wasser durch einen Damm aufzuhalten.

Wie sehr die Regierungen sich auch bemühen mögen, in dem Volke die einstige öffentliche Meinung zu erwecken, derzufolge der Patriotismus ein schönes und edles Gefühl ist, so glauben die Menschen unserer Zeit nicht mehr an den Patriotismus, sondern erkennen immer mehr und mehr die Solidarität und Brüderlichkeit der Nationen.

Der Patriotismus verspricht nichts anderes, als eine furchtbare Zukunft; die Brüderlichkeit der Nationen repräsentiert ein Ideal, das der Menschheit immer verständlicher und wünschenswerter wird. Daher muß der Fortschritt der Menschheit von der alten, überlebten öffentlichen Meinung zur neuen unvermeidlich stattfinden. Dieser Fortschritt ist so unvermeidlich, wie im Frühling das Fallen der letzten dürren Blätter und das Erscheinen der neuen aus den saftschwellenden Knospen.

Je länger dieser Übergang hinausgeschoben wird, desto unvermeidlicher wird er, desto augenscheinlicher seine Notwendigkeit.

In der That, wir brauchen uns bloß zu erinnern, was wir als Christen wie als Männer unserer Zeit bekennen, wir brauchen nur an die Grundgesetze der Moral, von denen unser sociales, unser Familien- und persönliches Leben geleitet wird, nur an die Lage denken, in die uns der Patriotismus versetzt, um zu sehen, in welchem Widerspruch zu unserem Gewissen wir stehen, und was wir, dank eines energischen Regierungseinflusses, als die öffentliche Meinung unserer Zeit erachten.

Man braucht bloß die gewöhnlichsten Forderungen des Patriotismus, die als etwas ganz Gewöhnliches und Natürliches hingestellt werden, zu untersuchen, um zu verstehen, in welchem Maße diese Forderungen von der wirklichen öffentlichen Meinung, die alle bereits teilen, abweichen. Wir alle halten uns für gebildete, freie, humane Menschen, selbst für Christen, und doch sind wir alle in einer solchen Lage, daß wenn Wilhelm sich durch ein Wort Alexanders beleidigt fühlt, Herr N. oder Herr M. einen kriegerischen Artikel über die Orientfrage schreibt, Prinz So und So einige Bulgaren oder Serben plündert, diese oder jene Kaiserin durch irgendetwas beleidigt wird, wir alle, gebildete, humane Christen hingehen und Leute töten müssen, von denen wir gar nichts wissen, denen wir ebenso freundschaftlich gesinnt sind wie der übrigen Welt.

Und wenn ein solches Ereignis noch nicht stattgefunden hat, so danken wir es, versichert man uns, der Friedensliebe Alexanders III. oder dem Umstande, daß Nikolaus Alexandrowitsch die Enkelin Viktorias heiraten wird.

Wenn sich jedoch zufällig ein anderer im Zimmer Alexanders befände, oder wenn die Stimmung Alexanders selbst umschlüge, oder wenn Nikolaus Alexandrowitsch Amalie statt Alice heiraten würde, da würden wir wie wilde Tiere aufeinander losstürzen und uns den Bauch aufschlitzen.

Das ist angeblich die öffentliche Meinung unserer Zeit, und solche Argumente werden in jedem liberalen und vorgeschrittenen Organe der Presse wiederholt. Wenn wir, die wir seit mehr als tausend Jahren Christen sind, einander noch nicht den Hals abgeschnitten haben, so kommt das davon her, weil Alexander III. es nicht erlaubt. Aber das ist furchtbar!

―――

XVII.
Um die größten und wichtigsten Veränderungen in der Existenz der Menschheit herbeizuführen, bedarf es weder der Heldenthaten, noch der Bewaffnung von Millionen von Soldaten, der Herstellung neuer Straßen und Maschinen, der Veranstaltung von

Ausstellungen, der Organisation von Arbeitervereinigungen, der Revolutionen, Barrikaden, Explosionen oder der Vervollkommnung der Luftschiffahrt, sondern es genügt eine Veränderung in der öffentlichen Meinung.

Und um diese Veränderung herbeizuführen, bedarf es weder besonderer Geistesanstrengung noch der Abschaffung von irgend etwas Bestehendem oder der Erfindung von etwas Neuem; es genügt, wenn wir aufhören, der irrigen, bereits abgestorbenen öffentlichen Meinung zu gehorchen, die die Regierung künstlich unterhält, es genügt, wenn jedes Individuum sagt, was es fühlt und denkt, oder wenigstens nicht das sagt, was es nicht denkt.

Wenn nur ein kleiner Teil der Menschen dies sofort aus eigenem Antriebe thäte, würde die abgenutzte, öffentliche Meinung von selbst abfallen und eine neue, lebendige, wirkliche zu Tage treten. So wie aber die öffentliche Meinung sich einmal verändert hat, wird auch der innere Zustand des menschlichen Lebens, der so qualvoll ist, sich ebenfalls ändern.

Es ist eigentlich beschämend zu sagen, wie wenig notwendig ist, um alle Menschen von dem Elend zu befreien, das sie bedrückt: es darf nur nicht gelogen werden.

Wenn die Menschen nur der Lüge überlegen wären, die ihnen eingeflüstert wird, wenn sie sich weigern würden zu sagen, was sie weder fühlen noch denken, würde sofort eine solche Veränderung in der ganzen Organisation unseres Lebens eintreten, wie sie alle Anstrengungen der Revolutionäre in Jahrhunderten nicht herbeiführen könnten, selbst wenn sie die höchste Macht besäßen.

Oh, wenn die Menschen nur glauben wollten, daß die Stärke nicht in der Gewalt, sondern in der Wahrheit liegt, wenn sie nur nicht in Wort und That davor zurückschrecken, wenn sie nicht sagen würden, was sie nicht denken und fühlen, wenn sie nicht thäten, was sie selbst als thöricht und unrecht erkennen!

Aber was liegt daran, wenn man „Es lebe Frankreich!" oder „Hurrah" für irgend einen König oder Sieger ruft? Oder welche Bedeutung hat es, wenn man einen Artikel schreibt, um die französisch-russische Allianz oder einen Zollkrieg zu verteidigen, oder um Deutsche, Russen oder Engländer zu tadeln? Oder was ist denn dabei, wenn man einem patriotischen Feste beiwohnt und auf die Gesundheit von Leuten trinkt, die man nicht liebt, und die uns nichts angehen? Oder was liegt daran, wenn man den Nutzen und die Trefflichkeit von Verträgen und Bündnissen zugesteht oder schweigt, wenn die eigene Nation in unserer Gegenwart in den Himmel gehoben, andere hingegen verhöhnt und beschimpft werden? Oder wenn der Katholicismus, die Orthodoxie, das Luthertum gepriesen oder Kriegshelden wie Napoleon, Peter, Boulanger oder Skobeleff bewundert werden?

All dies scheint in der That im großen und ganzen sehr unwichtig zu sein; und doch, wenn wir diese unwichtigen Dinge unterlassen, wenn wir, soweit es uns möglich ist, deren Unvernünftigkeit beweisen, so liegt darin unsere größte, unwiderstehlichste Macht, jene Macht, die die wirkliche öffentliche Meinung bildet, jene Meinung, die, indem sie fortschreitet, die ganze Menschheit mit sich fortbewegt.

Die Regierungen wissen das und sie zittern vor dieser Macht; auf alle nur mögliche Weise bemühen sie sich, ihr entgegen zu handeln oder in ihren Besitz zu gelangen.

Sie wissen, daß die Stärke nicht in der physischen Gewalt, sondern im Gedanken und dessen klaren Ausdruck liegt; daher fürchten sie sich vor dem Ausdrucke des unabhängigen Gedankens mehr als vor einer Armee, und aus diesem Grunde setzen sie die Censur ein, bestechen sie die Presse, und monopolisieren sie die Kontrolle über Kirche und Schule. Aber die geistige Kraft, die die Welt bewegt, entgeht ihnen; sie befindet sich weder in Büchern noch Zeitungen, sie kann nicht eingeschlossen werden, sie ist immer frei, sie besteht in der Tiefe des menschlichen Bewußtseins. Diese gewaltigste, freie Macht, die nicht gefangen werden kann, ist jene, die in der Seele des Menschen zu Tage tritt, wenn er, ganz mit sich allein, über die Weltereignisse nachdenkt und diese Gedanken dann in ganz natürlicher Weise seiner Frau, seinem Bruder, seinem Freunde mitteilt, allen, mit denen er in Berührung kommt, und denen die Wahrheit vorzuenthalten er für eine Sünde hält. Weder Milliarden Rubel noch Millionen Truppen, Kanonen, Kriege oder Revolutionen werden das hervorrufen, was ein freier Mann hervorrufen kann, wenn er das, was er für recht hält, unabhängig von dem, was besteht oder ihm eingeflüstert wird, einfach ausdrückt.

Ein einziger freier Mann wird wahrheitsgetreu sagen, was er denkt und fühlt, während tausende um ihn durch ihre Handlungen und Worte genau das Gegenteil bethätigen [sic]. Es scheint nun, daß der, der seine Gedanken so aufrichtig ausdrückt, allein bleiben wird, aber gewöhnlich geschieht es, daß alle übrigen, wenigstens die Majorität, dasselbe gedacht und gefühlt haben, jedoch ohne es auszusprechen.

Und was gestern die neue Meinung eines Mannes war, wird heute die allgemeine Meinung der Majorität. Hat sich aber diese Meinung einmal festgesetzt, so wird sich das Benehmen der Menschheit sofort in unmerklicher Weise, aber unaufhaltsam zu verändern beginnen.

Gegenwärtig fragt sich jeder, selbst wenn er frei ist: „Was vermag ich allein gegen diesen Ocean von Schlechtigkeit und Trug, der uns überschwemmt?" Wozu sollte ich meine Meinung äußern? In der That, warum sollte ich überhaupt eine besitzen? Es ist besser, über diese nebeligen und verwickelten Dinge gar nicht nachzusinnen. Vielleicht sind diese Widersprüche sogar eine unvermeidliche Bedingung unserer Existenz, und warum sollte ich allein gegen alles Böse in der Welt ankämpfen? Ist es nicht besser, mit dem Strome zu treiben, der mich fortreißt? Wenn etwas geschehen soll, kann es nicht durch mich allein, sondern in Gemeinschaft mit anderen gethan werden." So verzichtet ein jeder auf die mächtigste Waffe – den Gedanken und seinen Ausdruck – und bemüht sich, eine Waffe zu finden, die der gemeinsamen Thätigkeit dient, ohne zu beachten, daß jede gemeinsame Thätigkeit, die in unserer Welt existiert, gerade auf den Prinzipien basiert, gegen die er ankämpfen will, und daß beim Eintritte in die sociale Thätigkeit, die in unserer Welt besteht, ein jeder, wenn auch nur zum Teil, verpflichtet ist, von der Wahrheit abzustehen und Konzessionen zu machen, die die Gewalt der stärksten Waffe, die ihm im Kampfe beistehen sollte, vernichten

Das ist gerade so, als würde man einem eine Klinge schenken, die alles zu durchschneiden vermag, und er würde die Klinge dazu benutzen um Nägel einzuschlagen. Wir klagen alle über die Sinnlosigkeit des Lebens, das mit unserem Wesen nicht im Einklange steht, und doch weigern wir uns, nicht nur die einzige, mächtige Waffe, die wir in Händen haben: das Bewußtsein der Wahrheit und deren Ausdruck zu gebrauchen, sondern wir zerstören sogar diese Waffe unter dem Vorwande, das Böse zu bekämpfen, und opfern sie den Anforderungen eines imaginären Kampfes gegen diese sociale Ordnung. Der Eine spricht die Wahrheit, die er kennt, nicht aus, weil er sich gegen die Leute, mit denen er sich eingelassen, verpflichtet fühlt; ein anderer, weil die Wahrheit ihn der einträglichen Stellung berauben würde, mit der er seine Familie ernährt; ein dritter, weil er nach Ruhm und Autorität strebt, um dann seine Ideen im Dienste der Menschheit zu verwenden; ein vierter, weil er nicht alte, geheiligte Traditionen zerstören will; ein fünfter, weil er andere nicht beleidigen will; ein sechster, weil der Ausdruck der Wahrheit Verfolgung erwecken und die ausgezeichnete, sociale Thätigkeit zerstören würde, der er sich geweiht hat.

Der eine dient als Kaiser, König, Minister, Regierungsbeamter oder Soldat und redet sich und anderen ein, daß die in seiner Stellung unvermeidliche Abweichung von der Wahrheit durch das Gute, das er thut, gut gemacht wird. Ein anderer, der das Amt eines geistlichen Hirten versieht, glaubt in der Tiefe seiner Seele nicht alles, was er lehrt, gestattet sich jedoch des Guten halber, das er thut, die Abweichung von der Wahrheit. Ein dritter lehrt Litteratur, und trotzdem er in Bezug auf die ganze Wahrheit Schweigen beobachten muß, um die Regierung und die Gesellschaft nicht gegen sich aufzureizen, zweifelt er nicht an dem Guten, das er thut. Ein vierter kämpft als Revolutionär oder Anarchist gegen die bestehende Ordnung und ist ganz überzeugt, daß die Ziele, die er verfolgt, so wohlthätige sind, daß die im Interesse seiner Thätigkeit notwendige Vernachlässigung der Wahrheit oder selbst die Lüge die Nützlichkeit seines Wirkens nicht zerstören können.

Damit die Lebensbedingungen der Menschen, die ihrem Gewissen widersprechen, durch neue und lebendige ersetzt werden, die damit übereinstimmen, muß die alte, abgenutzte öffentliche Meinung durch eine neue und lebendige ersetzt werden. Und damit diese alte, abgenutzte Meinung der neuen, lebendigen den Platz überläßt, müssen alle, die sich der neuen Lebensbedingungen bewußt sind, sie offen aussprechen. In Wirklichkeit aber übergehen alle jene, die sich der neuen Meinung bewußt sind, sie nicht nur mit Stillschweigen, sondern sie bethätigen durch Wort und That das genaue Gegenteil.

Nur die Wahrheit und deren Ausdruck können jene neue öffentliche Meinung einsetzen, die die alte, verderbliche Lebensordnung verwandeln wird, und doch sprechen wir nicht nur nicht die uns bekannte Wahrheit aus, sondern sagen sogar oft das, was wir selbst als falsch erkennen.

Wenn die Menschen nur nicht auf das bauen würden, was weder mächtig noch frei ist, nämlich auf die äußere Macht, sondern auf das vertrauen würden, was immer mächtig und frei ist – die Wahrheit und deren Ausdruck!

Wenn die Menschen nur kühn und offen die ihnen bekannte und klare Wahrheit, daß alle Nationen verbrüdert und die ausschließliche Hinneigung zum eigenen Volke ein Verbrechen ist, kühn und offen aussprechen wollten, so würde diese tote, falsche öffentliche Meinung – und von ihr hängt die Macht der Regierungen und all das von ihnen erzeugte Unheil ab – wie eine trockene Haut abfallen. Dann wird die neue öffentliche Meinung hervortreten, die nur noch auf das Abfallen der alten wartet, um deutlich und mächtig ihre Forderungen zu stellen und neue, mit dem Bewußtsein der Menschheit in Übereinstimmung stehende Existenzformen zu begründen.

XVIII.
Wenn die Menschen begreifen könnten, daß das, was uns als öffentliche Meinung erklärt und durch solche komplizierte, energi-

sche und künstliche Mittel aufrecht erhalten wird, nicht die öffentliche Meinung, sondern der leblose Sprößling dessen ist, was einst öffentliche Meinung war; wenn sie zu sich selbst Vertrauen hätten, wenn sie glauben wollten, daß das, was in der Tiefe unserer Seele wohnt, was in jedem nach Ausdruck ringt und nur nicht ausgedrückt wird, weil es der angeblich existierenden öffentlichen Meinung widerspricht, jene Macht ist, die die Welt verwandelt, und deren Sieg die Mission der Menschheit ist; wenn sie glauben wollten, daß die Wahrheit nicht das ist, wovon die Menschen reden, sondern was das eigene Bewußtsein, d. h. Gott, spricht – würde sofort die falsche, künstlich erhaltene öffentliche Meinung verschwinden und eine neue an deren Stelle treten.

Wenn die Menschen nur das sagen würden, was sie denken, und nicht, was sie nicht denken, würde der dem Patriotismus entspringende Aberglaube sofort samt den darauf begründeten grausamen Gefühlen und Gewaltthätigkeiten zusammenfallen; der von den Regierungen angefachte Haß und die Feindseligkeit zwischen Nationen und Völkern würden aufhören, das Lobpreisen des militärischen Heldentums, d. h. des Mordens würde ein Ende nehmen, und, was noch wichtiger ist, man würde aufhören die Autorität zu respektieren, ihr die Früchte der Arbeit zu überlassen und sich ihr zu unterwerfen, da es dafür keinen anderen Grund giebt als den Patriotismus.

Geschähe dies, so würde die große Masse der Schwachen, die von der Autorität geleitet werden, auf die Seite der neuen öffentlichen Meinung treten, die fortan an Stelle der alten regieren würde.

Mögen die Regierungen die Schulen, die Kirchen, die Presse, ihre Milliarden von Geld und Millionen von in Maschinen umgewandelten Menschen behalten: diese ganze, scheinbar so furchtbare Organisation brutaler Gewalt ist nichts im Vergleich zu dem Bewußtsein der Wahrheit, das in der Seele eines einzigen aufsteigt, der die Macht der Wahrheit kennt, der sie einem zweiten, einem dritten mitteilt, wie eine Kerze zahllose andere entzündet.

Das Licht braucht nur angezündet zu werden, und wie Wachs vor dem Feuer wird diese scheinbar so mächtige Organisation schmelzen und vergehen.

Wenn die Menschen nur die ungeheure Macht begriffen, die ihnen mit der Wahrheit gegeben ist, wenn sie nur ihr Erstgeburtsrecht nicht für ein Linsengericht verkaufen würden! Die Völker sollten nur ihre Macht begreifen, dann würden ihre Regenten es nicht wie jetzt wagen, die Menschen in die Mulde allgemeinen Gemetzels zu werfen, sie würden nicht wagen, vor den Augen einer friedlichen Bevölkerung Revueen und Manöver disciplinierter Mörder abzuhalten, sie würden nicht wagen zu ihrem eigenen Nutzen und zum Vorteile ihrer Gehilfen Zollverträge abzuschließen und aufzuheben, noch dem Volke jene Millionen Rubel abzunehmen, die sie unter ihre Gehilfen verteilen und mittelst deren sie den Mord vorbereiten.

Eine solche Umwandlung aber ist nicht nur möglich, sondern es ist ebenso unmöglich, daß sie sich nicht vollzieht, wie es unmöglich ist, daß ein lebloser, abgestorbener Baum nicht fällt und ein junger an seine Stelle tritt.

„Den Frieden lasse ich Euch, meinen Frieden gebe ich Euch. Euer Herz erschrecke nicht und fürchte sich nicht", hat Christus gesagt. Und dieser Friede ist wirklich unter uns und hängt von uns ab.

Wenn die Herzen der Menschen nur nicht von den Versuchungen, denen sie stündlich ausgesetzt sind, geschwächt würden, wenn sie sich nur nicht durch jene imaginären Gefahren, mit denen man sie einschüchtern will, erschrecken ließen, wenn das Volk nur wüßte, worin seine größte, siegende Kraft besteht, dann würde der Friede, den die Menschheit immer ersehnt hat – nicht der Friede, der durch diplomatische Unterhandlungen, Reisen, Diners, Reden, Festungen, Kanonen, Dynamit und Melinit, durch Steuern, die das Volk erschöpfen, durch die Ablenkung der Blüte der Nation von der Arbeit errungen wird – sondern der Friede, den jeder erringt, der die Wahrheit bekennt, schon längst unter uns herrschen.

# III.
Brief an die Redaktion der Londoner Zeitung „Daily Chronicle"

(1894)

Übersetzt von L. A. Hauff[1]

Seit dem Erscheinen meines Buches *„Das Reich Gottes ist in Euch"* und meiner Broschüre *„Christentum und Vaterlandsliebe"* habe ich oft in Abhandlungen und Briefen Erwiderungen gelesen, welche nicht gerade gegen meine Gedanken, aber gegen eine falsche Auslegung derselben gerichtet sind. Dies geschieht oft bewußt, oft unbewußt nur aus Unkenntnis des Geistes der christlichen Lehre.

„Das ist alles wahr," sagt man mir, „der Despotismus, die Todesstrafe, die Bewaffnung von ganz Europa, die unterdrückte Lage der Arbeiter, die Kriege, – alles das sind große Übel und Sie haben recht, wenn Sie die jetzige Ordnung der Dinge verurteilen. Aber wie soll man ohne Regierungen auskommen? Welches Recht haben wir Menschen mit beschränkter Erkenntnis und Vernunft, die bestehende Ordnung der Dinge umzustürzen, nur weil wir dies für besser halten, durch welche unsere Vorfahren die jetzige hohe Stufe der Civilisation mit allen ihren Wohlthaten erreicht haben? Wenn wir den Staat vernichten, so müssen wir etwas anderes an seine Stelle setzen. Wenn aber nicht, wie sollen wir dann jene schrecklichen Übel riskieren, welche unvermeidlich entstehen müssen, wenn der Staat vernichtet wird?"

---

[1] Textquelle dieser Übersetzung | *Brief an die Redaktion der Londoner Zeitung „Daily Chronicle"* (15.12.1894). In: Graf Leo N. TOLSTOI: Meine ersten Erinnerungen sowie verschiedene kleine Schriften. Aus dem Russischen übersetzt von L. A[lbert]. Hauff. Berlin: Verlag von Otto Jahnke o.J. [1910].

Aber die Wahrheit ist, daß die christliche Lehre in ihrem wahren Sinne niemals vorgeschlagen hat, noch vorschlägt, irgend etwas zu zerstören, und niemals irgend eine neue Institution als Ersatz der früheren vorgeschlagen hat, noch vorschlägt. Die christliche Lehre unterscheidet sich dadurch von allen anderen religiösen und gesellschaftlichen Lehren, daß sie den Menschen das Heil nicht vermittelst allgemeiner Gesetze für das Leben aller Menschen bietet, sondern dadurch, daß sie jedem Menschen einzeln den Sinn seines Lebens klar macht, indem sie ihm zeigt, worin das Übel und worin das wahre Wohl seines Lebens besteht. Und dieser Sinn des Lebens, wie er dem Menschen durch die christliche Lehre geoffenbart wird, ist in solchem Grade klar, überzeugend und unzweifelhaft, daß der Mensch, wenn er ihn einmal begriffen und daher erkannt hat, worin das Übel und worin das Heil seines Lebens besteht, durchaus nicht imstande ist, das zu thun, worin er das Übel seines Lebens erblickt, und das zu unterlassen, worin er das wahre Heil desselben sieht, ganz ebenso, wie das Wasser nicht anders kann, als abwärts zu fließen, und die Pflanze nicht anders, als nach dem Licht zu streben.

Der Sinn des Lebens aber, wie er dem Christen geoffenbart ist, besteht darin, den Willen dessen zu erfüllen, der uns in diese Welt gesandt hat und zu dem wir einst zurückkehren, wenn wir sie verlassen.

Das Übel unseres Lebens besteht also nur in der Abwendung von diesem Willen und das Heil nur in der Erfüllung der Forderungen dieses Willens, welche so einfach und so klar sind, daß es ebenso unmöglich ist, sie nicht zu begreifen, als sie falsch auszulegen. Wenn Du nicht thun kannst, was Du nicht willst, daß man Dir thue, so thue wenigstens auch einem andern nicht, was Du nicht willst, daß man Dir thue. Du willst nicht, daß man Dich nötigt, zehn Stunden täglich in Fabriken oder Bergwerken zu arbeiten, Du willst nicht, daß Deine Kinder hungern, frieren, unwissend bleiben, Du willst nicht, daß man Dir das Land wegnehme, auf dem Du Dich ernähren könntest, Du willst nicht, daß man Dich ins Gefängnis werfe oder aufhänge dafür, daß Du in der Leidenschaft, infolge von Verführung oder Unwissenheit eine ungesetzliche Handlung begangen hast, Du willst nicht, daß man Dich im Krieg verwunde oder töte, – also thue das alles auch andern nicht.

Alles das ist so einfach, klar und zweifellos, daß ein kleines Kind es verstehen muß und keinerlei Sophismen es umstürzen können.

Stellen wir uns vor, daß ein Arbeiter, der sich ganz in der Gewalt seines Herrn befindet, zu einer ihm bekannten und angenehmen Arbeit angestellt sei, und nun plötzlich andere zu ihm kommen, welche, wie er weiß, sich in derselben Abhängigkeit von seinem Herrn befinden, wie er selbst und welchen dieselbe Arbeitsleistung, wie ihm, übertragen wurde und anstatt die ihnen befohlene Arbeit auszuführen, von dem Arbeiter verlangen, das Gegenteil von dem zu thun, was ihm klar und unzweifelhaft vom Herrn befohlen wurde. Was wird jeder vernünftige Arbeiter auf ein solches Verlangen antworten?

Aber dieser Vergleich drückt noch lange nicht das aus, was ein Christ empfinden muß, an den man das Verlangen stellt, an der Unterdrückung, dem Landraub, an Hinrichtungen, Kriegen u. s. w. teilzunehmen, wie dies die Staatsgewalt von uns verlangt; denn so bestimmt auch die Befehle des Herrn für den Arbeiter sein mögen, so kommen sie doch niemals jenem unzweifelhaften Bewußtsein jedes nicht durch falsche Lehren verwirrten Menschen gleich, daß er nicht andern das zufügen soll, was er selbst nicht wünscht, daß ihm angethan werde, und daß er daher nicht teilnehmen soll an Gewaltthaten, Steuererhebungen, Hinrichtungen, an der Ermordung seines Nächsten, was alles die Regierung von ihm verlangt. Für den Christen fragt es sich also nicht, wie die Verteidiger des Staates unabsichtlich, zuweilen aber absichtlich die Frage stellen: ob der Mensch das Recht habe, die bestehende Ordnung umzustürzen und durch eine andere zu ersetzen (der Christ denkt nicht einmal an diese allgemeine Ordnung, überläßt die Leitung derselben Gott, fest überzeugt, daß Gott sein Gesetz nicht der Unordnung, sondern der Ordnung wegen in unsern Verstand und unser Herz gelegt hat und daß aus der Befolgung des uns geoffenbarten unzweifelhaften Gesetzes Gottes nur Gutes hervorgehen kann). Die unvermeidliche Frage nicht nur für jeden Christen, sondern für jeden Menschen überhaupt lautet vielmehr: Wie soll ich mich verhalten bei der beständig an mich herantretenden Wahl: Soll ich im Widerspruch mit meinem Gewissen für die Regierung wirken, welche das Recht auf den Landbesitz Menschen zuerkennt, die es nicht bearbeiten, welche Abgaben von den Armen nimmt, um sie den Reichen zu geben, welche irrende Menschen in die Verbannung und zur Zwangsarbeit schickt und aufhängt, welche die Soldaten zum Mord antreibt, die Völker durch Opium und Branntwein demoralisiert, u. s. w., – oder soll ich, meinem Gewissen folgend, nicht an den Thaten der Regierung teilnehmen, welche meinem Bewußtsein widersprechen? Was aber daraus folgt, was aus dem Staat wird, wenn ich in dem einen oder dem anderen Sinn entscheide, das will und kann ich nicht wissen.

Darin liegt die Kraft der christlichen Lehre, daß sie die Fragen des Lebens aus dem Gebiet der ewigen Zweifel auf den Boden der Zweifellosigkeit überführt.

Aber man sagt: „Auch wir leugnen nicht die Notwendigkeit, die bestehende Ordnung der Dinge abzuändern, und wünschen auch, sie zu verbessern. Aber nicht durch die Weigerung, an der Regierung, an der Justiz, am Heer teilzunehmen, noch durch die Vernichtung des Staates wollen wir die Besserung herbeiführen, sondern im Gegenteil durch die Teilnahme an der Regierung, durch Erwerbung von Freiheit und Rechten, durch die Wahl von wahren Volksfreunden und Gegnern des Krieges und jeder Gewaltthat zu Vertretern." Alles das wäre sehr gut, wenn die Mitwirkung zur Verbesserung der Regierungsform mit dem Zweck des menschlichen Lebens identisch wäre. Unglücklicherweise aber sind beide nicht nur nicht identisch, sondern widersprechen einander sogar.

Denn wenn das menschliche Leben auf diese Welt beschränkt ist, so liegt sein Zweck oder Ziel bedeutend näher, als in der allmählichen Vervollkommnung der Regierung, – es liegt in dem persönlichen Wohl. Wenn aber das Leben nicht mit dem Dasein auf dieser Welt zu Ende geht, so ist der Zweck, das Ziel ein viel ferneres, größeres, es liegt in der Erfüllung des Willens Gottes. Ist das Ziel mein persönliches Wohl und endigt das Leben hier, – was geht mich dann die zukünftige langsame Verbesserung des Staates an, welche aller Wahrscheinlichkeit nach erst zu einer Zeit eintritt, wo ich nicht mehr bin? Wenn aber mein Leben unsterblich ist, so ist das Ziel der Verbesserung des englischen, deutschen, russischen, oder irgend eines Staates im zwanzigsten Jahrhundert zu klein für mich und kann die Anforderungen meiner unsterblichen Seele keineswegs befriedigen. Ein genügender Zweck für mein Leben kann demnach nur sein entweder mein sofortiges Wohlbefinden, das keineswegs zusammenfällt mit staatlicher Thätigkeit in Bezug auf Abgaben, Justiz, Krieg, oder die ewige Rettung meiner Seele, welche nur durch die Erfüllung des Willens Gottes zu erlangen ist. Dieser Wille aber fällt gleichfalls nicht zusammen mit dem Verlangen nach Gewaltthat, Hinrichtungen, Krieg der bestehenden Ordnung.

Und darum wiederhole ich: Nicht nur für jeden Christen, sondern auch für jeden Menschen unserer Zeit liegt die Frage nicht darin: „Welches Gemeinwesen wird gesicherter sein, dasjenige, welches durch Gewehre, Kanonen und Galgen geschützt wird, oder das, welches nicht durch diese Schutzmittel behütet wird?" Die Frage ist vielmehr für alle Menschen eine und dieselbe und man kann ihr nicht ausweichen, nämlich: „Willst Du, ein vernünftiges und gutes Wesen, das heute erschienen ist und morgen wieder verschwinden kann, – willst Du, wenn Du an Gott glaubst, seinem Gesetz und Willen zuwider handeln, obgleich Du weißt, daß Du jeden Augenblick zu ihm berufen werden kannst, oder, wenn Du nicht an Gott glaubst, jenen Eigenschaften des Verstandes und der Liebe zuwiderhandeln, welche allein Dir als Richtschnur im Leben dienen können, obgleich Du weißt, daß, wenn Du Dich irrst, Du niemals imstande sein wirst, Deinen Irrtum wieder gut zu machen?

Und die Antwort auf diese Frage kann für die Menschen, für welche sie aufgeworfen wurde, nicht anders lauten als: „Nein, ich kann nicht, ich will nicht!"

Man wird sagen: „Das ist der Umsturz der Regierung und die Vernichtung der bestehenden Ordnung." Aber wenn die Erfüllung des Willens Gottes die bestehende Ordnung umstürzt, – ist das nicht ein unzweifelhafter Beweis dafür, daß die bestehende Ordnung dem Willen Gottes widerspricht und zerstört werden muß?

15. Dezember 1894.
Leo Tolstoi

IV.
Sinnlose Hirngespinste
Eine Auseinandersetzung über Autokratie und Demokratie[1]
(Bessmyslennye mečtanija 1895)

Leo Tolstoi

Dieser Aufsatz stammt aus dem unveröffentlichten Nachlass des Dichters. – Wladimir Tschertkow publizierte ihn kurz nach dem Sturz des Zaren (1917) in der Moskauer Zeitung „Utro Rossii" (Morgen Russlands).

———

Am IV. Januar 1895 versammelten sich in Petersburg die Vertreter der Adels- und Semstwovereinigungen aller 70 und etlichen Gouvernements und Distrikte Russlands, um dem neuen, jungen, russischen Zaren, der an die Stelle seines verstorbenen Vaters getreten war, zu gratulieren.

Schon mehrere Monate vor der Abreise der Vertreter wurden in allen Gouvernements Russlands umfassende Vorbereitungen zu dieser Feier getroffen: man berief außerordentliche Versammlungen ein, machte Vorschläge, hielt Wahlen ab, intrigierte, entwarf treuuntertänige Adressen, stritt sich herum, dachte sich Ehrengeschenke aus, stritt sich wieder herum, sammelte Geld, machte Bestellungen, erwählte die Glücklichen, die reisen und persönlich die Adressen und Geschenke überreichen sollten, und endlich reisten die Leute aus allen Gauen Russlands nach Petersburg ab, mit Geschenken, neuen Uniformen, vorbereiteten

---

[1] Textquelle | Leo TOLSTOI: Sinnlose Hirngespinste. Eine Auseinandersetzung über Autokratie und Demokratie ([1895,] aus dem unveröffentlichten Nachlass des Dichters). Bern: Der Freie Verlag 1918. [16 Seiten]

Reden und mit den freudigsten Erwartungen, den Zaren und die Zarin zu sehen und mit ihnen zu sprechen.

Sie langten an, versammelten sich, ließen sich anmelden, erschienen bei dem und dem Minister, unterwarfen sich allen Proben. Endlich war der feierliche Tag gekommen, und sie begaben sich mit ihren Geschenken ins Schloss. Allerlei Kuriere, Hofmeister, Furiere, Zeremonienmeister, Kammerlakaien, Adjutanten usw. nahmen sie in Empfang, bemächtigten sich ihrer, führten sie hin und her, stellten sie auf. Endlich war der feierliche Augenblick da. Und alle diese Hunderte, zumeist Greise, Familienväter, grauhaarige, in ihren Kreisen hochangesehene Leute, erstarrten in Erwartung.

Die Türe tat sich auf, und ein kleiner, junger Mann in Uniform trat ein und begann zu sprechen. Er sah dabei in seine Mütze, die er vor sich hin hielt und in welcher sich die Rede, die er halten wollte, befand. Die Rede bestand hauptsächlich in folgendem:

„Ich freue mich, die Vertreter aller Stände hier zu sehen, die zusammengekommen sind, um ihre treuuntertänigen Gefühle auszudrücken. Ich glaube an die Aufrichtigkeit dieser Gefühle, die seit jeher allen Russen eingeboren sind. Mir ist aber bekannt, dass in letzter Zeit in einigen Semstwoversammlungen Stimmen von Leuten lautgeworden sind, die sich sinnlosen Hirngespinsten über die Teilnahme von Semstwovertretern an den Angelegenheiten der innern Verwaltung hingegeben haben. Mögen alle wissen, dass ich, indem ich mich mit allen Kräften dem Wohl des Volkes widme, den Grundsatz der Selbstherrschaft ebenso fest und unerschütterlich aufrechterhalten werde wie mein unvergesslicher seliger Vater."

Als der junge Zar zu jener Stelle seiner Rede kam, wo er ausdrücken wollte, dass er alles nach seinem eigenen Kopfe zu machen gedenke, dass er nicht nur jedes Mitspracherecht, sondern auch jeden Rat ablehne, fühlte er wahrscheinlich in der Tiefe seiner Seele, dass dies ein übler Gedanke sei und dass die Art, wie er ihn vorbringe, etwas Unanständiges an sich habe. Er wurde verlegen und begann, um seine Konfusion zu verbergen, mit einer kreischenden und erbitterten Stimme zu schreien.

Was war das? Wozu eine derartige Beleidigung all jener gutmütigen Leute?

Es handelte sich darum, dass die Semstwo-Vorsteher der Gouvernements von Twer, Tula, Ufa und einigen andern Gouvernements in ihren von allerlei sinnlosen und lügenhaften Schmeicheleien strotzenden Adressen in den dunkelsten und unbestimmtesten Ausdrücken angedeutet hatten, dass es für die Semstwos gut sein würde, wenn sie in Wirklichkeit das werden könnten, was sie ihrer Bestimmung nach sein sollten, das heißt dass sie das Recht haben sollten, ihre Nöte zur Kenntnis des Zaren zu bringen. Auf diese Andeutungen alter, kluger, erfahrener Männer, welche dem Zaren eine einigermaßen vernünftige Staatsregierung ermöglichen wollten (weil man Menschen, ohne zu wissen, wie sie leben und wessen sie bedürfen, auch nicht regieren kann) – auf diese Worte antwortete der junge Zar, der weder vom Regieren noch vom Leben etwas verstand, dass dies sinnlose Hirngespinste seien.

Als die Rede zu Ende war, trat ein Schweigen ein. Aber die Hofleute unterbrachen es mit einem Hurraruf, und alle Anwesenden schrien gleichfalls „Hurra!"

Darauf begaben sie sich in die Kathedrale, wo ein Dankgottesdienst abgehalten wurde. Einige von ihnen behaupteten, sie hätten weder „Hurra" geschrien noch am Gottesdienst teilgenommen. Wenn dies wahr sein sollte, so können es jedenfalls nur wenige gewesen sein. Diejenigen, die nicht „Hurra" geschrien und sich nicht in die Kathedrale begeben haben wollten, teilten es jedenfalls nicht öffentlich mit, so dass man mit Recht sagen kann, dass alle oder wenigstens die meisten Semstwovertreter die schimpfliche Rede des Zaren freudig begrüßt und nachher einen Gottesdienst abgehalten haben dafür, dass der Zar geruht hatte, sie für ihre Glückwünsche und Geschenke dumme Jungen zu nennen.

Das unanständige Betragen des jungen Zaren gegen die Deputierten war so ungewöhnlich, verletzte so sehr alle höfischen, ja sogar alle einfach-menschlichen Anstands- und Höflichkeitssitten, dass nach jenem Tage in der Gesellschaft eine allgemeine

Unzufriedenheit, eine allgemeine Missbilligung der zarischen Handlungsweise Platz griff. Selbst die Zahmsten, selbst die ärgsten höfischen Speichellecker waren verlegen, drückten ihre Unzufriedenheit mit dem Schritt des Zaren offen aus und verurteilten ihn. Während meines ganzen fünfzigjährigen bewussten Lebens hatte ich in der Gesellschaft noch nie eine so einstimmige Missbilligung und sogar Entrüstung wahrgenommen. Wenn sich die Leute auf der Straße trafen, sprachen sie einander an, wie man sich zu Ostern mit „Christ ist erstanden" begrüßt, nur in einem andern, unfrohen Sinn. Man sagte: „Nun? Was sagen Sie dazu? Ja, sinnlose Hirngespinste! Ja, eine Ohrfeige!" usw.

Alle waren augenscheinlich aufs peinlichste überrascht, wie Leute, die sich plötzlich unerwarteten Folgen ihrer Handlungen gegenübersehen, wie ein Mensch, der ahnungslos über einen Sumpf ging und sich plötzlich bis zum Gürtel im Schlamm versinken fühlt, ohne zu wissen, wie er sich herausarbeiten soll.

Aber da eine solche Überraschung nicht lange anhält und der Mensch sich bald an seine Lage gewöhnt, so verging auch die Verwunderung und Entrüstung der russischen Gesellschaft über die ihr von dem jungen Zaren zugefügte freche Beleidigung sehr bald.

Vier Monate sind vergangen. Weder hat es der Zar für nötig gehalten, seine Äußerungen zu widerrufen, noch hat die Gesellschaft ihre Missbilligung seines Schrittes irgendwie öffentlich ausgedrückt (abgesehen von einem einzigen anonymen Brief). Alle tun so, als ob nichts geschehen wäre. Nach wie vor begeben sich Deputierte zum Zaren, schmeicheln ihm, und er nimmt ihre Gemeinheiten wie einen Tribut entgegen. Nicht nur, dass alles beim alten geblieben ist – es ist noch viel schlimmer geworden als vordem. Der unbedachte, freche und bübische Schritt des jungen Zaren ist eine vollzogene Tatsache, die Gesellschaft, die ganze russische Gesellschaft, hat die Beleidigung hinuntergeschluckt, und der Beleidiger darf sich deshalb mit Recht sagen, dass das die richtige Art war, mit ihr umzugehen, und dass er ihr nächstens mit einem noch höheren Grad von Frechheit entgegentreten dürfe.

Die Episode vom 17. Januar war einer jener Augenblicke, wo zwei Parteien, die sich anschicken, den Kampf zu beginnen, sich eine an der andern messen, wodurch sich neue Beziehungen zwischen ihnen anbahnen.

Ein kräftiger Arbeiter trifft vor einer Tür mit einem schwächlichen Herrensöhnchen zusammen. Jeder von ihnen hat das gleiche Recht, als erster einzutreten. Aber der freche Knabe stößt den eintretenden Arbeiter vor die Brust und ruft ihm ein unverschämtes: „Aus dem Wege, Lumpenpack!" zu.

Dieser Augenblick ist entscheidend. Entweder schiebt der Arbeiter die Hand des Knaben ruhig weg, tritt vor ihm ein und sagt leise zu ihm: „Du tust nicht recht, mein Lieber, ich bin älter als du, handle in Zukunft anders!", oder er gibt nach, läßt ihm den Weg frei, nimmt die Mütze ab und entschuldigt sich.

Von diesem Augenblick hängen die weitern Beziehungen zwischen diesen Menschen und ihre geistig-moralische Verfassung ab. Im ersteren Fall wird der Knabe sich besinnen und klüger und besser werden, der Arbeiter aber wird an Freiheit und Mut gewinnen; im andern Fall wird der unverschämte Knabe noch unverschämter, der Arbeiter noch nachgiebiger werden.

Ein ähnlicher Zusammenstoß hat zwischen dem Zaren und der russischen Gesellschaft stattgefunden, und der junge Zar hat dabei, dank seiner Unüberlegtheit, einen Weg eingeschlagen, der für ihn sehr vorteilhaft, für die russische Gesellschaft hingegen sehr unvorteilhaft zu sein scheint. Die russische Gesellschaft hat die Beleidigung hinuntergeschluckt und der Zusammenstoß ist zugunsten des Zaren ausgegangen. Jetzt kann er nur noch frecher werden, und er wird in vollem Rechte sein, wenn er die russische Gesellschaft verachtet. Die russische Gesellschaft aber muss, nachdem sie erst den einen Schritt getan hat, unweigerlich auch den zweiten in derselben Richtung tun und noch unterwürfiger werden. Und das ist denn auch der Fall. Vier Monate sind vergangen. Es ist nicht nur kein Protest laut geworden, sondern alle bereiten sich im Gegenteil auf den Empfang des Zaren in Moskau vor, auf seine Krönung, auf neue Geschenke von Heiligenbildern und andern Dummheiten. Und in den Zeitungen wird der Mut des Zaren gerühmt, der für das Heiligtum des russischen Volkes, für die Autokratie, eingetreten sei. Es hat sich sogar ein Verfasser gefunden, der dem Zaren vorwirft, er sei noch zu milde gegen die unerhörte Frechheit derjenigen vorgegangen, die sich erkühnt haben, anzudeuten, dass man wissen müsse, wie die Leute lebten und was sie nötig hätten, wenn man sie regieren wolle; er hätte das nicht als sinnlose Hirngespinste abtun sollen, sondern er hätte alle diejenigen, die das autokratische Heiligtum des russischen Volkes anzutasten wagten, zerschmettern müssen.

In ausländischen Zeitungen („Times", „Daily News" u. a.) erschienen Artikel darüber, dass für jedes andere Volk außer dem russischen eine solche Rede eines Herrschers beleidigend gewesen wäre; „wir Engländer", hieß es dann weiter, „dürfen aber über all das nicht von unserm Standpunkt aus urteilen: die Russen lieben so was und können ohne das nicht sein".

Solche Artikel wurden durchgelassen und nachgedruckt. Artikel aber, in denen von der Unanständigkeit und Dummheit des Zarenwortes die Rede war, wurden unterdrückt.

Vier Monate sind vergangen, und in den sogenannten höchsten Kreisen der russischen Gesellschaft hat sich die Meinung festgesetzt, dass der junge Zar ausgezeichnet gehandelt habe, genau so, wie er hat handeln sollen. „Ein schneidiger Kerl, dieser Nika!" sagen seine zahlreichen Vettern von ihm, „ein Prachtmensch, dieser Nika! Er ist mit ihnen umgesprungen, wie es sich gehört."

Nichts hat sich geändert: dieselben sinnlosen, grausamen Juden- und Ketzerverfolgungen; dieselben Verbannungen ohne gerichtliches Urteil; dasselbe gewaltsame Auseinanderreißen von Kindern und Eltern; dieselben Galgen, Zuchthäuser und Hinrichtungen; dieselbe bis zur Lächerlichkeit täppische Zensur, die alles verbietet, was dem Zensor oder seinem Vorgesetzten nicht gefällt; dieselbe Verdummung und Demoralisierung des Volkes.

Die Aufklärung hellt das Bewusstsein der Menschen auf und schreitet unaufhaltsam vorwärts. Nur bei uns in Russland gehen die Lebensformen zurück, und man kann sich nicht vorstellen, wie und wodurch das geändert werden soll. ...

Die Lage der Dinge ist folgende: Es gibt ein großes Reich mit einer Bevölkerung von mehr als 100 Millionen. Dieses Reich wird von einem einzigen Menschen regiert. Und diesen Menschen bestimmt der Zufall zu dieser Rolle. Denn es wird nicht etwa der Erfahrenste und zum Regieren Befähigteste aus den Besten und Erfahrensten zum Herrscher gewählt, sondern der Erstgeborne des vorigen Herrschers wird dazu ernannt. Nun ist aber auch der letztere nur auf Grund seiner Geburt, also ebenfalls nur durch Zufall, an die Regierung gelangt, und ebenso auch sein Vorgänger. Es stellt sich also heraus, dass einzig ihr Ahnherr dadurch zur Macht gelangt war, dass man ihn seiner hervorragenden Eigenschaften wegen zum Herrscher gewählt hatte, oder, was das wahrscheinlichste ist, dadurch, dass er vor keinem Betrug und keiner Untat zurückschreckte. Die Folgerung daraus ist, dass nicht ein dazu Befähigter über ein Hundertmillionenvolk regiert, sondern der späte Nachkomme eines Mannes, der durch seine Begabung, oder durch seine Verbrechen, oder, wie es am häufigsten geschehen sein dürfte, durch beides zur Macht gelangt war. Dieser Nachkomme braucht nicht die geringsten Fähigkeiten zum Regieren zu besitzen, sondern kann der dümmste und nichtsnutzigste Mensch sein. Das ist eine Sachlage, die sich, bei Lichte besehen, allerdings wie ein sinnloses Hirngespinst ausnimmt.

Kein vernünftiger Mensch wird sich in eine Equipage setzen, wenn er nicht weiß, ob der Kutscher kutschieren kann; keiner wird einen Zug benutzen, wenn der Maschinist nicht zu fahren versteht, oder wenn der Kutscher oder Maschinist nur der Sohn eines Kutschers oder Maschinisten ist, der vor langen Zeiten, wie einige versichern, zu fahren verstanden haben soll. Noch weniger wird sich jemand einem Schiff anvertrauen, dessen Kapitän seine Befähigung zur Führung eines Schiffes davon ableitet, dass sein Großonkel einmal ein Schiff geführt habe. Kein vernünftiger Mensch wird sich und seine Familie in die Hände solcher Kutscher, Maschinisten und Kapitäne geben. Und doch leben wir alle in einem Staat, der von den Söhnen und Großneffen nicht nur schlechter, sondern erwiesenermaßen auch unfähiger Herrscher regiert und noch dazu unumschränkt regiert wird. Diese Lage ist in der Tat unsinnig und kann nur auf die Weise erklärt werden, dass es einmal eine Zeit gegeben hat, wo die Leute glaubten, dass diese Machthaber übernatürliche oder von Gott erwählte, gesalbte Wesen gewesen seien, denen man in jedem Fall zu gehorchen hätte. Aber in unserer Zeit glaubt niemand mehr an die übernatürliche Sendung dieser Leute, an die Heiligkeit des Gesalbten und seiner Nachkommenschaft. Denn die Geschichte hat die Menschen gelehrt, dass man diese Gesalbten gestürzt, vertrieben und hingerichtet hat. Die Sachlage läßt sich also auf keine Weise begreifen, wenn man sich nicht etwa darauf beruft, dass die Erblichkeit der Herrscherwürde, sofern man eine oberste Gewalt als notwendig anerkennt, den Staat vor Intrigen, Unruhen und Bürgerkriegen befreie, welche bei einer andern Methode der Herrscherwahl unausbleiblich sein würden, und dass Unruhen und Intrigen dem Volke teurer zu stehen kämen als die Unfähigkeit, Verderbtheit und Grausamkeit der erblichen Herrscher, sofern man nur ihrer Unfähigkeit durch die Teilnahme von Volksvertretern an der Regierung zu Hilfe komme und ihrer Verderbtheit und Grausamkeit durch Einschränkungen ihrer Macht Grenzen setze. Und gerade auf die Wünsche nach einer derartigen Teilnahme an der Regierung und nach einer Einschränkung der autokratischen Gewalt antwortete der junge Zar mit frecher Entschlossenheit: „Ich will es nicht, gestatte es nicht, ich mache alles selbst!"

Wer ist dieser junge Mensch? Wie ist er erzogen? In welcher Lage befindet er sich? Vor 14 Jahren war er noch ein Kind, muss sich aber erinnern, dass man 1881 seinen Großvater getötet hat[2]. In jenem Kreise, in welchem er aufwuchs, und erzogen wurde, wird nicht davon gesprochen, warum und wofür sein Großvater getötet wurde, wird nicht davon gesprochen, dass dieser Großvater ein selbstherrlicher Mensch wie sie alle war, der sich zu

---

[2] Alexander II.

Beginn seiner Regierung zwar der öffentlichen Meinung seiner Zeit anbequemt und die Bauernbefreiung vollzogen hatte, dann aber vor dem, was er getan hatte, zurückgeschreckt war, der Volksbefreiung Hindernisse in den Weg gelegt und die jungen Menschen, die nach größerer Freiheit verlangten, durch seine Helfershelfer zu Hunderten und Tausenden zum Galgen und zum Zuchthaus verurteilen ließ, und dass er getötet wurde, weil er von seiner Machtvollkommenheit kein Tüttelchen preisgeben wollte. In dem Kreise, in dem dieser junge Mensch aufwuchs und erzogen wurde, sagt man, dass sein Großvater von tierischen Menschen, die um des Tötens willen töteten, erschlagen worden sei und dass man sich vor diesen Bösewichtern hüten und sie vernichten müsse.

Nach dem Tode seines Großvaters bestieg sein Vater den Thron[3] – ein ungebildeter, noch selbstherrlicherer und wie alle beschränkten Naturen eigensinniger Mensch. Er begann seine Regierung mit der Errichtung von Galgen und setzte unter dem Vorgeben einer eingebildeten Gesetzlichkeit die Unterdrückung jeder Art von Freiheit dadurch fort, dass er alle diejenigen, die eine Befreiung des Volkes anstrebten, zum Tod durch den Strang, zur Zwangsarbeit oder zur Einzelhaft verurteilen ließ. Seine Regierung war eine entsetzliche. Alles, was der Vater getan hatte, wurde ausgerottet: die Freiheit und Öffentlichkeit der Gerichte wurde aufgehoben, die meisten Fälle dem Geschworenengericht entzogen und den Krongerichten überwiesen; die sinnlosen Semstwovorstände, welche die administrative Gewalt mit der Gerichtsbarkeit vereinten, wurden wieder hergestellt; der „verstärkte Schutz" wurde eingeführt, das heißt die Gesetze wurden aufgehoben und durch Willkürmaßnahmen ersetzt: in den wichtigsten Zentren und Gouvernements wurde das Zivilgericht durch das Kriegsgericht ersetzt; in den Schulen wurde die Prügelstrafe eingeführt, welche für die Bauern nicht nur nicht abgeschafft, sondern sogar zum Gesetz erhoben wurde; das Kadettenkorps und der Loskauf wurden wieder eingeführt;

---

[3] Alexander III.

furchtbare Verfolgungen der Juden, Katholiken, Lutheraner und Sektierer wurden inszeniert; eine Menge von Bildungsanstalten wurde geschlossen; für alle andern wurden verdummende Disziplinarvorschriften erlassen und das Lehren wildesten Aberglaubens angeordnet; die letzte Pressfreiheit wurde vernichtet; Banken zur Unterstützung – des Adels wurden gegründet. Die Gefängnisse und Festungen, die Zuchthäuser und Verbannungsorte waren überfüllt; man köpfte und hängte noch häufiger als früher und mordete in den Festungen und Gefängnissen außerdem noch heimlich.

Diese Regierung dauerte 13 Jahre. Da stirbt der, welcher alle diese Greuel veranlasst hat. Und kaum ist er gestorben, da erhebt sich ein Geheul sinnloser Lobeshymnen auf diesen Menschen, wie noch nie für irgendeinen andern. Ein vollkommen grundloser Vorwand für diese Lobeshymnen wird ausgedacht: die Friedensliebe des Verstorbenen. Und auf dieses Thema stürzen sich verlogene Schmeichler ganze Monate lang. Da man ihn für nichts anderes preisen kann, preist man ihn für etwas, was er nicht getan hat; in der Tat hatte kein Anlass zu einem Kriege vorgelegen.

Die Episode vom 17. Januar erinnert an ein häufiges Vorkommnis im Leben der Kinder. Ein Kind geht an irgendeine Sache heran, die über seine Kräfte geht; die Erwachsenen wollen ihm helfen; aber das Kind ist eigensinnig und schreit schrill: „Ich will es selbst machen, selbst!" und geht ans Werk. Wenn ihm dann niemand hilft, kommt das Kind bald zur Vernunft, weil es sich entweder die Finger verbrennt, oder ins Wasser fällt, oder sich die Nase zerschlägt und zu heulen beginnt. Dass man ein Kind so sich selbst überlässt, pflegt für dasselbe, falls keine Gefahr damit verbunden ist, lehrreich zu sein. Leider ist solch ein Kind aber meistens von schmeichlerischen Kinderfrauen umgeben, die, indem sie seine Hände führen, an seiner Stelle das tun, was es selbst tun wollte; und das Kind ist voller Freude, denn es bildet sich wirklich ein, selbst so weit gekommen zu sein, lernt deshalb nichts und fügt andern häufig auch noch Schaden zu.

Das gleiche ist der Fall mit den regierenden Herren: wenn sie wirklich selbst regieren würden, würde ihre Regierung nicht lange dauern, sie würden sofort so viele offenkundige Dummheiten begehen, dass sie andere und sich selbst zugrunde richten würden, so dass ihre Herrschaft bald ein Ende erreicht hätte, was für die Allgemeinheit nur sehr von Nutzen sein würde. Die Sache ist nur leider die, dass auch die Zaren, gerade so wie die launischen Kinder, Kinderfrauen haben, die an ihrer Stelle das verrichten, was die Zaren selbst zu verrichten glauben; solche Kinderfrauen sind die Minister und Räte, die ihre Posten und die damit verbundene Macht außerordentlich hoch einschätzen und genau wissen, dass sie sie nur so lange behalten können, als der Zar für unumschränkt gilt.

Man nimmt an und setzt voraus, dass der Zar die Staatsgeschäfte leite; das wird aber eben nur angenommen und vorausgesetzt; der Zar allein ist dazu gar nicht imstande, weil diese Angelegenheiten zu kompliziert sind –; er kann nur in bezug auf diejenigen Sachen das tun, was ihm durch den Kopf geht, die bis zu ihm gelangen, und kann sich außerdem wen er will zu Gehilfen nehmen; selbst zu regieren, vermag er aber nicht, weil das für einen einzigen Menschen vollkommen unmöglich wäre. In Wirklichkeit regieren die Minister, die Mitglieder der verschiedenen Ressorts, die Direktoren und die verschiedenen Arten von Vorgesetzten. Minister oder Vorgesetzter wird man aber nicht auf Grund seiner Verdienste, sondern auf Grund von Protektionen, Intrigen (größtenteils weiblichen), Konnexionen, Vetterschaften, Liebesdiensten und Zufälligkeiten. Die Schmeichler und Lügner, welche Artikel über das Heiligtum der Autokratie schreiben und nachzuweisen versuchen, dass diese Form (die älteste Form, die einst allen Völkern eigen war) ein ganz besonders heiliges Erbgut des russischen Volkes sei und dass der Zar unbeschränkt über sein Volk herrschen müsse, bleiben die Erklärung dafür schuldig, wie die Autokratie ihr Wesen auswirken, wie der Zar als einzelner über sein Volk herrschen soll und kann. In vergangenen Zeiten, als die Slawophilen die Selbstherrschaft predigten, propagierten sie sie in untrennbarer Verbindung mit dem Semskij Ssabor (Versammlung der Landstände). Es war also bei aller Naivität der slawophilen Träume (die viel Unheil gestiftet haben) immerhin verständlich, in welcher Weise der selbstherrliche Zar, nachdem er vom „Ssabor" die Bedürfnisse und den Willen des Volkes erfahren hatte, regieren sollte. Wie kann der Zar jetzt aber ohne Ssabor regieren? Wie der Khan von Kokhand? Das ist unmöglich. Weil man alle Angelegenheiten des Khantums von Kokhand an einem Morgen überblicken kann, die Regierung Russlands aber heute Zehntausende täglicher Entscheidungen erfordert. Wer trifft diese Entscheidungen? Die Beamten. Und wer sind diese Beamten? Das sind Leute, welche zur Erreichung ihrer persönlichen Zwecke an die Macht gelangen und sich ausschließlich von dem Wunsche leiten lassen, möglichst viel Geld einzustecken. In letzter Zeit sind diese Leute bei uns in Russland in geistiger und sittlicher Hinsicht so tief gesunken, dass sie, sofern sie nicht direkt stehlen, wie diejenigen, die man ertappt und fortgejagt hat, sich jedenfalls nicht einmal den Anschein zu geben wissen, als ob sie irgendwelche allgemeine Staatsinteressen verfolgten; sie trachten nach nichts anderem als nach einem möglichst hohen Gehalt, nach Staatswohnungen und allerlei Extraeinnahmen. Somit herrscht in Wirklichkeit nicht die selbstherrliche Gewalt, nicht irgendeine ganz besonders heilige, weise, unbestechliche und vom Volk geachtete Persönlichkeit im Staat, sondern eine Horde gieriger, windiger, sittenloser Beamten, die einen jungen, nichtsverstehenden und nichts verstehen könnenden Bengel umgeben, dem sie eingeredet haben, dass er ganz ausgezeichnet „selbst" zu herrschen vermöge. Und er lehnt kühn jede Teilnahme von Volksvertretern an der Regierung ab und sagt: „Nein! Ich selbst!"

Demgemäß werden wir weder vom Volkswillen noch von einem autokratischen Zaren, welcher, wie uns die waschechten Slawophilen glauben machen wollen, hoch über allen Intrigen und persönlichen Wünschen stehen soll, regiert, sondern von einigen Dutzend sittenlosester, listigster, eigensüchtigster Geschöpfe, die weder von adeliger Abstammung sind, wie in früheren Zeiten, noch durch Bildung und Geist sich hervortun, wofür alle die Durnowos, Kriwoschejins, Deljanows usw. ein Beispiel sind. Diejenigen, die uns regieren, sind mit jenen Gaben der Mittelmäßigkeit und Niedrigkeit begabt, die allein, wie Beaumarchais richtig sagt, zur Erreichung der höchsten Stellen im Staat befähigen: *Médiocre et rampant, on parvient à tout.* Man kann sich einem einzelnen Menschen, der durch seine Geburt eine besondere Stellung einnimmt, unterordnen und ihm gehorsam sein –, beleidigend und erniedrigend ist es aber, sich Leuten zu unterwerfen, die unsere Altersgenossen sind und die unter unseren Augen durch Schurkereien und Gemeinheiten bis zu den höchsten Stellen emporgekrochen sind und nun die Macht in Händen haben. Man konnte mit zusammengebissenen Zähnen einem Iwan dem Grausamen, einem Peter III. gehorchen –, den Willen Maljuta Skuratows aber oder der deutschen Korporale Peters III. zu erfüllen, ist demütigend.

In Dingen, die dem Willen Gottes entgegenstehen und ihm widersprechen, kann ich mich niemand unterwerfen und niemand gehorchen. In Dingen dagegen, die dem Willen Gottes nicht widersprechen, könnte ich mich unterwerfen, wie der Zar auch beschaffen sein möge. Er hat sich ja nicht selbst an seinen Platz gestellt, sondern die von unsern Vorfahren verfassten oder gebilligten Gesetze haben ihn zum Zaren gemacht. Aus welchem Grunde soll ich mich aber Leuten unterwerfen, die erwiesenermaßen schurkisch oder dumm oder beides zugleich sind, die 30 Jahre hindurch gekrochen sind, ehe sie an die Macht gelangten und die mir die Gesetze meines Handelns vorschreiben wollen? Man sagt mir, dass mir auf allerhöchsten Befehl verboten sei, diese oder jene Bücher herauszugeben, meine Kinder so zu unterrichten, wie ich es für gut halte und nicht nach den Grundsätzen und Lehrbüchern Pobjedonoszews; man sagt mir, dass ich auf allerhöchsten Befehl Steuern für Panzerkreuzer zahlen, meine Kinder oder mein Vermögen diesem oder jenem übergeben soll, oder dass ich aufhören soll zu leben, wo es mir gefällt, und mich an einem andern mir bestimmten Ort aufhalten soll. Alles das ließe sich noch ertragen, wenn es wirklich auf Befehl des Zaren geschähe; aber ich weiß ja, dass die Worte „allerhöchster Befehl" nur Worte sind, dass das nicht vom Zaren befohlen wird, der uns nur nominell regiert, sondern von Pobjedonoszew,

Richter, Murawjew u. a., deren Vergangenheit ich schon lange so genau kenne, dass ich mit ihnen nichts gemein zu haben wünsche. Und diesen Leuten soll ich gehorchen und ihnen alles ausliefern, was mir mein Leben teuer macht?

Aber selbst das ließe sich noch ertragen, wenn es sich nur um eine persönliche Demütigung handelte. Leider beschränkt sich die Sache aber nicht allein darauf. Es ist unmöglich, über ein Volk zu herrschen und es zu regieren, wenn man es nicht demoralisiert und verdummt, und zwar in desto höherem Masse demoralisiert und verdummt, je unvollkommener die Regierungsform ist, je weniger die Regierungen den Ausdruck des Volkswillens darstellen. Da wir nun die sinnloseste Regierung haben, die am entferntesten davon ist, den Ausdruck des Volkswillens darzustellen, so muss sie die größten Anstrengungen machen, das Volk zu demoralisieren und zu verdummen. Aber gerade diese Verdummung und Demoralisation des Volkes, die in Russland in einem so ungeheuerlichen Maßstab vor sich geht, sollte von denjenigen nicht geduldet werden, welche nicht nur die Methoden der Verdummung und Demoralisation, sondern auch ihre Folgen kennen. ...

1895.
Leo Tolstoi.

V.
Brief an einen Polen

(10. September 1895)

Übersetzt von
L. Albert Hauff[1]

Marian Edmundowitsch!

Ihren Brief habe ich erhalten und beeilte mich, Ihre Abhandlung im „Nordischen Boten" zu lesen. Ich bin Ihnen sehr dankbar dafür, daß Sie mich darauf hingewiesen haben. Die Abhandlung ist vorzüglich, ich habe daraus viel gelernt, was mir sehr erfreulich ist. Ich wußte von Mickiewitsch und Tobjanski. Aber ich schrieb ihre religiöse Stimmung ausschließlich den Eigenheiten dieser beiden Menschen zu. Aus Ihrer Abhandlung habe ich aber gesehen, daß sie nur die Schöpfer einer durch den Patriotismus hervorgerufenen, durch seine Erhabenheit und Aufrichtigkeit tief rührenden, wirklich echt christlichen Bewegung waren, welche noch jetzt fortdauert. Mein Aufsatz „Patriotismus und Christentum" hat sehr viele Erwiderungen hervorgerufen, sowohl von Philosophen als Publizisten, sowohl russischen und französischen, als deutschen und österreichischen. Auch Sie geben eine Erwiderung darauf. Und alle Erwiderungen, auch die Ihrige, laufen darauf hinaus, daß meine Verurteilung des Patriotismus gerechtfertigt sei in Beziehung auf den schlechten Patriotismus, – aber keine Begründung habe, wenn man sie auf den guten und nützlichen Patriotismus anwenden wolle. Das aber, worin der

---

[1] Textquelle dieser Übersetzung | *Brief an einen Polen* (10.09.1895). In: Graf Leo N. TOLSTOI: Meine ersten Erinnerungen sowie verschiedene kleine Schriften. Aus dem Russischen übersetzt von L. A[lbert]. Hauff. Berlin: Verlag von Otto Jahnke o.J. [1910].

gute und nützliche Patriotismus bestehe und durch was er sich von dem schlechten unterscheide, hat bis jetzt niemand aufzuklären sich die Mühe gegeben.

Sie schreiben in Ihrem Brief, „daß außer dem kriegerischen, menschenhassenden Patriotismus mächtiger Völker noch ein ganz entgegengesetzter Patriotismus der unterdrückten Völker bestehe, welcher nur danach strebt, den angestammten Glauben und die Muttersprache gegen die Feinde zu verteidigen." Und durch diese Lage der Unterdrückung wird der gute Patriotismus bestimmt, aber die Unterdrückung oder die Mächtigkeit der Völker macht keinen Unterschied im Wesen dessen, was man Patriotismus nennt. Das Feuer wird immer dasselbe brennende und gefährliche Feuer sein, ob man einen Scheiterhaufen oder ein Zündholz entzündet.

Unter Patriotismus versteht man gewöhnlich die Bevorzugung und die Liebe des eigenen Volkes vor anderen Völkern, ganz ebenso wie man unter Egoismus die bevorzugende Vorliebe für die eigene Persönlichkeit versteht. Und es ist schwer, sich vorzustellen, auf welche Weise eine solche Bevorzugung eines Volkes vor anderen eine gute und daher wünschenswerte Eigenschaft genannt werden kann. Wenn Sie sagen, der Patriotismus sei mehr zu entschuldigen bei einem Unterdrückten als bei einem Unterdrücker, ebenso wie die Erscheinung des Egoismus mehr zu entschuldigen ist bei einem Menschen, den man erwürgt, als bei einem solchen, der durch nichts beunruhigt wird, so kann man nicht umhin, mit Ihnen übereinzustimmen. Aber seine Eigenheit kann der Patriotismus deshalb nicht abändern, weil er entweder als Unterdrückter oder als Unterdrücker erscheint. Und diese Eigenheit der Bevorzugung eines Volkes vor allen anderen kann ebensowenig als der Egoismus gut sein.

Aber außerdem, daß der Patriotismus eine schlimme Eigenschaft ist, ist er auch eine unvernünftige Lehre.

Unter dem Worte Patriotismus versteht man nicht nur die unmittelbare, unwillkürliche Liebe zum eigenen Volk und die Bevorzugung desselben vor anderen Völkern, sondern auch die Lehre, daß eine solche Bevorzugung gut und nützlich sei. Und diese Lehre ist besonders unvernünftig inmitten der christlichen Völker.

Unvernünftig ist sie nicht nur deshalb, weil sie den Grundwahrheiten der Lehre Christi widerspricht, sondern auch deshalb, weil das Christentum auf seinem eigenen Wege alles das erreicht, nach dem der Patriotismus strebt und daher den Patriotismus überflüssig macht, wie eine Lampe bei Tageslicht.

Ein Mensch, wie Krasinski, welcher daran glaubt, *„daß die Kirche Gottes nicht dieser oder jener Ort, nicht dieser oder jener Gebrauch ist, sondern alle Planeten umfaßt und alle überhaupt möglichen Beziehungen der Persönlichkeiten und Völker unter sich"*, kann kein Patriot sein, weil er im Namen des Christentums alles das vollbringt, was der Patriotismus von ihm verlangen kann. Der Patriotismus verlangt zum Beispiel von seinem Anhänger das Opfer seines Lebens zum Wohl seiner Landsleute, das Christentum aber verlangt das Opfer zum Wohl aller Menschen, und darum selbstverständlich auch für die Angehörigen seines Volkes.

Sie schreiben über jene Gewaltthaten, welche von den wilden, dummen, grausamen, russischen Gewalthabern an dem Glauben und der Sprache der Polen verübt werden, und bezeichnen das als Veranlassung der patriotischen Bestrebungen, aber ich kann das nicht einsehen. Um über diese Gewaltthaten empört zu sein und ihnen aus allen Kräften entgegenzuarbeiten, hat man nicht nötig, ein Pole noch ein Patriot zu sein, es genügt dazu ein Christ zu sein.

Im vorliegenden Fall zum Beispiel wetteifere auch ich, ohne selbst Pole zu sein, mit jedem Polen in dem Abscheu vor den wilden und dummen Maßregeln russischer Staatsmänner, die sie gegen den Glauben und die Sprache der Polen in Anwendung bringen, und sympathisiere auch mit Ihnen in dem Wunsch, diese Maßregeln zu bekämpfen, und nicht, weil ich den Katholizismus mehr liebe als einen anderen Glauben, oder weil ich die polnische Sprache mehr liebe als irgend eine andere, sondern deshalb, weil ich mich bemühe, Christ zu sein. Und damit solche Vorkommnisse weder in Polen, noch im Elsaß, noch in Tschechien sich ereignen, ist nicht eine Ausbreitung des Patriotismus, sondern die Verbreitung des wahren Christentums notwendig.

Man kann sagen, daß wir das Christentum nicht kennen wollen und dann kann man den Patriotismus rühmen. Sobald wir uns aber zum Christentum bekennen, oder wenigstens zu der daraus hervorgehenden Anerkennung der Gleichheit der Menschen oder der Achtung der Menschenwürde, so findet der Patriotismus keine Stelle. Mich wundert dabei hauptsächlich, wie wenig die Verteidiger des Patriotismus unterdrückter Völker (wie vervollkommnet und verfeinert sie ihn sich auch vorstellen mögen) einsehen, wie schädlich der Patriotismus gerade ihren Zwecken ist.

In wessen Namen wurden und werden alle Gewaltthaten gegen die Sprache und den Glauben in Polen, den Ostseeprovinzen, im Elsaß, Tschechien und gegen die Juden in Rußland verübt? Nur im Namen desselben Patriotismus, den sie verteidigen.

Fragen Sie unsere wilden Russifikatoren in Polen, in den Ostseeprovinzen und die Verfolger der Juden, warum sie so handeln. Sie werden Ihnen sagen, das geschehe zur Verteidigung des angestammten Glaubens und der Muttersprache, sie werden Ihnen sagen, wenn sie das nicht thun würden, so würde der angestammte Glauben und die Muttersprache darunter leiden, die Russen würden sich polonisieren, germanisieren oder judaisieren.

Wenn nicht gelehrt würde, der Patriotismus sei etwas Gutes, so würden sich keine abscheulichen Menschen finden, welche am Ende des neunzehnten Jahrhunderts solche Ungeheuerlichkeiten verüben, wie es jetzt vorkommt.

Jetzt widmen sich auch Gelehrte – (bei uns ist der wildeste Verfolger des Glaubens ein früherer Professor) – dem Kampf für den Patriotismus. Sie kennen alle die nutzlosen Greuel der Verfolgung von Sprache und Glauben, aber die Lehre des Patriotismus rechtfertigt sie.

Der Patriotismus giebt ihnen den Standpunkt des Kampfes, das Christentum aber nimmt ihnen denselben unter den Füßen weg und darum müssen die unterjochten Völker, welche unter der Unterdrückung leiden, den Patriotismus vernichten, die theoretischen Grundlagen zerstören, ihn verlachen, aber nicht rühmen.

Zu Gunsten des Patriotismus spricht man auch von der Individualität der Völkerschaften, sowie davon, der Patriotismus habe den Zweck, die Individualität der Völker zu retten. Die Individualität der Völker aber hält man für eine notwendige Vorbedingung zum Fortschritt. Wer aber hat gesagt, daß die Individualität eine notwendige Vorbedingung des Fortschrittes sei? Das ist durch nichts bewiesen, und wir haben nicht das Recht, dies als einen feststehenden Satz, als ein Axiom anzusehen. Zweitens wenn wir auch zugeben würden, es sei so, so besteht auch dann für ein Volk das Mittel, seine Individualität zu äußern, nicht darin, sich Mühe zu geben, sie an den Tag zu legen, sondern im Gegenteil darin, die eigene Individualität zu vergessen und dann mit allen Kräften das zu thun, wozu das Volk sich am meisten befähigt und daher berufen fühlt, – ganz ebenso wie ein einzelner Mensch nicht dadurch seine Individualität äußert, daß er sich um dieselbe bemüht, sondern dadurch, daß er sie vergißt, und dann nach dem Maß seiner Kräfte und Fähigkeiten das thut, wozu ihn seine Natur hinzieht. Das ist ganz dasselbe, wie die Sorge darum, daß die Menschen, welche zur Erhaltung ihrer Gemeinde arbeiten, verschiedenartige Arbeiten vollbringen und an verschiedenen Stellen. Wenn nur jeder nach dem Maß seiner Kräfte und Fähigkeiten das für die Gemeinde Nötigste thut und es aus allen seinen Kräften thut, so werden sie alle unwillkürlich verschieden mit gleichen Werkzeugen und an verschiedenen Orten arbeiten.

Einer der gewöhnlichen Sophismen, welcher zur Verteidigung des Unsittlichen angewendet wird, besteht darin, daß man absichtlich das, was ist, mit dem, was sein soll, vermischt, daß man von dem einen spricht und das andere meint. Und dieser selbe Sophismus wird am meisten auch in Bezug auf den Patriotismus angewendet. Jedem Polen ist ein Pole am teuersten, dem Deutschen ein Deutscher, dem Juden ein Jude, dem Russen ein Russe. Es ist sogar oft der Fall, daß infolge historischer Veranlassungen und einer anderen Erziehung die Leute eines Volkes unbewußt einen Widerwillen und Abneigung für Menschen aus dem anderen Volk empfinden. Alles das ist so, aber die Erkenntnis, daß das so ist, sowie auch die Nichterkenntnis dessen, daß jeder Mensch seine Person mehr liebt als die anderer Menschen, können keineswegs beweisen, daß das so sein müsse, im Gegenteil: Die Aufgabe der ganzen Menschheit und jedes einzelnen Menschen besteht hier nur darin, diese Bevorzugung und diesen Widerwillen zu beseitigen, sie zu bekämpfen und mit Bewußtsein in Bezug auf andere Völker ganz ebenso zu verfahren, wie man in Bezug auf das eigene Volk und die eigenen Landsleute verfährt. Es ist vollständig überflüssig, den Patriotismus als ein Gefühl zu behandeln, dessen Erregung in jedem Menschen wünschenswert sei. Gott oder die Natur sorgen schon ohne unser Zuthun für dieses Gefühl, so daß es in jedem Menschen vorhanden ist, und wir uns um die Entwicklung desselben in uns und anderen nicht zu bemühen brauchen. Nicht um den Patriotismus haben wir uns zu bemühen, sondern darum, daß wir dieses Licht, das in uns ist, ins Leben einführen, es abändern und dem Ideal nähern, das vor uns steht. Das Ideal aber, das in jetziger Zeit vor jedem Menschen steht, welcher mit dem wirklichen Licht Christi erleuchtet ist, besteht nicht in der Wiederherstellung Polens, Böhmens, Irlands, Armeniens und nicht in der Erhaltung der Einheit und Größe Rußlands und Englands, Deutschlands und Österreichs, sondern im Gegenteil in der Vernichtung dieser Einheit und Größe Rußlands, Englands, Deutschlands und Österreichs, in der Vernichtung dieser gewaltsamen, unchristlichen Vereinigungen, die man Reiche nennt und welche jedem wahren Fortschritt im Wege stehen, den unterdrückten und unterworfenen Völkern Leiden verursachen und alles Übel, an welchem die heutige Menschheit krankt. Diese Vernichtung aber ist nur durch die wahre Aufklärung möglich: Durch die Erkenntnis dessen, daß wir nicht in erster Reihe Russen, Polen, Deutsche sind, sondern Menschen, Schüler eines Lehrers, Söhne eines Vaters und Bruders untereinander, und das haben die besten Vertreter des polnischen Volks begriffen, wie Sie das in Ihrer Abhandlung so schön darlegten. Und das begreift mit jedem Tag eine größere

Menge von Menschen auf der ganzen Welt, daher sind die Tage des Reiches der Gewalt schon gezählt und die Befreiung, nicht nur der unterdrückten Völker, sondern auch der unterdrückten Arbeiter ist nahe, wenn wir selbst nicht das Herankommen dieser Befreiung dadurch verzögern, daß wir durch Wort und That an den Handlungen der Gewaltthat der Regierung teilnehmen. Die Anerkennung des Patriotismus in irgend einer Form als eine gute Eigenschaft und die Erregung desselben im Volk ist eines der hauptsächlichsten Hindernisse der Erreichung der vor uns stehenden Ideale.

Ich danke Ihnen sehr, geehrter Herr, für Ihren vortrefflichen Brief, für die schöne Abhandlung und für die Gelegenheit, die Sie mir dadurch gegeben haben, meine Gedanken über den Patriotismus noch einmal zu berichtigen, zu überlegen und auszusprechen.

Genehmigen Sie die Versicherung meiner Hochachtung.

10. September 1895.
Leo Tolstoi.

VI.
Patriotismus oder Frieden?

(Patriotizm ili mir?, 1896)

Leo Tolstoi

Vom Verfasser autorisierte Übersetzung
aus dem Manuskript von Sophie Behr[1]

Geehrter Herr!

Sie schreiben mir, ich solle mich hinsichtlich der Nord-Amerikanischen Staaten aussprechen, und zwar „im Interesse der christlichen Folgerichtigkeit und des wahren Friedens", und sprechen die Hoffnung aus, dass die Völker bald zur Erkenntnis des einzigen Mittels kommen werden, einen internationalen Frieden zu sichern.

Ich hege dieselbe Hoffnung. Ich hege diese Hoffnung, weil die Verblendung, in welcher sich gegenwärtig die Völker befinden, indem sie den Patriotismus preisen und ihre jungen Generationen im Aberglauben des Patriotismus erziehen, ohne deshalb die unvermeidlichen Folgen desselben – den Krieg – zu wünschen, jenen letzten Grad, wie mir scheint, erreicht hat, wo die einfachste, geradezu auf der Zunge jedes vorurteilsfreien Menschen schwebende Betrachtung genügt, damit die Menschen den himmelschreienden Widerspruch sehen, in welchem sie sich befinden.

Oftmals, wenn man die Kinder fragt, welches von zwei unvereinbaren Dingen sie wählen würden, die sie beide in gleichem Grade wünschen, antworten sie: das Eine und das Andere. Was

---

[1] Textquelle | Graf Leo TOLSTOI: Patriotismus oder Frieden? Vom Verfasser autorisierte Uebersetzung aus dem Manuskript von Sophie Behr. Berlin: Verlag von August Deubner 1896, S. 6-25. [Gesamtumfang des Bandes: 40 Seiten]

willst du: spazieren fahren oder zu Hause spielen? – Spazieren fahren und zu Hause spielen!

Ganz ebenso antworten uns die christlichen Völker auf die ihnen vom Leben gestellte Frage, welches von Beiden sie wählen, den Patriotismus oder den Frieden? Sie antworten: den Patriotismus und den Frieden, – obgleich der Patriotismus mit dem Frieden ebenso unvereinbar ist, wie das Spazierenfahren mit dem Spielen zu Hause!

In diesen Tagen gab es einen Zusammenstoss zwischen den Nord-Amerikanischen Staaten und England wegen der Grenzen Venezuelas; Salisbury war mit irgend etwas nicht einverstanden, Cleveland richtete ein Sendschreiben an den Senat, von beiden Seiten ertönten patriotische kriegerische Ausrufe, an der Börse entstand eine Panik, die Leute verloren Millionen Pf. Sterl. und Dollar, Edison erklärte, er würde Geschütze erfinden, mit denen man in einer Stunde mehr Menschen töten könnte, als Attila in all' seinen Kriegen getötet hat, – und beide Völker begannen sich energisch zum Kampfe zu rüsten. Sei es jedoch, weil gleichzeitig mit diesen Kriegs-Vorbereitungen, in England sowohl wie in Amerika, verschiedene Litteraten, Prinzen und Staatsmänner den Regierungen beider Völker zuzureden begannen, dass sie sich des Krieges enthalten möchten, dass die Ursache des Zwistes nicht wichtig genug wäre, um einen Krieg zu beginnen, namentlich zwischen zwei verwandten, dieselbe Sprache sprechenden anglosächsischen Völkern, die nicht miteinander kämpfen, sondern ruhig über andere Völker herrschen sollten, – sei es, weil allerhand Bischöfe, Archidiakone und Kanonikusse in ihren Kirchen darum beteten und predigten, – oder, weil die eine oder die andere Partei sich noch nicht für fertig hielt; das Resultat war jedenfalls, dass der Krieg diesesmal nicht ausgebrochen ist. Und die Menschen haben sich beruhigt.

Man müsste jedoch sehr wenig „perspicacité" (Scharfblick) besitzen, um nicht zu sehen, dass die Ursachen, welche diesmal einen Zusammenstoss zwischen England und Amerika herbeigeführt haben, dieselben geblieben sind, und dass, wenn auch der augenblickliche Zusammenstoss ohne Krieg ausgeglichen wird, so doch unvermeidlich morgen oder übermorgen andere Zusammenstösse entstehen werden, – zwischen England und Amerika, und zwischen England und Deutschland, oder zwischen England und Russland, oder zwischen England und der Türkei, in allen möglichen Kombinationen, wie sie auch thatsächlich täglich entstehen; und eine von ihnen wird unumgänglich zum Kriege führen. Es kann auch nicht anders sein, wenn zwei bewaffnete Menschen nebeneinander leben, denen von frühester Kindheit an eingeflösst wurde, dass Macht, Reichtum und Ruhm die höchsten Tugenden seien, und dass es folglich die lobenswerteste That sei, Macht, Reichtum und Ruhm durch die Waffen, zum Nachteil der andern Nachbar-Herrscher zu erringen, und wenn dabei weder eine sittliche, noch eine religiöse, noch eine weltliche Macht über ihm steht, – ist es dann nicht augenscheinlich, dass solche Menschen immer kämpfen werden, dass die normalen Beziehungen zwischen ihnen der Krieg sein werde, und dass, wenn solche Menschen, nachdem sie aneinandergeraten sind, sich für eine Zeitlang losgelassen haben, sie dies nur gethan haben um, wie das französische Sprichwort sagt, „pour mieux sauter", d. h. sie haben sich von einander entfernt um einen besseren Anlauf zu nehmen und sich mit grösserer Erbitterung auf einander zu stürzen.

Furchtbar ist der Egoismus der Privatmenschen; die Egoisten des Privatlebens jedoch sind nicht bewaffnet und halten es nicht für eine gute That, Waffen gegen ihre Gegner bereit zu halten oder solche gegen sie anzuwenden; der Egoismus der Privatmenschen steht unter Kontrolle der Staatsgewalt sowie der öffentlichen Meinung. Ein Privatmensch, der mit der Waffe in der Hand, dem Nachbar eine Kuh oder ein Stück seines Saatfeldes fortnähme, würde sofort von der Polizei ergriffen und eingesperrt werden. Ausserdem würde die öffentliche Meinung einen solchen Menschen als Dieb und Räuber verdammen. Ganz anders verhält es sich mit den Staaten: Alle sind sie bewaffnet, es giebt keine Macht über ihnen, wenn nicht den lächerlichen Versuch einen Vogel zu fangen, indem man ihm Salz auf den Schwanz streut, d. i.: der Versuch der Gründung internationaler

Kongresse, die von den mächtigen Staaten (die gerade deshalb bewaffnet sind, um Keinem zu gehorchen) offenbar nie anerkannt werden, namentlich aber preist die öffentliche Meinung, dieselbe, die jede Gewaltthat des Privatmenschen tadelt, jede Aneignung des Fremden zur Vergrösserung der Macht seines Vaterlandes, und erhebt den Patriotismus: zu einer Tugend.

Schlagen Sie die Zeitungen zu jeder beliebigen Zeit auf und stets, in jedem Augenblick werden Sie darin den schwarzen Punkt, d. h. die Ursache eines möglichen Krieges sehen: bald wird es Korea sein, bald Palmyra, bald die afrikanischen Länder, bald Abessinien, bald Armenien, bald die Türkei, bald Venezuela, bald der Transvaal. Das Räuberhandwerk wird unausgesetzt betrieben, und bald hier, bald dort gehen kleine Kriege vor sich, wie an den Grenzwachen, und jeden Augenblick kann und muss ein wirklicher grosser Krieg ausbrechen.

Wenn der Amerikaner eine vor allen andern Völkern hervorragende Macht und Wohlfahrt Amerikas wünscht, und der Engländer, wie der Russe, der Türke, der Holländer, der Abessinier, der Bürger Venezuelas und des Transvaal, der A[r]menier, der Pole und der Czeche dasselbe wünschen und sie Alle überzeugt sind, dass diese Wünsche nicht nur nicht verborgen und nicht unterdrückt werden dürfen, sondern dass man auf diese Wünsche stolz sein und sie in sich und in Andern entwickeln müsse; und wenn die Grösse und Wohlfahrt eines Landes oder Volkes nicht anders errungen werden kann als zum Nachteil eines andern oder mitunter vieler andern Länder und Völker, – wie wäre da ein Krieg zu vermeiden!

Und darum: damit kein Krieg sei, muss man nicht um den Frieden beten und predigen, nicht den „english speaking nations" zureden in Freundschaft miteinander zu leben, um über die andern Völker zu herrschen, nicht einen Zweibund oder Dreibund Einer gegen den Andern schliessen, nicht Prinzen und Prinzessinnen verschiedener Völker untereinander verheiraten, – sondern man muss das vernichten, was den Krieg hervorbringt. Der Krieg wird aber hervorgerufen durch den Wunsch der ausschlies[s]lichen Wohlfahrt seines eigenen Volkes, das, was wir Patriotismus nennen. Folglich um den Krieg abzuschaffen, muss man den Patriotismus abschaffen. Um aber den Patriotismus abzuschaffen, muss man sich vor Allem überzeugen, dass er ein Uebel ist; und das eben ist das Schwierige. Sagt den Menschen, dass der Krieg schlimm sei, – sie werden lachen; wer weiss das nicht! Sagt ihnen, dass der Patriotismus schlimm sei und die Mehrzahl wird dem beistimmen, jedoch mit einer kleinen Einwendung. Ja, der schlimme Patriotismus ist schlimm; es giebt aber einen andern Patriotismus, den, zu dem wir uns bekennen. Worin jedoch dieser gute Patriotismus besteht, kann Niemand erklären. Wenn der gute Patriotismus darin besteht kein erobernder zu sein, wie Viele sagen, so wird doch der Patriotismus, wenn er auch kein erobernder ist, jedenfalls ein erhaltender sein, d. h. dass die Menschen bestrebt sind das zu erhalten, was dereinst erobert wurde, da es kein Land giebt, das nicht durch Eroberung gegründet worden wäre; das Eroberte aber zu erhalten, bedarf es notwendigerweise derselben Mittel, wie diejenigen, mit denen jedes Ding erobert wird, d. h. der Gewalt, des Todtschlages. Wenn aber der Patriotismus auch kein erhaltender ist, so ist er ein wiederherstellender, – wie der Patriotismus der besiegten und unterjochten Völker: der Armenier, der Polen, der Czechen, der Irländer u. dgl. Und dieser Patriotismus ist fast der schlimmste, weil er der erbittertste ist und folglich die höchsten Gewalttaten verlangt.

Der Patriotismus kann kein guter sein. Weshalb sagen die Menschen nicht, dass der Egoismus ein guter sein kann, obgleich man dieses eher behaupten könnte, weil der Egoismus ein natürliches Gefühl ist, das mit dem Menschen in die Welt kommt, wogegen der Patriotismus ein unnatürliches, dem Menschen künstlich eingeimpftes Gefühl ist.

Man wird sagen: „der Patriotismus hat die Menschen zu Staaten vereint und erhält die Einheit der Staaten aufrecht." Die Menschen sind aber schon in Staaten vereinigt, das Faktum ist bereits vollbracht; weshalb soll denn jetzt die ausschliessliche Hingebung der Menschen an ihren Staat aufrecht erhalten werden, wenn diese Hingebung so schreckliches Elend anderer Staaten und Völker verursacht! Dieser selbe Patriotismus, der die Menschen in Staaten vereinigt hat, zerstört jetzt diese selben Staaten. Ja, wenn es nur einen Patriotismus gäbe, z. B. den Patriotismus der Engländer allein, so könnte man ihn als einen einigenden und wohlthätigen betrachten; wenn es aber, wie jetzt einen amerikanischen, einen englischen, einen deutschen, einen französischen, einen russischen Patriotismus giebt, von denen jeder dem andern entgegengesetzt ist, so vereinigt der Patriotismus nicht mehr, sondern zerstört. Wenn man sagt, dass der Patriotismus, da er ein wohlthuender war, als er die Menschen in Staaten vereinigte, wie es zur Zeit seiner Blüte in Griechenland und Rom der Fall war, folglich auch jetzt, nach 1800 Jahren christlichen Lebens, ebenso wohlthätig sei, so ist es, als wollte man sagen, dass, wenn das Ackern eines Feldes vor der Saat nützlich und wohlthuend ist, es ebenso wohlthuend sein müsse, nachdem die Saat bereits aufgegangen ist. Es wäre gewiss gut den Patriotismus zu erhalten, zum Andenken jenes Nutzens, den er z. B. den Menschen gebracht hat, gleichwie die Menschen die alten Denkmäler, Tempel, Grabmäler, u.s.w. schützen und erhalten. Tempel und Grabmäler jedoch stehen da und bringen keinen Schaden, der Patriotismus hingegen bringt unaufhörlich unzählige Uebel hervor.

Weshalb leiden, kämpfen und verwildern jetzt die Armenier und die Türken? Weshalb warten England und Russland, jedes von ihnen besorgt um seinen Anteil an der Erbschaft der Türkei, und setzen den armenischen Greueln kein Ende? Warum kämpfen die Abessinier und die Italiener gegen einander? Weshalb war ein schrecklicher Krieg nahe daran auszubrechen, erst wegen Venezuela, dann wegen des Transvaal? Und der chino-japanische, der türkische, der deutsche, der französische Krieg? Und die Erbitterung der unterjochten Völker: der Armenier, der Polen, der Irländer? Und die Vorbereitungen zum Kriege von Seiten aller Völker? Dies alles sind die Früchte des Patriotismus. Ströme von Blut sind vergossen worden um dieses Gefühles willen und werden noch um seinetwillen vergossen werden, wenn die Menschen sich nicht von diesem abgelebten Rest des Altertums befreien werden.

Ich habe schon oft über den Patriotismus schreiben müssen und über dessen vollständige Unvereinbarkeit nicht nur mit der Lehre Christi in ihrem idealen Sinne, sondern selbst mit den einfachsten Vorschriften der christlichen Moral, und jedes Mal wurden meine Behauptungen entweder durch Schweigen beantwortet oder durch einen hochmütigen Hinweis: dass die von mir ausgesprochenen Ideen Utopien und der Ausdruck des Mystizismus, des Anarchismus und des Kosmopolitismus seien. Oft wurden meine Ideen in gedrängter Form wiederholt, und anstatt sie zu widerlegen, wurde blos [sic] hinzugefügt, dass dies nichts anderes sei als Kosmopolitismus, als ob das Wort Kosmopolitismus alle meine Behauptungen unwiderruflich widerlegte.

Ernste, alte, kluge, gute Menschen, namentlich Menschen, die dastehen wie eine Stadt auf hohem Berge, Menschen, die durch ihr Beispiel unwillkürlich die Massen leiten, thun als ob die Gesetzlichkeit und Wohlthätigkeit des Patriotismus so offenbar und so zweifellos wäre, dass es nicht lohne, auf die leichtsinnigen und sinnlosen Angriffe auf dieses heilige Gefühl zu antworten, und die Mehrzahl der von Kindheit an betrogenen und vom Patriotismus angesteckten Menschen sieht in diesem hochmütigen Schweigen die überzeugendste Widerlegung und fährt fort, in ihrer Unwissenheit zu verrosten.

Und deshalb begehen die Menschen, die ihrer Stellung nach die Massen von ihrem Elend befreien können und es nicht thun, eine grosse Sünde.

Das schrecklichste ist, dass die Heuchelei in der Welt ist. Nicht umsonst geriet Christus blos ein einziges Mal in Zorn, und dies war gegen die Heuchelei der Pharisäer.

Was aber war die Heuchelei der Pharisäer im Vergleich zu der Heuchelei unserer Zeit! Im Vergleich zu unsern Heuchlern waren die Pharisäer die wahrheitsliebendsten Menschen, und ihre Kunst der Heuchelei war im Vergleich zu der Kunst unserer Heuchler – das reine Kinderspiel; und es ist auch nicht anders möglich.

Unser ganzes Leben mit dem Bekenntnis des Christentums, dieser Lehre der Demut und Liebe, vereint mit dem Leben einer gewaffneten Räuberbande, kann nichts anderes sein als eine ununterbrochene entsetzliche Heuchelei. Es ist sehr bequem, eine Lehre zu bekennen, an deren einem Ende die christliche Heiligkeit und folglich die Unfehlbarkeit, und am andern das heidnische Schwert und der Galgen steht, so dass, wenn man durch die Heiligkeit imponieren und betrügen kann, man die Heiligkeit in Anwendung bringt; falls jedoch der Betrug nicht gelingt, wird das Schwert und der Galgen angewandt. Eine solche Lehre ist sehr bequem; es kommt jedoch eine Zeit, wo dieses Lügengewebe reisst und man nicht mehr fortfahren kann, sich an beides zu halten, sondern unumgänglich sich an das eine oder an das andere anschliessen muss. Das ist es, was jetzt in Bezug auf die Lehre über den Patriotismus geschieht.

Die Menschen mögen wollen oder nicht, die Frage steht klar vor der Menschheit: in welcher Weise kann jener Patriotismus, der unzählige sowohl physische wie moralische Leiden der Menschen hervorbringt, – notwendig und eine Tugend sein? Und es ist unumgänglich, diese Frage zu beantworten.

Es ist unumgänglich: entweder zu zeigen, dass der Patriotismus ein so grosses Wohl sei, dass er alles Elend, welches er in der Menschheit hervorbringt, vollständig aufwiegt, oder zu bekennen, dass der Patriotismus ein Uebel ist, welches man nicht nur den Menschen nicht einimpfen und einflössen dürfe, sondern von dem man sich mit allen Kräften zu befreien suchen müsse: „C'est à prendre ou à laisser", wie die Franzosen sagen. Wenn der Patriotismus ein Wohl ist, ist das Christentum, das den Frieden giebt, – ein leerer Wahn, und je schneller man diese Lehre ausrotten würde, um so besser würde es sein. Wenn aber das Christentum wirklich den Frieden giebt und wir wirklich den Frieden wollen, dann ist der Patriotismus ein Ueberbleibsel der barbarischen Zeiten, welches man nicht nur weder erwecken noch grossziehen darf, wie wir es jetzt thun, sondern welches wir im Gegenteil mit allen Mitteln ausrotten müssen: durch Predigten, durch Ueberzeugungen, durch Verachtung, durch Spott.

Wenn das Christentum die Wahrheit ist und wir im Frieden leben wollen, können wir nicht nur keine Mitempfindung für die Macht und Grösse unseres Vaterlandes haben, sondern wir müssen uns seines Verfalles und seiner Schwäche freuen und dazu beitragen. Der Russe muss sich freuen, wenn Polen, die Ostsee-Provinzen, Finnland und Armenien von Russland abfallen und sich befreien; wie der Engländer sich über dasselbe freuen muss in Bezug auf Irland, Australien, Indien und andere Kolonieen und dazu beitragen muss, denn: je grösser ein Staat ist, um so böser und grausamer ist sein Patriotismus, auf einer um so grösseren Menge von Leiden gründet sich seine Macht. Und desshalb: wenn wir thatsächlich das sein wollen, wozu wir uns bekennen, dürfen wir nicht nur keine Vergrösserung unseres Staates wünschen, wie wir es jetzt thun, sondern wir müssen im Gegenteil dessen Verkleinerung und Abschwächung wünschen und nach Kräften dazu beitragen. Und in solchem Sinne wollen wir auch die jungen Geschlechter erziehen: wir müssen die jungen Geschlechter derart erziehen, dass, wie heute ein junger Mensch sich schämt, seinen rohen Egoismus zu zeigen, z. B. dadurch, dass er alles aufisst, ohne etwas für die andern übrig zu lassen, oder einen Schwächeren vom Wege zu stossen, um selbst ungehindert durchzugehen, oder sich mit Gewalt etwas anzueignen, was dem Andern notwendig ist – er sich ebenso schämen müsste, eine Vergrösserung seines Vaterlandes zu wünschen; und ebenso wie das Selbstlob heutzutage für lächerlich und albern gilt, müsste auch die Lobpreisung seines Volkes für albern gelten, wie sie sich heutzutage in verschiedenen falschen Vaterlandsgeschichten, in Bildern, Denkmälern, Lehrbüchern, Gedichten, Abhandlungen, Predigten und Volkshymnen kundgiebt. Man muss jedoch begreifen, dass, solange wir den Patriotismus lobpreisen und ihn in den jungen Geschlechtern grossziehen werden; solange wir Waffen und Geschütze haben werden, die sowohl das physische wie das geistige Leben der Völker zu Grunde richten, – so lange wird es auch Kriege geben, schreckliche, entsetzliche Kriege, wie die, zu denen wir uns vorbereiten und in deren Kreis wir jetzt neue, furchtbare Kämpfe aus dem fernen Osten hineinziehen, sie durch unseren Patriotismus verderbend.

Der Kaiser Wilhelm, eine der originellsten Gestalten unserer Zeit, – Redner, Dichter, Musiker, Dramaturg und Künstler, namentlich auch Patriot, hat unlängst ein Bild gemalt, das alle Völker Europas darstellt, die bewaffnet am Meeresufer stehen und in der Richtung, die ihnen der Erzengel Michael weist in die Ferne schauen, wo die Gestalten von Buddha und von Confucius sichtbar sind. Das soll bedeuten, dass die Völker Europas sich vereinigen müssen, um der ihnen von dorther nahenden Gefahr zu widerstehen. Und dies ist vollkommen richtig, vom heidnischen, um 1800 Jahre zurückgebliebenen, patriotischen Gesichtspunkte aus. Die Europäischen Völker sind sich Christi nicht mehr bewusst und haben im Namen ihres Patriotismus jene friedliebenden Völker immer mehr und mehr aufgeregt und haben ihnen den Patriotismus und den Krieg beigebracht und haben sie jetzt in dem Masse erregt, dass in der That, wenn nur Japan und China die Lehre Buddhas und Confucius ebenso vergessen, wie wir die Lehre Christi vergessen haben, sie bald die Kunst, Menschen zu töten, erlernen werden (dies lernt sich rasch, wie wir an Japan gesehen haben); und da sie furchtlos, gewandt, kräftig und zahlreich sind, werden sie sicher in kurzer Zeit aus Europa, – falls Europa ihnen nicht anderes entgegenzustellen wissen wird, als die Geschütze und Erfindungen Edisons, – das machen, was die Länder Europas jetzt aus Afrika machen. „Der Jünger ist nicht über seinen Meister; wenn der Jünger ist wie sein Meister, so ist er vollkommen" (Lucae 6, 40).

Auf die Frage eines kleinen Fürsten: wie und um wie viel er sein Heer vergrössern müsse, um ein kleines Völkchen im Süden, das sich ihm nicht unterwerfen wollte, zu besiegen, erwiderte Confucius: „vernichte dein Heer, verwende das, was du jetzt für dein Heer ausgiebst, – auf die Aufklärung deines Volkes und die Verbesserung der Landwirtschaft, und das Völkchen im Süden wird seinen kleinen Fürsten fortjagen und ohne Krieg sich deiner Macht unterwerfen."

So lehrte Confucius, von dem man uns sagt, dass wir ihn

fürchten sollen. Wir aber haben die Lehre Christi vergessen; wir haben uns von ihm losgesagt und wollen die Völker mit Gewalt unterjochen und schaffen uns dadurch nur neue und noch mächtigere Feinde, als es unsere Nachbarn sind. Einer meiner Freunde sagte, als er das Bild von Kaiser Wilhelm sah: „ein schönes Bild; nur bedeutet es nicht das, was daruntergeschrieben ist."

Es bedeutet, dass der Erzengel Michael alle Mächte Europas, die gleich gewaffneten Räubern dastehen, auf das hinweist, was sie vernichten und zu Grunde richten wird, nämlich: die Duldsamkeit Buddhas und die Vernunft Confucius'. Er hätte hinzufügen können: und die Demuth Lao-tses.

Und in der That: dank unserer Heuchelei, haben wir die Lehre Christi in dem Grade vergessen und alles Christliche aus unserem Leben ausgemerzt, dass die Lehre Buddhas und Confucius' unvergleichlich höher steht, als jener grausame Patriotismus, der unseren pseudo-christlichen Völkern zur Richtung dient. Und deshalb liegt die Befreiung Europas und überhaupt der ganzen christlichen Welt nicht darin, dass wir, nicht als bewaffnete Räuber, wie jenes Bild uns darstellt, uns auf unsere überseeischen Brüder werfen, um sie zu töten, sondern sie besteht darin, dass wir uns von diesem Ueberbleibsel barbarischer Zeiten – dem Patriotismus – lossagen und, nachdem wir uns von ihm losgesagt haben, die Waffen ablegen und den orientalischen Völkern nicht das Beispiel eines rohen und grausamen Patriotismus geben, sondern das Beispiel eines Lebens von Brüdern untereinander, wie Christus es uns gelehrt hat.

Moskau, 2. Januar 1896.

Leo Tolstoi.

VII.
Cathargo delenda est
(1898[1])

Leo Tolstoi

Übersetzt von Nathan Syrkin

„La Vita Internazionale" und „L'Humanité Nouvelle" sandten mir folgenden Brief ein:

„Monsieur,
Dans le but d'être utile au developpement des idées humanitaires et de la civilisation ‚la vita Internazionale' (Milan) avec l'appu de ‚l'Humanité Nouvelle' (Paris et Bruxelles) a cru devoir s'intéresser au difficile probleme qui dernièrement s'est montré dans toute sa gravité et son importance à cause de la délicate question pour laquelle la France et le monde entier se sont passionnés si vivement: nous voulons parler du problème de la guerre et du militarisme. A cette fin, nous prions tous ceux qui en Europe dans la politique, les sciences, les arts, dans le mouvement ouvrier, parmi les militaires mêmes occupent la place la plus éminente, de contribuer à cette oeuvre hautement civilisatrice en nous envoyant les réponses au questionnaire suivant:

1. La guerre parmi les nations civilisèes, est-elle encore voulue par l'histoire, par le droit, par le progrès?
2. Quels sont les effets intellectuels, moraux, physiques, économiques, politiques du militarisme?
3. Quelles sont les solutions qu' on convient de donner, dans l'interêt de l'avenir de la civilisation mondiale, aux graves problèmes de la guerre et du militarisme?

---

[1] Textquelle | Graf Leo TOLSTOI: Über Krieg und Staat. Deutsch von Dr. N[athan]. Syrkin. Berlin: Hugo Steinitz Verlag [1901], S. 73-92. [Bandumfang: 111 Seiten]

4. Quels sont les moyens conduisant le plus rapidement possible à ces solutions?"

„Mein Herr!
Zu dem Zwecke der Entwicklung humanitärer Ideen und der Zivilisation hat es ‚la vita Internazionale' (Mailand) mit Unterstützung der ‚Humanité Nouvelle' (Paris und Brüssel) als seine Aufgabe betrachtet, sich für das schwere Problem zu interessieren, das sich kürzlich in seiner ganzen Schwere und Wichtigkeit gezeigt hat, hinsichtlich der delikaten Frage, für welche Frankreich und die ganze Welt sich so lebhaft ereifert haben: Wir wollen nämlich vom Problem des Krieges und vom Militarismus sprechen. Zu diesem Zwecke bitten wir diejenigen Männer, welche in Europa die hervorragendste Stellung in der Politik, der Wissenschaft, den Künsten, der Arbeiter-Bewegung, und in der Armee einnehmen, zu diesem hochgradig zivilisatorischen Werke Beiträge zu liefern, und zwar durch Beantwortung folgender Fragen:

1. Verlangen die Geschichte, das Recht, der Fortschritt den Krieg unter den zivilisierten Nationen?
2. Welches sind die intellektuellen, moralischen, physischen, ökonomischen und politischen Wirkungen des Militarismus?
3. Welches sind die Lösungen, die man im Interesse der Zukunft der zivilisierten Welt den ernsten Problemen des Krieges und des Militarismus, geben kann?
4. Welches sind die Mittel, die diese Lösungen schnellstens herbeiführen?"

Ich kann das Gefühl des Abscheus, der Entrüstung und sogar der Verzweiflung nicht verbergen, das dieser Brief in mir hervorgerufen hat. Die Menschen unserer christlichen Welt, die aufgeklärt, vernünftig und gut sind, das Gesetz der Liebe und Brüderlichkeit anerkennen, die den Mord für das schrecklichste Verbrechen halten und mit den wenigsten Ausnahmen unfähig sind ein Tier zu töten, alle diese Menschen halten nicht nur den Ruin,

Raub und Mord der Menschen für notwendig und gesetzlich, wenn diese Verbrechen „Krieg" heißen, sondern tragen selbst zu diesem Raub und Mord bei, bereiten sich dafür vor, nehmen an ihnen Anteil, sind stolz darauf. Dabei wiederholt sich überall und immer eine und dieselbe Erscheinung: Die meisten Menschen, nämlich die Arbeiter, welche diesen Raub und Mord vollziehen und die ganze Last des Werks auf sich laden, bereiten weder die Abschlachtungen vor noch wollen sie sie, sondern nehmen an denselben gegen ihren Willen teil, weil sie sich in solcher Lage und Stimmung befinden, daß jeder einzelne von ihnen in eine noch schlimmere zu geraten befürchtet, wenn er seine Beteiligung an alledem verweigern würde. Diese Raubanfälle und Morde veranlaßt nur eine in Luxus auf Kosten der Arbeit lebende, sehr geringe Minorität, die auch das arbeitende Volk zu diesem Verbrechen zwingt. Dieser Betrug geht schon lange vor, in der letzten Zeit aber erreichte er seinen Höhepunkt: ein großer Teil der Arbeiterzeugnisse wird den Arbeitern weggenommen und für Vorbereitungen zu Mord und Raub verwendet. In allen konstitutionellen Staaten Europas werden die Arbeiter selbst, alle ohne Ausnahme, zur Teilnahme an diesen Verbrechen herangezogen. Die internationalen Beziehungen werden immer verwickelter, daß sie zum Kriege führen müssen, friedliche Länder werden ohne jeglichen Grund überfallen, beständig wird irgendwo geraubt und gemordet und alle Menschen leben unter der ständigen Furcht eines allgemeinen gegenseitigen Raubens und Mordens. Da nun diese Erscheinung davon herrührt, daß die großen Massen von der Minorität betrogen werden, so sollte doch das erste Werk derjenigen, welche die Menschheit von diesen Verbrechen befreien wollen, die Enthüllung des Betrugs sein, in welchem die Massen gehalten werden, die Aufklärung der Massen, wie dieser Betrug zu stande kommt und die Art der Befreiung von diesem.

Die aufgeklärten Leute in Europa thun aber nichts Ähnliches, sondern versammeln sich unter dem Vorwande der Mitarbeit an dem Friedenswerk bald in dieser, bald in jener europäischen Stadt und beraten mit ernster Miene darüber, wie man jene

Mörder, die von ihrem Mord leben, überreden sollte, daß sie zu morden aufhören und friedliche Bürger werden. Alsdann werden in diesen Versammlungen die tiefsinnigen Fragen erörtert: erstens: „ob die Geschichte, das Recht, der Fortschritt den Krieg erforderlich machen", (als ob die von uns ausgesonnenen Fiktionen die Abweichung von dem sittlichen Grundgesetz unseres Lebens von uns verlangen könnten); zweitens: „welcher Art die Folgen des Krieges sein können", (als ob darüber noch irgend ein Zweifel bestehen könnte, daß die Folgen des Krieges immer nur noch der allgemeine Ruin und die allgemeine Demoralisation sein werden); und endlich noch darüber: „wie das Problem des Krieges zu lösen sei", (als ob dies noch überhaupt der Gegenstand eines Problems wie die betrogenen Menschen von dem offenbaren Betrug zu befreien seien, sein könnte).

Das ist ja schrecklich. Wir sehen beispielsweise, wie gesunde, ruhige, oft glückliche Menschen alljährlich nach Monte Carlo reisen und dort in den Spielhöllen ihre Gesundheit, Ruhe, Ehre, mitunter auch ihr Leben verlieren. Wir bedauern diese Menschen, wir sehen klar, daß der Betrug, welchem diese Menschen unterworfen sind, in jenen Versuchungen besteht, durch die die Spieler verlockt werden – in der Ungleichheit der Aussichten und Dasein, daß sie jedesmal auf das Glück hoffen, obwohl sie wissen, daß sie im allgemeinen nur noch verlieren. Dies alles ist vollständig klar. Um aber die Menschen von diesen Übeln zu befreien, weisen wir nicht auf die Versuchungen, welchen sie unterworfen sind, hin, und führen ihnen nicht die Unsittlichkeit des Spiels vor Augen, sondern versammeln uns in Konferenzen, beraten darüber, wie es zu erreichen sei, daß die Besitzer der Spielhäuser dieselben freiwillig schließen, schreiben Bücher darüber, ob die Geschichte, das Recht und der Fortschritt die Spielhäuser erforderlich machen, welche Folgen der Totalisator in wirtschaftlicher, intellektueller, geistiger Beziehung haben kann u.s.w.

Wenn ich dem Trinker sage, daß er zu trinken aufhören kann und muß, so kann ich hoffen, daß er mir folgen wird; wenn ich ihm aber sage, daß der Trunk ein verwickeltes und schweres Problem ist, welches wir gelehrte Leute in unseren Versammlungen lösen werden, so ist es wahrscheinlich, daß er, in Erwartung der Lösung des Problems, fortfahren wird zu trinken. Das ist auch mit den falschen wissenschaftlichen, äußeren Mitteln zur Beseitigung des Krieges, den internationalen Kriegsgerichten, Schiedsgerichten und ähnlichen Dummheiten der Fall, während wir dabei das einfachste und wesentlichste Mittel zur Beseitigung desselben verschweigen. Damit die Menschen, die den Krieg nicht brauchen, nicht kämpfen, dazu ist weder ein internationales Recht oder Schiedsgericht, noch internationale Richtstätten oder überhaupt die Lösung von Fragen nötig, sondern die betrogenen Menschen müssen erwachen und sich von jenem Zauber befreien, in welchem sie sich befinden. Das Mittel gegen den Krieg besteht darin, daß diejenigen, welche den Krieg nicht brauchen und die Teilnahme an demselben für eine Sünde halten, nicht kämpfen. Dieses Mittel wurde seit den ältesten Zeiten von den christlichen Schriftstellern Tertullian, Origenes, alsdann von den Anhängern des Paulus, und später von den Men[n]oniten, Quäkern, Herrnhutern gepredigt; über dieses Mittel schrieben Daymond, Harrison und Balu; ich bin seit beinahe 20 Jahren bestrebt die Sünde, das Verderben und die Sinnlosigkeit des Kriegsdienstes vor Augen zu führen. Dieses Mittel wurde schon sehr lange angewandt, doch wurde es in der letzten Zeit besonders oft benutzt, und zwar sowohl von Einzelpersonen in Österreich, Preußen, Schweden, Holland, der Schweiz, Rußland, als auch von ganzen Gesellschaften, wie den Quäkers, Men[n]oniten, Nazarenern und in der letzten Zeit von den Duchoboren, von denen 15.000 Mann bereits das dritte Jahr gegen die mächtige russische Regierung, trotz aller Verfolgungen, kämpften und den Kriegsdienst verweigerten.

Aber nicht nur, daß die aufgeklärten Freunde des Friedens dieses Mittel nicht vorschlagen, können sie auch die Erwähnung desselben nicht ertragen und stellen sich, wenn sie davon hören, so, als merken sie es nicht, oder zucken, wenn sie es merken, überlegen die Achseln. Sie sprechen ihr Bedauern über jene ungebildeten und unvernünftigen Menschen aus, die ein solch unwirksames dummes Mittel anwenden, wo sie doch ein so gutes benutzen konnten, das darin besteht, daß sie auf den Schwanz des Vogels, welchen sie fangen wollen, Salz streuen, d. h. die Regierungen, welche nur von Gewalt und Betrug leben, zum Verzicht auf diese Gewalt und den Betrug zu bewegen suchen.

Die unter den Regierungen entstehenden Mißverständnisse sollen durch Gerichtsstätten oder Schiedsgerichte gelöst werden.

Die Regierungen wollen aber die Lösung der Mißverständnisse nicht, sie schaffen solche vielmehr, denn nur Mißverständnisse mit andern Regierungen geben ihnen die Möglichkeit jenes Heer zu unterhalten, auf welchem ihre Macht beruht. So sind die aufgeklärten Friedensfreunde bemüht die Augen des leidenden arbeitenden Volkes von dem einzigen Mittel abzuwenden, welches es von der Sklaverei befreien könnte, von der Sklaverei, in der das Volk in der Jugend durch den Patriotismus und später durch den Eid, zu dem die Priester des Christentums die Möglichkeit bieten und endlich durch die Furcht vor Bestrafung gehalten wird.

In unserer Zeit des nahen friedlichen Verkehrs zwischen den Menschen der verschiedenen Nationalitäten ist der Betrug des Patriotismus, welcher immer die Bevorzugung eines Volkes oder Staates vor den anderen verlangt und darum die Menschen in unnütze und verheerende Kriege hineinzieht, viel zu offenbar, als daß sich die vernünftigen Menschen unserer Zeit von ihm nicht befreien sollten. An den Eid, welcher von demselben Evangelium, das die Regierungen bekennen, verboten wird, glaubt man Gott sei Dank immer weniger, so daß das wirkliche Hindernis zur Verweigerung des Kriegsdienstes bei den meisten Menschen nur die Furcht vor der Strafe ist. Aber auch diese Furcht ist nur die Folge des Betrugs der Regierungen und hat keinen anderen Grund als die Hypnose. Die Regierungen können und müssen die Verweigerung des Kriegsdienstes fürchten und fürchten sie wirklich, denn jede Verweigerung würde jene Autorität des Betrugs, unter welchen die Regierungen die Menschen halten, untergraben. Dagegen haben diejenigen, welche den Kriegsdienst verweigern, keinen Grund die Regierungen zu fürchten. Jeder Mensch, der den Kriegsdienst verweigert, läuft weniger

Gefahr, als wenn er ihn antritt. Die Verweigerung des Kriegsdienstes und die Strafe – Gefängnis, Verbannung – ist zuweilen nur noch eine vorteilhafte Versicherung vor den Gefahren des Kriegsdienstes. Beim Antritt des Kriegsdienstes läuft jeder Mensch Gefahr an einem Kriege teilzunehmen und in eine Lage zu geraten, in der er unter den schwersten qualvollsten Verhältnissen, wie ein zum Tode Verurteilter getötet oder entstellt werden wird, wie ich es bei Sebastopol gesehen habe, wo zwei Regimenter bei einer Festung niedergemetzelt wurden und das dritte so lange aushielt, bis es vollständig vernichtet wurde. Die andere vorteilhaftere Eventualität ist die, daß der Soldat nicht getötet, sondern an den ungesunden Bedingungen des Kriegsdienstes erkranken und sterben wird. Die dritte Eventualität ist die, daß er auf eine Beleidigung seinem Vorgesetzten mit einer Grobheit antworten, die Disziplin verletzen und einer noch schwereren Strafe verfallen wird, als bei der Verweigerung des Kriegsdienstes. Die vorteilhafteste Eventualität ist aber die, daß er anstatt des Gefängnisses oder der Verbannung, im Falle der Verweigerung des Kriegsdienstes, drei oder fünf Jahre seines Lebens in Übungen zum Mord, in einer unzüchtigen Umgebung und in einer eben solchen Unfreiheit, wie im Gefängnis, zubringen und schließlich noch im erniedrigenden Gehorsam gegen ausschweifende Männer leben müssen wird.

Dies ist eins. Zweitens aber kann jeder Mensch, welcher den Kriegsdienst verweigert, so unwahrscheinlich dies auch ist, dennoch darauf rechnen, daß er keine Strafe ertragen wird müssen, sondern daß seine Verweigerung zur Enthüllung des Betrags der Regierungen beitragen wird, sodaß es dann keine irre geführten Menschen mehr geben wird, welche die Ausführung seiner Strafe ermöglichen werden. Sich den Forderungen des Kriegsdienstes unterwerfen ist somit augenscheinlich nur die Unterwerfung der Hypnose der Masse, ein völlig unnützes Springen der Panurgas-Schafe ins Wasser zum offenbaren Verderben.

Aber außer der Vorteilsberechnung ist noch eine andere Ursache vorhanden, welche bei jedem von der Hypnose freien und die Bedeutung seiner Handlungen verstehenden Menschen zur

Verweigerung des Kriegsdienstes führen muß. Kein Mensch kann umhin, zu wünschen, daß sein Leben nicht ein weckloses unnützes Dasein, sondern ein Gott und den Menschen Dienendes sein soll. Zuweilen findet der Mensch keine Gelegenheit dazu. Der Ruf zur Teilnahme am Kriegsdienst ist eben diese Gelegenheit, welche sich jedem Menschen unserer Zeit bietet. Jeder Mensch, welcher den Kriegsdienst oder die Steuernzahlung verweigert, dient dadurch Gott und den Menschen, da er durch diese Verweigerung am besten zum Fortschritt der Menschheit zur besseren gesellschaftlichen Einrichtung beiträgt.

Außerdem aber, daß es vorteilhaft ist auf den Kriegsdienst zu verzichten, sind die meisten Menschen auch sittlich gezwungen darauf zu verzichten, wenn sie nur von der Hypnose frei sind. Für jeden Menschen giebt es Handlungen, welche sittlich eben so unmöglich sind, wie es unmögliche physische Handlungen giebt. Eine solche sittlich unmögliche Handlung ist für die meisten Menschen unserer Zeit das Versprechen des sklavischen Gehorsams gegen fremde und unsittliche Menschen, welche sich die Ermordung der Menschen zum Ziele setzen. Somit ist es nicht nur vorteilhaft und sittlich den Kriegsdienst zu verweigern, sondern geradezu unmöglich, das nicht zu thun.

„Was wird dann aber sein, wenn alle Menschen auf den Kriegsdienst verzichten, die Bösen ohne Furcht sind und die Oberhand gewinnen werden und es keinen Schutz vor den Wilden – vor der gelben Rasse – geben wird, welche uns überfallen wird?"

Ich will nicht darüber sprechen, daß die Bösen schon längst die Oberhand gewonnen haben und im Kampf untereinander schon lange über die Christen herrschen, ich will nicht darüber sprechen, daß die Furcht vor den Wilden und Gelben, welche wir absichtlich reizen und kriegsbereit machen, eine leere Phrase ist, daß zum vermeintlichen Schutz vor den Wilden und Gelben ein Hundertstel der Heere, welche Europa jetzt unterhält, ausreichen würde, ich will deshalb darüber nicht sprechen, weil die Erörterungen, was aus dieser oder jener unserer Handlungen für die Welt hervorgehen kann, überhaupt keine Anleitung für unsere Handlungen und unsere Thätigkeit bilden können. Der Mensch hat eine andere unzweifelhafte Anleitung und das ist sein Gewissen, bei dessen Befolgung er mit absoluter Sicherheit weiß, daß er das thut, was er thun soll. Alle Überlegungen über die Gefahr, welche dem Einzelmenschen wegen der Verweigerung des Kriegsdienstes bevorsteht, sowie auch darüber, welche Gefahr der ganzen Welt aus diesen Verweigerungen droht, sind nur noch Partikelchen jenes ungeheuren und furchtbaren Betrugs, in welchen die christliche Menschheit verstrickt ist und den die Regierungen unterhalten.

Daraus, daß der Mensch so handeln wird, wie es ihm seine Vernunft, sein Gewissen, sein Gott befehlen, kann nur das Beste hervorgehen, sowohl für ihn, wie für die Welt. Die modernen Menschen klagen über den schlechten Gang des Lebens in unserer christlichen Welt. Kann es aber anders sein, wenn wir trotz der Anerkennung des Gebots „töte nicht" und des Gesetzes der Liebe und Brüderlichkeit aller Menschen untereinander in Wirklichkeit dieses Gebot nicht achten?

Wie muß denn die Gesellschaft sein, welche aus solchen Menschen besteht? Diese Gesellschaft muß schrecklich sein und ist in der That auch schrecklich.

Besinnt Euch Brüder, höret nicht auf jene Missethäter, welche Euch von Kindheit an mit jenem teuflischen schlechten und falschen Geist des Patriotismus anstecken, um Euch Eures Eigentums, Eurer Freiheit und Eurer menschlichen Würde zu berauben; höret nicht auf jene alten Betrüger, welche den Krieg im Namen ihres ersonnenen, grausamen und rächenden Gottes und ihres gefälschten Christentums predigen; höret noch weniger auf jene neuen Sadduzäer, welche im Namen der Wissenschaft und Aufklärung, in Wirklichkeit aber, weil sie nur noch die Erhaltung der bestehenden Ordnung wünschen, Versammlungen abhalten, Bücher schreiben und Reden halten und den Menschen ein gutes und friedliches Leben ohne ihre eigene Anstrengung versprechen. Glaubet ihnen nicht! Glaubet nur Eurem Gefühl, welches Euch sagt, daß Ihr keine Tiere und keine Sklaven seid, sondern freie Menschen, welche für ihre Handlungen verantwortlich sind und darum weder willkürlich, noch unwillkürlich Mörder sein können.

Ihr habt Euch nur zu besinnen, um den ganzen Schrecken und die Sinnlosigkeit dessen zu sehen, was Ihr thatet und thut, und dann aufzuhören, das Böse, das Ihr hasset und das Euch zu Grunde richtet, zu thun, Sobald Ihr aber aufhören werdet das Böse, das Ihr hasset, zu thun, so werden ohne Euer Zuthun, wie die Eulen vor dem Tageslicht, jene jetzt herrschenden Betrüger, die Euch zuerst demoralisieren und nachher quälen, verschwinden und es werden von selbst jene neuen menschlichen, brüderlichen Lebensbedingungen entstehen, nach welchen die durch Leiden müde gewordene, von Betrug gemarterte, in unlösliche Widersprüche geratene christliche Menschheit lechzt.

Möge nur jeder Mensch ohne alle Klügeleien, Überlegungen und Vermutungen das erfüllen, was ihm gegenwärtig sein Gewissen befiehlt, und er wird die Wahrheit der Worte des Evangeliums erkennen: „Wer seinen Willen thun will, der wird von dieser Lehre erfahren, ob sie von Gott ist oder ob ich von mir selbst rede." (Johann. VII, 17.)

VIII.
Patriotismus und Regierung
(Patriotizm i pravitel'stvo, 1900)

Leo Tolstoi

Einzige im Auftrag des Verfassers hergestellte
Übersetzung von Wladimir Czumikow[1]

Ich hatte schon mehrmals Gelegenheit, den Gedanken auszusprechen, daß der Patriotismus für unsere Zeit ein unnatürliches, unvernünftiges, schädliches Gefühl sei, welches einen großen Teil der Übel verursache, unter denen die Menschheit leidet, und daß daher dieses Gefühl nicht genährt und groß gezogen werden müßte, wie es jetzt geschieht, sondern im Gegenteil unterdrückt und durch alle Mittel, die vernünftigen Menschen zugänglich sind, vernichtet werden sollte.

Aber sonderbar! Trotz des unwiderleglichen und augenscheinlichen Zusammenhanges der die Völker ruinierenden allgemeinen Kriegsrüstungen und mörderischen Kriege mit diesem Gefühl, begegneten und begegnen noch heute alle meine Argumente bezüglich der Unzeitgemäßheit und Schädlichkeit des Patriotismus entweder nur Stillschweigen, oder absichtlichem Nichtverstehen, immer aber ein und derselben sonderbaren Erwiderung: man pflegt zu sagen, daß nur der schlechte Patriotismus schädlich sei, der Jingoismus und Chauvinismus, daß aber der richtige, gute Patriotismus ein sehr erhabenes, moralisches Gefühl sei, welches zu verurteilen nicht nur unvernünftig, sondern auch verbrecherisch wäre. Darüber aber, worin dieser rich-

---

[1] Textquelle | Leo TOLSTOI: Patriotismus und Regierung. Einzige im Auftrag des Verfassers hergestellte Übersetzung von Wladimir Czumikow. Leipzig: Eugen Diederichs 1900, S. 5-47. [Buchumfang: 51 Seiten] [Folgeauflagen erschienen zunächst: 1901, 1911, 1917.]

tige, gute Patriotismus besteht, wird entweder garnicht gesprochen, es sei denn in aufgedonnerten, hochfliegenden Phrasen, die nichts weniger als eine Erklärung jenes Begriffs sind, oder es wird dem Begriffe Patriotismus etwas untergelegt, das nichts gemeinsames hat mit jenem Patriotismus, den wir alle kennen und unter dem wir alle so grausam zu leiden haben.

Es wird gewöhnlich gesagt, daß der wahre, gute Patriotismus darin bestehe, daß man seinem Volke oder dem Staate wahre Güter und wahre Wohlfahrt wünsche, jene Güter und jene Wohlfahrt, durch welche die Güter und die Wohlfahrt der anderen Völker nicht verletzt würden.

Als ich mich dieser Tage mit einem Engländer über den jetzigen Krieg in Transvaal unterhielt, sagte ich ihm, daß die wirkliche Ursache dieses Krieges nicht etwa Gewinnsucht sei, wie gewöhnlich angenommen wird, sondern der Patriotismus. Dieses beweist die Stimmung der ganzen englischen Gesellschaft.

Der Engländer erklärte sich mit mir nicht einverstanden und sagte, wenn das auch richtig sei, so käme es nur daher, daß der Patriotismus, der gegenwärtig die Engländer beseele, ein schlechter Patriotismus sei, wogegen der gute Patriotismus – derselbe, von welchem er durchdrungen sei, darin bestehe, daß die Engländer, seine Landsleute, nicht schlecht handeln sollten. „Wünschen Sie denn, daß nur die Engländer nicht schlecht handeln sollen?" fragte ich.

„Ich wünsche es allen!" antwortete er. Schon durch diese Antwort zeigte er deutlich, daß die Eigenschaften der wahren Güter – seien es nun moralische, wissenschaftliche oder sogar praktisch-nützliche Güter – ihrem Wesen nach allen Menschen gemeinsam sind, und daß daher das Wünschen dieser Güter zum Besten wessen es auch sei, nicht nur nicht Patriotismus ist, sondern daß ein solcher altruistischer Wunsch den Patriotismus geradezu ausschließt.

Ebensowenig bilden die Eigentümlichkeiten eines jeden Volkes den Patriotismus, obschon, sie von anderen Verfechtern des Patriotismus diesem Begriff absichtlich untergeschoben werden. Jene Leute sagen, daß die Eigentümlichkeiten eines jeden Volkes eine unerläßliche Bedingung für den Fortschritt der Menschheit bilden, und daß daher der Patriotismus, der die Erhaltung dieser Eigentümlichkeiten erstrebt, ein gutes und nützliches Empfinden sei.

Aber ist es denn nicht offensichtlich, wenn diese Eigentümlichkeiten eines jeden Volkes, die Sitten, der Glauben, die Sprache, einstmals eine unerläßliche Bedingung des Lebens der Menschheit gebildet haben, ist es dann nicht offensichtlich, daß in unserer Zeit diese selben Eigentümlichkeiten das Haupthindernis für die Verwirklichung des von den Menschen schon erkannten Ideals der brüderlichen Einigung der Völker bilden! Und die Aufrechterhaltung und Konservierung der Eigentümlichkeiten des russischen, deutschen, französischen oder angelsächsischen Volkstums zieht eine ebensolche Konservierung und Aufrechterhaltung nicht nur des ungarischen, polnischem irischen, sondern auch des baskischen, provencalischen, mordwinischen, tschuwaschischen und allen möglichen Volkstums nach sich. Dadurch entsteht nicht eine Annäherung und Einigung der Menschen, sondern eine immer größere Entfremdung und Trennung unter denselben.

So ist also der Patriotismus – nicht der eingebildete, sondern der wirkliche Patriotismus, derselbe, den wir alle kennen und unter dessen Einfluß sich die Mehrheit aller Menschen unserer Zeit befindet und unter dem die Menschheit so grausam zu leiden hat – so ist also dieser Patriotismus nicht der Wunsch nach geistigen Gütern für sein Volk (geistige Güter kann man nicht ausschließlich für sein eigenes Volk wünschen), nicht die Eigenart der Volksindividualität (diese ist eine Eigenschaft und keineswegs ein Gefühl), sondern er ist eine sehr bestimmte Art von Bevorzugung des eigenen Volkes oder Staates vor allen anderen Völkern und Staaten und das Begehren der großmöglichsten Macht und des denkbarsten Wohlstandes für dieses Volk oder diesen Staat. Solche Güter können aber immer nur auf Kosten des Wohlstandes und der Macht anderer Völker oder Staaten erworben werden und werden auch so erworben.

Es müßte doch augenfällig sein, daß der Patriotismus als Gefühl – ein schlechtes und schädliches Gefühl, als eine Doktrin aber – eine dumme Doktrin ist; denn es ist doch klar, wenn jedes Volk und jeder Staat sich für das beste Volk und den besten Staat von allen halten, daß sie sich alle da in einem groben und schädlichen Irrtum befinden.

Man sollte doch meinen, daß die Schädlichkeit und Unvernünftigkeit des Patriotismus allen Menschen klar sein müßten. Aber sonderbar, die Gebildeten und Gelehrten sehen es nicht nur nicht selbst, sondern bestreiten auch mit der größten Hartnäckigkeit und Hitzigkeit, wenn auch ohne jede vernünftige Raison, jeden Hinweis auf die Schädlichkeit und Unvernunft des Patriotismus und fahren fort, die Wohlthaten und die Erhabenheit dieser Doktrin zu lobpreisen.

Was hat das nun zu bedeuten?

Nur eine Erklärung dieser sonderbaren Erscheinung kann ich bieten.

Die ganze Geschichte der Menschheit von den ältesten Zeiten und bis auf unsere Zeit kann betrachtet werden als ein Fortschreiten des Bewußtseins, sowohl einzelner Individuen, als auch gleichartiger Gruppen, von niederen zu höheren Ideen.

Den ganzen Weg, den sowohl jeder einzelne Mensch, als auch gleichartige Gruppen von Menschen zurückgelegt haben, kann man sich als eine Reihe aufeinanderfolgender Stufen vorstellen, beginnend mit der niedersten Stufe, die sich auf dem Niveau des tierischen Lebens befindet, und schließend mit der allerhöchsten Stufe, bis zu welcher im gegebenen historischen Moment nur das Bewußtsein des Menschen aufsteigen kann.

Der einzelne Mensch ebenso, wie auch die einzelnen gleichartigen Gruppen – Völker oder Staaten – schritten und schreiten stets über diese Ideenstufen. Einzelne Teile der Menschheit schreiten voran, andere bleiben weit zurück, wieder andere – die Mehrheit – bewegen sich in der Mitte. Aber alle, auf welcher

Stufe sie im Augenblick auch stehen, bewegen sich unbedingt und unaufhaltsam von den niederen Ideen zu den höheren. Und immer, in jedem gegebenen Moment, befinden sich sowohl der einzelne Mensch, als auch jede der gleichartigen Gruppen – die vorderste, die mittlere und die hinterste – in dreierlei verschiedenem Verhältnis zu den drei Ideenstufen, über welche sie sich hinbewegen.

Immer giebt es sowohl für den einzelnen Menschen, als auch für die einzelne Menschengruppe Ideen der Vergangenheit, überlebte und fremd gewordene Ideen, zu denen die Menschen nicht mehr zurückkehren können. Solche Ideen sind zum Beispiel für unsere christliche Welt die Ideen des Menschenfressens, des mittelalterlichen Straßenraubs, des Frauenraubs u.s.w.; Ideen, an die nur die Erinnerung verblieben ist.

Und dann giebt es Ideen der Gegenwart, die von den Menschen durch die Erziehung, durch das Beispiel, durch die ganze Thätigkeit des Milieus, in welchem sie leben, aufgenommen werden, Ideen, unter deren Herrschaft sie im gegebenen Augenblick leben. In unserer Zeit sind es zum Beispiel die Ideen des Eigentums, des Staatswesens, des Handels, der Ausnutzung der Haustiere u.s.w.

Und endlich giebt es Ideen der Zukunft, von denen die einen schon nahe der Verwirklichung sind und die Menschen veranlassen, ihre Lebensweise zu ändern und gegen die früheren Formen anzukämpfen. In unserer Welt sind es zum Beispiel die Ideen der Befreiung der Arbeiter, der Gleichberechtigung der Frauen, der Abweisung animalischer Nahrungsmittel und andere Ideen, die von den Menschen wohl schon erkannt werden, aber noch nicht in den Kampf mit den früheren Lebensformen eingetreten sind. Solche, Ideale genannte Ideen, sind in unserer Zeit die Ideen der Aufhebung aller Gewaltthätigkeit, der Einführung gemeinsamen Eigentums, einer gemeinsamen Religion, einer allgemeinen Verbrüderung der Menschen.

Und daher befinden sich jeder einzelne Mensch und jede gleichartige Gruppe von Menschen, auf welcher Stufe sie auch stehen – hinter sich die überlebten Reminiscenzen an die Vergangenheit, vor sich die Ideale der Zukunft – in einem steten Kampfe zwischen den sich überlebenden Ideen der Gegenwart und den ins Leben tretenden Ideen der Zukunft.

Es geschieht gewöhnlich, wenn eine Idee, die früher nützlich oder sogar unentbehrlich gewesen war, überflüssig wird, daß sie nach einem mehr oder weniger langwierigen Kampfe ihren Platz einer neuen Idee einräumt, die früher ein Ideal gewesen war und nun zu einer Idee der Gegenwart wird.

Aber es kommt auch vor, daß eine Idee, die sich überlebt hat und die bereits in dem Bewußtsein der Menschen durch eine höhere Idee ersetzt wurde, ihrer Beschaffenheit nach derart ist, daß die Aufrechterhaltung dieser überlebten Idee für einige Menschen, die in der Gesellschaft den größten Einfluß ausüben, vorteilhaft ist. Und dann geschieht es, daß diese überlebte Idee fortfährt, trotz ihres scharfen Gegensatzes zu den in allen anderen Beziehungen veränderten Lebensformen, auf die Menschen einzuwirken und ihren Handlungen als Leitfaden zu dienen. Ein solches Aufhalten einer überlebten Idee geschah und geschieht stets in dem Gebiete der Religion. Der Grund dafür ist der, daß die Priester, deren vorteilhafte Stellung mit der überlebten religiösen Idee verknüpft ist, ihre Macht ausnutzen und die Menschen in der überlebten Idee zurückhalten.

Dasselbe geschieht aus den gleichen Gründen auch im Gebiete des Staatswesens bezüglich der Idee des Patriotismus, auf welchem sich jedes Staatswesen gründet. Die Menschen, denen die Aufrechterhaltung dieser Idee, obgleich sie gegenwärtig schon gar keinen Sinn oder Nutzen mehr hat, vorteilhaft ist, erhalten sie künstlich aufrecht. Und da sie im Besitze der allerwirksamsten Mittel zur Beeinflussung der Menschen sind, können sie das immer thun.

Dieses scheint mir die Erklärung für jenen seltsamen Widerspruch zu sein, in welchem die überlebte Idee des Patriotismus sich gegenüber dem ganzen, im Gegensatz zu ihr stehenden Gebilde von Ideen befindet, die in unserer Zeit bereits in das Bewußtsein der christlichen Welt eingedrungen sind.

Der Patriotismus, als das Gefühl einer ausschließlichen Liebe zu seinem Volke und als die Doktrin von dem Heroismus des Aufopferns seiner Ruhe, seines Besitzes und sogar seines eigenen Lebens zum Schutze des Schwachen vor der Vergewaltigung und Vernichtung durch die Feinde – war die höchste Idee jener Zeit, als jedes Volk es für möglich und gerecht hielt, zum Nutzen seiner eigenen Macht und Wohlfahrt die Menschen eines anderen Volkes zu plündern und zu morden. Aber schon vor etwa zweitausend Jahren begannen die höchsten Vertreter der menschlichen Weisheit die höhere Idee der Verbrüderung der Menschen zu erkennen, und diese Idee fand, in das Bewußtsein immer mehr und mehr eindringend, in unserer Zeit die mannigfaltigste Verwirklichung.

Dank der Erleichterung der Verkehrsmittel, dank der Einheitlichkeit der Industrie, des Handels, der Künste und Wissenschaften sind die Menschen unserer Zeit so sehr miteinander verbunden, daß die Gefahr vor Eroberungen, Mord und Gewaltthaten von Seiten der benachbarten Völker schon vollständig geschwunden ist. Alle Völker (die Völker – nicht die Regierungen!) leben unter einander in friedlichen, auf gegenseitigem Vorteil beruhenden, freundschaftlichen Beziehungen, in kommerziellem, industriellem und geistigem Verkehr, den zu stören, für sie weder eine Notwendigkeit, noch ein Sinn besteht.

Und daher sollte man meinen, müßte das überlebte Gefühl des Patriotismus, als ein überflüssiges und als ein mit dem ins Leben getretenen Bewußtsein der Verbrüderung verschiedener Völker nicht zu vereinbarendes Gefühl, immer mehr vernichtet werden und endlich ganz verschwinden. Und dennoch geschieht das Gegenteil davon: dieses schädliche und überlebte Gefühl existiert nicht nur weiter, sondern entflammt sich immer mehr und mehr.

Und die Völker sympathisieren ohne jeden vernünftigen Grund, gegen das eigene Bewußtsein und gegen die eigenen

Vorteile, mit ihren Regierungen in deren Überfällen auf fremde Völker, in dem Raub fremden Besitzes und in der gewaltthätigen Erhaltung dessen, was schon geraubt ist. Ja, die Völker verlangen sogar von ihren Regierungen solche räuberische Überfälle und Gewaltthätigkeiten, freuen sich über dieselben und sind stolz darauf. Die kleinen bedrückten Völkerschaften, die der Macht der großen Staaten zum Opfer gefallen sind, die Polen, die Iren, die Czechen, die Finnländer, die Armenier sind, indem sie auf den sie bedrückenden Patriotismus der Sieger reagierten, dermaßen von ihren Bedrückern durch dieses überlebte, unnütz gewordene, sinnlose und schädliche Gefühl des Patriotismus infiziert worden, daß sich ihre ganze Thätigkeit auf diesen Patriotismus konzentriert. Und sie, die sie selbst unter dem Patriotismus der mächtigen Völker zu leiden haben, sind bereit, den anderen Völkerschaften gegenüber, um dieses Patriotismus willen dasselbe zu thun, was ihre Sieger an ihnen gethan haben und thun.

Und das kommt daher, daß die herrschenden Klassen (ich verstehe darunter nicht nur die Regierungen mit ihren Beamten, sondern alle jene Gesellschaftsklassen, die sich einer ausschließlich vorteilhaften Position erfreuen: die Kapitalisten, die Journalisten, die Mehrheit der Künstler und Gelehrten) ihre im Vergleich zu den Volksmassen ausschließlich vorteilhafte Position nur dank der durch den Patriotismus aufrecht erhaltenen Staatseinrichtungen behalten können. Da sie aber in ihren Händen die allerwirksamsten Mittel zur Beeinflussung des Volkes haben, so erhalten sie in sich selbst sowohl, als auch in den anderen stets und unentwegt die patriotischen Gefühle aufrecht, umsomehr, als diese Gefühle, auf die allein sich die Staatsgewalt stützt, höher als alles andere von dieser Gewalt belohnt werden.

Ein jeder Staatsbeamte kommt in seiner Karriere umso besser fort, je mehr Patriot er ist; ebenso macht auch der Militär seine beste Karriere im Kriege, der wiederum durch den Patriotismus hervorgerufen wird.

Der Patriotismus und seine Folgen, die Kriege, verschaffen den Zeitungsschreibern kolossale Einkünfte und den meisten Kaufleuten Vorteile.

Ein jeder Schriftsteller, Lehrer, Professor sichert seine Position umsomehr, je mehr er den Patriotismus predigt. Ein jeder Kaiser oder König gewinnt umsomehr Ruhm, je mehr er dem Patriotismus ergeben ist.

In den Händen der regierenden Klassen befinden sich das Heer, das Geld, die Schule, die Religion, die Presse. Bei den Kindern entfachen sie den Patriotismus in den Schulen durch Geschichten, in denen das eigene Volk als das beste und immer im Rechte befindliche Volk geschildert wird; bei den Erwachsenen entzünden sie dieses Gefühl durch Schauspiele, Festlichkeiten, Denkmäler, durch eine patriotisch-lügnerische Presse. Am erfolgreichsten aber entflammen sie den Patriotismus dadurch, daß sie an den anderen Völkern alle möglichen Ungerechtigkeiten und Grausamkeiten begehen, und so in diesen Völkern Feindseligkeit gegenüber ihrem eigenen Volk erwecken, dann aber diese Feindseligkeit zur Erweckung der Feindseligkeit auch im eigenen Volke benutzen.

Die Entfachung dieses schrecklichen Gefühls des Patriotismus hat sich bei den europäischen Völkern in einer sich so außerordentlich steigernden Progression vollzogen und ist in unserer Zeit so sehr bis aufs Äußerste getrieben, daß eine Steigerung nicht mehr möglich ist.

―――

Unter den Augen aller nicht einmal sehr alten Leute unserer Zeit geschah ein Ereignis, welches auf das augenfälligste die Verblödung zeigt, bis zu welcher der Patriotismus die Menschen der christlichen Welt geführt hat.

Die regierenden Klassen Deutschlands hatten den Patriotismus ihrer Volksmassen bis zu einer solchen Höhe entflammt, daß in der zweiten Hälfte des neunzehnten Jahrhunderts dem Volke ein Gesetz vorgelegt wurde, demzufolge alle Menschen ohne Ausnahmen Soldaten werden mußten. Alle Söhne, Gatten und Väter wurden im Morden unterrichtet, mußten zu unterwürfigen Sklaven eines jeden höheren Vorgesetzten werden und unweigerlich zum Mord derer bereit sein, die zu morden ihnen befohlen wird. Die Menschen der bedrückten Völkerschaften, die eigenen Arbeiter, die ihre Rechte verfechten, ja sogar ihre eigenen Väter und Brüder müssen sie morden, wie dieses öffentlich der freimütigste aller Potentaten, Wilhelm II., erklärt hat.

Diese schreckliche Maßregel, die auf die gröbste Weise alle besseren Gefühle der Menschheit verletzt, wurde unter der Einwirkung des Patriotismus ohne Murren von dem deutschen Volke acceptiert.

Ihre Folge war der Sieg über die Franzosen. Dieser Sieg entfachte den Patriotismus Deutschlands noch mehr, dann aber auch den Frankreichs, Rußlands und der übrigen Mächte, und alle Völker der kontinentalen Mächte fügten sich ohne Murren der Einführung der allgemeinen Wehrpflicht, d. h. einer Sklaverei, mit der, was die Stufe der Erniedrigung und Willenlosigkeit betrifft, keine Art der Sklaverei des Altertums verglichen werden kann.

Von da ab kannte, im Namen des Patriotismus, die sklavische Unterwürfigkeit der Massen und die Grausamkeit und Unvernunft der Regierungen keine Grenzen mehr. Man begann um die Wette in Asien, Afrika und Amerika fremde Länder zu rauben, zum Teil aus Laune, zum Teil aus Ruhmsucht, zum Teil aus Eigennutz, und das Mißtrauen und die Verbitterung der Regierungen untereinander wurden immer größer.

Die Vernichtung der Völker in den annektierten Ländern wurde als etwas Selbstverständliches vorgenommen. Die Frage war nur die, wer zuerst das fremde Land rauben und dessen Bewohner vernichten würde. Alle Regenten verletzten und verletzen nicht nur in der öffentlichsten Weise die primitivsten Forderungen der Gerechtigkeit den unterworfenen Völkern gegenüber und gegeneinander, sondern sie vollführten auch und vollführen noch alle möglichen Betrügereien, Spitzbübereien, Bestechungen, Fälschungen, Spionage, Raub und Mord. Und die Völker sympathisierten und sympathisieren damit nicht nur, sondern freuen sich noch darüber, daß nicht andere Staaten, sondern ihr Staat diese Verbrechen begeht.

Die gegenseitige Feindseligkeit der Völker und Staaten hat in der letzten Zeit erstaunliche Dimensionen angenommen. Alle Staaten wissen, obgleich die einen nicht den geringsten Grund dafür haben, die anderen zu überfallen, daß sie sich sämtlich mit ausgelassenen Krallen und entblößten Zähnen einander gegenüberstehen und nur darauf lauern, daß irgend jemand vom Unglück betroffen und geschwächt wird, um die Möglichkeit zu erlangen, sich mit dem geringsten Risiko von Gefahr auf diesen Staat zu stürzen und ihn zu zerfleischen.

Alle Völker der sogenannten christlichen Welt sind durch den Patriotismus bis zu einem solchen Grade von Vertierung gebracht worden, daß nicht nur die Menschen, die durch die Verhältnisse gezwungen werden zu morden, und gemordet zu werden, den Mord wünschen und sich über das Morden freuen; nein, auch die Menschen, die ruhig in ihren Häusern wohnen, ja alle Menschen Europas und Amerikas befinden sich, dank der schnellen und leichten Verkehrsmittel und dank der Presse bei jedem Kriege in der Lage der Zuschauer im römischen Circus, freuen sich wie diese über das Morden und rufen ebenso blutgierig wie diese ihr „*pollice verso!*"[2]

Nicht nur die Erwachsenen, nein auch die Kinder, die reinen, weisen Kinder freuen sich, je nach ihrer Nationalität, wenn sie hören, daß durch die Lydditbomben nicht siebenhundert, sondern tausend Engländer oder Buren zerfleischt und getötet sind. Und die Eltern – ich kenne solche – ermuntern ihre Kinder zu solcher Grausamkeit.

Aber nicht genug. Jede Vermehrung des Heeres in einem Staate (und jeder Staat sucht aus Patriotismus, wenn ihm Gefahr droht, sein Heer zu vergrößern) zwingt den Nachbarn ebenso aus Patriotismus sein Heer zu vergrößern, was wieder eine neue Vermehrung im ersten Staate hervorruft.

Dasselbe geschieht auch mit den Festungen und Flotten: der eine Staat hat zehn Panzerschiffe gebaut, die Nachbarstaaten

---

[2] [*Daumen nach unten*; im Kontext des Gladiatorenkampfes Aufforderung zur Tötung, pb]

bauen elf; darauf baut der erste zwölf u.s.w. in einer endlosen Progression.

„Ich knuffe Dich!"
„Ich gebe Dir eins mit der Faust!"
„Ich Dir mit der Peitsche!"
„Ich mit dem Knüppel!"
„Ich werde schießen!"

So zanken und prügeln sich nur böse Kinder, betrunkene Menschen oder Tiere. Und doch geschieht dasselbe unter den höchsten Vertretern der aufgeklärtesten Staaten, derselben Staaten, die sich zu Leitern der Erziehung und Moralität ihrer Unterthanen berufen fühlen.

———

Die Lage verschlimmert sich immer mehr und diese zum offenbaren Untergang führende Verschlimmerung aufzuhalten, zeigt sich keine Möglichkeit. Der einzige Ausweg, der leichtgläubigen Leuten sich zu bieten schien, ist nun durch die Ereignisse der letzten Zeit auch versperrt worden; ich meine die Haager Konferenz und den ihr auf dem Fuße folgenden Krieg zwischen England und Transvaal.

Wenn wenig oder oberflächlich urteilende Leute sich mit dem Gedanken noch trösten konnten, daß internationale Schiedsgerichte imstande sein möchten, das Elend des Krieges und der sich immer steigernden Kriegsrüstungen zu beseitigen, so hat die Haager Konferenz mit dem ihr folgenden Kriege auf das offensichtlichste gezeigt, daß das nicht der Weg zur Lösung dieser Frage gewesen ist. Nach der Haager Konferenz wurde es klar: solange Regierungen und Heere existieren werden, ist das Aufhören der Rüstungen und Kriege nicht möglich. Um eine Einigung zu erzielen, ist es notwendig, daß die einander trauen, die sich einigen wollen. Um aber einander trauen zu können, müssen die Mächte die Waffen ablegen, wie es die Parlamentäre thun, wenn sie zusammentreffen.

Solange aber die Regierungen einander mißtrauen, ihre Heere nicht nur nicht vermindern, sondern dieselben, je nach dem Wachsen der Wehrkraft der Nachbarn, immer noch vergrößern, und, da sie wissen, daß eine jede Macht, sobald sie dazu Gelegenheit hat, über ihre Nachbarn herfallen wird, durch Spione jede militärische Bewegung der Nachbarn beobachten lassen – solange wird keinerlei Einigung möglich sein und jede Konferenz wird zu einer Spielerei, oder zu einem Betrug, oder einer Unverschämtheit, oder alledem zusammen werden.

Gerade der russischen Regierung geziemte mehr als jeder anderen die Rolle des *enfant terrible* dieser Konferenz. Die russische Regierung ist dadurch, daß zu Hause niemand auf alle ihre offensichtlich lügnerischen Manifeste und Reskripte zu erwidern wagte, sehr stark verwöhnt worden. Nachdem sie ohne jede Skrupel ihr Volk durch die Rüstungen ruiniert, Polen erwürgt, Turkestan und China ausgeraubt hat und jetzt mit besonderer Erbostheit Finland [sic] würgt, schlug sie, in voller Zuversicht Glauben zu finden, den Regierungen die Abrüstung vor.

Aber so sonderbar, unerwartet und unanständig dieser Vorschlag auch war, besonders da zur nämlichen Zeit eine Verfügung bezüglich der Vermehrung des Heeres getroffen wurde, waren die lauten Phrasen, unter denen er gemacht wurde, derart, daß die Regierungen der anderen Mächte mit Rücksicht auf ihre Völker sich von den lächerlichen, unverhohlen lügnerischen Beratungen nicht recht ausschließen konnten. Und so kamen denn die Delegierten zusammen, im voraus wissend, daß aus all dem nichts werden könne. Und im Verlaufe mehrerer Monate, während welcher sie ihre standesgemäßen Gehälter bezogen, lachten sie sich zwar ins Fäustchen, suchten aber alle gewissenhaft den Anschein zu erwecken, als ob sie um die Herstellung des Friedens unter den Völkern sehr besorgt wären.

Die Haager Konferenz, die mit einem fürchterlichen Blutbad abschloß, dem Transvaalkriege, den niemand zu hemmen versuchte oder versucht, war immerhin nützlich, wenn auch durchaus nicht in der Hinsicht, wie man es erwartet hatte. Sie war nützlich dadurch, daß sie auf das klarste bewies, daß das Übel, unter dem die Völker leiden, durch die Regierungen nicht beseitigt werden kann, daß die Regierungen, auch wenn sie es wollten, weder die Rüstungen noch die Kriege beseitigen können.

Um zu existieren, müssen die Regierungen ihr Volk vor den Überfällen durch andere Völker schützen. Aber kein Volk hat die Absicht, ein anderes zu überfallen und thut es auch nicht, und daher wünschen die Regierungen nicht nur nicht Frieden, sondern suchen durch alle Mittel in anderen Völkern den Haß gegen sich zu erwecken. Haben sie dann bei den anderen Völkern den Haß gegen sich und bei dem eigenen den Patriotismus erweckt, so überzeugen die Regierungen ihr Volk, daß es sich in Gefahr befinde und sich verteidigen müsse.

Und da sich in ihren Händen die Macht befindet, so haben die Regierungen auch alle Mittel, andere Völker zu reizen und in dem eigenen den Patriotismus zu erwecken. Sie betreiben denn auch eifrig sowohl das eine, als auch das andere und können in der That nicht umhin, dieses zu thun, da ja darauf allein ihre Existenz basiert.

Wenn die Regierungen früher notwendig waren, um ihre Völker vor Überfällen zu schützen, so sind sie jetzt im Gegenteil gerade diejenigen, die künstlich den Völkerfrieden stören und Zwietracht unter den Völkern säen.

Wenn das Pflügen notwendig war, um säen zu können, so war das Pflügen ein vernünftiges Werk; aber es ist doch offenbar unsinnig und schädlich zu pflügen, wenn die Saat aufgegangen ist. Dieses ist es aber, was zu thun die Regierungen ihre Völker zwingen – die Einigkeit zu zerstören, die bereits existiert und durch nichts zerstört werden würde, wenn es keine Regierungen gäbe.

In der That, was sind heutzutage die Regierungen, ohne die zu existieren es den Menschen unmöglich erscheint? Wenn es eine Zeit gegeben hat, in welcher die Regierungen ein notwendiges und das kleinere Übel waren, als jenes, welches durch die Schutzlosigkeit gegen organisierte Nachbarn geschaffen wurde, so sind die Regierungen jetzt ein unnützes und ein größeres Übel, als alles das, womit sie ihre Völker schrecken.

Die Regierungen, nicht nur die militärischen, sondern alle Regierungen überhaupt könnten, ich will nicht sagen nützlich, aber wenigstens unschädlich nur in dem Falle sein, wenn sie sich aus unfehlbaren, heiligen Menschen zusammensetzen würden, wie es bei den Chinesen auch vorausgesetzt wird. Aber die Regierungen bestehen, schon der Art ihrer Thätigkeit nach, die nichts als Vergewaltigungen zum Zwecke hat, immer aus den der Heiligkeit entgegengesetztesten Elementen, aus den allerfrechsten, rohesten und unmoralischsten Menschen.

Daher ist jede Regierung, umsomehr aber eine Regierung, der die militärische Gewalt überlassen ist, ein furchtbares, ja das gefährlichste Institut der Welt.

Die Regierung, im weitesten Sinne die Kapitalisten und die Presse mit eingerechnet, ist nichts anderes als eine Organisation, bei welcher der größere Teil der Menschen sich in der Gewalt des über ihm stehenden kleineren Teiles befindet. Dieser kleinere Teil aber fügt sich der Macht eines noch kleineren Teiles, dieser wieder einem noch kleineren u.s.w., bis man schließlich zu einigen wenigen Menschen, oder nur einem Menschen gelangt, die durch militärische Vergewaltigung die Macht über alle übrigen erhalten. Sodaß diese ganze Institution einem Kegel ähnlt, dessen sämtliche Teile sich in der Gewalt der Personen oder der Person befinden, die auf seiner Spitze stehen.

Der Spitze dieses Kegels bemächtigen sich aber die Menschen oder der Mensch, die schlauer und gewissenloser sind als die übrigen oder aber ein zufälliger Erbe derer, die dreister und gewissenloser waren.

Heute Boris Godunow, morgen Grigorij Otrepjew, heute die lasterhafte Katharina, die mit ihren Liebhabern ihren Mann erdrosselte, morgen Pugatschew, übermorgen der wahnsinnige Paul, Nikolai, Alexander III. Heute Napoleon, morgen ein Bourbon oder Orléans, Boulanger oder die Gesellschaft der Panamisten; heute Gladstone, morgen Salisbury, Chamberlain, Rhodes.

Und solchen Regierungen wird dann die volle Gewalt anheimgestellt, die Gewalt nicht nur über das Eigentum und das Leben, sondern auch über die geistige und sittliche Entwickelung, über die religiöse Führung aller Menschen.

Die Menschen bauen sich eine so schreckliche Maschinerie der Macht auf, überlassen es dem ersten besten, sich dieser Macht zu bemächtigen (alle Chancen aber sind dafür, daß sich ihrer der sittlich verkommenste Mensch bemächtigen wird) und unterwerfen sich sklavisch und wundern sich, daß sie es schlecht haben. Sie haben Furcht vor Minen und Anarchisten, fürchten aber diese schreckliche Einrichtung nicht, die sie stündlich mit den größten Schrecknissen bedroht.

Die Menschen hatten gefunden, daß es für sie nützlich sei, um sich vor den Feinden zu verteidigen, sich aneinander zu fesseln, wie es die sich verteidigenden Tscherkessen thun. Aber es ist gar keine Gefahr mehr da, und die Menschen fahren trotzdem fort, sich zu fesseln.

Sorgfältig fesseln sie sich so, daß ein Mensch mit ihnen machen könne, was er wolle; dann werfen sie das Ende des Strickes, mit dem sie sich gefesselt haben, hin und überlassen es dem ersten besten Schuft oder Narren, es zu ergreifen und mit ihnen nach seinem Belieben zu handeln.

Was anderes denn thun die Völker, indem sie eine mit Militärgewalt verbundene Regierung einsetzen, sich ihr unterwerfen und sie stützen?

———

Zu der Befreiung der Menschen von dem furchtbaren Übel der Rüstungen und Kriege, unter dem sie gegenwärtig zu leiden haben und das immer mehr und mehr wächst, sind nicht Kongresse, nicht Konferenzen, nicht Traktate und Schiedsgerichte nötig, sondern die Vernichtung jener Gewalt, die sich Regierung nennt und von der die größten Leiden der Menschheit herrühren.

Zu der Vernichtung der Regierungen ist nur eines nötig: die Menschen müssen begreifen, daß jenes Gefühl des Patriotismus, welches allein dieses Werkzeug der Vergewaltigung stützt, ein rohes, schädliches, schimpfliches und schlechtes Gefühl ist, vor allem aber ein unmoralisches.

Ein rohes Gefühl ist es, weil es nur Menschen eigen ist, die auf der niedersten sittlichen Stufe stehen und von den anderen Völkern dieselben Vergewaltigungen erwarten, die sie selbst bereit sind, an ihnen zu vollführen.

Ein schädliches Gefühl ist es, weil es die vorteilhaften und erfreulichen friedlichen Beziehungen zu anderen Völkern stört, und vor allem weil es eine Organisation von Regierungen hervorruft, bei welcher der Schlechteste die Gewalt an sich zu reißen vermag und es auch immer thut.

Ein schimpfliches Gefühl ist es, weil es den Menschen nicht nur zu einem Sklaven, sondern zu einem Kampfhahn, einem Stier, einem Gladiator macht, der seine Kräfte und sein Leben nicht für seine, sondern für seiner Regierung Zwecke preisgiebt.

Ein unmoralisches Gefühl ist es, weil ein jeder Mensch unter der Einwirkung des Patriotismus sich für einen Sohn seines Vaterlandes, für den Sklaven seiner Regierung hält, anstatt sich für ein Kind Gottes zu halten, wie es das Christentum lehrt, oder auch nur für einen freien, von seinem Verstande geleiteten Menschen. So begeht er denn Handlungen, die seinem Verstande und seinem Gewissen zuwider sind.

Die Menschen brauchen das nur zu begreifen, und ganz von selbst, ohne jeden Kampf wird jene fürchterliche Zusammenfesselung von Menschen, die Regierung genannt wird, auseinanderfallen und mit ihr jenes schreckliche, nutzlose Übel, welches die Völker zu erdulden haben.

Und die Menschen fangen schon an, es zu begreifen.

Das hier schreibt zum Beispiel ein Bürger der Vereinigten Staaten Amerikas:

„Das einzige, was wir alle bitten, wir alle: Ackerbauer, Mechaniker, Kaufleute, Fabrikanten, Lehrer – ist das Recht, sich mit unseren eigenen Angelegenheiten beschäftigen zu dürfen. Wir haben unsere Häuser, lieben unsere Freunde, sind unseren Familien ergeben und mischen uns nicht in die Angelegenheiten unserer Nachbarn; wir haben unsere Arbeit und wir wünschen zu arbeiten.
,Laßt uns in Ruhe!'
Aber die Politiker wollen uns nicht in Ruhe lassen. Sie belegen uns mit Steuern, fressen unser Gut auf, requirieren unsere Jugend für ihre Kriege.
Ganze Myriaden leben auf Kosten des Staates, hängen von ihm ab, werden von ihm unterhalten, nur um uns mit Steuern zu belasten; um dieses aber mit Erfolg thun zu können, wird ein stehendes Heer erhalten. Der Vorwand, daß die Armee nötig sei, um das Land zu beschützen, ist ein offenbarer Betrug. Die französische Regierung schüchtert das Volk durch die Drohung ein, daß die Deutschen es überfallen wollten; die Russen fürchten die Engländer; die Engländer haben Furcht vor allen; und da sagt man uns jetzt in Amerika, daß die Flotte vergrößert, das Heer vermehrt werden müsse, da sich Europa jeden Augenblick gegen uns vereinigen könne. Das ist Betrug und Lüge. Das einfache Volk in Frankreich, Deutschland, England und Amerika ist gegen den Krieg. Wir wünschen nur, daß man uns in Ruhe läßt. Menschen, die Frauen, Eltern, Kinder und Häuser haben, haben keine Lust zu kämpfen, mit wem es auch sei. Wir sind friedliebend und fürchten den Krieg, hassen ihn.
Wir wollen nur den andren nicht das thun, was wir nicht wünschen, daß man uns anthut.
Der Krieg ist eine unvermeidliche Konsequenz der Existenz von bewaffneten Menschen. Ein Land, das ein großes ständiges Heer unterhält, wird früher oder später Krieg führen. Ein Mensch, der auf seine Stärke im Faustkampf stolz ist, wird ein-

mal einen Menschen treffen, der sich für einen besseren Kämpfer hält – und sie werden kämpfen. Deutschland und Frankreich warten nur auf die Gelegenheit, ihre Kräfte zu messen. Sie haben schon mehrfach miteinander gekämpft und werden wieder kämpfen. Nicht weil ihre Völker den Krieg wünschten, aber die höheren Klassen schüren in ihnen den gegenseitigen Haß und zwingen die Menschen zu glauben, daß sie kämpfen müßten, um sich zu verteidigen.

Menschen, die der Lehre Christi folgen möchten, belegt man mit Steuern, beleidigt sie, betrügt sie und verwickelt sie in Kriege.

Christus lehrt Demut, Sanftmütigkeit, Vergebung aller Kränkungen und sagt, daß man nicht töten solle. Die Schrift lehrt die Menschen, nicht zu schwören, aber die ‚höhere Klasse' zwingt uns, auf die Schrift zu schwören, an die sie selbst nicht glaubt.

Wie sollen wir uns von diesen Verschwendern befreien, die nicht arbeiten, aber in feine Stoffe mit Messingknöpfen und teuren Ausschmückungen gekleidet sind, die von unserer Arbeit leben, für die wir den Acker bebauen müssen?

Sollen wir mit ihnen kämpfen?

Aber wir erkennen das Blutvergießen nicht an und außerdem haben sie die Waffen und das Geld, und sie werden länger aushalten, als wir.

Aber aus wem besteht denn diese Armee, die gegen uns kämpfen wird?

Diese Armee besteht aus uns selbst, aus unseren betrogenen Nachbarn und Brüdern, denen man es weis gemacht hat, daß sie Gott dienen, indem sie das Land vor dem Feinde beschützen. In Wirklichkeit aber hat unser Land keine Feinde, außer der höheren Klasse, die sich bereit erklärt hat, unsere Interessen zu wahren, wenn wir einverstanden sind, Steuern zu zahlen.

Sie saugen unsere Mittel aus und hetzen unsere wahren Brüder gegen uns auf, um uns zu knechten und zu erniedrigen.

Sie können Ihrer Frau kein Telegramm oder Ihrem Lieferanten keinen Check schicken, bis sie die Steuer bezahlt haben, die zum Unterhalt bewaffneter Menschen verwendet wird, welch letztere dazu benutzt werden können, Sie zu töten und welche Sie ohne Zweifel ins Gefängnis werfen werden, wenn Sie nicht zahlen.

Die einzige Rettung besteht darin, den Menschen die Meinung einzuflößen, daß das Morden etwas Schlechtes sei, daß das ganze Gesetz Und die Propheten darin beständen, daß man anderen das thut, was man will, daß einem selbst gethan werden soll. Verachtet schweigsam diese höhere Klasse, lehnt es ab, sich vor ihrem kriegerischen Idol zu verneigen. Hört auf, Prediger zu unterstützen, die den Krieg predigen und den Patriotismus als etwas Wichtiges hinstellen.

Mögen sie arbeiten gehen wie wir.

Wir glauben an Christus und sie nicht. Christus sprach das, was er dachte; sie sprechen das, wodurch sie glauben, den Machthabern der ‚höheren Klasse' zu gefallen.

Wir werden nicht dienen. Werden nicht aus ihrem Befehl schießen. Wir werden uns nicht mit Bajonetten bewaffnen gegen ein gutes, sanftmütiges Volk. Wir werden nicht auf Befehl eines Cecil Rhodes auf Hirten und Ackerbauer schießen, die ihren Herd verteidigen.

Euer lügnerisches Geschrei: ‚ein Wolf, ein Wolf' wird uns nicht erschrecken. Wir zahlen Eure Steuern nur, weil wir gezwungen sind, es zu thun. Und wir werden es nur solange thun, solange wir gezwungen sind, es zu thun. Wir werden weder die Kirchensteuern an Heuchler, noch den Zehnten an Eure heuchlerische Wohlthätigkeit zahlen. Und wir werden bei jeder Gelegenheit unsere Meinung sagen.

Wir werden die Menschen erziehen.

Und immerfort wird sich unser schweigsamer Einfluß verbreiten; und sogar Leute, die schon unter die Soldaten eingereiht sind, werden schwanken, zu kämpfen. Wir werden den Menschen den Gedanken einflößen, daß ein christliches Leben in Frieden und Wohlgefallen besser ist, als ein Leben des Kampfes, des Blutvergießens und des Krieges.

‚Friede auf Erden!' – Das kann nur dann eintreten, wenn die Menschen sich von den Heeren befreien und anderen das wünschen werden, was sie wünschen, daß man auch ihnen thue."

So schreibt ein Bürger der Vereinigten Staaten Nord-Amerikas und von verschiedenen Seiten und in verschiedener Form werden ebensolche Stimmen laut.

Das folgende schreibt ein deutscher Soldat:

„Ich habe zwei Feldzüge (1866 und 1870) unter der preußischen Garde mitgemacht und ich hasse den Krieg aus innerster Seele, da diese Feldzüge mich unaussprechlich unglücklich gemacht haben. Wir, die verwundeten Krieger, erhalten meistenteils eine so elende Entschädigung, daß wir uns wirklich schämen müssen, einstmals Patrioten gewesen zu sein. Ich zum Beispiel erhalte täglich 80 Pfennig für mein bei dem Sturm auf St. Privat am 18. August 1870 durchschossenes Bein. Mancher Jagdhund braucht mehr zu seinem Unterhalt. Und ich habe Jahre hindurch an meinem zweimal durchschossenen rechten Arm zu leiden gehabt. Schon 1866 nahm ich teil an dem Kriege gegen Osterreich, kämpfte bei Trautenau und Königgrätz und habe genug Schrecken gesehen. 1870 wurde ich als Reservist wieder eingezogen und wurde, wie ich schon gesagt, bei dem Sturm auf St. Privat verwundet: auch mein rechter Arm wurde der Länge nach zweimal durchschossen. Ich verlor eine gute Stellung (ich war damals Bierbrauer) und konnte sie später nicht wieder erhalten. Seit der Zeit bin ich schon nie mehr auf einen grünen Zweig gekommen. Der Wahn verging bald, und dem invaliden Krieger blieb nichts mehr übrig, als sich mit dem Bettelpfennig und durch Almosen zu ernähren …

In der Welt, wo die Leute wie abgerichtete Tiere umherspringen und keines anderen Gedankens fähig sind, als einander wegen des Mammons zu überlisten, möge man mich in so einer Welt für einen komischen Kauz halten. Aber ich fühle in mir den göttlichen Gedanken des Friedens, der so schön in der Bergpredigt ausgedrückt ist. Meiner tiefsten Überzeugung nach ist der Krieg – ein Handel im großen Stile, ein Handel, den ehrgeizige und mächtige Menschen mit dem Glück der Völker treiben.

Und was für Schrecknisse erlebt man dabei nicht! Niemals werde ich es vergessen, dieses klägliche Stöhnen, das bis ins Knochenmark dringt.

Menschen, die nie einander was Böses thaten, morden einander wie wilde Bestien, und elende Sklavenseelen mengen auch noch den guten Gott als Helfershelfer in diese Sachen.

Meinem Nachbarn in der Front zersplitterte eine Kugel das Kinn. Der Unglückliche wurde wahnsinnig vor Schmerz. Er rannte wie ein Irrsinniger umher und fand in der Sonnenglut nicht einmal Wasser, um seine schreckliche Wunde zu kühlen.

Unser Kommandeur, der Kronprinz Friedrich (der spätere edle Kaiser Friedrich) schrieb damals in sein Tagebuch: ‚Der Krieg ist eine Ironie auf das Neue Testament ...'"

Die Menschen beginnen den Betrug des Patriotismus zu verstehen, den Betrug, in welchem sie zu erhalten alle Regierungen so eifrig bemüht sind.

―――

„Aber was wird denn werden, wenn es keine Regierung mehr giebt?" sagt man gewöhnlich.

Nichts wird „werden"; es wird nur das sein, daß etwas, was schon lange nicht mehr nötig und daher unnütz und schädlich ist, vernichtet wird; es wird ein Organ zerstört, welches, als ein überflüssig gewordenes, schädlich ist.

„Aber wenn es keine Regierungen geben wird, werden die Menschen einander vergewaltigen und töten!" sagt man gewöhnlich.

Warum? Warum soll die Vernichtung jener Organisation, die infolge von Vergewaltigungen entstanden und traditionell von Geschlecht zu Geschlecht zur Vollführung von Vergewaltigungen überliefert worden ist, warum soll die Vernichtung einer solchen überlebten Organisation es bewirken, daß die Menschen einander vergewaltigen und töten? Man sollte im Gegenteil glauben, daß die Vernichtung des Organs der Vergewaltigung es bewirken wird, daß die Menschen aufhören, einander zu vergewaltigen und zu töten.

Jetzt giebt es Leute, die speziell dazu erzogen und vorbereitet werden, um andere Menschen zu töten und zu vergewaltigen, Menschen, denen das Recht zusteht, zu vergewaltigen und die zu diesem Zwecke über eine wohlgeordnete Organisation verfügen.

Dann aber werden keine Menschen dazu erzogen werden, niemandem wird das Recht der Vergewaltigung zustehen, es wird keine Organisation der Vergewaltigung mehr geben, und, wie dieses den Menschen unserer Zeit eigentümlich ist, die Vergewaltigung und der Mord werden immer und bezüglich aller als etwas Schlechtes gelten.

Wenn aber auch nach der Vernichtung der Regierungen Vergewaltigungen vorkommen werden, so werden sie offenbar viel geringfügiger sein, als die, die jetzt geschehen, wo wir speziell zur Verübung von Vergewaltigungen geschaffene Organisationen besitzen und Gesetze, nach denen Vergewaltigungen und Mord als etwas Gutes und Nützliches anerkannt sind.

Die Vernichtung der Regierungen wird nur die traditionelle unnütze Organisation der Vergewaltigung vernichten und jeder Vergewaltigung die Berechtigung absprechen.

„Es wird weder Gesetze, noch Eigentum, noch Gerichte, noch Polizei, noch Volksunterricht geben", sagt man gewöhnlich, wobei man absichtlich die Vergewaltigungen der Regierung mit den mannigfaltigen Funktionen der Gesellschaft verwechselt.

Die Vernichtung der Organisation der Regierungen, die zur Verübung von Vergewaltigungen an den Menschen eingesetzt sind, zieht durchaus nicht die Vernichtung dessen nach sich, was es in den Gesetzen Gutes und Vernünftiges und daher nicht Gewaltthätiges giebt; das Gute, Vernünftige und daher nicht Gewaltthätige an den Gesetzen, am Gericht, am Eigentum, an den polizeilichen Vorsichtsmaßregeln, an den finanziellen Institutionen, an der Volksbildung, bleibt bestehen. Im Gegenteil, das Fehlen der rohen Gewalt von Regierungen, deren Zweck nur die

Selbsterhaltung ist, wird nur beitragen zur Bildung einer vernünftigeren und gerechteren gesellschaftlichen Organisation, die das Mittel der Vergewaltigung nicht braucht. Das Gericht, die öffentlichen Angelegenheiten, die Volksbildung – alles das wird in dem Maße da sein, wie es die Völker wirklich nötig haben, und in einer Form, die das mit der jetzigen Organisation der Regierung verknüpfte Übel nicht mehr enthält. Nur das wird vernichtet werden, was schlecht war und die freie Willensäußerung der Völker behinderte.

Aber wenn man auch zugiebt, daß bei dem Fehlen der Regierungen Aufruhr und innere Konflikte entstehen würden, so würde auch dann die Lage der Völker eine bessere sein, als sie es jetzt ist. Die Lage der Völker ist heute eine derartige, daß sich eine Verschlimmerung kaum denken läßt. Das Volk ist völlig zu Grunde gerichtet und der Ruin muß immer fortschreiten und größer werden. Alle Männer sind in militärische Sklaven verwandelt und müssen jeden Augenblick den Befehl erwarten, zu töten oder getötet zu werden.

Worauf soll man denn noch warten?

Darauf, daß die ruinierten Völker anfangen, vor Hunger auszusterben?

Das beginnt schon in Rußland, in Italien, in Indien.

Oder daß man außer den Männern auch die Frauen zu Soldaten macht?

In Transvaal hat auch das schon begonnen.

Wenn das Fehlen der Regierungen nun wirklich der Anarchie im negativen, die Unordnung bedeutenden Sinne des Wortes (welches das übrigens garnicht bedeutet) gleichkäme, so könnte auch dann keine Ordnungslosigkeit der Anarchie schlimmer als die Lage sein, in welche die Regierungen ihre Völker schon gebracht haben oder zu welcher sie dieselben führen.

Und daher ist es nicht möglich, daß die Befreiung vom Patriotismus und die Vernichtung des auf ihm basierenden Despotismus der Regierungen den Menschen nicht nützlich sein würde.

―――

Kommt zur Vernunft, Ihr Menschen[,] und Eurem und Eurer Schwestern und Brüder körperlichem und seelischem Wohl zu Liebe, haltet ein, bedenkt Euch, denkt daran, was Ihr thut!

Kommt zur Vernunft und begreift, daß Eure Feinde nicht die Buren, nicht die Engländer, nicht die Franzosen, nicht die Deutschen, nicht die Czechen, nicht die Finländer, nicht die Russen sind, sondern daß Eure Feinde, Eure einzigen Feinde – Ihr selbst seid, die Ihr durch Euren Patriotismus die Euch bedrückenden und Euch unglücklich machenden Regierungen aufrecht erhaltet.

Sie hatten es übernommen, Euch vor Gefahr zu schützen und haben diese vermeintliche Notwehr so weit gebracht, daß Ihr alle Soldaten und Sklaven geworden seid, daß Ihr alle ruiniert seid und es immer noch mehr werdet und daß Ihr jeden Augenblick erwarten könnt und müßt, daß die gespannte Sehne reißt und ein furchtbares Morden an Euch und Euren Kindern beginnt.

Und wie groß das Morden auch sein wird und wie es auch enden mag, die Lage wird dieselbe bleiben.

Mit einem ebensolchen und noch größeren Eifer werden die Regierungen fortfahren, Euch zu bewaffnen und zu ruinieren, Euch und Eure Kinder zu demoralisieren. Und dieses aufzuhalten, zu verhüten, wird Euch niemand helfen, wenn Ihr Euch nicht selbst helft.

Die Hilfe aber besteht nur in einem – in der Vernichtung jenes fürchterlichen Kegelsystems der Vergewaltigung, bei welchem diejenigen, denen es gelingt, den Gipfel des Kegels zu erklimmen, über das ganze Volk herrschen und um so sicherer herrschen, je grausamer und unmenschlicher sie sind, wie wir es an den Napoleons, Nikolais I., Bismarcks, Chamberlains, Rhodes und an unseren Diktatoren, die im Namen des Zaren regieren, gesehen haben und sehen.

Zur Vernichtung aber dieses Systems giebt es nur ein Mittel – das Erwachen aus der Hypnose des Patriotismus.

Begreift doch, daß Ihr Euch selbst all das Übel zufügt, unter dem Ihr zu leiden habt, indem Ihr Euch der Hypnose überlaßt, durch die Euch die Kaiser, die Könige, die Parlamentsmitglieder, die Regenten, die Militärs, die Kapitalisten, die Geistlichen, die Schriftsteller, die Künstler betrügen, alle die, die diesen Betrug durch Patriotismus nötig haben, um von Eurer Arbeit zu leben.

Wer Ihr auch sein möget – Franzosen, Russen, Polen, Engländer, Iren, Deutsche, Czechen – begreift doch, daß alle Euren wirklichen menschlichen Interessen, welcher Art sie auch sein mögen – Interessen des Ackerbaues, der Industrie, des Handels, der Kunst oder Wissenschaft – daß alle diese Interessen, ebenso wie Eure Vergnügungen und Freuden, in nichts den Interessen anderer Völker und Staaten zuwider sind, und daß Ihr miteinander verbunden seid durch gegenseitige Hilfsleistung, durch den Austausch von Gefälligkeiten, durch die Freudigkeit einer weitreichenden brüderlichen Gemeinschaft, durch den Austausch mit den Menschen anderer Länder[:] nicht nur von Waren, sondern auch von Gedanken und Gefühlen.

Begreift doch, daß die Frage, wem es gelungen ist, sich Wei-Ha-Weis, Port Arthurs oder Kubas zu bemächtigen – Eurer oder einer anderen Regierung – Euch nicht nur gleichgiltig ist, sondern daß auch jede solche von Eurer Regierung gemachte Eroberung Euch schadet, weil sie unausbleiblich alle möglichen Einwirkungen auf Euch von Seiten Eurer Regierung nach sich ziehen wird, Einwirkungen, die darauf hinzielen, Euch zu zwingen an dem Raub und den Vergewaltigungen teilzunehmen, die zu Eroberungen und zur Erhaltung des Eroberten notwendig sind.

Begreift doch, daß Euer Leben in keiner Weise dadurch verbessert werden kann, ob das Elsaß deutsch oder französisch ist, Irland oder Polen selbständig oder unterworfen sind; wem diese Länder auch gehören mögen, Ihr könnt leben, wo Ihr wollt.

Ja, sogar wenn Ihr selbst ein Elsässer, Ire oder Pole seid – so begreift doch, daß eine jede Schürung des Patriotismus auf Eurer Seite Eure Lage nur verschlimmern wird, weil die Unterwerfung, in der sich Euer Volk befindet, nur durch den Kampf der Patriotismen gekommen ist, und weil die Äußerung des Patriotismus des einen Volkes nur die Reaktion gegen denselben von Seiten eines anderen Volkes vergrößert.

Begreift doch, daß Ihr Euch von allen Euren Leiden nur dann

befreien könnt, wenn Ihr Euch von der überlebten Idee des Patriotismus befreit und von der auf ihr basierenden Unterwürfigkeit gegenüber den Regierungen.

Nur dann könnt Ihr Euch befreien, wenn Ihr mutig in das Gebiet jener höheren Idee der Verbrüderung aller Völker eintretet, der Idee, die schon lange ins Leben getreten ist und Euch von allen Seiten zu sich heranruft.

Wenn nur die Leute begreifen wollten, daß sie nicht die Kinder irgend welcher Vaterländer oder Regierungen sind, sondern die Kinder Gottes, und daher weder Sklaven, noch Feinde anderer Menschen sein können – und alle die sinnlosen, zu nichts mehr nötigen, von altersher überkommenen Institutionen, die Regierungen genannt werden, und alle die Leiden, Vergewaltigungen, Erniedrigungen und Verbrechen, die diese Institutionen mit sich führen, alles das wird dann von selbst vernichtet werden.

Pirogowo, den 10. | 23. Mai 1900

Altersbildnis von Leo Tolstoi, 1910 – hier gespiegelt.
Aufnahme: Wladimir Grigorjewitsch Tschertkow (1854-1936)
commons.wikimedia.org

IX.
Muß es denn wirklich so sein?

(Neuželi èto tak nado?, 1900)

Leo Tolstoi

Übersetzt von Wladimir Czumikow[1]

Es steht mitten auf dem Felde, von einer Mauer umgeben, eine Gußeisenfabrik mit unaufhörlich rauchenden riesigen Essen, mit rasselnden Ketten, mit Hochöfen, einem Anschlußgeleise und kleinen Häusern für die Beamten und Arbeiter. In dieser Fabrik und in den dazugehörenden Bergwerken wimmeln wie Ameisen die Arbeiter. Die einen schlagen vom Morgen bis in die Nacht oder von der Nacht bis zum Morgen das Erz in dunklen, schmalen, feuchten, immerfort mit dem Tode drohenden Gängen los, hundert Arschin tief unter der Erde. Die anderen fahren im Dunkeln in gebeugter Stellung das Erz oder den Lehm zum Fahrschacht, schieben die leeren Waggons zurück, füllen sie wieder und arbeiten so zwölf bis vierzehn Stunden täglich die ganze Woche hindurch. So wird im Bergwerk gearbeitet; in der Fabrik selbst arbeiten die einen bei kaum erträglicher Hitze an den Hochöfen, die anderen bei dem Abfluß des flüssigen Erzes, die dritten – die Maschinisten, die Heizer, die Schlosser, die Ziegelarbeiter, die Zimmerleute – in den Werkstätten, ebenfalls zwölf bis vierzehn Stunden hindurch die ganze Woche über.

An den Sonntagen erhalten alle diese Menschen ihren Lohn, waschen sich, oder betrinken sich zuweilen auch ungewaschen

---

[1] Textquelle | Graf Leo TOLSTOI: Ein Aufruf an die Menschheit. (Muss es denn wirklich so sein? / Wo ist der Ausweg / Gedanken über Gott). Einzig bevollmächtigte Übersetzung von Wladimir Czumikow. Mit Buchschmuck von John Jack Vrieslander. Leipzig: Eugen Diederichs 1901, S. 3-49. [Gesamtumfang des Bandes: 113 Seiten]

in den Schänken und Wirtschaften, die die Fabrik von allen Seiten umgeben und die Arbeiter anlocken, und gehen dann am Montag früh wieder an dieselbe Arbeit.

Gleich neben der Fabrik pflügen die Bauern mit abgearbeiteten, hageren Pferden ein fremdes Feld. Die Bauern sind mit dem Morgengrauen aufgestanden, wenn sie die Nacht nicht bei ihren Pferden am Sumpf verbracht haben – der einzige Ort, wo sie dieselben weiden lassen können. Mit dem Morgengrauen sind sie aufgestanden, sind nach Hause geritten, haben ihre Pferde angespannt, sich ein Stück Brot eingesteckt und sind dann ans Pflügen eines fremden Feldes gegangen.

Andere Bauern sitzen nicht weit von der Fabrik auf der Chaussee, haben sich aus einer Bastmatte eine Schutzwand gemacht und klopfen Steine. Die Füße dieser Leute sind zerschlagen, die Hände mit Schwielen bedeckt, ihr ganzer Körper ist schmutzig und nicht nur ihr Gesicht, ihr Haupt und ihr Barthaar, sondern auch ihre Lungen sind mit Kalkstaub gesättigt.

Nachdem sie aus einem Haufen einen ganzen Stein genommen haben, legen diese Menschen ihn zwischen die Sohlen ihrer mit Bastschuhen und Lappen bekleideten Füße und schlagen mit einem schweren Hammer solange auf den Stein, bis dieser gesprungen ist. Und wenn er gesprungen ist, nehmen sie die einzelnen Stücke und klopfen auf dieselben solange, bis auch diese zu feinem Grand zerspringen. Dann nehmen sie wieder ganze Steine und beginnen von Anfang ... Und so arbeiten diese Menschen von der Sommer-Morgenröte bis zur Nacht – fünfzehn bis sechzehn Stunden –, ruhen nur zwei Stunden am Nachmittag aus und stärken sich zweimal am Tage, zum Frühstück und zu Mittag, mit Brot und mit Wasser.

Da fährt an der Fabrik, an den Steinklopfern, an den pflügenden Bauern, zerlumpte Männer und Frauen, die mit ihren Bündeln von Ort zu Ort irren und sich durch Christi Namen ernähren, überholend, ein schellenklirrender Wagen vorbei, bespannt mit vier gleichfarbigen Fünfwerschok-Pferden, von denen das schlechteste den ganzen Hof eines jeden der Bauern wert ist, die jetzt dem Gespann bewundernd nachblicken.

In dem Wagen sitzen zwei junge Mädchen, strahlend in der Farbenpracht ihrer Sonnenschirme, Bänder und Federhüte, die teurer bezahlt worden sind, als jenes Pferd, mit denen der Bauer das Feld pflügt. Auf dem Vordersitz sitzt in einem frischgewaschenen Sommerrock ein Offizier dessen Knöpfe und Achselstücke in der Sonne blitzen, auf dem Bock ein solider Kutscher in blauseidenen Hemdsärmeln und samtenem ärmellosem Rock. Er hat beinahe die Pilgerinnen überfahren und einen in schmutzigem rotbraunen Hemde im klappernden leeren Wagen vorüberfahrenden Bauern in den Graben geworfen.

„Siehst Du das nicht?" schreit der Kutscher den nicht schnell genug ausgewichenen Bauern an, ihm die Peitsche zeigend.

Und der Bauer zieht mit der einen Hand an der Leine und nimmt mit der anderen erschrocken die Mütze vom lausigen Kopf.

Hinter dem Wagen her fahren lautlos, mit den vernickelten Teilen ihrer Maschinen in der Sonne blitzend, zwei Radfahrer und eine Radfahrerin; sie überholen und erschrecken die sich bekreuzenden Pilgerinnen und lachen fröhlich.

Seitwärts längs der Chaussee reiten ein Herr auf einem englischen Hengst und eine Dame auf einem Paßgänger. Abgesehen von dem Preise der Pferde und der Sättel, kostet schon der schwarze Hut mit dem lila Schleier allein soviel, wie ein Steinklopfer in zwei Monaten verdient, und für die moderne englische Reitgerte ist soviel bezahlt worden, wie für eine Woche unterirdischer Arbeit jener Bursche erhalten wird, der da, zufrieden damit, daß er im Bergwerk Arbeit erhalten hat, einherschreitet und die satten Gestalten der Reiter, der Pferde und des fetten, riesigen ausländischen Hundes in teurem Halsband, der mit ausgestreckt Zunge hinterdrein läuft, bewundert.

Nicht weit hinter dieser Gesellschaft fahren in einem Bauernwagen ein lächelndes Fräulein mit Stirnlöckchen und weißer Schürze und ein dicker rotwangiger Mann mit wohlgepflegtem Backenbart und einer Cigarette zwischen den Zähnen, der dem Fräulein etwas ins Ohr flüstert. In dem Wagen liegen ein Ssamowar, in Servietten gehüllte Pakete, eine Maschine zum Bereiten von Gefrorenem.

Das sind die Dienstboten der vorausfahrenden Herrschaften.

Der heutige Tag ist im Leben dieser Menschen keine Ausnahme. Sie leben so den ganzen Sommer über, unternehmen fast jeden Tag Ausflüge und haben heute Thee, Wein und Naschwerk mitgenommen, um nicht immer an demselben Platze, sondern auch einmal an einem neuen Orte zu essen und zu trinken.

Diese Herrschaften bestehen aus drei Familien, die auf ihren Landgütern oder in der Sommerfrische leben. Die eine Familie ist diejenige eines Gutsherrn, in dessen Besitz sich zweitausend Deßjatinen Land befinden, die andere, die eines Staatsbeamten, der ein Gehalt von dreitausend Rubel bezieht, zu der dritten Familie – der allerreichsten – gehören die Kinder des Fabrikanten.

Alle diese Menschen sind nicht im geringsten gerührt oder erstaunt über den Anblick all des Elends und der Sträflingsarbeit, die sie umgeben. Sie meinen, daß das alles so sein müsse. Etwas ganz anderes beschäftigt sie.

„Nein, das ist unmöglich", sagt die Dame zu Pferde, sich nach dem Hunde umblickend. „Ich kann das nicht ansehen!"

Und sie hält den Wagen an. Alle sprechen durcheinander französisch, lachen und setzen den Hund in den Wagen.

Dann fahren sie weiter, die Steinklopfer und die Pilger in eine Wolke von Kalkstaub hüllend.

Der Wagen, die Reiter und die Radfahrer sind vorbeigeflogen, wie ein Phantom aus einer anderen Welt; die Fabrikarbeiter aber, die Steinklopfer und die pflügenden Bauern setzen ihre schwere, eintönige, fremde Arbeit fort, die nur mit ihrem Leben ein Ende nehmen wird.

„Es giebt doch Leute, die zu leben wissen!" denken sie, die vorbeigefahrenen mit den Augen begleitend.

Und noch qualvoller erscheint ihnen ihre qualvolle Existenz.

Was ist denn das?

Haben vielleicht diese arbeitenden Menschen irgend ein Verbrechen begangen, für das sie so bestraft werden?

Oder ist das das Los aller Menschen, und haben jene, die in dem Wagen und auf den Zweirädern vorübergefahren sind, irgend etwas besonders wichtiges und nützliches gethan oder thun es noch, wofür sie so belohnt werden?

Nichts weniger als das! Im Gegenteil, diejenigen, die so angestrengt arbeiten, sind meistenteils sittliche, enthaltsame, bescheidene, fleißige Menschen; diejenigen aber, die vorbeifuhren, sind zum größten Teil demoralisierte, sinnliche, freche, mäßige Menschen.

Und alles das ist nur darum so, weil eine solche Einrichtung des Lebens für natürlich und richtig in der Welt derjenigen gilt, die von sich behaupten – entweder, daß sie sich zur Lehre Christi von der Liebe zum Nächsten bekennen, oder daß sie Kulturmenschen, d. h. vervollkommnete Menschen sind.

Und solche Zustände bestehen nicht nur in jenem Winkel des Tulaschen Kreises, den ich lebhaft vor mir sehe, weil ich ihn gut kenne, sondern überall, und nicht nur in Rußland, von Petersburg bis Batum, sondern auch in Frankreich, von Paris bis Aubergne, in Italien, von Rom bis Palermo, in Deutschland, in Spanien, in Amerika, in Australien und sogar in Indien und in China.

Überall leben zwei oder drei von tausend Menschen so, daß sie, ohne etwas für sich zu thun, an einem Tage das aufessen und austrinken, mit dessen Werte Hunderte von Menschen ein Jahr lang ernährt werden könnten; sie tragen Kleider, die Tausende kosten, wohnen in Palästen, in denen Tausende von Arbeitern Platz finden könnten, geben für ihre Launen Tausende, Millionen von Arbeitstagen aus. Die anderen dagegen schlafen und essen nicht genug, arbeiten über ihre Kräfte, untergraben ihre körperliche und seelische Gesundheit zum Nutzen jener Auserwählten.

Für die einen Menschen werden, noch ehe sie geboren sind, Hebammen und Ärzte bestellt, wird eine ganze Aussteuer bereit gehalten, Jäckchen, Windeln mit Seidenbändern, auf Federn schaukelnde Wiegen; die anderen dagegen, die überwältigende

Mehrzahl, gebären ihre Kinder wie und wo es kommt, ohne jede Hilfe, wickeln sie in Lumpen ein, legen sie auf Stroh in Bastwiegen und freuen sich, wenn die Kinder sterben.

Die Kinder der einen pflegen, während die Mutter neun Tage zu Bette liegt, Hebammen, Wärterinnen, Ammen, – die Kinder der anderen pflegt niemand, weil niemand da ist, und die Mutter selbst steht gleich nach der Entbindung auf, heizt den Ofen an, melkt die Kuh und wäscht zuweilen sogar Wäsche für sich, für den Mann, für die Kinder.

Die einen Kinder wachsen unter Spielzeug, Vergnügungen und Belehrung auf, die anderen klettern mit nackten Bäuchen über Thürschwellen, werden von Schweinen aufgefressen oder beginnen mit fünf Jahren ihre Zwangsarbeit zu arbeiten.

Den einen wird die ganze wissenschaftliche Weisheit, dem Kindesalter angepaßt, gelehrt; die anderen werden in den gröbsten Schimpfreden und im niedersten Aberglauben unterrichtet.

Die einen verlieben sich, durchleben Romane und heiraten dann, wenn sie schon alle Freuden der Liebe durchkostet haben; die anderen werden mit sechzehn bis zwanzig Jahren verheiratet, je nachdem ihre Eltern gerade jemand gefunden haben, der ihnen in der Arbeit helfen kann.

Die einen essen und trinken das beste und teuerste, was es nur giebt und füttern ihre Hunde mit Weißbrot und Fleisch; die anderen essen nur Brot mit Kwaß und auch das nicht soviel sie wollen, und auch kein weiches Brot, um nicht zu viel davon zu essen.

Die einen wechseln jeden Tag, ohne sich zu beschmutzen, ihre feine Wäsche; die anderen, die ständig fremde Arbeit verrichten, wechseln ihre grobe, zerrissene, lausige Wäsche einmal in zwei Wochen, oder wechseln sie auch garnicht und tragen die Wäsche bis sie ihnen vom Leibe fällt.

Die einen schlafen auf Pfählen und sauberen Betttüchern; die anderen schlafen auf der Erde und decken sich mit ihren zerlumpten Röcken zu.

Die einen fahren mit satten, wohlgenährten Pferden spazieren; die anderen arbeiten qualvoll mit ungefütterten Pferden und gehen in Geschäften zu Fuß.

Die einen können sich nicht ausdenken, womit sie ihre mäßige Zeit füllen könnten; die anderen finden keine Zeit sich zu säubern, zu waschen, sich auszuruhen, ein Wort zu reden, ihre Verwandten zu besuchen.

Die einen wissen alles und glauben an nichts; die anderen wissen nichts und glauben an allen möglichen Blödsinn, der ihnen erzählt wird.

Die einen, wenn sie krank sind, trinken alle möglichen Heilquellen, werden gepflegt und in der peinlichsten Sauberkeit gehalten, bekommen Medikamente und reisen von Ort zu Ort, um das allerbeste heilbringende Klima zu finden; die anderen legen sich in der rauchigen Hütte auf den Ofen, niemand wäscht ihnen ihre Wunden aus, sie haben keine Nahrung außer trockenem Brot, keine Luft außer derjenigen, die durch zehn Familienangehörige, durch Kälber und Schafe verdorben wird, sie verfaulen lebendig und sterben vor der Zeit.

Muß denn das wirklich so sein?

Wenn es eine höhere Vernunft und eine Liebe giebt, die die Welt regieren, wenn es einen Gott giebt, so kann er nicht gewollt haben, daß eine solche Teilung unter den Menschen existiere, bei der die einen nicht wissen, was sie mit dem Überfluß ihrer Reichtümer machen sollen, und mit den Früchten der Arbeit anderer ohne Sinn und Verstand um sich werfen, während die anderen hinsiechen und vor der Zeit sterben oder ein Leben voll über ihre Kräfte gehender Arbeit führen.

Wenn es einen Gott giebt, so kann und darf das nicht sein.

Wenn es aber keinen Gott giebt, so ist auch vom allereinfachsten menschlichen Standpunkt aus eine derartige Einrichtung des Lebens, bei der die Mehrzahl der Menschen ihr Leben hingeben muß, damit ein kleiner Teil von Menschen einen Überfluß genießt, der diese Minderheit nur belastet und entsittlicht, – so ist auch von dem primitivsten menschlichen Standpunkt aus eine solche Lebensordnung unsinnig, da sie für alle unvorteilhaft ist.

———

Wozu also leben die Menschen so?

Man kann es begreifen, daß die reichen Menschen, die an ihren Reichtum gewöhnt sind und nicht klar sehen, daß dieser Reichtum ihnen kein Glück verleiht, ihre Position zu erhalten suchen.

Aber jene überwältigende Mehrheit, in deren Händen sich doch die Macht befindet, warum lebt jene Mehrheit, während auch sie ihr Glück im Reichtum sieht, im Elend und unterwirft sich der Minderheit?

In der That, warum unterwerfen sich alle diese, durch ihre Muskeln, durch ihr Können, durch ihre Arbeitsgewohnheit starken Menschen, warum unterwirft sich diese kolossale Mehrheit der Menschen einer Handvoll von schwachen, meistenteils zu nichts tauglichen, verzärtelten Menschen, Greisen und besonders Frauen?

Gehen wir vor den Feiertagen oder zur Zeit der „billigen Waren" durch die Kaufläden, beispielsweise der Moskauer Passagen. Zehn oder zwölf dieser Passagen, die aus einer ununterbrochenen Reihe prachtvoller Magazine mit riesigen Spiegelfenstern bestehen, sind angefüllt mit den verschiedensten teuren Gegenständen – ausschließlich zum Gebrauche der Frauen. Da giebt es Stoffe, Kleider, Spitzen, Edelsteine, Schuhe, Zimmerschmuck, Pelzwerk u.s.w. u.s.w.

Alle diese Dinge kosten Millionen und Millionen, alle diese Dinge wurden in Fabriken von Arbeitern angefertigt, die oft dabei ihre Gesundheit zu Grunde richteten, und alle diese Dinge sind vollständig unnütz nicht nur für die Arbeiter selbst, sondern auch für die reichen Männer; sie dienen alle nur zum Vergnügen und zum Schmucke der Frauen.

An den Thüren stehen zu beiden Seiten goldbetreßte Portiers, und Kutscher in reichem Kostüm sitzen auf den Böcken teurer Equipagen, die mit Tausende von Rubeln kostenden Trabern bespannt sind. Zu der Erzeugung all dieser luxuriösen Wagen und Geschirre sind wiederum Millionen von Arbeitstagen verwendet worden: Arbeiter, alte und junge, Männer und Frauen haben oft ein ganzes Leben an die Herstellung dieser Gegenstände gewendet.

Und alle diese Gegenstände sind im Bereich und im Besitz einiger Hunderte von Frauen, die, nach der letzten Mode gekleidet, in Pelzjacketts und Hüten, in diesen Magazinen ein und aus gehen und alle diese nur für sie angefertigten Gegenstände kaufen.

Ein paar hundert Frauen verfügen nach ihrem Gutdünken über die Arbeit von Millionen von Menschen, die zu ihrer eigenen und ihrer Familien Ernährung diese Arbeit verrichten. Von der Willkür dieser Frauen hängt das Schicksal, das Leben von Millionen von Menschen ab.

Wie ist das geschehen?

Wozu unterwerfen sich alle diese Millionen von starken Menschen, die jene Gegenstände angefertigt haben, diesen Frauen?

Da kommt mit einem Traberpaar eine Dame in samtenem Pelz und in einem Hut nach der allerletzten Mode angefahren. Alles, was sie anhat, ist das Allerneueste und Allerteuerste. Der Portier läuft ihr entgegen, um die Schlittendecke aufzuknöpfen und hilft ihr, sie ehrerbietig unter dem Arm stützend, aus dem Schlitten. Sie geht durch die Passage, wie durch ihr Königreich, tritt in eines der Magazine, kauft für fünftausend Rubel Stoff zu einem Salon, läßt sich denselben nach Hause schicken und geht dann weiter.

Diese Frau ist böse, dumm, nicht einmal schön, hat keine Kinder geboren und hat nie etwas in ihrem Leben für andere gethan. Warum kriechen denn vor ihr so sklavisch der Portier, der Kutscher, die Kommis? Und warum ist alles das, woran tausende von Arbeitern gearbeitet haben, ihr Eigentum geworden?

Weil sie Geld hat.

Der Portier aber, der Kutscher, die Kommis und die Arbeiter in den Fabriken brauchen notwendig dieses Geld, um ihre Familien zu ernähren. Dieses Geld aber können sie am bequemsten und zuweilen auch nur dadurch allein erwerben, daß sie als Portier, Kutscher, Kommis oder Fabrikarbeiter dienen.

Warum aber hat diese Frau das Geld? Das Geld hat diese Frau darum, weil die Menschen, die von ihrem Lande verjagt worden und jeder anderen Arbeit als dem mechanischen Weben von Stoffen entwöhnt worden sind, in der Fabrik des Mannes dieser Frau arbeiten; der Mann aber giebt den Arbeitern nur soviel, wie sie zu ihrer Ernährung unumgänglich brauchen und behält den ganzen Gewinn – mehrere Hunderttausende – für sich; da er aber nicht weiß, was er mit dem vielen Gelde anfangen soll, so giebt er es seiner Frau, damit sie es nach freier Lust ausgiebt.

Da ist z. B. eine andere Dame, in noch reicherer Equipage und Toilette, die in verschiedenen Magazinen unnütze Dinge einkauft.

Woher hat diese das Geld?

Diese Dame ist die Maitresse eines reichen Gutsbesitzers, dessen Vorfahren eine alte Kaiserin zwanzigtausend Deßjatinen Land geschenkt hatte für die Unzucht, die er mit ihr getrieben hat. Diesem Gutsbesitzer gehört alles Land, das die inmitten desselben angesiedelten Bauern umgiebt, und er verpachtet dieses Land an die Bauern zu siebzehn Rubel die Deßjatine. Die Bauern zahlen die hohe Pacht, da sie ohne das Land vor Hunger sterben würden. Und dieses Geld befindet sich jetzt in den Händen der Maitresse und für dieses Geld kauft sie die Gegenstände, die von anderen Bauern, die man von ihrem Boden vertrieben hat, angefertigt worden sind.

Da geht durch die Passagen noch eine dritte reiche Dame, begleitet von ihrem Bräutigam und ihrer Mutter. Diese Dame heiratet und kauft Broncegegenstände und teures Service ein. Sie hat das Geld von ihrem Vater, einem hohen Staatsbeamten, der ein Gehalt von zwölftausend Rubel bezieht. Er hat der Tochter zur Aussteuer siebentausend Rubel gegeben. Dieses Geld ist wiederum den Bauern abgenommen worden durch Steuern und Zölle. Diese selben Steuern haben sowohl den Portier, der die Thüre öffnet (er ist ein Kalugascher Bauer und hat zu Hause Frau und Kinder), als auch den Droschkenkutscher (er ist ein Tulascher Bauer), mit dem die Herrschaften gekommen sind, und noch Hunderte, Tausende und Millionen von Menschen, die als

Dienstboten oder in den Fabriken arbeiten, gezwungen, ihre Häuser zu verlassen und die Arbeit zu verrichten, die von den Damen gewünscht wird, welche im Besitze des Geldes sind, das für sie von den Fabrikanten, Gutsbesitzern und Staatsbeamten auf die oben beschriebene Weise gesammelt worden ist.

So haben sich denn die Millionen von Arbeitern diesen Damen daher unterworfen, weil ein Mensch sich der Fabrik bemächtigt hat, in der die Menschen arbeiten, ein anderer des Landes, ein dritter jener Steuern, die von den Arbeitern eingesammelt werden.

Aus demselben Grunde geschah auch das, was ich bei der Gußeisenfabrik gesehen habe.

Die Bauern pflügten ein fremdes Feld darum, weil sie nicht genug eigenes Land haben und der, dem das Land gehört, ihnen die Nutznießung des Landes nur unter der Bedingung gestattet, daß sie für ihn arbeiten.

Die Steinklopfer klopften darum die Steine, weil sie nur durch diese Arbeit die von ihnen verlangten Steuern bezahlen können.

In der Fabrik und im Bergwerk arbeiteten die Menschen, weil sowohl der Boden, dem das Erz entnommen wird, als auch die Fabrik, in der es gegossen wird, nicht ihnen gehören.

Alle diese Arbeiter verrichten schwere fremde Arbeit darum, weil die reichen Menschen sich den Boden und die Fabriken angeeignet haben und Steuern erheben.

―――

Warum ist denn der Eigentümer des Bodens nicht der, der denselben bearbeitet, sondern derjenige, der überhaupt nicht arbeitet?

Warum profitieren von den Steuern, die von allen erhoben werden, eine kleine Anzahl von Menschen und nicht die, die sie zahlen?

Warum besitzen die Fabriken nicht diejenigen, die dieselben

erbaut haben und dort arbeiten, sondern diejenigen, die sie nicht erbaut haben und nicht in ihnen arbeiten?

Auf die Frage, warum die Nichtarbeitenden das Land der Arbeitenden sich angeeignet haben, ist die gewöhnliche Antwort die, daß das daher komme, weil das Land den ersteren für ihre Verdienste geschenkt worden oder von ihnen für ihr selbsterworbenes Geld gekauft worden sei.

Auf die Frage, warum die einen Menschen, eine kleine Anzahl nichtarbeitender Menschen, die Regierenden und ihre Gehilfen, den größten Teil des Vermögens aller arbeitenden Menschen einsammeln und darüber nach ihrem Gutdünken verfügen, ist die gewöhnliche Antwort die, daß die Menschen, die von dem vom Volke erhobenen Gelde profitieren, dafür das Volk regieren und beschützen, für die Wohlfahrt des Volkes und für die Aufrechterhaltung der Ordnung unter demselben sorgen.

Auf die Frage aber, warum reiche, nichtarbeitende Menschen die Erzeugnisse und Werkzeuge der Arbeit der Arbeitenden besitzen, ist die Antwort die, daß diese Erzeugnisse und Werkzeuge der Arbeit von den ersteren oder deren Vorfahren seinerzeit erarbeitet worden sind.

Und alle diese Menschen, die Gutsbesitzer, die Staatsbeamten, die Kaufleute und Fabrikanten, sind aufrichtig überzeugt davon, daß ihr Besitz ein vollständig gerechter ist, daß sie ein Recht auf diesen Besitz haben.

Und doch hat weder das Grundeigentum, noch die Erhebung und Utilisierung von Steuern, noch der Besitz von Erzeugnissen und Werkzeugen fremder Arbeit, sofern das alles den Nichtarbeitenden zu gute kommt, die geringste Rechtfertigung.

Der Besitz des Landes durch diejenigen, die es nicht bearbeiten, ist darum ungerechtfertigt, weil der Boden, wie das Wasser, die Luft und die Sonnenstrahlen, eine notwendige Lebensbedingung für jeden Menschen bildet, und daher nicht das Eigentum eines einzelnen Menschen sein kann. (Wenn der Boden und nicht das Wasser, die Luft oder die Sonnenstrahlen zum Gegenstande des Privateigentums geworden sind, so ist das nicht daher gekommen, weil der Boden keine ebenso notwendige und daher nicht annektierbare Bedingung der Existenz eines jeden Menschen ist, sondern nur darum, weil es unmöglich war, die anderen des Wassers, der Luft und der Sonnenstrahlen zu berauben, sie aber der Benutzung des Bodens zu berauben wohl möglich war.)

Wie der Grundbesitz durch Vergewaltigung entstanden ist (der Boden durch Eroberungen annektiert und dann vergeben oder verkauft), so ist er auch, trotz aller Versuche, ihn zu einem Rechte zu machen, eine Brutalisierung des Schwachen und Unbewaffneten durch den Starken und Bewaffneten geblieben.

Es braucht nur ein Mensch, der das Land bearbeitet, dieses eingebildete Recht zu verlegen, nur anzufangen, das Land, das für das Eigentum eines anderen gehalten wird, zu beackern, – und sofort zeigt sich das, worauf dieses vermeintliche Recht basiert ist: zuerst in Gestalt von Polizisten und dann auch in Form der Militärgewalt, der Soldaten, die diejenigen schlagen und erschießen werden, die die Absicht hatten, ihr wirkliches Recht, sich durch die Bearbeitung des Bodens zu ernähren, zu verwirklichen.

So ist denn das, was das Recht auf den Grundbesitz genannt wird, nur eine Vergewaltigung all der Menschen, die diesen Boden benutzen könnten.

Das Recht auf den Boden ist dem Rechte an der Straße ähnlich, derer sich Räuber bemächtigt haben, die niemand ohne ein Lösegeld passieren lassen.

Noch weniger findet auch nur den Schein einer Berechtigung das Recht der Regierung, gewaltsam Steuern zu erheben.

Es wird behauptet, daß die Steuern zum Schutze des Staates vor äußeren Feinden, zur Einrichtung und Aufrechterhaltung der inneren Ordnung und zur Verwaltung aller öffentlichen Angelegenheiten verwendet werden.

Aber, erstens, giebt es schon lange mehr keine äußeren Feinde, wie es die Regierungen sogar selbst behaupten, indem sie alle ihre Völker überreden, daß sie nur Frieden wünschen. Der Kaiser von Deutschland wünscht den Frieden, die Französische Republik wünscht den Frieden, England wünscht den Frieden und dasselbe wünscht Rußland. Um so mehr wünschen das nämliche die Boeren und die Chinesen. Vor wem also muß man beschützt werden?

Zweitens aber muß man, um sein Geld zur Verwaltung der inneren Ordnung und der öffentlichen Angelegenheiten herzugeben, davon überzeugt sein, daß die Menschen, die die Ordnung einführen und aufrecht erhalten sollen, dieses wirklich mit Erfolg thun werden und daß außerdem diese Ordnung eine gute und die öffentlichen Einrichtungen wirklich solche sein werden, die der Allgemeinheit zu Gute kommen und notwendig sind. Wenn dagegen, wie sich das stets und überall wiederholt, diejenigen, die die Steuern zahlen, von dem Können und sogar von der Ehrlichkeit derer, die die Ordnung einführen, nicht überzeugt sind und außerdem jene Ordnung für eine schlechte und die öffentlichen Einrichtungen für durchaus nicht den Bedürfnissen der Steuerzahler entsprechende halten, – dann ist es offenbar, daß ein Recht zur Erhebung von Steuern nicht existiert und daß diese Erhebung nur eine Vergewaltigung ist.

Ich entsinne mich des Wortes eines religiösen und daher wahrhaft freidenkenden russischen Bauers. Er hielt es ebenso wie Thoreau für gerecht, keine Steuern für Zwecke zu zahlen, die von seinem Gewissen nicht gebilligt werden, und fragte, als man zu ihm mit der Forderung, daß er seine Steuern bezahle, kam, wozu die Steuern, die er zahlen würde, verwendet würden, indem er sagte: wenn die Steuern für eine gute Sache verwendet werden, so gebe ich sofort nicht nur das, was ihr verlangt, sondern auch mehr; wenn aber die Steuern zu etwas Schlechtem gebraucht werden, so kann und werde ich freiwillig nicht einen Kopeken geben.

Natürlich ließ man sich mit ihm in keine Gespräche ein, sondern brach das von ihm verschlossene Thor auf, nahm ihm seine Kuh und verkaufte sie für Rechnung der Steuern.

So ist also die wirkliche Ursache der Existenz von Steuern nur eine: die Gewalt, die sie erhebt, die Möglichkeit, diejenigen, die sie nicht willig zahlen, zu berauben und für die Weigerung sogar zu schlagen, ins Gefängnis zu werfen, zu strafen – wie es auch gemacht wird.

Daß die Steuern in England, Frankreich, Amerika und überhaupt in konstitutionellen Staaten durch das Parlament d. h. durch die vermeintlichen Vertreter des Volkes festgesetzt werden, ändert die Sache nicht. Denn die Wahlen sind so eingerichtet, daß die Mitglieder des Parlamentes keine Vertreter des Volkes, sondern Politiker sind; und wenn sie es auch von Haus aus nicht waren, so werden sie, sobald sie ins Parlament gelangen, doch zu Politikern, für die nur der persönliche Ehrgeiz und die Interessen der kämpfenden Parteien von Bedeutung sind.

Ebensowenig stichhaltig sind auch die Beweise des Eigentumsrechtes der Nichtarbeitenden an den Erzeugnissen der Arbeit anderer.

Dieses Eigentumsrecht, das sogar ein heiliges Recht genannt wird, wird gewöhnlich dadurch gerechtfertigt, daß der Besitz in der Regel das Resultat der Enthaltsamkeit und einer gemeinnützigen Arbeitsliebe und Thätigkeit sei.

Und doch braucht man nur die Herkunft aller großen Vermögen zu untersuchen, um vom Gegenteil überzeugt zu werden.

Die großen Vermögen entstehen immer entweder durch Vergewaltigung – das ist das gewöhnlichste – oder durch Geiz, oder durch einen großartigen Spitzbubenstreich, oder durch kleinere aber chronische Betrügereien, wie diejenigen, die durch die Kaufleute verübt werden.

Je moralischer ein Mensch ist, um so sicherer geht er des Vermögens, das er besitzt, verlustig, und je unsittlicher er ist, um so sicherer erhält und vermehrt er sein Vermögen. Die Volksweisheit sagt: „Ist gerecht die Arbeit dein, baut sie dir kein Haus aus Stein" und „Arbeit macht nicht reich, sondern bucklig".

So war es in den alten Zeiten und so ist es umsomehr noch jetzt, wo die Verteilung der Reichtümer schon längst auf die ungerechteste Weise geschehen ist.

Wenn man auch zugeben kann, daß in einer primitiven Gesellschaft ein enthaltsamerer und fleißigerer Mensch mehr erwerben wird, als einer, der maßlos ist und wenig arbeitet, so kann in unserer Gesellschaft nichts ähnliches mehr Platz haben. Wie enthaltsam und fleißig auch ein Arbeiter sein mag, der auf fremdem Boden mit fremden Werkzeugen arbeitet und die ihm notwendigen Gegenstände für den von ihm geforderten Preis kaufen muß, er wird niemals zu Reichtum gelangen. Dagegen wird der unenthaltsamste und arbeitsscheueste Mensch, wie wir es an tausend Beispielen sehen können, wenn es ihm nur gelingt, bei der Regierung oder bei reichen Menschen ein Plätzchen zu finden, oder wenn er Wucherer wird, sich als Fabrikant, Bordellbesitzer, Bankier oder Weinhändler etabliert, sich leicht ein Vermögen erwerben.

Die Gesetze, die angeblich den Besitz schützen, sind Gesetze, die nur den geraubten Besitz, der sich schon in den Händen der Reichen befindet, schützen, die Arbeiter aber, die kein anderes Eigentum haben als ihre Arbeit, schützen sie nicht nur nicht, sondern protegieren auch noch die Exploitierung dieses einzigen Besitzes der Arbeiter.

Wir sehen eine unendliche Zahl von Administratoren: den König, seine Brüder und Onkel, Minister, Richter, geistliche Personen, die riesige, dem Volke abgenommene Gehälter beziehen und nicht einmal jene leichten Pflichten erfüllen, die zu erfüllen sie für diesen Lohn übernommen haben. Und daher sollte man meinen, daß diese Menschen ihre dem Volke abgenommenen Gehälter stehlen; es kommt aber doch niemand in den Sinn, sie dafür vors Gericht zu ziehen.

Wenn aber ein Arbeiter sich einen Teil des von diesen Menschen bezogenen Geldes oder irgend welche, von diesem Gelde gekaufte Gegenstände zu Nutze macht, so heißt es, daß er das heilige Gesetz des Eigentums übertreten habe und er wird für die paar Groschen, die er genommen, gerichtet, ins Gefängnis gesetzt, deportiert.

Der reiche Fabrikant verpflichtet sich dem Arbeiter einen Lohn zu zahlen, der für ihn, den Fabrikanten nur ein Zehnmillionstel seines Vermögens d. h. fast ein Nichts ausmacht, der Arbeiter aber verpflichtet sich, durch die Not gezwungen, im Laufe des Jahres (mit Ausnahme der Feiertage) täglich eine zwölfstündige gesundheitsschädliche Arbeit zu verrichten, d. h. an den Fabrikanten den größten Teil seines Lebens, wenn nicht das ganze Leben, zu geben; und die Regierung schützt in gleicher Weise sowohl den einen, als auch den anderen Besitz.

Der Fabrikant stiehlt offenbar auf diese Weise jahrein, jahraus von dem Arbeiter mehr als die Hälfte seines Verdienstes und eignet sich denselben an. Man sollte glauben, daß er dafür zur Verantwortung gezogen werden müßte. Die Regierung aber hält den auf diese Weise erworbenen Besitz des Fabrikanten für ein Heiligtum, während sie den Arbeiter, der unter dem Rock zwei Pfund Kupfer mitnimmt – ein Millionstel des Besitzes des Fabrikanten – straft.

Versuche es nur ein Arbeiter, den Reichen einen Teil dessen, was sie ihm gesetzmäßig abgenommen haben, zu entreißen, wie das zuweilen bei Judenhetzen geschieht; versuche es nur ein Arbeiter, selbst wenn er hungrig ist, jenes Brot zu nehmen, das die Reichen, sich die Hungersnot zu Nutze machend, ihm zu teuren Preisen verkaufen, wie das kürzlich in Mailand geschah; versuche es nur ein Arbeiter, durch Streik auch nur einen Teil dessen, was ihm abgenommen ist, wiederzunehmen – er verletzt das heilige Eigentumsrecht, und die Regierung kommt mit ihrem Heer sofort dem Grundbesitzer, dem Fabrikanten, dem Kaufmann gegen den Arbeiter zu Hilfe.

So hat denn jenes Recht, auf das die Reichen ihren Grundbesitz, die Erhebung von Steuern und den Besitz der Erzeugnisse fremder Arbeit gründen, mit der Gerechtigkeit nichts gemein und basiert nur auf der durch das Heer erreichten Gewalt.

———

Versuche nur der Arbeiter das Land zu pflügen, das er zu seiner Ernährung braucht, oder sich der Zahlung der direkten oder indirekten Steuern zu entziehen, oder versuche er, sich die von ihm selbst erzeugten Getreidevorräte anzueignen oder die Produktionswerkzeuge, ohne die er nicht arbeiten kann, – es wird Militär erscheinen und ihn mit Gewalt daran hindern.

So daß die Annektierung des Bodens, die Erhebung der Steuern, die Macht der Kapitalisten nicht die Grundursache der elenden Lage der Arbeiter bilden, sondern nur eine Folge. Die Grundursache dessen, daß Millionen von Arbeitern nach dem Willen der Minderheit leben und arbeiten, besteht nicht darin, daß diese Minderheit den Boden und die Produktionswerkzeuge annektiert hat und Steuern erhebt, sondern darin, daß sie das thun kann, daß es eine Gewalt giebt, daß ein Heer existiert, welches sich in den Händen der Minderheit befindet und bereit ist, diejenigen zu töten, die sich weigern, den Willen dieser Minderheit zu erfüllen.

Wenn die Bauern sich des Bodens bemächtigen wollen, der für das Eigentum eines nichtarbeitenden Menschen gilt, oder wenn ein Mensch seine Steuern nicht zahlt, oder wenn die streitenden Arbeiter die Streikbrecher daran hindern wollen, ihr[e] Plätze einzunehmen, so erscheinen jene nämlichen Bauern, denen das Land abgenommen worden war, jene nämlichen Steuerzahler und Arbeiter, nur in Uniform und mit Flinten bewaffnet, und zwingen ihre nicht uniformierten Brüder, das Land herauszugeben, die Steuern zu zahlen, den Streit aufzugeben.

Wenn man sich dessen zum erstenmal bewußt wird, so glaubt man sich selbst nicht, so seltsam ist diese Erscheinung.

Die Arbeiter wollen sich befreien und dieselben Arbeiter zwingen sich selbst, sich zu unterwerfen und in der Sklaverei zu verbleiben.

Warum thun sie denn das?

Sie thun es darum, weil die zu Soldaten gemachten oder geworbenen Arbeiter einer so geschickten Prozedur der Verdummung unterworfen werden, daß sie nach derselben nicht anders können, als blind ihren Vorgesetzten zu gehorchen, was auch von ihnen verlangt würde. Es geschieht auf folgende Weise: Es wird ein Knabe auf dem Lande oder in der Stadt geboren. Sobald dieser Knabe jenes Alter erreicht, wo die Kraft, Geschicklichkeit und Biegsamkeit ihre höchste Stufe erlangen, während die seelischen Kräfte sich noch in dem verworrensten, unbestimmtesten

Zustande befinden, also etwa im Alter von zwanzig Jahren, wird er (in allen kontinentalen Staaten) zum Militärdienst herangezogen, wie ein Arbeitsvieh besichtigt, und wenn er physisch gesund und stark ist, je nach der Brauchbarkeit, irgend einer Heeresabteilung zugewiesen. Man zwingt ihn, feierlich zu beschwören, daß er sklavisch seinen Vorgesetzten gehorchen wird, entfernt ihn dann von seinen früheren Lebensbedingungen, giebt ihm Schnaps oder Bier zu trinken, kleidet ihn in eine bunte Tracht und sperrt ihn zusammen mit ebensolchen Burschen in eine Kaserne, wo ihm unter völligem Müßiggang (d. h. ohne daß er irgend eine nützliche, vernünftige Arbeit thut) die unsinnigsten militärischen Regeln und Namen von Dingen und die Handhabung von Mordwaffen: Säbeln, Bajonetten, Flinten, Kanonen gelehrt werden. Vor allem aber wird ihm ein nicht nur widerspruchsloser, sondern auch einfach mechanisch-reflektorischer Gehorsam den Vorgesetzten gegenüber gelehrt.

So geschieht es in den Staaten, in denen die allgemeine Wehrpflicht existiert. In den anderen Ländern aber suchen speziell dazu angestellte Leute überall verbummelte, sich durch ehrliche Arbeit nicht zu ernähren wünschende oder nicht verstehende, meistenteils unmoralische, aber starke Menschen auf, machen sie trunken und bestechen sie, werben sie dann fürs Heer an, sperren sie ebenso in Kasernen und unterwerfen sie demselben Drill.

Die Hauptaufgabe der Vorgesetzten besteht darin, diese Menschen bis zu dem Zustande jenes Frosches zu bringen, der bei jeder Berührung unwiderstehlich mit dem Beine zuckt. Ein guter Soldat ist der, der ebenso wie dieser Frosch auf einen gewissen Schrei des Vorgesetzten unbewußt mit der verlangten Bewegung reagiert. Erreicht wird dieses dadurch, daß man diese unglücklichen Menschen in gleiche bunte Kleidung steckt, im Verlauf von Wochen, Monaten, Jahren zwingt, beim Rasseln der Trommeln und den Tönen der Musik zu gehen, sich zu wenden, zu springen und alles zugleich und auf Kommando zu thun. Für jede Zuwiderhandlung aber bestraft man sie mit den grausamsten Strafen, sogar mit dem Tode. Dabei werden Trunk, Unzucht, Müßiggang, Schimpfreden und Mord nicht nur nicht verboten, sondern sogar organisiert: man giebt den Soldaten Schnaps, richtet für sie Bordelle ein, lehrt sie unanständige Lieder und unterrichtet sie im Morden. (Der Mord gilt in diesen Kreisen so sehr für eine gute und löbliche That, daß in gewissen Fällen die Vorgesetzten von den Offizieren verlangen, daß diese ihren Freund töten: die sogenannten Duelle.) Und so wird ein stiller, sanfter Junge, nachdem er in einer solchen Schule etwa ein Jahr verblieben (unter einem Jahr ist der Soldat noch nicht fertig, d. h. noch nicht frei von allen menschlichen Gefühlen), zu dem, was man aus ihm machen wollte – zu einem sinnlosen und grausamen, mächtigen und schrecklichen Werkzeug der Vergewaltigung in den Händen seiner Vorgesetzten.

Jedesmal wenn ich im Winter an dem kaiserlichen Palais in Moskau vorübergehe und dort bei dem Schildhäuschen einen jungen Burschen Posten stehen sehe – im schweren Pelz und in großen Galoschen, auf der Schulter das neueste Gewehrmodell mit geschliffenem Bajonett, stillstehend oder auf- und abgehend, – blicke ich ihm in die Augen. Und jedesmal kehrt er sich ab von meinem Blicke und jedesmal denke ich: vor ein oder zwei Jahren noch war er ein lustiger Bauernbursche, harmlos und gutmütig, der heiter mit mir in guter russischer Sprache zu sprechen begonnen hätte, mir in dem Bewußtsein seiner Bauernwürde seine ganze Geschichte erzählt hätte, – jetzt aber sieht er mich böse und finster an und versteht nur auf alle Fragen sein „zu Befehl" zu antworten. Wenn ich – wozu ich immer versucht bin – mich jener Thür, an der er steht, nähern, oder nach seiner Flinte fassen würde, so würde er mir, ohne sich auch nur einen Augenblick zu bedenken, sein Bajonett in den Magen treiben, würde es darauf aus der Wunde ziehen, es abwischen und dann fortfahren, mit den Galoschen schlurfend auf dem Asphalt auf- und abzugehen, bis die Ablösung käme und ihm die Parole und Losung ins Ohr flüsterte. Und solcher giebt es nicht nur einen, denke ich. Solcher, zu Maschinen gemachter, mit Flinten bewaffneter Burschen –, fast noch Kinder – giebt es in Moskau allein Tausende, Millionen in ganz Rußland und in der ganzen Welt. Man hat diese, nicht gescheiten, aber starken und gewandten Burschen genommen, sie demoralisiert und bestochen, und herrscht nun, dank ihnen, über die ganze Welt.

Das ist doch schrecklich.

Schrecklich ist es, daß schlechte, müßige Menschen, dank diesen betrogenen Burschen, im Besitze all jener Paläste und des auf verbrecherische Weise erworbenen Reichtums, d. h. der Arbeit des ganzen Volkes sind. Aber am schrecklichsten ist dabei, daß sie, um dieses zu vollführen, jene schlichten, gutmütigen Burschen bestialisieren müssen und das schon zum Teil erreicht haben.

Möchten jene, die im Besitze der Reichtümer sind, diese selbst schützen. Das wäre nicht so widerwärtig. Aber schrecklich ist, daß sie, um die Menschen zu berauben und um ihren Raub zu schützen, dazu die Beraubten selbst gebrauchen und zu diesem Zwecke ihre Seelen demoralisieren.

So brutalisieren denn die Arbeiter-Soldaten ihre eigenen Brüder, die Arbeiter, darum, weil es ein Mittel giebt, aus Menschen ein bewußtloses Werkzeug des Mordes zu machen, und weil die Regierungen dieses Mittel gegenüber den eingezogenen und gewordenen Soldaten gebrauchen.

———

Aber wenn das so ist, so taucht unwillkürlich die Frage auf: warum werden denn die Menschen Soldaten? Warum gestatten es ihnen ihre Väter? Sie konnten solange Soldaten werden und sich der Disziplin fügen, bis sie die Folgen davon nicht sahen. Aber wenn sie einmal diese Folgen erkannt haben, warum fahren sie fort, sich diesem Betruge auszusetzen?

Es geschieht darum, weil sie den Militärdienst nicht nur für etwas Nützliches, sondern auch für etwas durchaus Achtbares und Gutes halten. Für etwas Gutes und Achtbares aber halten sie den Militärdienst darum, weil es ihnen so durch jene Lehre eingeflößt wird, in der sie von Kind auf erzogen und später mit allen Mitteln erhalten werden.

Und daher ist auch die Existenz des Heeres keine Grundursache, sondern nur eine Folge. Die Grundursache aber besteht in jener Lehre, die den Menschen einflößt, daß der Militärdienst, der den Mord zum Zwecke hat, nicht nur etwas Nichtswürdiges, sondern auch etwas Gutes, Heldenmütiges und Löbliches sei.

So liegt denn die Ursache des Elends der Menschen noch ferner, als es anfangs scheint.

Anfangs scheint es, daß die ganze Sache darin besteht, daß die Grundbesitzer sich den Boden annektiert, die Kapitalisten sich die Produktionswerkzeuge angeeignet haben und die Regierungen mit Gewalt Steuern erheben.

Aber wenn man sich fragt, warum der Boden den Reichen gehört und die Arbeiter ihn nicht benutzen können, warum die Arbeiter Steuern zahlen müssen, ohne von ihnen zu profitieren, warum die Kapitalisten im Besitze der Produktionswerkzeuge sind, – so sieht man, daß es nur daher kommt, weil ein Heer existiert, welches das Land im Besitze der Reichen erhält, die Steuern den Arbeitern zum Besten der Reichen abnimmt und den Reichen ihren Besitz an Fabriken und teuren Maschinen sichert.

Fragt man sich aber, wieso das Heer, welches aus jenen selben Arbeitern besteht, denen man das, was sie brauchen, weggenommen, sich selbst, seine Väter und Brüder vergewaltigt, so sieht man, daß die Ursache darin liegt, daß man die eingezogenen oder freiwillig angeworbenen Soldaten vermittelst eigens dazu bestimmter Manipulationen so erzieht, daß sie alles Menschlichen verlustig gehen und zu unbewußten, ihren Vorgesetzten ergebenen Werkzeugen des Mordes werden.

Wenn man sich aber endlich fragt, warum denn die Menschen, die diesen Betrug sehen, fortfahren, Militärdienste zu leisten oder Steuern zum Unterhalte des Heeres zu zahlen, so sieht man, daß die Ursache dieser Erscheinung in jener Lehre liegt, die nicht nur den Soldaten, sondern auch überhaupt allen Menschen eingeflößt wird, – jener Lehre, der zufolge der Militärdienst etwas Gutes und Löbliches und der Mord im Kriege etwas Nichtsündiges ist.

So ist denn die Hauptursache von allem jene Lehre, die den

Menschen eingeflößt wird. Daher das Elend, daher die Unsittlichkeit, daher der Haß, daher die Hinrichtungen, daher die Mordthaten.

Was ist denn das für eine Lehre? Diese Lehre wird die christliche genannt und besteht in folgendem:

Es giebt einen Gott, der vor sechstausend Jahren die Welt und einen Menschen Adam erschaffen hat. Adam hat gesündigt, und Gott hat dafür alle Menschen bestraft, dann aber seinen Sohn, einen ebensolchen Gott, wie der Vater, auf die Erde gesandt, damit er dort gekreuzigt würde. Diese Kreuzigung nun ist es, die den Menschen als Mittel zur Befreiung von der Strafe für die Sünde Adams dient. Wenn die Menschen daran glauben, so wird ihnen die Sünde Adams verziehen, glauben sie aber nicht, so werden sie grausam bestraft werden.

Als Beweis aber dessen, daß das alles wahr sei, dient die Thatsache, daß das alles den Menschen von jenem Gott offenbart sei, von dessen Existenz wir durch jene nämlichen Menschen wissen, die das alles predigen.

Abgesehen von den verschiedenen Variationen – je nach den verschiedenen Konfessionen – zu dieser Grundlehre, ist die allgemeine praktische Folgerung aus derselben die nämliche: die Menschen müssen an diese ihnen gepredigte Lehre glauben und den bestehenden Regierungen unterthan sein.

Diese Lehre ist es, die die Hauptursache jenes Betruges bildet, demzufolge die Menschen den Militärdienst für eine gute und nützliche Sache halten, Soldaten und willenlose Werkzeuge werden und so sich selbst knechten. Wenn es unter den betrogenen Menschen auch Ungläubige giebt, so glauben diese Ungläubigen auch an nichts anderes, fügen sich so (da sie keinen Stützpunkt haben) der allgemeinen Strömung und unterwerfen sich dem Betruge wie die Gläubigen, obgleich sie ihn sehr wohl sehen.

Und daher ist zu der Befreiung von dem Übel, unter dem die Menschen leiden, nicht die Freigebung des Bodens, nicht die Vernichtung der Steuern, nicht die Kommunalisierung der Produktionswerkzeuge und nicht einmal die Stürzung der bestehenden Regierungen nötig, sondern es ist nur die Vernichtung jener Lehre nötig, die die christliche genannt wird und in der die Menschen unserer Zeit erzogen werden.

Anfangs erscheint es den Menschen, die das Evangelium kennen, seltsam, wie das Christentum, daß die Gotteskindheit, die geistige Freiheit, die Brüderlichkeit der Menschen, die Vernichtung jeder Gewalt und die Liebe zu den Feinden lehrt, zu jener sonderbaren, christlich genannten Lehre entarten konnte, zu jener Lehre, die blinden Gehorsam der Obrigkeit und auf Verlangen derselben auch den Mord predigt. Aber wenn man sich den Prozeß des Eindringens und der Verbreitung des Christentums in unserer Welt vergegenwärtigt, so sieht man, daß es so und nicht anders werden mußte.

Als die heidnischen Herrscher, Konstantin, Karl der Große, Wladimir, das in heidnische Formen gehüllte Christentum annahmen und ihre Völker annehmen ließen, da war es ihnen nicht in den Sinn gekommen, daß die von ihnen angenommene Lehre eine Aufhebung der königlichen Gewalt, des Heeres, ja des Staates selbst bedeute, d. h. alles dessen, ohne welches diese Adepten des Christentums sich überhaupt kein Leben vorstellen konnten. Die zerstörende Macht des Christentums wurde von den Menschen in der ersten Zeit nicht nur nicht bemerkt, sondern es schien ihnen sogar, als stütze das Christentum ihre Macht. Aber je länger die christlichen Völker lebten, um so mehr klärte sich das Wesen des Christentums auf und um so offenbarer wurde die für die heidnische Weltordnung in dem Christentum enthaltene Gefahr. Und je offenbarer diese Gefahr wurde, um so eifriger mühten sich die herrschenden Klassen, jenes Feuer, das sie mit dem Christentum unbewußt in ihre Welt getragen hatten, zu unterdrücken und, wenn möglich, gänzlich auszulöschen. Sie benutzten dazu alle mögliche Mittel: das Verbot der Übersetzung und der Lektüre des Evangeliums, die Verfolgung aller derer, die auf den wahren Sinn der christlichen Lehre hinwiesen, die Hypnotisierung der Massen durch den Pomp und den Glanz der Kirche und vor allem eine schlaue und raffinierte Deutung der Lehre.

Je nach Anwendung dieser Mittel änderte sich das Christentum immer mehr und mehr und artete endlich zu einer solchen Lehre aus, die jetzt nicht nur nicht irgendwelche für das Heidentum gefährliche Prinzipien mehr enthielt, sondern die heidnische Weltordnung vom christlichen Standpunkt aus sogar rechtfertigte. Es zeigten sich christliche Herrscher, ein christliches Heer, christlicher Reichtum, christliche Gerichte und christliche Hinrichtungen.

Die herrschenden Klassen machten mit dem Christentum das nämliche, was die Ärzte in Bezug auf ansteckende Krankheiten thun. Sie arbeiteten eine derartige Kultur unschädlichen Christentums aus, deren Einimpfung das wahre Christentum gänzlich unschädlich macht. Dieses kirchliche Christentum hat die Eigenschaft, daß es die Menschen unfehlbar entweder abstößt, da es den Vernünftigen unter ihnen als eine entsetzliche Sinnlosigkeit erscheint, oder aber, wenn es von ihnen angenommen wird, sie soweit von dem wahren Christentum entfernt, daß sie seine wirkliche Bedeutung überhaupt nicht mehr sehen und mit Feindschaft und Erbitterung dieser Bedeutung gegenübertreten.

Dieses, von den herrschenden Klassen mit dem Instinkte der Selbsterhaltung durch Jahrhunderte ausgearbeitete und dem Volke eingeimpfte sterilisierte und unschädlich gemachte falsche Christentum bildet eben jene Lehre, als deren Folge die Menschen gehorsam Handlungen begehen, die nicht nur für sie und die ihrigen schädlich, sondern auch einfach unsittlich und mit den Forderungen des Gewissens unvereinbar sind. Die wichtigste dieser Handlungen ist, nach ihren praktischen Folgen, der Eintritt in den Militärdienst, d. h. die Bereitschaft zum Morden.

Der Schaden dieses unschädlich gemachten falschen Christentums besteht hauptsächlich darin, daß es nichts vorschreibt und nichts verbietet.

Alle alten Gesetze, wie das mosaische und das Gesetz Manu geben Regeln, die gewisse Handlungen entweder fordern oder verbieten. Dasselbe thun auch die buddhistische und die muhammedanische Religion. Der gefälschte christliche Glaube aber giebt gar keine Gesetze, außer einer äußeren Anerkennung der Dogmen, Fasten und Gebete (wobei für die reichen Leute auch da Auswege vorgesehen sind), sondern lügt nur und gestattet alles, sogar das, was den allerprimitivsten Forderungen der Sittlichkeit zuwider ist.

Dieser kirchliche Glauben gestattet alles. Er erlaubt die Sklaverei und in Europa und Amerika war die Kirche die Beschützerin derselben.

Er erlaubt, sich durch die Arbeit der bedrückten Brüder ein Vermögen zu erwerben.

Er erlaubt, reich zu sein unter Lazarussen, die unter den Tischen der Schwelgenden umherkriechen, und er findet das sogar gut und löblich, wenn man dabei ein Tausendstel für die Kirchen und Krankenhäuser opfert.

Dem Bedürftigen seine Reichtümer vorzuenthalten, Menschen in Einzelhaft zu sperren, in Ketten zu fesseln, an Schubkarren zu schmieden, hinzurichten – alles das segnet die Kirche.

Seine ganze Jugend hindurch Unzucht zu treiben und dann eine dieser Unzuchten Ehe zu nennen und dazu die Autorisation der Kirche zu erhalten – ist erlaubt.

Es ist erlaubt, sich scheiden zu lassen und wieder zu heiraten.

Es ist vor allem erlaubt, zu töten, nicht nur wenn man sich selbst, sondern auch wenn man seine Äpfel schützt.

Man darf auch zur Strafe töten (Strafe bedeutet Belehrung – also zur Belehrung töten!) und vor allem darf und soll man im Kriege auf Befehl der Vorgesetzten töten; das ist sogar löblich und die Kirche gestattet es nicht nur, sondern befiehlt es ...

So ist denn die Wurzel von allem die falsche Lehre.

Wenn diese falsche Lehre aufhört zu existieren, wird es kein Heer geben. Und wenn es kein Heer geben wird, so werden auch von selbst jene Vergewaltigung, Knechtung und Demoralisierung, die an den Völkern verübt werden, aufhören.

Solange aber die Menschen in der falschen christlichen Lehre erzogen werden, die alles, bis zum Morde inklusive, gestattet, wird das Heer sich in den Händen der Minderheit befinden; die Minderheit aber wird sich dieses Heer immer zu Nutze machen, um dem Volke den Erwerb seiner Arbeit abzunehmen und um das Volk zu demoralisieren, was für das Volk das Schlimmste ist, da die Minderheit ohne diese Demoralisation ihm nichts abnehmen könnte.

―――

Die Wurzel aller Leiden der Völker liegt in jener falschen Lehre, die ihnen unter dem Scheine des Christentums beigebracht wird.

Und daher, sollte man meinen, ist es offenbar, daß die Pflicht eines jeden Menschen, der sich von dem religiösen Betrug befreit hat und dem Volke dienen will, darin besteht, daß er den betrogenen Menschen durch Wort und That hilft, sich von dem Betruge, der die Ursache ihrer Leiden bildet, zu befreien. Man sollte meinen, daß – abgesehen von der allgemeinen Pflicht eines jeden sittlichen Menschen, die Lüge aufzudecken, und die Wahrheit, die er kennt, zu bekennen – ein jeder Mensch, der dem Volke dienen will, schon aus Mitleid nicht umhin kann, seine Brüder von dem, ihnen jegliches Elend verursachenden Betruge befreien zu wollen.

Und doch sehen es diese Menschen, die sich von dem Betruge befreit haben, frei und gebildet geworden sind auf Kosten der Arbeiter und des Volkes –was allein schon sie zu dem Dienste diesem Volke verpflichtet – und doch sehen es diese Menschen nicht.

Die religiöse Lehre ist unwichtig, sagen diese Menschen. Sie ist die Gewissenssache eines jeden Einzelnen. Wichtig und notwendig ist die politische, soziale und wirtschaftliche Einrichtung der Gesellschaft, und darauf müssen die Kräfte aller Menschen, die dem Volke dienen wollen, gerichtet werden. Die religiösen Lehren aber sind allesamt nicht wichtig und werden, wie jeder Aberglaube, zu ihrer Zeit von selbst verschwinden.

So reden diese gebildeten Menschen. Und indem sie ihrem Volke dienen wollen, treten die einen von ihnen in den Dienst der Regierungen, werden Militärs, Geistliche, Parlamentsmitglieder und suchen, ohne den religiösen Betrug, dessen Opfer das Volk ist, aufzudecken, durch ihre Beteiligung an der Thätigkeit der Regierungen die äußeren Lebensformen des betrogenen Volkes zu verbessern.

Die anderen, die Revolutionäre, treten – ebenfalls ohne an dem Glauben des Volkes zu rühren – in den Kampf mit den Regierungen und suchen sich durch dieselben Mittel des Betruges und der Brutalisierung, wie die Regierungen, der Gewalt zu bemächtigen.

Die dritten, die Sozialisten, organisieren Arbeitervereine, Genossenschaften, Streike, indem sie meinen, daß die Lage des Volkes gebessert werden kann, auch wenn es in demselben Irrtum oder Unglauben, den jene falsche Lehre erzeugt, verbleibt.

Und weder die einen, noch die anderen, noch die dritten hindern die Verbreitung jener falschen Religion, auf der das ganze Übel basiert, sondern erfüllen auch, wenn die Notwendigkeit vorliegt, die von ihnen als lügnerisch erkannten Zeremonien und Bräuche: sie schwören, nehmen teil an Gottesdiensten und Feierlichkeiten, die das Volk bethören sollen, und widersetzen sich nicht der Erteilung in den Schulen an ihre eigenen und fremde Kinder des sogenannten Religionsunterrichtes – jener nämlichen Lüge, auf der sich die Knechtung des Volkes gründet.

Dieses Nichtverständnis von Seiten der gebildeten Menschen (derselben, die mehr als alle anderen die falsche Lehre zerstören könnten und müßten) dessen, worin die Hauptursache des Übels liegt und worauf eben alle ihre Kräfte gerichtet werden müßten, dieses Nichtverständnis und die daraus resultierende Ablenkung ihrer Kräfte auf andere Wege bilden eben eine der Hauptursachen davon, daß die bestehende Ordnung, die offenbar eine falsche und schädliche ist, beharrlich fortfährt zu bestehen, trotz ihrer bereits von allen erkannten Widersinnigkeit.

Daher, weil die wahre, den Anforderungen unserer Zeit entsprechende christliche Lehre vor den Menschen verborgen wird und an ihrer Stelle ein falsches Christentum gepredigt wird, – daher kommt alles Elend unserer Welt.

Wenn nur die Menschen, die Gott und ihren Nächsten dienen möchten, begreifen wollten, daß die Menschheit nicht durch tierische Erfordernisse fortbewegt wird, sondern durch geistige

Kräfte und daß die wichtigste, die Menschheit fortbewegende Kraft die Religion ist, d. h. die Bestimmung des Sinnes des Lebens und als deren Folge die Unterscheidung des Guten vom Schlechten, des Möglichen vom Unmöglichen. Wenn die Menschen das nur begreifen wollten, so würden sie sofort sehen, daß die Grundursache der Leiden der heutigen Menschheit nicht in den äußeren materiellen, nicht in den politischen und wirtschaftlichen Verhältnissen liegt, sondern in der Entstellung der christlichen Lehre in der Auswechselung der für die Menschheit erforderlichen und ihrem jetzigen Alter entsprechenden Wahrheiten durch ein Konglomerat von unmoralischen Sinnlosigkeiten und Gotteslästerungen, die die kirchliche Lehre genannt werden und zufolge denen das Schlechte für gut, das Wichtige für unwichtig, und umgekehrt – das Gute für schlecht, das Unwichtige für wichtig gilt.

Wenn nur die besten, unabhängigen Menschen, die dem Volke aufrichtig dienen wollen, begreifen würden, daß es unmöglich ist, durch irgend welche äußeren Maßregeln die Lage eines Menschen zu bessern, der es für schlecht hält, am Freitag Fleisch zu essen und für gut, einen Menschen, der gefehlt, mit dem Tode zu bestrafen, für wichtig, daß einem Heiligenbilde oder einem Kaiser die nötigen Ehren erwiesen werden und für unwichtig, auf die Erfüllung des Willens anderer einen Eid zu leisten und den Mord zu erlernen. Wenn nur die Menschen begreifen würden, daß keine Parlamente, Streike, Verbände, Konsum- und Produktionsvereine, Erfindungen, Schulen, Universitäten und Akademien, keine Revolutionen für Menschen mit einer falschen religiösen Weltanschauung irgendwie von Nutzen sein können – und dann würden sich von selbst alle Kräfte der besten Menschen gegen die Ursache und nicht gegen die Folgen richten, eine Bethätigung suchen nicht in dem Staatsdienst, nicht in Revolutionen, nicht im Sozialismus, sondern in der Enthüllung der falschen religiösen Lehre und in der Wiederaufrichtung der wahren!

Wenn die Menschen nur so handelten, würden auch alle politischen, wirtschaftlichen und sozialen Fragen gelöst werden und zwar so, wie sie gelöst werden müssen, und nicht so, wie wir es annehmen und vorschreiben.

Eine Lösung werden diese Fragen natürlich nicht sogleich und nicht nach unserem Wunsche finden, wie wir es gewohnt sind, das Leben der anderen Menschen einzurichten, indem wir nur darum besorgt sind, daß dieses Leben äußerlich dem ähnlich werde, was wir wünschen (dasselbe, was die Regierungen thun); aber gelöst werden diese Fragen sicher werden, wenn sich nur die religiöse Weltanschauung der Menschen ändert, und um so schneller werden sie gelöst werden, je mehr wir unsere Kräfte nicht auf die Folgen, sondern auf die Ursache der Erscheinungen richten werden.

Aber die Enthüllung der falschen und die Einführung der wahren Religion ist ein sehr entferntes und langsames Mittel, wird darauf geantwortet.

Ob es entfernt oder langsam ist, – es ist das einzige Mittel, oder wenigstens ein solches, ohne welches keine anderen Mittel wirksam sein können.

Indem ich die schreckliche, dem Verstand und Gefühl zuwiderlaufende Einrichtung des menschlichen Lebens betrachtete, fragte ich mich: muß es denn wirklich so sein?

Und die Antwort, zu der ich gelange, ist: nein, es muß nicht so sein.

Es muß und es darf und es wird nicht so sein!

Aber nicht dann wird es anders werden, wenn die Menschen auf diese oder jene Weise ihre gegenseitigen Beziehungen ändern, sondern nur dann, wenn die Menschen aufhören, an jene Lüge zu glauben, in der sie erzogen werden, und den Glauben an jene höchste Wahrheit gewinnen, die ihnen schon vor 1900 Jahren offenbart wurde und die klar, einfach und ihrem Verstande zugänglich ist.

14./27. Oktober 1900   Leo Tolstoi
Jaßnaja Poljana

X.
„Eines ist not"
Über die Staatsmacht
(Edinoe na potrebu, 1905)

Leo Tolstoi

Berechtigte Übersetzung von Adolf Heß[1]

Also gib acht, daß das Licht, das in dir ist, nicht Finsternis sei.
(Matthäus 6, 23.)

Dieses Volk hat seine Augen verblendet und sein Herz verstockt, damit es mit seinen Augen nichts sähe, noch mit seinem Herzen verstünde und sich nicht bekehre, damit ich es heile.
(Johannes 12, 40.)

Aber wisset: das Reich Gottes ist nahe.
(Lukas 10, 2.)

I.

Schon im zweiten Jahre dauert der Krieg im fernen Osten. In diesem Kriege sind schon einige hunderttausend Menschen umgekommen. Auf russischer Seite sind und werden Hunderttausende von Menschen zu den Waffen gerufen, die zur Reserve gehören und in ihren Familien und in ihren Häusern leben. Diese Leute lassen mit Verzweiflung und Furcht, oder mit zügelloser, durch Branntweingenuß beförderter Bravour ihre Familien im Stiche, setzen sich in die Eisenbahn und rollen unweigerlich

---

[1] Textquelle | Leo TOLSTOI: „Eines ist not". Über die Staatsmacht. Berechtigte Übersetzung von Adolf Heß. München: Albert Langen – Verlag für Literatur und Kunst 1906. [79 Seiten]

dorthin, wo, wie sie wissen, zehntausend ebensolcher Leute wie sie, die in ebensolchen Eisenbahnwagen dorthin geführt sind, unter schweren Qualen zugrunde gegangen sind. Und ihnen entgegen rollen Tausende verstümmelter Krüppel, die jung, unversehrt, gesund dorthin gefahren sind.

Alle diese Leute denken voll Schrecken daran, was ihrer wartet, und fahren dennoch unweigerlich hin und bemühen sich, sich einzureden, daß das nötig sei.

Was hat das zu bedeuten?

Weshalb fahren die Leute dahin?

Daß niemand von den Leuten das tun will, was sie dennoch tun, darüber kann kein Zweifel herrschen. Alle diese Leute brauchen jenen Kampf nicht nur nicht und wollen an ihm nicht teilnehmen, sondern sie können sich nicht einmal erklären, warum sie es tun. Und nicht nur diese Hunderte, diese Tausende, diese Millionen Menschen, die unmittelbar und mittelbar an jenem Werk beteiligt sind, können sich nicht erklären, warum das alles geschieht – sondern niemand in der Welt kann es sich erklären, weil es eine vernünftige Erklärung dafür nicht gibt und nicht geben kann.

Die Lage aller Leute, die an diesem Werke teilnehmen und ihm zusehen – gleicht der Lage von Leuten, von denen die einen in einer langen Wagenreihe sitzen, die mit unaufhaltsamer Geschwindigkeit auf Schienen bergab einer zerstörten Brücke über einen Abhang entgegenrollt, während die andern dem hilflos zusehen.

Menschen, Millionen Menschen, die nicht den geringsten Wunsch oder Anlaß dazu haben, vernichten sich gegenseitig und können – obwohl sie das Wahnsinnige dieses Beginnens einsehen – dem keinen Einhalt tun.

Es heißt, daß jede Woche Hunderte von Verrückten aus der Mandschurei heimgeführt werden. Aber hingefahren sind und hinfahren noch heute Hunderttausende ganz Verrückte; denn ein Mensch mit gesundem Verstande kann unter keinem Druck zu diesem abscheulichen, sinnlosen, furchtbar gefährlichen und verderbenbringenden Werke: dem Menschenmord schreiten.

Was hat das zu bedeuten? Warum geschieht das? Wer oder was ist die Ursache davon?

Man darf nicht behaupten, die Ursache davon seien die Soldaten, russische und japanische, die sich bemühten, möglichst viele ihnen unbekannte Leute, die ihnen nichts getan haben, zu töten und zu verstümmeln; denn diese Soldaten fühlten und fühlen nicht nur keine Feindschaft gegeneinander, sondern sie hatten auch noch vor einem Jahre nicht die geringste Kenntnis von ihrer gegenseitigen Existenz, und sie verkehren, wenn sie jetzt zusammenkommen, freundschaftlich miteinander.

Man darf auch nicht behaupten, daß die Offiziere, die Generale, die die Soldaten anführen, oder verschiedne Beamte, Militär- und Zivilbeamte, Geschütz- und Geschoßfabrikanten, Verfertiger militärischer Ausrüstungsgegenstände, Festungsbaumeister schuld daran seien. Alle diese Offiziere, Generale, Beamten sind infolge ihrer Not, ihrer Schwäche, ihrer ganzen Vergangenheit in die Lage eines eingespannten Pferdes versetzt, das von hinten gepeitscht und mit den Zügeln gelenkt wird, oder in die Lage eines hungrigen Hundes, den man durch ein Stück Fleisch, das man ihm vor die Nase hielt, in den Hundezwinger gelockt und dem man ein Halsband umgelegt hat.

Alle diese Offiziere, Generale, Beamten, Diplomaten sind von klein auf so verwirrt und verdreht gemacht worden, daß sie gar nicht anders haben handeln können, als all das kleine Böse tun, aus dem das große, schreckliche Werk hervorgegangen ist, das jetzt vor sich geht. Deswegen darf man sie auch nicht als Ursache bezeichnen: sie sind nicht schuld daran.

Wer ist denn aber die Ursache, und wer ist schuld daran? Der Mikado? Nikolaus II.? Es hat zuerst den Anschein, weil es so scheint, als könnte diese niemand zwingen, als könnte niemand sie, durch was es auch immer sei, verlocken. Es scheint so, als ob Nikolaus II. alles das, was in der Mandschurei und in Korea geschehen ist, nur nicht hätte zu befehlen und nicht zu erlauben brauchen, daß er nur die Forderungen Japans hätte zu bewilligen brauchen, und der Krieg hätte nicht stattgefunden; er brauche jetzt nur die Friedensbedingungen anzugeben, und der Krieg hätte ein Ende. Alles hänge gleichsam von ihm ab. – Aber das scheint nur so. Vom Mikado weiß ich nichts, aber danach, was ich von den Spitzen der Regierungen überhaupt weiß, bin ich überzeugt, daß er sich in derselben Lage befindet wie andre; von Nikolaus II. aber weiß ich, daß es ein ganz gewöhnlicher, unter dem Durchschnitt stehender, roh abergläubischer und nicht aufgeklärter Mensch ist, der aus diesem Grunde niemals die Ursache dieser ihrem Umfange und ihren Folgen nach ungeheuerlichen Ereignisse sein kann, wie sie jetzt im fernen Osten vor sich gehen.

Wie kann es geschehen, daß die Tätigkeit von Millionen Menschen nur deswegen gegen ihren Willen und gegen ihre Interessen gerichtet sein kann, weil es ein Mensch will, der in jeder Beziehung unter dem geistigen und moralischen Durchschnitt aller der Leute steht, die auf seinen Willen umkommen? Warum scheint es aber so, daß Nikolaus und der Mikado die Ursachen des Krieges seien?

Das scheint aus demselben Grunde so, aus dem eine unterminierte Stadt von dem gesprengt zu werden scheint, der den Funken losläßt, der die unter die Stadt gelegte Mine entzündet.

Nicht Nikolaus und der Mikado bewirkten und bewirken den Krieg, sondern die staatliche Organisation, in der der Mikado und Nikolaus das Unglück von Millionen Menschen herbeiführen können. Schuldig sind nicht sie, sondern die Maschine, die das ermöglicht; folglich sind die schuldig, die die Maschine gebaut haben.

Was ist das aber für eine Maschine, und wer baut sie?

II.
Diese Maschine ist der Welt längst bekannt und ebenso sind es ihre Werke. Es ist dieselbe Maschine, durch die in Rußland jene Herrscher regiert haben, die ihre Untertanen schlugen und quälten: bald der geisteskranke Johann IV., bald der tierisch grausame Trunkenbold Peter, der mit seiner betrunknen Kompagnie alles beschimpfte, was den Leuten heilig war; bald die ungebil-

dete, auf den Händen gehende, liederliche Soldatenfrau Katharina I., bald der deutsche Biron, nur deswegen, weil er der Liebhaber Anna Johannownas, der Nichte Peters, eines Rußland ganz fremden und ganz unbedeutenden Frauenzimmers, war; dann eine andre Anna, die Geliebte eines andern Deutschen, nur deswegen, weil es für ein paar Leute vorteilhaft war, ihren Sohn, das Kind Johannes, zum Kaiser zu bestimmen, denselben, der dann ins Gefängnis geworfen und auf Befehl Katharina II. getötet wurde. Dann bemächtigte sich die unverheiratete, liederliche Tochter Peters, Elisabeth, der Maschine und schickte das Heer aus, um gegen die Preußen Krieg zu führen; sie stirbt, und der von ihr verschriebene Deutsche, ihr Neffe, der an ihre Stelle gesetzt wird, befiehlt den Truppen, für die Preußen zu kämpfen. Diesen Deutschen, ihren Gatten, tötet die ganz fremde, deutsche Katharina II. und beginnt dann mit ihren Liebhabern Rußland zu regieren, schenkt ihnen Zehntausende von russischen Bauern und führt ihretwegen bald griechische, bald indische Projekte durch, um derentwillen Millionen Menschen zugrunde gehen. Sie stirbt, und der halbverrückte Paul lenkt, so gut ein Verrückter das kann, das Schicksal Rußlands und der Russen. Er wird mit Zustimmung seines eignen Sohnes getötet. Und dieser Vatermörder herrscht 25 Jahre, bald als Freund Napoleons, bald gegen ihn Krieg führend, bald eine Verfassung für Rußland entwerfend, bald das russische Volk, das er verachtet, in die Macht des schrecklichen Araktschejew gebend. Dann regiert und bestimmt das Schicksal Rußlands der rohe, ungebildete, grausame Soldat Nikolaus; dann der unkluge, schlimme, bald liberale, bald despotische Alexander II.; dann der ganz dumme, rohe und unwissende Alexander III.; jetzt ist ein beschränkter Husarenoffizier an die Reihe gekommen, der mit seinen Kumpanen sein mandschurisch-koreanisches Projekt durchführt, das hunderttausend Menschenleben und Milliarden von Rubeln kostet.

Das ist schrecklich. Es ist namentlich deswegen schrecklich, weil, wenn dieser sinnlose Krieg auch endet, doch morgen mit Hilfe der ihn umgebenden Taugenichtse eine neue Phantasie in dem schwachen Kopfe des regierenden Mannes entstehen, und dieser Mann morgen ein neues afrikanisches, amerikanisches oder indisches Projekt aushecken kann, wo man dann wieder das letzte Mark aus den Russen herausholen und sie ans andre Ende der Welt jagen wird, um dort zu töten.

Und das ging und geht nicht allein in Rußland so, sondern fast überall, wo eine Regierung existierte und existiert, das heißt: eine Organisation, bei der eine kleine Minderheit die große Mehrheit zwingen kann, ihren Willen zu tun. Beinahe die ganze Geschichte der europäischen Reiche ist eine Geschichte von verrückten, einer nach dem andern den Thron besteigenden, dummen, liederlichen Menschen, die ihr Volk töten, vernichten und namentlich sittlich verderben.

In England besteigt den Thron der gewissenlose, grausame Taugenichts und Wüstling Heinrich VIII. und erfindet, um sein Weib fortzujagen und seine Geliebte zu heiraten, eine scheinbar christliche Konfession, zwingt das ganze Volk, diesen von ihm erfundenen Glauben anzunehmen, und Millionen von Menschen werden im Kampfe für und gegen diese erfundene Konfession vertilgt.

Dann nimmt der größte Scheinheilige, der Bösewicht Cromwell, von der Maschine Besitz, richtet einen ebensolchen Scheinheiligen wie er selbst, Karl I., hin, verdirbt erbarmungslos Millionen von Leben und vernichtet eben die Freiheit, für die er scheinbar kämpfte.

In Frankreich nehmen verschiedene Ludwige und Karle die Maschine in Besitz, und die Regierung von allen bildet eine ebensolche Reihe von Verbrechen: Mord, Hinrichtungen, Totschläge, Vernichtung des Volkes, unsinnige Kriege. Endlich wird einer von ihnen hingerichtet, und alsbald nehmen die Marat und Robespierre die Maschine in Besitz und begehen noch größere Verbrechen, vernichten nicht allein Menschen, sondern auch die großen Wahrheiten, die von den Menschen jener Zeit verkündet wurden. Dann ergreift Napoleon die Macht und verdirbt Millionen Menschen in ganz Europa. Dasselbe geschieht in Osterreich, Italien ... Ebensolche dumme, unsittliche Herrscher und ebenso grausame, für das Volk verderbliche Taten. Und alles das sind nicht Werke, die nur der Vergangenheit angehören, die früher einmal passiert sind und jetzt nicht mehr passieren, alles das geschieht jetzt in diesem Augenblick häufig genug in den scheinbar freiesten, konstitutionellen Reichen und Republiken ebenso wie in den despotisch regierten: in England, in der Türkei, in Abessinien und in Rußland und in den Vereinigten Staaten von Amerika und in Marokko ...

Überall beginnen trotz allen möglichen Verfassungen, ohne jede innere Notwendigkeit, nur infolge verschiedener komplizierter Beziehungen von Personen zueinander die Parteien Krieg, wie die letzten Kriege der Franzosen, der Engländer mit den Buren, mit Tibet, mit Ägypten, die Kriege Italiens mit Abessinien, Rußlands, Frankreichs, Englands, Amerikas, Japans mit China, Rußlands mit Japan.

Überall, wo eine derartige Organisation existiert, mittels derer eine Minderheit die Mehrheit zwingen kann, alles das zu befolgen, was diese Minderheit Gesetze oder Regierungsverfügungen nennt, ist überall jeder Mensch der Mehrheit in steter Gefahr, daß über ihn und seine Familie das allerschrecklichste Unglück hereinbrechen kann – kein elementares Unglück, das nicht vom Willen der Menschen abhängt, sondern ein Unglück, das von den Menschen herrührt, von den wenigen Menschen, in deren Knechtschaft er sich freiwillig begeben hat.

III.
Über denselben Gegenstand hat schon im 16. Jahrhundert der französische Schriftsteller La Boetie geschrieben:

> »Es ist vernünftig, Tugenden zu lieben, Heldentaten zu verehren, das Gute anzuerkennen, von welcher Seite es auch kommt, und selbst seine Bequemlichkeit zum Ruhm und Vorteil Dessen aufzugeben, den wir lieben, und der es verdient. Wenn also die Bewohner eines Landes eine derartige Person gefunden haben, die große Weisheit darin bewies, sie zu beschützen, große Tapferkeit, sie zu verteidigen und große

Sorgfalt, sie zu regieren, und wenn sie infolgedessen gewohnt sind, dieser Person in der Weise sich unterzuordnen, daß sie ihr einige Vorteile überlassen, so glaube ich nicht, daß das unvernünftig ist ...

Aber mein Gott! was soll man dazu sagen, wenn man sieht, wie eine große Anzahl Menschen einem einzelnen nicht nur gehorcht, sondern ihm dient, sich ihm nicht nur unterordnet, sondern vor ihm kriecht, so vor ihm kriecht, daß sie nichts mehr für sich selbst behalten: weder Habe, noch Kinder, noch selbst ihr Leben, und Räubereien und Grausamkeiten ertragen, nicht von Soldaten, nicht von Barbaren, sondern von dem einen Menschen, und nicht von einem Herkules, oder Simson, sondern von einem Menschen, der meistens der Feigste und weibischste des ganzen Volkes ist?

Wie sollen wir das nennen?

Werden wir sagen, daß solche Leute Feiglinge seien?

Wenn zwei, drei, vier Menschen sich gegen einen nicht verteidigen, so ist das sonderbar, aber immerhin möglich, und man könnte sagen, daß das aus Mangel an Tapferkeit geschehe; wenn aber hunderttausend Menschen, hundert, ja tausend Dörfer und Städte, Millionen Menschen nicht über den einen herfallen, unter dem alle leiden, und dessen Sklaven sie sind, – wie werden wir das nennen? Ist das Feigheit?

Alle Laster haben schließlich ihre Grenzen: zwei, und sogar zehn, können einen fürchten; wenn aber Tausende, Millionen, tausend Dörfer sich nicht gegen einen verteidigen, so ist das keine Feigheit, Feigheit kann so weit nicht gehen; wie auch Tapferkeit nicht so weit gehen kann, daß einer eine Festung einnimmt, über eine Armee herfällt und Krieg gegen ein Reich führt. Also was ist das für ein scheußliches Laster, das nicht einmal den Namen Feigheit verdient, ein Laster, für das man keine hinreichend häßliche Bezeichnung finden kann, das der Natur widerwärtig ist und das die Sprache sich zu benennen weigert ...

Wir bewundern die Tapferkeit, die die Freiheit dem einflößt, der sie verteidigt. Aber was in allen Ländern allen Menschen jeden Tag geschieht, nämlich, daß ein Mensch über hunderttausend Dörfer, Städte herrscht und sie der Freiheit beraubt, – wer würde das glauben, wenn er es nur hörte und nicht sähe? Und wenn man das nur in fremden und entfernten Ländern sehen könnte, wer würde nicht glauben, daß das ausgedacht, nicht aber tatsächlich der Fall sei? Braucht man doch den einen Menschen, der alle bedrückt, nicht zu besiegen, sich vor ihm nicht zu verteidigen, – er ist immer besiegt, wenn ein Volk nur nicht einverstanden ist mit seiner Knechtschaft. Man braucht ihm nichts wegzunehmen, man braucht ihm nur nichts zu geben. Das Land braucht nichts zu tun, es braucht sich nur nicht zu schädigen, und das Volk ist frei. Da sich die Völker selbst der Macht der Herrscher unterwerfen, brauchen sie nur aufzuhören, Sklaven zu sein, und sie werden frei. Die Völker begeben sich selbst in die Sklaverei, sie schneiden sich selbst den Hals durch. Ein Volk, das frei sein kann, gibt selber seine Freiheit hin, legt sich selbst das Joch auf, stimmt nicht nur der Bedrückung zu, die an ihm ausgeübt wird, sondern sucht sie. Wenn die Wiedererlangung ihm noch etwas kosten würde und das Volk deswegen dieses teuerste und ganz natürliche Menschenrecht, das den Menschen vom Tier unterscheidet, nicht suchen würde, so verstände ich das: es kann ja die Sicherheit und Bequemlichkeit des Lebens dem Kampf um die Freiheit vorziehen. Wenn es aber, um die Freiheit zu erlangen, sie sich nur zu wünschen braucht, kann es dann wirklich ein Volk in der Welt geben, das sie für allzu teuer erkauft hält, obwohl es sie durch den bloßen Wunsch erwerben kann? Jemand kann mit Hilfe eines bloßen Wunsches ein Heil erwerben, für das es sich lohnt, sein Leben hinzugeben – ein Heil, dessen Entbehrung das Leben zu einer Qual und den Tod zu einer Wohltat macht, – er kann es, aber er wünscht es sich nicht. Wie das Feuer durch einen Funken groß wird und immer mehr an Ausdehnung zunimmt, je mehr Nahrung es findet, wie es wieder von selbst erstickt, sich selbst vernichtet, seine Form verliert und aufhört, ein Feuer zu sein, sobald man nur kein Holz nachlegt; so ist es auch mit den Herrschern. Je mehr sie rauben, je mehr sie fordern, je mehr sie zerstören und vernichten, je mehr man ihnen gibt und ihnen dient, – um so stärker und zerstörungswütiger werden sie; wenn man ihnen aber nichts gibt, ihnen nicht gehorcht, so werden sie ohne Kampf, ohne Schlacht kahl und dürr, sie werden zu nichts, – wie Holz, das keinen Saft und keine Nahrung erhält, zu einem trocknen, toten Zweiglein wird.

Wenn sie ein erwünschtes Gut erlangen wollen, fürchten kühne Menschen keine Gefahr. Wenn Feiglinge auch nicht verstehen, Leiden zu ertragen und ein Gut zu erlangen, so bleibt ihnen doch der Wunsch, es zu besitzen, auch dann, wenn sie infolge ihrer Feigheit nicht danach streben. Der Wunsch ist Weisen und Unvernünftigen, Tapfern und Feigen in gleicher Weise eigen. Alle wünschen das zu erlangen, was sie glücklich und zufrieden machen kann; aber ich weiß nicht, warum die Menschen nur das eine nicht wünschen: die Freiheit. Diese Freiheit – ist ein großes Gut; ihr Verlust zieht alles andre Unglück nach sich; ohne sie verlieren auch die Wohltaten, die noch übrig bleiben, ihre Annehmlichkeit und ihren Reiz. Und dieses große Gut, zu dessen Erlangung eines genügt: nämlich der Wunsch, es zu besitzen, – wünschen die Leute nicht, scheinbar aus dem Grunde, weil es allzu leicht zu erlangen ist.

Arme, unglückliche Leute, unvernünftige Völker, die ihr hartnäckig seid in dem, was euch schadet, blind gegen das, was euch nützt, ihr erlaubt, daß man euch den besten Teil eurer Einkünfte nimmt, daß man eure Felder, eure Häuser plündert, ihr lebt so, als wenn das alles nicht euch gehörte. Und alle diese Not und alles dies Unglück geht nicht von Feinden aus, sondern von dem einen Feinde, den ihr euch selbst schafft, für den ihr tapfer in den Krieg zieht, für dessen Größe ihr euch nicht weigert in den Tod zu gehen. Er, der über euch herrscht, hat nur zwei Augen, zwei Hände, einen Körper und hat nichts, was der allerunbedeutendste Mensch aus der unendlichen Zahl von eures gleichen nicht hätte; die Überlegenheit, die er über euch hat – ist nur das Recht, das ihr ihm gebt: euch zu vernichten. Woher sollte er so viel Augen nehmen, um euch zu überwachen, wenn ihr sie ihm nicht geben würdet? Woher sollte er so viel Hände nehmen, um euch zu schlagen, wenn er sie nicht von euch nehmen würde? Oder woher sollte er die Füße nehmen, mit denen er eure Dörfer niedertritt? Woher bekäme er sie, wenn es nicht die eurigen wären? Woher hätte er Macht über euch, wenn ihr sie ihm nicht gäbet? Wie könnte er über euch herfallen, wenn ihr nicht eins mit ihm wäret? Was könnte er euch tun, wenn ihr nicht Hehler des Diebes wäret, der euch bestiehlt, Komplizen des Mörders, der euch tötet, wenn ihr nicht Verräter an euch selbst wäret? Ihr säet, damit er euch eure Saaten vernichte, ihr füllt und schmückt eure Häuser, damit er euch bestehle; ihr erzieht eure Kinder, damit er sie in seinen Kriegen zum Kampfe führe, damit er sie zu Werkzeugen seiner Lüste, seiner Rache mache; ihr stürzt euch in Arbeit, damit er seine Bequemlichkeit genießen und sich in schmutzige und häßliche Vergnügungen stürzen könne; ihr schwächt euch, um ihn stark zu machen, und damit er euch im Zaum halten könne. Und von diesen Schrecken, die kein Tier ertragen würde, könnt ihr euch befreien, wenn ihr euch bemüht: nicht euch zu befreien, sondern die Befreiung nur zu wünschen.

Entschließt euch, nicht mehr zu dienen, und ihr seid frei. Ich will nicht, daß ihr mit ihm kämpfen sollt, über ihn herfallt, sondern nur, daß ihr aufhört, ihn zu unterstützen; und ihr sollt sehen, daß er wie ein riesiges Standbild, dem man die Unterlage fortgenommen hat, infolge seiner Schwere zu Boden stürzt und in Trümmer geht.«[2]

Dieses Werk ist vor vier Jahrhunderten geschrieben worden, und trotz aller Klarheit, mit der darin gezeigt ist, wie unsinnig die Menschen ihre Freiheit und ihr Leben vernichten, indem sie sich freiwillig in Knechtschaft begeben, haben die Menschen La

---

[2] „Sur la Servitude volontaire." Par E. de La Boetie. Bibliotheque National. Paris 1901. Pages 36, 38, 40-45.

Boeties Rat nicht befolgt – den Rat: nur die von der Regierung ausgeübte Gewalt nicht zu unterstützen, damit sie zugrunde gehe – sie haben nicht nur seinen Rat nicht befolgt, sondern haben vor allen die Bedeutung dieses Werkes verborgen, und in der französischen Literatur hat bis zur Neuzeit die Ansicht geherrscht, daß La Boetie das, was er geschrieben hat, nicht geglaubt hätte, sondern daß es nur eine schöne Stilübung sei!

So augenscheinlich es den Leuten auch sein muß, daß ihr Hauptunglück aus der Organisation entspringt, die sie in der Sklaverei erhält, sie fahren dennoch fort, diese Organisation zu unterstützen und sich den Leuten zu unterwerfen, die an der Spitze der Organisation stehen.

Und was für Leuten? So abscheulichen Menschen wie Katharina, Ludwig XI., dem englischen Jakob, dem spanischen Philipp, Napoleon I. und III.

IV.

Man könnte die Unterordnung eines ganzen Volkes unter wenige Leute noch rechtfertigen, wenn die Regierenden die besten Menschen wären; aber das ist nicht der Fall, war niemals der Fall und kann es nie sein. Es herrschen häufig die schlechtesten, unbedeutendsten, grausamsten, sittenlosesten und besonders die verlogensten Menschen. Und daß dem so ist, ist kein Zufall. Machiavelli[3], ein Mensch, der weiß, worin die Regierungsmacht besteht, wie man sie erwirbt und erhält, sagt folgendes:

>»Die Kriegskunst und die Vorbereitung zum Kriege müssen den Hauptgegenstand der Sorge jedes Herrschers bilden. Alle seine Gedanken müssen auf Erlernung und Vervollkommnung der Kriegskunst und des Kriegswesens gerichtet sein;

---

[3] Machiavelli – ein italienischer Schriftsteller, der Ende des 15. und Anfang des 16. Jahrhunderts lebte und durch sein Buch „Il principa" bekannt ist, in dem er in ungewöhnlicher Offenheit die Maßregeln auseinander setzt, die notwendig sind, damit ein Herrscher seine Macht über die Untertanen behalte und befestige. Red.

er darf sich durch nichts andres ablenken lassen, da aus der Kriegskunst das ganze Geheimnis der Macht eines Herrschers beruht und dank ihr nicht nur geborne Fürsten, sondern auch gewöhnliche Privatpersonen die oberste Macht erlangen können. Die Kriegskunst verachten, heißt dem Verderben entgegengehen; Erfahrung in der Kriegskunst bietet die Möglichkeit, die höchste Macht zu erlangen …

Folglich darf kein Herrscher auch nur einen Augenblick das Kriegshandwerk vernachlässigen und muß es besonders in Friedenszeiten üben …

Die Sucht nach Eroberungen – ist unzweifelhaft eine ganz gewöhnliche und natürliche Eigenschaft: Eroberer, die ihr Ziel erreichen, verdienen eher Lob als Tadel; aber Pläne entwerfen und dann nicht imstande sein, sie zu verwirklichen – das ist unvernünftig und abgeschmackt …

Der Eroberer kann auf drei Arten von ihm eroberte Länder im Zaume halten, die bis dahin von eignen Gesetzen regiert worden sind und freie staatliche Einrichtungen besessen haben. Die erste Art ist: sie vernichten und machtlos machen; die zweite: sich persönlich in ihnen ansiedeln; und die dritte: die in ihnen bestehenden Einrichtungen unangetastet lassen, den Bewohnern nur eine Abgabe auferlegen und eine Verwaltung mit beschränktem Personal einführen, das die Bewohner in Treue und Gehorsam hält …

Ein Herrscher darf vor keiner Verurteilung wegen der Laster zurückschrecken, ohne die es unmöglich ist, die oberste Macht in Händen zu behalten, da man nach genauer Erwägung der einzelnen Umstände leicht begreift, daß es Tugenden gibt, die den, der sie besitzt, nur ins Verderben stürzen, und daß es Laster gibt, mittels derer allein die Herrscher Sicherheit und Wohlstand erlangen können …

Herrscher dürfen sich, wenn es sich um die Treue und Einigkeit ihrer Untertanen handelt, nicht davor fürchten, grausam zu erscheinen. Herrscher, die in einzelnen Fällen ihre Zuflucht zur Grausamkeit nehmen, handeln barmherziger, als wenn sie aus übermäßiger Leutseligkeit Aufstände groß zögen, die zu Raub und Gewalttaten führen, weil Aufstände ein Unglück für die ganze Gesellschaft bilden, Hinrichtungen aber immer nur einzelne Personen treffen ...

Ich finde, es ist wünschenswert, daß Herrscher das eine mit dem andern vereinigen; da das aber schwer zu verwirklichen ist und die Herrscher gewöhnlich das wählen müssen, was für sie persönlich vorteilhaft ist, bemerke ich, daß es nützlicher ist, die Untertanen in Furcht zu erhalten. Die Menschen sind im allgemeinen undankbar, unbeständig, verlogen, furchtsam und habgierig; wenn Herrscher sie mit Wohltaten überschütten, stellen sie sich anhänglich bis zur Selbstaufopferung, und, wie ich schon oben gesagt habe: wenn die Gefahr fern ist, bieten sie ihnen ihr Blut, ihr Vermögen und ihr und ihrer Kinder Leben an; kaum bricht aber die Gefahr herein – so sind sie nicht weit vom Verrat entfernt. Ein Herrscher, der solchen Versprechungen allzusehr vertraut und keine Maßregeln zu seiner persönlichen Sicherheit trifft, geht gewöhnlich zugrunde, weil die Anhänglichkeit von Untertanen, die durch Geschenke und nicht durch Seelengröße und innre Vornehmheit gewonnen ist, zwar leicht erworben wird, aber auch leicht wieder verloren geht, und weil man in der Stunde der Not auf sie nicht rechnen darf. Außerdem sind die Menschen eher geneigt, die zu kränken, für die sie Liebe empfinden, als die, vor denen sie Furcht haben; die Liebe ruht gewöhnlich auf einer nur schwachen Unterlage von Dankbarkeit, und die Menschen, namentlich böse Menschen, benutzen den ersten besten Vorwand, um aus persönlichem Interesse Verrat an ihr zu üben; Furcht dagegen beruht auf der Angst vor Strafe, die den Menschen nie verläßt ... In Kriegszeiten, überhaupt, wenn große Heere zur Verfügung stehen, können Herrscher ohne Furcht grausam sein, da es schwer ist, ohne Grausamkeit Ordnung und Gehorsam unter den Truppen aufrecht zu erhalten ...

Ich kehre zu der Frage zurück, ob es für Herrscher vorteilhafter sei, daß die Untertanen sie lieben, oder daß sie sie fürchten, und komme zu dem Schlusse, daß es, da sie im ersten Falle von den Untertanen abhängig, sobald sie aber Furcht erregen, selbständig sind, – daß es also für einen weisen Herrscher weit mehr Vorteil bringt, sich auf etwas zu stützen, was von ihm selbst abhängt, als auf etwas, was von andern abhängt. Dabei müssen die Herrscher sich aber, wie ich schon gesagt habe, bemühen, keinen Haß gegen sich zu erregen ...

Es gibt zwei Arten, das Ziel zu erreichen: den gesetzlichen Weg und den Weg der Gewalt. Die erste Art – ist die menschliche; die zweite – die Art wilder Tiere. Da aber die erste Art nicht immer gelingt, so nehmen die Menschen bisweilen zur zweiten ihre Zuflucht. Herrscher müssen beide Arten anwenden können.

Ein Herrscher, der gleich den Tieren durch rohe Gewalt wirkt, muß die Eigenschaften des Löwen und des Fuchses in sich vereinigen. Wenn er nur die Eigenschaften des Löwen besitzt, wird er sich nicht zu schützen und die Fallstricke nicht zu vermeiden verstehen, die man ihm legt; wenn er aber nur Fuchs ist, wird er sich nicht gegen Feinde verteidigen können; also müssen, um die Fallstricke vermeiden und um die Feinde beseitigen zu können, Herrscher gleichzeitig Löwe und Fuchs sein.

Die Herrscher, die nur mit der Rolle des Löwen prahlen, beweisen dadurch große Unvernunft.

Ein vorsichtiger Herrscher darf also seine Versprechungen und Verbindlichkeiten nicht erfüllen, sobald diese Erfüllung ihm Schaden bringt, und wenn die Anlässe, die ihn zu den Versprechungen genötigt haben, nicht mehr vorhanden sind. Natürlich, wenn alle Menschen redlich wären – würde solch ein Rat als unsittlich gelten; da aber die Menschen sich gewöhnlich nicht durch Redlichkeit auszeichnen und Untertanen sich in bezug auf den Herrscher nicht besonders um Erfüllung ihrer Versprechen kümmern, so brauchen auch Herrscher in bezug auf sie nicht besonders heikel zu sein. Es fällt einem Herrscher nicht schwer, jeden Meineid mit guten Vorwänden zu verdecken. Als Beweis dafür kann man zahllose Beispiele aus der Geschichte der Gegenwart anführen, kann man auf eine Menge friedlicher Verträge und Abmachungen aller Art hinweisen, die von Herrschern nicht gehalten worden oder toter Buchstabe geblieben sind. Hierbei wird klar, daß die Herrscher den größten Vorteil hatten, die in ihrer Tätigkeit am besten dem Fuchse nachzuahmen verstanden. Es ist aber unbedingt notwendig, diese Handlungsweise unter der Maske der Redlichkeit gut zu verbergen: **Herrscher müssen die große Kunst der Heuchelei und der Verstellung verstehen, weil die Menschen gewöhnlich so blind und von ihren täglichen Bedürfnissen so sehr in Anspruch genommen sind, daß jemand, der gut zu lügen versteht, stets genug Leichtgläubige findet, die sich gern betrügen lassen** ...

Die Herrscher brauchen also in Wirklichkeit durchaus keine guten Eigenschaften zu besitzen ... Aber jeder muß sich unbedingt den Anschein geben, als ob er sie alle besäße. Ich sage weiter – der wirkliche Besitz dieser Eigenschaften ist dem persönlichen Wohlergehen des Herrschers schädlich, Verstellung aber und Heuchelei – sind durchaus nützlich. So ist es für Herrscher sehr wichtig, barmherzig, nicht wortbrüchig, menschenfreundlich, religiös und offen zu erscheinen; wirklich so zu sein, ist aber nur in dem Falle unschädlich, wo ein Herrscher, der solche Eigenschaften besitzt, es versteht, sie im Notfalle zu unterdrücken und die entgegengesetzten Eigenschaften zu beweisen.

Es wird kaum jemand daran zweifeln, daß es für Herrscher, besonders für solche, die eben erst in den Besitz der Macht gelangt sind oder neu entstehende Monarchien regieren, unmöglich ist, ihre Handlungsweise mit den Geboten der Sittlichkeit in Übereinstimmung zu bringen: Sehr häufig müssen sie, um die Ordnung im Reiche aufrecht zu erhalten, gegen die Gebote ihres Gewissens, gegen die Barmherzigkeit, die Menschenliebe und sogar gegen die Religion handeln. Herrscher müssen die Fähigkeit besitzen, ihre Überzeugungen den Umständen gemäß zu ändern, und müssen, wie ich oben gesagt habe, womöglich den Weg der Redlichkeit nicht verlassen, im Falle der Not aber auch zu unredlichen Mitteln ihre Zuflucht nehmen.

Herrscher müssen nur darauf bedacht sein, daß jedes Wort, das aus ihrem Munde geht, als Ausfluß aller der fünf von mir aufgezählten Eigenschaften erscheine, damit jeder, der den Herrscher hört, die Vorstellung eines sehr wahrhaftigen, sehr barmherzigen, sehr menschenfreundlichen, sehr aufrichtigen und sehr gottesfürchtigen Menschen von ihm erhalte. Besonders wichtig für Herrscher ist es, sich gottesfürchtig zu stellen; in diesem Falle lassen sich die Menschen, die meistenteils nur nach Äußerlichkeiten urteilen, da die Fähigkeit eines tief gründenden Urteils wenigen gegeben ist – leicht betrügen. Die Maske der Verstellung ist für Herrscher unbedingt nötig, da die große Masse sie danach beurteilt, was sie zu sein scheinen, und nur sehr wenige imstande sind, den Schein von der Wirklichkeit zu unterscheiden; und selbst wenn diese wenigen die wirklichen Eigenschaften der Herrscher erkannt haben, werden sie nicht wagen, ihre der Meinung der Mehrheit entgegengesetzte Meinung zu äußern, und werden sich auch scheuen, dadurch einen Anschlag auf die höchste, vom Herrscher repräsentierte Macht auszuüben. Da außerdem die Handlungen der Herrscher den Gerichten nicht unterworfen sind, so unterliegt nur das Resultat ihrer Handlungen dem Urteile, und nicht die Handlungen selbst. Wenn ein Herrscher es nur versteht, sein Leben und seine Macht zu bewahren, so gelten alle Mittel, die er dabei anwendet, als redlich und lobenswert. – – –«

Alle diese Wahrheiten waren nicht nur den Herrschern bekannt, an die sich Machiavelli wendet, sondern auch allen Leuten, die, in welcher Form es auch immer sei, früher über Menschen geherrscht haben und noch jetzt herrschen. Alle unbeschränkten Herrscher, alle Präsidenten, alle ersten Minister, alle gesetzgebenden und konstituierenden Versammlungen, besonders die,

die den größten Erfolg gehabt haben und noch haben, – sie alle haben, auch wenn sie Machiavelli nicht kennen, stets genau seine Regeln befolgt und befolgen sie noch heute.

Tatsächlich braucht man nur darüber nachzudenken, worin die Macht besteht, um einzusehen, daß es nicht anders sein kann.

Macht über einen andern ist nichts andres, als das eingestandene Recht, andre Menschen nicht nur Qualen und dem Tode zu unterwerfen, sondern auch: diese Menschen zu veranlassen, sich selbst zu quälen. Man kann es aber auf keine andre Weise erreichen, daß die Menschen sich auf Wunsch der Obrigkeit quälen und einander töten, als durch Betrug, Lüge, Hinterlist und hauptsächlich durch Grausamkeit. So haben stets alle Herrscher gehandelt, und sie können nicht anders handeln.

V.

Man lese die Geschichte der christlichen europäischen Völker seit der Reformation oder denke an sie. Sie bildet eine ununterbrochne Reihe der schrecklichsten, sinnlos grausamen Verbrechen, die von Regierenden gegen ihre eignen und fremde Völker und gegeneinander verübt worden sind: Unaufhörliche Kriege, Räubereien, Vernichtung oder Bedrückung von Nationalitäten, Ausrottung ganzer Völker, Vertilgung friedlicher Einwohner aus Eigennutz, Ehrgeiz, Neid, oder unter dem Vorwande der Einführung einer religiösen Wahrheit, unaufhörliche Scheiterhaufen, auf denen unter tausend gewöhnlichen Leuten auch die besten Männer ihrer Zeit verbrannt werden, Verrat, Lügen, Hinterlist, Raub fremden Eigentums, Foltern, Gefängnisse, Hinrichtungen, schreckliche, unnatürliche Verderbtheiten, wie man sie nur unter diesen unglücklichen Machthabern sehen kann. Und das sind nicht allein Karl IX., Heinrich VIII., Iwan der Schreckliche, sondern die gelobten französischen Ludwige, die englische Elisabeth, die Katharinas, die Peter und Friedrich, alle tun sie nur das. Die Regierungen der Gegenwart, d. h. die Männer, die jetzt die Regierungen bilden (ganz einerlei, ob es in einer unbeschränkten, einer beschränkten Monarchie oder in einer Republik ist) tun oft dasselbe.

Sie entwenden durch Gewalt in der Form direkter und indirekter Abgaben der arbeitenden Bevölkerung einen großen Teil ihrer Habe und verwenden diese Mittel nach ihrem Dafürhalten, d. h. stets zur Erreichung von Parteizwecken oder persönlichen, eigennützigen, ehrgeizigen, ruhmbegierigen Zwecken. Zweitens unterstützen sie durch Gewalt das Eigentumsrecht einzelner an Grund und Boden, der dem ganzen Volke abgenommen ist. Drittens bilden sie ein Söldnerheer oder ein stehendes Heer, d. h. berufsmäßige Mörder aus und schicken diese Mörder nach ihrem Ermessen zur Tötung und Beraubung dieser oder jener Menschen aus. Oder endlich: sie geben Gesetze, die alle diese Missetaten rechtfertigen und sanktionieren sollen. Das tun in der Gegenwart die Roosevelt, Nikolaus II. und Chamberlain mit ihren Gehilfen und Parlamenten.

Diese Tatsachen werden aber noch deutlicher, wenn man die Lage eines einzelnen Menschen betrachtet, der der Macht einer solchen Regierung unterliegt.

Die ungeheure Mehrzahl der auf unserm Planeten gebornen Menschen erscheint vom Tage der Geburt an des Rechtes beraubt, den Boden zu benutzen, auf dem diese Leute geboren sind – nicht nur des Rechtes, das zu benutzen, was auf der Oberfläche und im Innern der Erde ist, sondern auch des Rechtes, ein berechtigtes Dasein auf ihr zu führen, ohne hierfür denen, denen die Regierung das Recht, Land eigentümlich zu besitzen, zugesteht, und die diesen Raub wie ein heiliges Recht verteidigen, mit ihrer Arbeit dafür zu bezahlen. Wenn jemand auf diese Weise des natürlichsten und gesetzmäßigsten Rechtes auf Benutzung des Bodens beraubt ist, auf dem er geboren ist, sucht er irgend eine andre Existenzmöglichkeit. Und um seine eigne Lage und die seiner Familie möglichst zu verbessern, um Muße zum Lernen, Denken, zur Erholung und zum Verkehr mit den Menschen zu erlangen – arbeitet er und entrichtet an den Räuber für das Recht, auf der Erde zu leben und sie zu benutzen, gesetzmäßige Abgaben; aber man läßt ihn nicht in Ruhe. Direkt und indirekt erhebt man von ihm noch Abgaben zur Bezahlung der Beamten und der Geistlichkeit, nach denen er kein Bedürfnis haben kann, oder zur Erbauung von Schlössern, von Denkmälern, zum Unterhalt der Höfe und der Würdenträger, die er schon ganz gewiß nicht nötig hat, zum Unterhalt von Zollbeamten, die er nicht nur nicht nötig hat, sondern die ihm schädlich sind, zur Bezahlung der Zinsen von Reichsanleihen, die hundert Jahre vor seiner Geburt für Kriege kontrahiert worden sind, nach denen seine Vorfahren kein Bedürfnis hatten, oder für Kriegsrüstungen und Kriege, die für ihn und seine Angehörigen nicht nur nicht nötig, sondern verderbenbringend sind. Er gibt aber nach, weil alle diese Forderungen durch Gewalt, d. h. durch Androhung von Mord unterstützt werden, und bezahlt alle diese Abgaben. Aber die Regierungsmaschine läßt ihn auch jetzt noch nicht in Ruhe. In den meisten Staaten muß er nach Erreichung des zwanzigsten Lebensjahres zum Militär, d. h. in die grausamste Sklaverei, gehen; in Reichen aber, in denen es keine Militärpflicht gibt, muß er dafür erhöhte Abgaben bezahlen und jedenfalls gegen all das Unglück gerüstet sein, das Kriege mit sich bringen.

Derart sind die äußeren Leiden, die jeder Mensch ganz unschuldigerweise von der Regierung erduldet. Aber das ist bei weitem nicht alles. Das schrecklichste Leid, das die Regierung über uns verhängt, – ist die geistige und moralische Verderbtheit, in die sie ihr Volk stürzt. Wird irgend ein Kind geboren, so wird es sofort dem Glauben zugezählt, den die Regierung eingeführt hat. Das war stets der Fall und ist es noch heute in den meisten Reichen. Und wo es nicht der Fall ist, hat es das Kind dadurch nicht leichter. Wenn es heranwächst, muß es in die Schule geschickt werden, die von der Regierung eingerichtet ist. Und in dieser Schule wird unweigerlich gelehrt, daß die Regierung und ihre Macht eine unerläßliche Lebensbedingung sei, und daß die Regierung, unter der es geboren ist, die beste Regierung von der Welt sei, mag es nun die des russischen Zaren, oder die des türkischen Sultans, oder die englische Regierung mit ihrem Chamberlain und ihrer Kolonialpolitik, oder die Regierung der nordamerikanischen Union mit ihrer Protektion für Trusts und ihrem Imperialismus sein. Von der Art sind die unteren, obligatorischen Schulen, und ebenso sind auch alle höheren Schulen, die der heranwachsende russische, türkische, englische, französische oder amerikanische Staatsbürger besuchen kann: Aber nicht nur in der Schule – auch in der Literatur, in Versammlungen, durch Denkmäler auf der Straße, durch eine entweder von der Regierung erkaufte oder der Regierung gefällige oder reichen Leuten, die sich aus die Regierung stützen, gehörende Presse – überall wird der Bürger, welchem Staat er auch immer angehören mag, dem verderblichen Einflusse der Regierung unterliegen, der dahin geht, daß jede Macht überhaupt und insbesondere die seines Staates, mit ihren Fesseln, Gefängnissen, Galgen und Truppen eine unerläßliche Lebensbedingung für ihn und seine Anverwandten, eine geachtete, schöne, verehrungs- und anbetungswürdige Tätigkeit darstelle, an der teilzunehmen jedermann sich glücklich schätzen, und deren Vertreter er achten, respektieren und nachahmen müsse.

So werden die Menschen aller ihrer natürlichen Rechte beraubt, und der größte Teil ihrer Arbeit wird ihnen genommen, um einem schlechten Werke zu dienen; sie werden unmerklich derart in die überall aufgestellten Fangnetze verstrickt, daß sie ebenso Sklaven der Regierung werden, wie andre Sklaven von Sklavenbesitzern sind, nur mit dem Unterschiede, daß die Sklaven von Sklavenbesitzern Sklaven guter und moralischer Herren sein können, die Regierungssklaven aber oft genug Sklaven der verderbtesten, grausamsten und verlogensten Leute sind.

Und was das Schlimmste ist: als derartige Sklaven der grausamsten und schlimmsten Leute wissen die Regierungssklaven nicht nur nicht, daß sie Sklaven sind, und wünschen sich deshalb gar keine Freiheit, sondern sie bilden sich namentlich in konstitutionellen und republikanischen Staaten sogar ein, sie wären ganz freie Leute, und sind stolz auf ihre Sklaverei.

VI.

„Was stellt denn in unsrer Zeit die Regierung dar, ohne die die Menschen anscheinend nicht existieren können?

Wenn es eine Zeit gegeben hat, wo die Regierungen notwendig und ein kleineres Übel waren als die Schutzlosigkeit gegen wohlorganisierte Nachbarn, so sind jetzt die Regierungen ein unnötiges und ein weit größeres Übel geworden, als alles das ist, womit sie ihre Völker einschrecken.

Regierungen, nicht nur militärische, sondern Regierungen überhaupt, könnten – ich will nicht sagen nützlich, aber doch unschädlich nur dann sein, wenn sie aus makellosen, heiligen Männern bestünden, wie das die Chinesen voraussetzen. Aber die Regierungen bestehen eben infolge ihrer Tätigkeit, die aus der Ausübung von Gewalt beruht, häufig genug aus Elementen, die der Heiligkeit diametral entgegengesetzt sind: aus den frechsten, rohesten und verderbtesten Menschen.

Fast jede Regierung – und besonders Regierungen, die eine Militärmacht repräsentieren – bedeutet eine schreckliche, die gefährlichste Einrichtung der Welt.

Die Regierung im weitesten Sinne, mit Einschluß der Kapitalisten und der Presse, ist nichts andres, als eine Organisation, durch die die Mehrzahl der Menschen sich in der Macht einer über ihr stehenden Minderheit befindet; diese Minderheit aber ordnet sich wieder einer Minderheit unter, und diese abermals einer andern usw., bis man endlich zu einigen oder zu einem einzelnen Menschen kommt, dem durch militärische Gewalt die Macht über alle andern übertragen ist, so daß diese ganze Einrichtung einem Kegel gleicht, dessen sämtliche Teile sich in voller Abhängigkeit von den Personen oder der Person befinden, die auf dem Gipfel ist.

Den Gipfel dieses Kegels aber nehmen häufig die Leute oder der Mensch ein, der schlauer, frecher und gewissenloser als die andern ist, oder der zufällige Nachkomme derer, die frecher und gewissenloser als andre waren.

Heute ist es Boris Godunow, morgen Gregor Otrepjew, heute die liederliche Katharina, die mit Hilfe ihrer Liebhaber ihren

Gatten erdrosselte, morgen Pugatschow, übermorgen der verrückte Paul, Nikolaus, Alexander III.; heute Napoleon, morgen ein Bourbone oder Orleanist, Boulanger oder die Panamaleute; heute Gladstone, morgen Salisbury, Chamberlain und Rhodes.

Und einer derartigen Regierung wird völlige Macht nicht nur über Hab und Gut und Leben, sondern auch über die geistige und moralische Entwicklung, über die Erziehung und die religiöse Leitung aller Menschen übertragen!

Die Menschen bauen eine solche schreckliche Machtmaschine und überlassen diese Macht jedem Beliebigen und ordnen sich ihm sklavisch unter und wundern sich, daß es ihnen schlecht geht. Sie fürchten sich vor Bomben und Anarchisten, fürchten sich aber nicht vor dieser schrecklichen Einrichtung, die sie jeden Augenblick mit dem allerschlimmsten Unglück bedroht …

Sie verbinden sich sorgfältig so, daß ein Mensch mit ihnen allen machen kann, was er will: Dann werfen sie das Ende des Strickes, der sie verbindet, hin und überlassen es dem ersten besten, der vielleicht ein Taugenichts oder Narr sein kann, es zu ergreifen und mit ihnen alles mögliche zu tun.

Was tun denn die Völker andres, die sich einer mit Hilfe des Militärs organisierten Regierungsmacht unterwerfen, sie organisieren und unterhalten?"[4]

„Aber wie kann man ohne Regierung leben? Ohne Regierung entsteht ein Chaos, die Anarchie, geht alle Zivilisation zugrunde und kehren die Menschen in den Zustand ursprünglicher Wildheit zurück. Rührt nur einmal an die bestehende Ordnung der Dinge, – sagen gewöhnlich nicht nur die, denen diese Ordnung der Dinge Vorteil bringt, sondern auch die, denen sie augenscheinlich keinen Vorteil bringt, die sich aber so daran gewöhnt haben, daß sie sich ein Leben ohne Regierungsgewalt nicht vorstellen können – die Vernichtung der Regierung bringt das größte Unglück: Aufruhr, Raub, Mord, so daß schließlich nur böse Menschen regieren und alle guten unterjocht werden – sagen sie."[5]

---

[4] „Patriotismus und Regierung." Kap. VI.
[5] „Die Sklaverei unserer Zeit." Kap. XIII.

„Alle Menschen, die im Besitze der Macht sind, behaupten, daß ihre Macht deswegen nötig sei, damit die Bösen die Guten nicht vergewaltigten, und verstehen darunter, daß eben sie die Guten seien, die andre Gute vor Bösen schützten.

Aber herrschen heißt Gewalt ausüben; Gewalt ausüben heißt das tun, was der, an dem Gewalt ausgeübt wird, nicht will, und was der, der Gewalt ausübt, sich selber sicherlich nicht wünscht; folglich heißt herrschen: einem andern das antun, was wir uns selbst nicht angetan wissen wollen.

Sich unterwerfen heißt: der Geduld den Vorzug vor der Gewalt geben. Der Geduld aber den Vorzug vor der Gewalt geben, heißt: gut sein oder doch besser als die, die andern das tun, was sie sich selbst nicht wünschen.

Und deswegen spricht alle Wahrscheinlichkeit dafür, daß stets und auch jetzt nicht bessere Menschen herrschten und herrschen, als die sind, über die sie herrschen. Auch unter denen, die sich der Gewalt unterwerfen, können schlechte Menschen sein; aber es ist unmöglich, daß gute Menschen über schlechte herrschen."[6]

„Und ganz abgesehen davon, daß alle diese Gewalttätigkeiten, Räubereien, Morde, die mit der Herrschaft der Bösen und der Unterwerfung der Guten enden, – ganz abgesehen davon, daß das alles früher bestanden hat und auch jetzt besteht, sowie von der Annahme, daß eine Störung der bestehenden Ordnung der Dinge Verwirrung und Unordnung hervorrufe, das beweist noch lange nicht, daß jene Ordnung eine gute war.

‚Rührt nur an die bestehende Ordnung – dann entsteht das größte Unglück.'

Rührt nur an einen Ziegelstein von tausenden, die zu einer mehrere Faden hohen, schmalen Säule aufgetürmt sind, so stürzen alle Ziegel zusammen und werden zerschlagen. Aber der Umstand, daß jeder herausgezogene Ziegel und jeder Stoß eine derartige Säule und alle Ziegel zerstört, beweist noch nicht, daß

---

[6] „Das Reich Gottes ist in euch." Kap. X.

es vernünftig sei, die Ziegel in eine unnatürliche und unzweckmäßige Lage zu bringen. Im Gegenteil, es beweist, daß man Ziegel nicht zu einer solchen Säule aufschichten darf, sondern daß man sie so hinlegen muß, daß sie sich festhalten, und daß man sie benutzen kann, ohne den ganzen Bau zu zerstören. Dasselbe ist mit der gegenwärtigen Staatseinrichtung der Fall. Die Staatseinrichtung ist ein sehr künstliches und schwankes Gebäude, und der Umstand, daß der geringste Stoß dieses Gebäude zerstört, beweist nicht nur nicht, daß das Gebäude unbedingt notwendig wäre, sondern beweist im Gegenteil, daß es vielleicht früher einmal nötig war, daß es jetzt aber gewiß nicht mehr nötig und deswegen schädlich und gefährlich ist.

Und zwar ist es deswegen schädlich und gefährlich, weil diese Einrichtung alles Böse, das in der Gesellschaft existiert, nicht nur nicht verringert und verbessert, sondern noch verschlimmert und um so mehr bestärkt. Es wird aber deswegen verschlimmert und bestärkt, weil es entweder gerechtfertigt und in anziehende Formen gekleidet oder aber verborgen wird.

Alle Volkswohlfahrt, die uns in sogenannten wohleingerichteten, durch Gewalt regierten Staaten vor Augen tritt, ist nur Schein, Einbildung. Alle Dinge, die die äußere Wohlanständigkeit beeinträchtigen könnten, alle Hungrigen, Kranken, unförmlich Entstellten werden so versteckt, daß man sie nicht sehen kann; der Umstand aber, daß man sie nicht sieht, beweist noch nicht, daß sie nicht vorhanden wären: im Gegenteil, es sind ihrer um so mehr, je mehr sie verborgen werden, und um so grausamer handeln die gegen sie, die ihr Unglück verschuldet haben. Es ist richtig, daß jede Beeinträchtigung und besonders das Aufhören der Regierung, d. h. der organisierten Gewalt, diese äußere Wohlfahrt stört; aber diese Störung ruft keine wirkliche Zerstörung des Lebens hervor, sondern enthüllt nur, was verborgen war, und gibt die Möglichkeit, es zu bessern.

Die Menschen haben bis auf die letzte Zeit, bis zum Ende des letzten Jahrhunderts, gedacht und geglaubt, daß sie ohne Regierung nicht leben könnten. Aber das Leben geht seinen Lauf, die Lebensbedingungen und die Ansichten der Menschen ändern sich, und trotz der Bemühungen der Regierung, die darauf gerichtet sind, die Menschen in diesem Zustande der Kindheit festzuhalten, in dem die Mißhandelten sich wohler fühlen, wenn nur jemand da ist, dem sie ihr Leid klagen können, treten die Menschen – besonders die arbeitende Bevölkerung, nicht nur in Europa, sondern auch in Rußland – immer mehr und mehr aus dem Zustande der Kindheit heraus und beginnen, ihre wahren Lebensbedingungen zu begreifen.

‚Ihr sagt uns, daß ohne euch die Nachbarvölker: die Chinesen, die Japaner, uns unterjochen würden,' sagen heute die Leute aus dem Volke; ‚wir lesen aber Zeitungen und wissen, daß niemand uns mit Krieg bedroht, sondern daß nur ihr, die Regierungen, um irgendwelcher uns unverständlichen Ziele willen euch gegenseitig erbittert und dann unter dem Vorwande, eure Völker zu verteidigen, uns durch Abgaben zum Unterhalt von Kriegsflotten, Rüstungen, strategischen Eisenbahnen, die nur für euern Ehrgeiz und eure Ruhmsucht nötig sind, miteinander Kriege anfangt, wie ihr das jetzt mit den friedliebenden Chinesen getan habt. Ihr sagt, daß ihr zum Zwecke unseres Wohlergehens das Landeigentum schütztet, aber euer Schutz bewirkt nur, daß alles Land in den Besitz von nicht arbeitenden Gesellschaften, von Bankiers, von Reichen übergegangen ist oder übergeht, während wir, die ungeheure Mehrzahl des Volkes, des Landes beraubt sind und uns in der Gewalt von Leuten befinden, die nicht arbeiten. Ihr schützt den Grundbesitz nicht durch eure Gesetze über Grundeigentum, sondern nehmt ihn denen weg, die arbeiten. Ihr sagt, daß ihr das Arbeitsprodukt jedes Menschen schütztet, dabei tut ihr aber gerade das Gegenteil: Alle Menschen, die Werte erzeugen, sind dank eurem angeblichen Schutz in eine Lage versetzt, daß sie nicht nur niemals den Lohn für ihre Arbeit empfangen können, sondern daß ihr ganzes Leben sich in vollständiger Abhängigkeit und unter der Macht von Leuten befindet, die nicht arbeiten ...'

Da wird behauptet, daß ohne Regierung die sozialen Einrichtungen, die der Aufklärung und Erziehung dienen und für alle nötig sind, nicht existieren würden.

Aber warum soll man das annehmen? Warum soll man glauben, daß Leute, die nicht regieren, ihr Leben nicht ebensogut einzurichten verstünden, wie die Regierung es nicht für sich, sondern für andre einrichtet?

Wir sehen im Gegenteil, daß unter den verschiedensten Lebensbedingungen in Unsrer Zeit Leute sich ihr Leben unvergleichlich besser einrichten, als es die Regierung für sie einrichtet. Ohne jede Einmischung der Regierung, oft sogar trotz der Einmischung der Regierung bilden Menschen aller Art gesellschaftliche Unternehmungen – Arbeitervereine, Genossenschaften, Eisenbahngesellschaften, Kartelle, Syndikate. Wenn für soziale Zwecke Steuern nötig sind, warum sollte man denn nicht glauben, daß freie Leute ohne Gewalt nicht imstande sein würden, die nötigen Mittel zu sammeln und das einzurichten, was sonst mittels erzwungener Abgaben eingerichtet wird, wenn diese Einrichtungen nur allen Nutzen bringen? Warum sollte man glauben, daß Gerichte nicht ohne Gewalt existieren könnten? Gerichte, zu denen die Prozessierenden Vertrauen haben, hat es immer gegeben und wird es immer geben, und sie bedürfen nicht der Gewalt. Wir sind durch die lange Sklaverei so verdorben, daß wir uns keine Verwaltung ohne Gewalt vorstellen können. Das ist aber nicht wahr. Russische Bauerngemeinden, die in entfernten Gegenden angesiedelt sind, wo unsre Regierung sich nicht in ihr Leben einmischt, richten sich ihre eignen Steuern, ihre eigne Verwaltung, eignes Gericht und eigne Polizei ein und befinden sich so lange wohl dabei, bis die Regierung sich in ihre Verwaltung einmischt …

Zehntausende von Deßjätinen Wald, die einem Besitzer gehören, während tausend Menschen daneben kein Brennholz haben, bedürfen eines gewaltsamen Schutzes. Ebenso bedürfen die Betriebe und Fabriken des Schutzes, in denen mehrere Generationen von Arbeitern beraubt worden sind und noch immer beraubt werden. Noch mehr bedürfen des Schutzes die Hunderttausende von Puden Getreide eines Besitzers, der eine Hungersnot abwartet, um seine Vorräte der hungernden Bevölkerung zu dreifachem Preise zu verkaufen …

Man sagt gewöhnlich: Versucht einmal, das Landeigentumsrecht und das Recht auf Arbeitserzeugnisse zu beseitigen – so wird niemand mehr arbeiten, da er nicht sicher sein kann, daß man ihm das Erworbene nicht wegnimmt. Man muß umgekehrt sagen: Der gewaltsame Schutz ungesetzlichen Eigentums, der jetzt ausgeübt wird, hat in den Menschen das natürliche Rechtsgefühl für die Benutzung der Gegenstände, d. h. das natürliche und angeborne Eigentumsrecht, ohne das die Menschheit nicht leben könnte und das in der Gesellschaft immer existiert hat und existiert, wenn nicht völlig vernichtet, so doch bedeutend geschwächt.

Es ist verständlich, wenn man sagt, Pferde und Ochsen könnten ohne die Gewalt vernünftiger Wesen – nämlich der Menschen – über sich nicht leben; aber warum sollen Menschen ohne die Gewalt nicht irgendwelcher höherer Wesen, sondern ebensolcher Wesen, wie sie selbst sind, über sich nicht leben können? Warum müssen die Menschen sich der Gewalt der Leute unterwerfen, die gerade jetzt die Macht in Händen haben? Wo ist der Beweis, daß diese Menschen vernünftiger wären, als die, über die sie Gewalt üben?

Der Umstand, daß sie sich erlauben, Gewalt über Menschen auszuüben, beweist, daß sie nicht nur nicht vernünftiger, sondern daß sie unvernünftiger sind als die, die sich ihnen unterwerfen ...

Man sagt: Wie können Menschen ohne Regierung, d. h. ohne Gewalt leben? Man muß im Gegenteil sagen: Wie können Menschen, vernünftige Wesen leben, die als innres Band ihres Lebens Gewalt und nicht auf vernünftigem Nachdenken beruhende Übereinstimmung anerkennen?

Eins von beiden ist möglich: entweder sind die Menschen vernünftige, oder sie sind unvernünftige Wesen. Wenn sie unvernünftige Wesen sind, so sind sie alle unvernünftig, und dann wird alles zwischen ihnen durch Gewalt entschieden, und es ist kein Grund dafür vorhanden, daß die einen das Recht der Gewalt besitzen, die andern aber nicht. Und die von der Regierung ausgeübte Gewalt ist nicht gerechtfertigt. Wenn aber die Menschen vernünftige Wesen sind, so müssen ihre Beziehungen zueinander auf vernünftiger Überlegung gegründet sein, und nicht auf der Gewalt von Menschen, die zufällig die Macht an sich gerissen haben ..."[7]

„Die Menschen sagen auch, daß ... die Vernichtung des Staates eine Vernichtung alles dessen nach sich ziehen würde, was die Menschheit geschaffen hat, daß der Staat, wie er es früher war, so auch in alle Zukunft die einzige Form menschlicher Entwicklung sein würde, und daß alles Böse, das wir bei den Völkern sehen, die in irgend einer Staatsverfassung leben, nicht von dieser Verfassung, sondern von dem Mißbrauch herrühre, der beseitigt werden könne, ohne daß die Verfassung vernichtet werde, und daß die Menschheit, ohne die Regierung zu beseitigen, sich entwickeln und bis zu einem hohen Grade von Wohlstand gelangen könne. Und die Leute, die so denken, führen zur Unterstützung ihrer Meinung unwiderleglich erscheinende, philosophische, historische und selbst religiöse Beweise an.

Man kann Bände zur Verteidigung der ersten Ansicht schreiben (sie sind längst geschrieben und werden noch immer geschrieben), aber man kann auch viel gegen sie schreiben (und das ist ebenfalls geschehen, wenn auch erst neuerdings, so doch von zahlreichen Leuten und in glänzendem Stil).

Man kann nicht, wie die Verteidiger der Regierung es tun, beweisen, daß eine Vernichtung der Regierung ein allgemeines Chaos, allseitigen Raub, Mord, die Vernichtung aller sozialen Anstalten und die Rückkehr der Menschheit zur Barbarei nach sich ziehen würde ... Noch weniger kann man das durch einen Versuch beweisen, da die Frage darin besteht, ob man den Versuch machen oder nicht machen soll. Die Frage, ob die Zeit gekommen sei, die Regierung abzuschaffen, wäre nicht zu entscheiden, wenn es nicht eine andre, aus dem Leben genommene Art einer unbestreitbaren Entscheidung gäbe.

Ganz unabhängig von jedem Urteil darüber, ob die Jungen genug herangewachsen sind, um aus dem Ei zu kriegen, oder ob

---

[7] „Die Sklaverei unserer Zeit." Kap. XIII.

sie noch nicht genügend herangewachsen sind, entscheiden die Vögel diese Frage ganz von selbst, wenn sie aus Platzmangel in den Eierschalen diese mit dem Schnabel durchpicken und selbst auskriechen.

Dasselbe ist mit der Frage der Fall, ob für die Menschen die Zeit für die Aufhebung der Regierung und ihren Ersatz durch eine neue Form hereingebrochen ist oder nicht. Wenn jemand infolge seines besseren Wissens die Anforderungen einer Regierung nicht mehr erfüllen kann, keinen Platz mehr unter ihr hat und gleichzeitig des Schutzes der Regierung nicht mehr bedarf, so wird die Frage, ob die Menschen reif genug seien, um die Regierung abzuschaffen, oder ob sie nicht reif genug seien, auf ganz andre Weise und ebenso unwiderleglich entschieden wie bei den Vögeln, die aus den Eiern kriechen, in die sie keine Macht der Welt mehr zurückbringen kann – sie wird nämlich von den Menschen selbst entschieden, die dem Staate entwachsen sind und durch keine Macht wieder unter seine Botmäßigkeit gebracht werden können.

‚Es ist sehr wohl möglich, daß der Staat früher nötig war und auch jetzt für alle die Zwecke nötig ist, die ihr ihm zuschreibt', sagt ein Mann, der sich die christliche Lebensanschauung zu eigen gemacht hat, ‚ich weiß nur, daß ich einerseits den Staat nicht mehr nötig habe, und daß ich andererseits die Pflichten nicht mehr erfüllen kann, die für die Existenz des Staates notwendig sind. Richtet ihr für euch ein, was ihr für euer Leben nötig habt, ich kann weder die Notwendigkeit, noch die Schädlichkeit des Staates für alle Welt beweisen; ich weiß nur, was für mich nötig ist und was nicht nötig ist, was ich kann und was ich nicht kann. Ich weiß von mir, daß für mich eine Trennung von andern Völkern nicht nötig ist, und deswegen kann ich meine ausschließliche Zugehörigkeit zu irgend einem Volk und Staat und meine Untertanenpflicht gegen irgend eine Regierung nicht anerkennen; ich weiß von mir, daß ich alle diese staatlichen Einrichtungen, die in den einzelnen Staaten getroffen werden, nicht nötig habe, und ich kann deswegen die Leute, die meiner Arbeit bedürfen, ihrer nicht berauben und sie in der Form von Abgaben für überflüssige und, so viel ich weiß, schädliche Einrichtungen hingeben; ich weiß von mir, daß ich weder eine Regierung noch auf Gewalt gegründete Gerichte nötig habe, und deswegen kann ich weder an dem einen noch an dem andern teilnehmen; ich weiß von mir, daß ich nicht über andre Völker herzufallen brauche, um sie zu töten oder mich mit Waffen in der Hand gegen sie zu verteidigen, und kann deswegen nicht an Kriegen und den Rüstungen zu ihnen teilnehmen. Es ist sehr wohl möglich, daß es Menschen gibt, die nicht anders können, als alles das für nötig und unbedingt erforderlich halten. Ich kann nicht mit ihnen streiten, ich weiß nur von mir und weiß es unzweifelhaft – daß ich alles das nicht nötig habe …'."[8]

Solcher Menschen gibt es sehr viele; aber die Leute unterwerfen sich trotzdem der Regierung und unterstützen sie weiter. Warum geschieht das?

VII.
Die Ursache ist, glaube ich, folgende: Unter den christlichen Völkern der Welt ist in der großen Mehrzahl der Fälle die Haupttriebkraft der Völker: die Religion, im Schwinden begriffen und verdunkelt, wenn sie nicht ganz fehlt. Wie beschaffen die Religion eines Volkes auch immer sein mag und einen wie groben Ausdruck sie auch immer finden mag, es hat sich immer nur auf religiöser Grundlage diese oder jene Lebensordnung bei ihm herausgestellt, und nur auf Grund von Veränderungen, die in der Religion eines Volkes stattfinden, ändert sich seine Lebensordnung.[9]

---

[8] „Das Gottes ist in euch." Kap. X.
[9] Ich weiß, daß unter den Gelehrten unsrer Zeit die Ansicht sehr verbreitet ist, daß das Leben eines Volkes nicht von innern, geistigen, sondern von äußern, namentlich ökonomischen Ursachen bedingt werde. Eine solche Meinung zu widerlegen, halte ich für überflüssig, da der gesunde Menschenverstand, die historische Wirklichkeit und namentlich das sittliche Gefühl ihre ganze Unrichtigkeit beweisen. Diese Ansicht ist unter beschränkten und namentlich der höheren, den Menschen vom Tier unterscheidenden Fähigkeit: die Notwendigkeit einer Bestimmung seiner Beziehungen zur Welt zu empfinden, d. h. des religiösen

Dem ist aber so, weil die Hauptrichtung und der Hauptinhalt jedes Menschenlebens durch die Bestimmung bedingt wird, die er sich im Leben zuschreibt. Und da die Bestimmung eines Menschen nur die Religion gibt, so ist es klar, daß für einzelne Persönlichkeiten wie für ganze Völker (so verschiedenartig die Lebensform der Völker auch immer sein mag) die Lebensrichtung und Lebensordnung vornehmlich durch ihre Religion bestimmt wird. Es versteht sich von selbst, daß die Lebensführung jedes Volkes außer durch die Religion auch noch durch andre Ursachen beeinflußt wird, aber die Hauptveränderung und der Übergang von einem niedrigen, weniger vollkommnen Zustande zu einem höheren, vollendeteren ist immer nur durch die Religion bedingt. Die europäischen Völker sind von dem niedrigen Zustande zu dem höheren vorgeschritten, als sie das Christentum annahmen; ebenso sind zu einer höheren Entwicklungsstufe die Araber und Türken vorgeschritten, als sie Mohammedaner wurden, und die asiatischen Völker, als sie den Buddhismus, Konfuzianismus oder Taotsismus [sic] annahmen.

Jede Veränderung im religiösen Bekenntnis eines Volkes zieht unvermeidlich eine Änderung auch in den äußern Lebensformen des Volkes nach sich. So war es immer, und so ist es auch jetzt. Aber es gibt Zeiten, wo im religiösen Bekenntnis der Menschen bereits eine Veränderung vor sich gegangen ist, wo aber diese Veränderung in den äußern Lebensformen noch keinen Ausdruck hat finden können, und wo das frühere, auf einem von den meisten Leuten schon nicht mehr anerkannten religiösen Bekenntnis gegründete Leben noch fortdauert. Das kommt daher, daß die Aufklärung, die Läuterung, die Veränderung und das Wachstum des religiösen Bekenntnisses ununterbrochen und unmerklich geschieht. Die Lebensformen verändern sich nicht so schrittweise, wie es dem unmerklichen Wachstum des Bekenntnisses entsprechen würde: sie verändern sich ruckweise. Der

---

Bewußtseins beraubten Menschen entstanden und befestigt worden, und deswegen ist das Bemühen, solche Leute davon zu überzeugen, daß das, was sie nicht empfinden und nicht mit Händen greifen können, existiert, ganz nutzlos. L. T.

Keim eines Kornes wächst ununterbrochen, die Samenhaut aber zerreißt. Ebenso ist es mit dem religiösen Bekenntnis und den Formen des sozialen Lebens.

Etwas Ähnliches macht jeder Mensch durch, der von einem Alter in ein andres übergeht. Beim Kinde, das zum Jüngling wird, und beim Jüngling, der zum Manne wird, beim Manne, der zum Greise wird, gehen die Bewußtseinsveränderungen schrittweise, unmerklich vor sich. Wenn aber jemand von einem Alter ins andre übergeht, lebt er bisweilen noch lange in den Lebensanschauungen des früheren Alters weiter. Er glaubt nicht mehr an das, woran er früher geglaubt hat, hat sich aber auch noch kein neues Verhältnis zur Welt gebildet und lebt in solchen Zeiten ohne jeden innern Halt.

Was im Leben des einzelnen Menschen vor sich geht, geschieht auch im Leben eines ganzen Volkes. Und wie einzelne Leute in solchen Übergangszeiten oft ein ganz eignes, unvernünftiges, qualvolles, stürmisches Leben durchmachen, so geschieht es auch bei ganzen Völkern, wenn ihre Lebensformen nicht mehr ihrem Bekenntnis entsprechen.

Eine·solche Zeit, glaube ich, ist die, die jetzt die christlichen Völker durchleben.

Das religiöse Bekenntnis, aus dem die existierenden Lebensformen gegründet sind, hat die Menschheit hinter sich; die neue religiöse Lebensauffassung ist aber noch nicht anerkannt, und die Menschen unsrer Zeit leben ohne jedes bestimmte Verständnis für den Sinn und die Bedeutung ihres Lebens, und ohne jeden innern Leitfaden für ihre Handlungen.

Der eine, große Teil der Menschen unsrer Zeit bekennt sich zu dem auf verschiedne Weise verdrehten, aber stets entstellten christlichen Glauben, worunter man eine vor 1600 Jahren von einer Synode zusammengestellte, die größten Albernheiten enthaltende Dogmensammlung versteht. Und dieser, allem Wissen der Gegenwart und dem gesunden Menschenverstande widersprechende angebliche christliche Glaube, der außer blindem Vertrauen für und blindem Gehorsam gegen die Personen, die sich als Geistliche bezeichnen, keine Richtschnur für die Handlungen gibt, nimmt die Stelle ein, die eine wahre, eine Erklärung des Sinnes des Lebens gebende und aus diesem Sinne des Lebens abgeleitete Richtschnur des Handelns einnehmen müßte.

Der andre, kleinere Teil der Menschen, der sich als aufgeklärt und gebildet bezeichnet, befindet sich in einer für eine gute und verständige Lebensführung noch unvorteilhafteren Lage. Diese Leute, die sich von dem Betruge des angeblich christlichen Glaubens freigemacht haben, stehen im Banne eines andern Betruges, der noch schlimmer ist als das kirchliche Christentum: der sogenannten gelehrten Weltanschauung, aus der man nicht eine vernünftige Richtschnur für seine Handlungen entnehmen kann. Diese Weltanschauung besteht im Verzicht auf die Haupteigenschaft der menschlichen Natur, die den Menschen vom Tier unterscheidet – dem Verzicht auf eine Erklärung unsrer Lage und Bestimmung in der Welt – dem Verzicht auf das, was das Wesen des religiösen Bekenntnisses bildet – und im Ersatz dieses Bekenntnisses durch eine Anzahl zufälliger, durch nichts untereinander verbundner, überflüssiger Beobachtungen und Kenntnisse der allerverschiedensten Gegenstände. Nach dieser Weltanschauung (wenn man den Mangel einer Weltanschauung so nennen kann) ist jede Religion ihrem Wesen nach irrig, und es gibt keine Möglichkeit, eine vernünftige Erklärung des Sinnes des Lebens und der aus ihm entspringenden Richtschnur für die Handlungen zu finden, da eine durchaus genügende Richtschnur für die Handlungen von der Wissenschaft überhaupt und besonders von der angeblichen Soziologie gegeben werde, nach deren Gesetzen sich die Menschheit bewege. Aber da diese Wissenschaft alle Lebensgesetze nur für die Zukunft bestimmt, so stehen die Leute mit dieser Weltanschauung in Wirklichkeit entweder unbewußt unter dem Einflusse früherer, religiöser Vorschriften, oder sie leben ohne alle Grundsätze, überlassen sich ungehindert ihren Leidenschaften und Lüsten und rechtfertigen sie sogar „wissenschaftlich". Das ist der klägliche Irrtum der Minderheit von Leuten, die sich für die führenden Geister halten.

Der dritte Teil der Menschen unsrer Zeit ist der größte. Er besteht aus Leuten von aller Art, aus allen Ständen, allen Bildungsgraden, die sich von jeder Beschränkung durch kirchlichen Glauben freigemacht und sich vom wissenschaftlichen Aberglauben nur das eine angeeignet haben: daß es keine Religion zu geben brauche – sie leben nicht nur wie das Vieh ein egoistisches, ihren Lüsten ergebnes Leben, sondern halten ein solches Leben (Kampf ums Dasein, Übermenschentum) für den Inbegriff aller menschlichen Weisheit.

Aus einem derartigen Glauben des einen, größeren Teils und aus der zu nichts verpflichtenden, selbstgefälligen, niedrigen Weltanschauung, oder besser gesagt: aus dem Fehlen jeder Weltanschauung des kleineren Teils, sowie aus der vollständigen moralischen Verkommenheit des größten Teils besteht das Leben unsrer Zeitgenossen. Da aber weder aus solchem Glauben, noch aus seiner Verleugnung und seinem Ersatz durch eine zufällige Sammlung von Kenntnissen der verschiedensten Gegenstände, die sich Wissenschaft nennt, noch aus sittlicher Verwahrlosung, eine treibende, oder auch nur haltende Kraft entspringen kann, die der Tätigkeit der Menschen unsrer Zeit und Gesellschaft die Richtung angeben könnte, so geht auch das Leben ohne jedes leitende Prinzip nur auf Grund des Beharrungsvermögens der Vergangenheit vor sich und entfernt sich mehr und mehr von dem unklar empfundnen, unsrer Zeit und Gesellschaft eignen religiösen Bewußtsein und wird deswegen immer unsinniger und qualvoller.

VIII.

Die Lage der christlichen Weltbewohner ist gegenwärtig folgende: ein kleiner Teil von Leuten besitzt einen großen Teil des Bodens mit riesigen Reichtümern, die immer mehr in den Händen weniger zusammenfließen und wenigen Familien zu einer üppigem verzärtelten, unnatürlichen Lebensführung helfen. Der andre, größere Teil der Menschen, der des Rechtes und deswegen der Möglichkeit beraubt ist, den Boden zu benutzen, wird durch Abgaben bedrückt, die auf allen unentbehrlichen Gebrauchsgegenständen ruhen, er ist infolgedessen zu unnatürlicher, ungesunder Arbeit in den Fabriken verurteilt, die den Reichen gehören, er hat oft weder bequeme Wohnungen, noch gute Kleidung, noch gesunde Nahrung, noch die für ein geistiges, seelisches Leben notwendige Muße, er lebt und stirbt in Abhängigkeit und Haß gegen die, die aus seiner Arbeit Vorteil ziehen und ihn nötigen, so zu leben.

Und die einen wie die andern fürchten sich gegenseitig voreinander, sie vergewaltigen sich, sie betrügen, berauben und töten sich gegenseitig, wo sie nur können. Der größte Teil der Tätigkeit der einen wie der andern wird nicht auf produktive Arbeit, sondern auf den Kampf verwendet. Es kämpfen Kapitalisten gegen Kapitalisten, Arbeiter gegen Arbeiter und Kapitalisten gegen Arbeiter: und die Folge ist, daß trotz der zu großer Vollkommenheit gediehenen Maschinenproduktion die Bodenschätze auf der Erde und im Innern der Erde unwiederbringlich verschwendet, und besonders, daß Menschenleben unproduktiv, qualvoll, unnütz vergeudet werden. Das quälendste hierbei ist, daß, wie die Reichen, so auch die Armen wissen, daß ein solches Leben sinnlos ist, daß es für Reiche wie Arme weit vorteilhafter wäre, ihre Kräfte zu vereinigen, die Arbeit und die Arbeitserzeugnisse zu teilen; aber weder die einen, noch die andern sehen eine Möglichkeit, die bestehende Ordnung der Dinge zu ändern, und leben weiter in gegenseitigem Haß, sich gegenseitig schädigend und dabei der Verschlimmerung ihrer Lage mehr und mehr bewußt.

Außer allem diesem Unglück findet noch der intensive, unablässige Kampf der Völker und Staaten miteinander statt, der sich im Verlust eines großen, auf Kriegsrüstungen verwendeten Teiles der menschlichen Arbeit äußert, und fast unaufhörlich finden auch Kriege selbst statt, in denen Hunderttausende von Menschen im blühendsten Lebensalter zugrunde gehen und Millionen von Menschen verdorben werden. Und genau wie bei aller Not, die sie erleiden, wissen die Menschen, daß das nicht sein muß, und daß alle diese Rüstungen und Kriege unsinnig, verderblich sind und mit nichts anderm enden können als mit der elenden Vertierung aller; aber trotzdem geben sie alle immer weiter ihre Arbeit und ihr Leben für Kriegsrüstungen und die Kriege selbst hin. Alle wissen, daß das alles nicht sein soll und nicht sein kann, und dennoch tun alle fortwährend das, was das Elend eines derartigen Zustandes fördert und vergrößert. Und das Bewußtsein dieser gegen die Vernunft, die eignen Wünsche und den eignen Vorteil gerichteten Lebensführung ist derart qualvoll, daß die am feinsten empfindenden und leidenschaftlichsten Menschen, da sie keinen Ausweg aus diesem Widerspruch sehen, ihn durch Selbstmord lösen (diese Leute werden immer zahlreicher). Andre, die ebenso unter dem Bewußtsein des Widerspruches zwischen ihrer Vernunft und dem Leben leiden, verfallen dem unvollständigen Selbstmord – der Unterdrückung der Vernunft mittels Selbstbetäubung durch Tabak, Wein, Branntwein, Opium, Morphium. Die dritten bemühen sich, ohne Selbstbetäubung gerade durch Narkotika, gleichfalls zu vergessen, sie suchen alle Arten von erregendem und benebelndem Zeitvertreib, Schauspiele, Lektüre, verschiedenartiges Nachdenken über ganz nutzlose Dinge, die sie Wissenschaft und Kunst nennen. Die ungeheure Mehrzahl aber, die von der Arbeit erdrückt wird und sich ebenfalls unablässig durch narkotische Mittel betäubt, die ihr von ihren Ausbeutern angeboten werden, hat keine Zeit, über ihre Lage nachzudenken, sie lebt, obgleich sie fühlt, daß das, was geschieht, nicht sein sollte, nur ihren tierischen Bedürfnissen.

Und wie die Reichen, so leben und sterben auch die Armen Generation für Generation, ohne sich Gedanken darüber zu machen, warum sie dieses unsinnige, qualvolle Leben leben, oder im unklaren Bewußtsein, daß dieses ganze Leben ein schrecklicher, grausamer Irrtum war.

IX.
Dieser Zustand ist besonders deswegen schrecklich, weil die Menschen, die ein derartiges qualvolles Leben leben, sich in ihres Herzens Grunde der Möglichkeit eines ganz andern Lebens bewußt sind, eines vernünftigen, brüderlichen Lebens ohne unsin-

nigen Luxus der einen und Armut und Unwissenheit der andern, ohne Hinrichtungen, ohne Verderbtheit, ohne Gewalt, ohne Rüstungen, ohne Kriege.

Inzwischen ist die auf Gewalt gegründete Lebensführung den Menschen so zur Gewohnheit geworden, daß sie sich kein gemeinsames Leben ohne Regierungsmacht vorstellen können; und sie haben sich sogar derart daran gewöhnt, daß sie selbst das Ideal eines vernünftigen, freien, brüderlichen Lebens durch die Regierungsmacht, d. h. durch Gewalt, zu verwirklichen suchen.

Dieser Irrtum ist der Grund aller Abscheulichkeiten sowohl des vergangnen, als auch des gegenwärtigen und sogar des zukünftigen Lebens der christlichen Völker. Ein frappierendes Beispiel dieses Irrtums bietet die große französische Revolution.

Die Führer der Revolution haben deutlich die Ideale der Gleichheit, Freiheit, Brüderlichkeit verkündet, in deren Namen sie die Gesellschaft reformieren wollten. Aus ihren Prinzipien entsprangen praktische Maßregeln: Aufhebung der Stände, Gleichmachung des Besitzes, Beseitigung der Ämter und Titel, Aufhebung des Landeigentums, Abschaffung des stehenden Heeres, Einkommensteuer, Arbeiterpension, Trennung von Staat und Kirche, ja sogar Einführung einer allen gemeinsamen auf der Vernunft gegründeten religiösen Lehre. Alles das waren verständige und wohltätige Maßregeln, die aus den durch die Revolution verkündeten unzweifelhaft wahren Prinzipien der Gleichheit, Freiheit, Brüderlichkeit entsprangen. Diese Prinzipien, wie auch die aus ihnen entsprungenen Maßnahmen, sind wahr gewesen und auch geblieben und werden wahr bleiben und werden der Menschheit so lange als Ideal vorschweben, bis sie tatsächlich erreicht sind. Aber diese Ideale können niemals durch Gewalt erreicht werden. Inzwischen waren die Menschen jener Zeit derart an den Zwang als einziges Mittel zur Einwirkung auf andre gewöhnt, daß sie nicht den Widerspruch sahen, der in dem Gedanken einer Verwirklichung der Gleichheit, Freiheit, Brüderlichkeit mittels Gewalt liegt; – daß sie nicht sahen, daß Gleichheit ihrem Wesen nach jede Macht und jede Unterordnung ausschließt, daß Freiheit unvereinbar mit Zwang ist, und daß zwischen Gebietenden und Gehorchenden keine Brüderlichkeit herrschen kann. Daher rühren alle Schrecken des Terrorismus.

An diesen Schrecken sind nicht die Prinzipien schuld, wie viele glauben (die Prinzipien bleiben, wie sie waren: nämlich wahr), sondern die Art ihrer Verwirklichung. Der Widerspruch, der in der großen französischen Revolution so klar und scharf zum Ausdruck gekommen ist und statt zum Heil zum größten Unglück geführt hat, ist auch jetzt vorhanden. Auch jetzt durchdringt dieser Widerspruch alle modernen Versuche, die soziale Ordnung zu verbessern. Alle sozialen Verbesserungen sollen mit Hilfe der Regierung, d. h. mittels Gewalt ins Werk gesetzt werden. Dieser Widerspruch tritt nicht nur in der gegenwärtigen, er tritt auch, – in der Vorstellung der Leiter der Sozialdemokratie, der Revolutionäre, der Anarchisten, – in der zukünftigen Lebenseinrichtung zutage.

Die Menschen wollen das Ideal eines vernünftigen, freien und brüderlichen Lebens auf Grund einer Zwangsmacht verwirklichen; und doch ist jede Zwangsmacht, wie man sie auch benennen oder umtaufen mag, stets das von wenigen Leuten usurpierte Recht der Verfügung über andre und – im Falle des Ungehorsams – der Nötigung mittels der äußersten Maßregel: des Mordes.

Durch Mord sollen die Ideale menschlichen Wohlergehens verwirklicht werden!

Die große französische Revolution war das *enfant terrible*, das in seinem, das ganze Volk ergreifenden Entzücken neben der Erkenntnis der großen Wahrheiten, die von ihr entdeckt wurden, beim Beharrungsvermögen der Gewalt in der naivsten Form die ganze Torheit des Widerspruchs kund tat, mit dem sich die Menschheit damals herumquälte und heute noch quält: *liberté, egalité, fraternité, ou la mort.*

X.

Die Ursache des sonderbaren Widerspruches, infolge dessen die Menschen versuchen, die Ideale der Gleichheit, Freiheit, Brüderlichkeit mittels einer diesen Idealen direkt entgegengesetzten und ihre Verwirklichung ausschließenden Tätigkeit durchzusetzen, ist (wie schon oben gesagt) der Umstand, daß den Leuten schon ein dem Alter der Menschheit entsprechendes religiöses Bewußtsein innewohnt, daß das Leben aber noch in den früheren Formen verläuft und die Leute so an sie gewöhnt sind, daß sie sich ein Leben ohne die aus einer bereits überlebten religiösen Weltanschauung entsprungnen Formen nicht vorstellen können:

Ein Kind ist zum Erwachsenen geworden, will aber immer noch aus alter Gewohnheit gefüttert, gekleidet, unterrichtet werden.

Die Formen des Lebens entsprechen dem Alter der Menschheit nicht mehr; aber man hat sich das dem Alter entsprechende Bewußtsein noch nicht angeeignet. Daher richten die Leute unsrer Zeit auch alle Versuche zur Verbesserung ihrer Lage auf eine Berichtigung, Verbesserung, Veränderung der äußeren Regierungsformen – dessen, was seinem Wesen nach mit dem Ideal eines vernünftigen, freien und brüderlichen Lebens unvereinbar ist, und was nicht nur zur Verwirklichung dieses Lebens, sondern samt und sonders vernichtet werden muß, um nur eine Annäherung an dieses Leben zu ermöglichen.

„Wenn nur die Regierung richtig funktionierte, oder wenn anstatt der schlechten eine gute eingesetzt würde," denkt die Mehrzahl der Leute in unsrer Zeit, „so würde alles in Ordnung kommen und gut werden, die Leute würden gleich, sie würden frei sein und würden in Harmonie leben." Die einen glauben, daß man dazu nur den ruhigen Lebenslauf der vorhandenen Regierungen nicht zu stören, die existierende, einmal feststehende Ordnung unverändert beizubehalten brauche, und die Regierungen würden schon alles aufs beste besorgen, wenn man sie nur nicht störte. Das sind die sogenannten Konservativen. Die andern glauben und sagen, daß die gegenwärtige schlimme Lage der Dinge durch Einführung neuer Gesetze und Bestimmungen, die die Gleichheit und Freiheit der Menschen garantierten, verändert und gebessert werden müsse und könne. Das sind die sogenannten Liberalen. Die dritten nehmen an, daß die jetzige Verfassung gar nichts tauge, daß sie zerstört werden müsse durch die völlige Gleichheit, besonders in wirtschaftlicher Hinsicht eingeführt, die Freiheit garantiert und die Verbrüderung aller Menschen ohne Unterschied der Reiche befestigt werden würde. Das sind sogenannte Revolutionäre verschiedner Schattierungen.

Alle diese Menschen stimmen, wenn sie auch nicht einig untereinander sind, doch in dem einen Hauptpunkt überein, daß nur durch die Regierungs-, d. h. durch eine Zwangsmacht die Lage der Menschen verbessert werden könne.

So denken und reden die Begüterten, die Zeit haben, über soziale Fragen nachzudenken. (In der letzten Zeit sind solche Leute besonders zahlreich aufgetreten. Ich glaube, es ist keine Übertreibung, wenn man sagt, daß die meiste Zeit aller wohlhabenden, mäßigen Leute von Erwägungen, gegenseitigen Belehrungen und Gezänk darüber in Anspruch genommen wird, wie die Regierung am besten verfahren solle, und wie die Regierung verfahren solle, um die Ideale der Gleichheit, Freiheit, Brüderlichkeit in höherem oder geringerem Grade zu verwirklichen.)

Die ungeheure Mehrzahl von armen Arbeitern aber, die keine Zeit zur Diskussion über soziale Fragen und zu gegenseitiger Belehrung hat, denkt und redet im Grunde genommen ganz dasselbe, nämlich, daß eine Verbesserung der sozialen Lage nur durch die Regierung herbeigeführt werden könne, und wünscht nicht nur nicht die Vernichtung der Regierung, sondern setzt ihre ganze Hoffnung auf eine verbesserte gegenwärtige oder zukünftige Regierungsmacht. Und Arm und Reich denken nicht nur so, sondern sie handeln auch so.

In China, in der Türkei, in Abessinien, in Rußland wird die alte Ordnung ohne jede Veränderung beibehalten, aber es geht immer schlechter und schlechter; in England, in Amerika, in Frankreich bemüht man sich, die soziale Lage durch Verfassungen und Parlamente zu verbessern, aber die Ideale der Gleichheit, Freiheit, Brüderlichkeit sind gerade so weit wie früher von der Verwirklichung entfernt.

In Frankreich, in Spanien, in den südamerikanischen Republiken, jetzt in Rußland hat man die Revolution organisiert und organisiert sie noch heute; aber ob nun diese Revolutionen gelingen oder nicht gelingen, – nach jeder Revolution kehrt, wie eine verdrängte Welle, stets derselbe Zustand wie bisher zurück, bisweilen sogar ein noch schlimmerer. Ob die Menschen die frühere Regierungsmacht beibehalten oder sie verändern, die Freiheitsbeschränkung und die Feindschaft zwischen den Leuten bleibt dieselbe. Dieselben Hinrichtungen, Gefängnisse, Verbannungen, dieselbe Unmöglichkeit, ohne Abgaben die nach einem bestimmten Plan hervorgebrachten Produkte zu kaufen oder vom Arbeitswerkzeug Gebrauch zu machen; ebenso, wie unter Joseph dem Schönen, überall wird den Arbeitern das Recht geraubt, den Boden zu benutzen, aus dem sie geboren sind; dieselbe Feindschaft der Völker gegen andre Völker; dieselben Raubzüge wie schon unter Dschingis-Chan, Raubzüge gegen schutzlose Völker Afrikas, Asiens und gegeneinander; dieselben Grausamkeiten, dieselben Foltern der Einzelhaft und der Strafbataillone wie zu Zeiten der Inquisition; dieselben stehenden Heere und dieselbe militärische Sklaverei; dieselbe Ungleichheit, die zwischen Pharao und seinen Sklaven herrschte, herrscht auch jetzt zwischen den Rockefellers, den Rothschilds und ihren Sklaven.

Die Formen verändern sich, aber das Wesen der Beziehungen zwischen den Leuten verändert sich nicht, und deswegen nähern sich die Ideale der Gleichheit, Freiheit, Brüderlichkeit ihrer Verwirklichung auch nicht um einen Schritt. Selbst wenn eine solche Annäherung an die Verwirklichung dieser Ideale vor sich ginge, so geschähe das nicht infolge einer Veränderung der Regierungsformen, sondern eher trotz des hemmenden Einflusses der Regierungen. Wenn man aufgehört hat, in Städten auf den Straßen zu rauben, so ist das nicht infolge irgendwelcher neuen Gesetze, sondern infolge besserer Beleuchtung der Straßen geschehen. Wenn die Menschen nicht mehr so oft Hungers sterben, so rührt das nicht von Gesetzen und Regierungsverfügungen, sondern von den neuen Verkehrswegen her. Wenn man aufgehört hat,

Zauberer zu verbrennen oder sie der Folter zu unterwerfen, um die Wahrheit herauszubekommen, oder ihnen die Nasen, die Zungen und die Ohren zur Vollstreckung der Justiz abzuschneiden, so ist das nicht die Folge einer neuen Regierungsverfügung, sondern der Folge der Entwicklung an Kenntnissen und guten Gefühlen und ist ganz unabhängig von Regierungsverfügungen geschehen.

Die äußeren Formen ändern sich mit dem Alter der Menschheit, d. h. mit der Entwicklung der Verstandeskräfte und der Macht über die Natur, aber das Wesen bleibt dasselbe, gerade so, wie man beim Fall eines Körpers dessen Lage wohl verändern kann, aber die Linie, auf der sich sein Schwerpunkt bewegt, stets eine und dieselbe bleibt.

Werft eine Katze von einer Höhe hinunter: sie kann sich drehen, oder mit dem Kopf nach oben oder nach unten fliegen, – ihr Schwerpunkt tritt nie aus der Fallrichtung heraus. Genau so ist es mit Veränderungen der äußeren Formen der Regierungsgewalt.

Es sollte so scheinen, daß Menschen, die sich für vernünftige Wesen halten und deren Leben von den Idealen der Vernunft und des Guten bestimmt wird, eins von beiden tun müßten: entweder auf die mit jeder Gewalt unvereinbaren Ideale der Vernunft verzichten, oder auf die Gewalt verzichten und sie nicht weiter organisieren und unterstützen. Aber die Menschen tun weder das eine noch das andre, sondern sie verändern nur auf alle mögliche Weise die Formen der Gewalt, wie jemand, der eine unnütze Last trägt, ihr bald diese, bald jene Form gibt, oder sie vom Rücken auf die Schultern, von den Schultern auf die Hüften und wieder auf den Rücken legt, aber nicht darauf kommt, das eine zu tun, was not ist: sie abzuwerfen.

Und was hierbei das allerschlimmste ist, ist der Umstand, daß die Menschen, im Bemühen, die Formen der Regierungsgewalt zu ändern: d. h. etwas umzugestalten, dessen Umgestaltung niemals die Lage selbst verbessern kann – sich immer mehr und mehr von der Tätigkeit entfernen, die allein ihre Lage verbessern könnte.

XI.

Die Menschheit – die christliche, vielleicht sogar die ganze Menschheit – steht jetzt an der Schwelle einer riesigen Umwälzung (von der Art wie sie im einzelnen Menschen vor sich geht, wenn er vom Kinde zum Manne wird), einer Umwälzung, die nicht in Jahrhunderten, aber vielleicht in Jahrtausenden vor sich geht. Diese Umwälzung ist doppelt: eine innre und eine äußere. Die innre besteht darin, daß der Glaube, die Religion, d. h. die Erklärung des Sinnes des Lebens in allen früheren Zeiten (und zwar je weiter zurück, desto mehr) sich nur in der Form geheimer, mystischer, wunderbarer Offenbarungen und mit ihnen zusammenhängender Zeremonien als möglich erwies. Jetzt ist aber die Menschheit in ihren höchsten, besonders in ihren christlichen Vertretern soweit vorgeschritten, daß sie keine mystische Erklärung des Sinnes des Lebens mittels wunderbarer Offenbarungen und ebenso überflüssiger, gottesdienstlicher Zeremonien mehr nötig hat; sondern jetzt ist eine einfache, vernünftige Erklärung des Sinnes des Lebens genügend stark und noch beweiskräftiger geworden als die frühere, mystische Erklärung, weil aus dieser neuen Erklärung statt der früheren zeremoniellen Vorschriften mit größerer Verbindlichkeit als früher die Erfüllung lebendiger, sittlicher Forderungen entspringt.

Ein solcher innrer Umschwung, der im Laufe von Jahrtausenden vor sich geht, geschieht auch jetzt und ist soweit vorgeschritten, daß die Mehrheit der Menschen schon imstande ist, sich diese neue religiöse Anschauung zu eigen zu machen. Der Erwachsene beginnt zu fühlen, daß er kein Kind mehr ist.

Von der Art ist der innre Umschwung. Der äußere Umschwung aber, der mit dem innern zusammenhängt und aus ihm entspringt, besteht in der Veränderung der Formen des sozialen Lebens, in der Veränderung des Prinzipes, das die Menschen früher im sozialen Leben miteinander verband und sie jetzt noch verbindet: im Ersatz der Gewalt durch vernünftige Überzeugung und Zustimmung. Die Menschheit hat alle möglichen Formen der auf Gewalt gegründeten Regierung versucht, aber überall, in der vollkommensten Republik wie in der rohesten Despotie, bleibt qualitativ und quantitativ das Übel der Gewalt ein und dasselbe. Herrscht keine Willkür und ist kein Haupt einer despotischen Regierung vorhanden – so stößt man auf den Müßiggang und die Selbstregierung republikanischer Massen; fehlt die persönliche Sklaverei, so ist Geldsklaverei vorhanden; fehlen direkte Steuern und Abgaben, so gibt es indirekte; fehlen selbstherrliche Paschas, so gibt es selbstherrliche Könige, Kaiser, Milliardäre, Minister, Parteien. Die Insolvenz der Gewalt als Mittel, die Menschen miteinander zu vereinigen, und ihre Unvereinbarkeit mit den Anforderungen des Gewissens unsrer Zeit ist allzu augenscheinlich, als daß die bestehende Ordnung weiter fortdauern könnte. Aber die äußeren Bedingungen können nicht ohne Änderung des innern, seelischen Zustandes der Menschen geändert werden.

Und deswegen müssen alle Bemühungen der Menschen auf Vollendung dieser innern Veränderung gerichtet sein.

Was ist dazu nötig? Eins vor allem: die Beseitigung aller Hindernisse, die den Menschen verwehren, ihre Lage zu begreifen und sich die religiösen Grundlagen anzueignen, die schon dunkel in ihrem Bewußtsein leben. Diese Hindernisse sind in unsrer Zeit von doppelter Art: religiöser Betrug und wissenschaftlicher Betrug.

Der erste besteht darin, daß Menschen, denen das Vorteil bringt, den Leuten versichern, daß die Religion – um eine Antwort auf die Hauptlebensfragen der Menschen zu geben, um eine Richtschnur fürs Leben, um eine wirkliche Religion zu sein – daß sie dazu mit Mystizismus, Priestertum, Wundern, Zeremonien, gottesdienstlichen Handlungen verquickt sein müsse.

Der zweite, wissenschaftliche Betrug besteht darin, daß ebenfalls Leute, denen wiederum das Vorteil bringt, der Mehrheit einreden, die Religion sei ein Überbleibsel aus einer früheren, älteren Lebensperiode und könne in unsrer Zeit durch die Lehre von den Lebensgesetzen, durch allgemeine aus dieser Erwägung und aus Experimenten abgeleitete Regeln für das menschliche Handeln vollkommen ersetzt werden.

Der Betrug der Geistlichen besteht darin, daß sie, anstatt eine

Erklärung des Sinnes des Lebens zu geben, eine mit dem Wissen der Gegenwart unvereinbare Offenbarungslehre verkünden, und daß sie statt einer Richtschnur für das Handeln eine Reihe von Gebräuchen und Zeremonien geben, die nicht mit dem Leben zusammenhängen. Der Betrug der Wissenschaftler besteht darin, daß sie eine metaphysische Religion, d. h. eine Erklärung des Sinnes des Lebens, für ganz überflüssig halten, im Glauben, daß eine Richtschnur für das Handeln ohne religiöse, metaphysische Grundlage möglich sei.

Die Geistlichen glauben und behaupten, die Religion, an die sie selbst nicht mehr glauben können, könnte dem Volke nützen. Die Männer der Wissenschaft aber glauben und behaupten, daß die Religion – das, wodurch die Menschheit gelebt hat, lebt und fortschreiten kann – ein Rest von Aberglauben sei, den man aufgeben müsse, und daß die Menschen in Scheingesetzen, die aus der Scheinwissenschaft Soziologie abgeleitet sind, ihre Richtschnur finden könnten.

Eben diese Leute, besonders die letzteren, die sich Männer der Wissenschaft nennen, bilden in unsrer Übergangszeit das Haupthindernis für den Eintritt der Menschheit in den Zustand des innern Bekenntnisses und der äußeren Organisation, die dem Alter der Menschheit angemessen sind.

Besonders schädlich sind die sogenannten Männer der Wissenschaft deswegen, weil der Betrug der Geistlichen schon so klar und so widerwärtig zutage getreten ist, daß die Mehrzahl der Menschen nicht mehr daran glaubt; und wenn sie die Kirchenlehre trotzdem noch befolgt, so tut sie das nur aus Überlieferung, aus Gewohnheit, aus Schicklichkeitsgründen, und befreit sich immer mehr von ihr.

Der wissenschaftliche Aberglaube dagegen steht jetzt in voller Blüte, und die Leute, die sich von der kirchlichen Lüge befreit haben und sich für frei halten, stehen, ohne es selbst zu bemerken, vollständig im Banne dieser neuen wissenschaftlichen „Kirche". Die Verkünder dieser Lehre bemühen sich krampfhaft, einerseits die Menschen von den wesentlichsten, religiösen Fragen abzulenken, indem sie ihre Aufmerksamkeit auf allerhand Nichtigkeiten, als Entstehung der Arten, Untersuchung der Gestirne oder der Eigenschaften des Radiums, Zahlentheorie, vorsintflutliche Tiere und ähnliche überflüssige Dummheiten lenken, denen sie ebensolche Wichtigkeit beimessen wie die Priester der Vergangenheit der unbefleckten Empfängnis, den beiden Naturen u.s.w. Andrerseits bemühen sie sich, in den Leuten den Glauben zu erwecken, daß Religion – d. h. eine Bestimmung der Beziehungen des Menschen zur Welt und deren Begründung – gar nicht nötig sei, daß eine schwülstige Sammlung von Worten über Recht, Sittlichkeit, über eine ausgedachte Wissenschaft „Soziologie", die gar nicht existieren kann, die Religion völlig zu ersetzen vermöge. Diese Leute versichern, ebenso wie die Geistlichen, sich und andern, daß sie die Menschheit retteten, und glauben ebenso an ihre Sündenreinheit und stimmen ebensowenig jemals miteinander überein, und zerfallen ebenso unter sich wegen zahlloser Lehren und bilden ebenso, wie die Kirche seinerzeit, gegenwärtig die Hauptursache der menschlichen Unwissenheit, Roheit, Verderbtheit und verzögern deswegen die Befreiung der Menschheit von dem Übel, an dem sie leidet, und aus dem Zauberkreise, in dem sie sich dreht. Diese Menschen haben das getan, was die Baumeister getan haben, von denen in der Schrift die Rede ist: „sie haben den Stein verworfen, der stets ein Grund- und Eckstein war und sein wird", sie haben das verworfen, was allein die Menschheit vereint hat und sie vereinigen kann: das religiöse Bewußtsein.

Daraus entsteht auch der Zauberkreis – der Ersatz eines Übels durch ein andres –, in dem sich die christliche Bevölkerung unsrer Zeit zwecklos dreht. Die Menschen sind der höheren menschlichen Eigenschaft, des religiösen Bewußtseins, bar und können – ob sie nun die aus Aberglauben bestehende kirchliche Lehre oder komplizierte, unnötige, wissenschaftliche Erwägungen anerkennen, die noch weniger als der kirchliche Aberglaube die Kraft zu einer von menschlichen Befehlen unabhängigen Tätigkeit geben, – sie können also nicht nur die bestehende Ordnung nicht stürzen, sondern können auch, so gern sie das auch möchten, die Lage der Menschen nicht um das geringste verbessern und den Idealen der Gleichheit, Freiheit, Brüderlichkeit, die sie verwirklichen möchten, auch nicht um das geringste näher kommen.

Sie haben keine Kraft dazu.

Die ewigen Ideale verwirklichen können nur Menschen, die nicht nur dieses, sondern auch ein ewiges Leben leben. Nur für solche Menschen ist das möglich, was andern, die nur dieses eine Leben leben, als ein Opfer erscheint. Nur durch Opfer an den Gütern dieses Lebens wird die Menschheit vorwärts gebracht.

Dieses Opfer kann aber nur ein religiöser Mensch vollbringen, d. h. jemand, der sein Leben in der Welt nur für ein Teilchen, für eine vorübergehende Erscheinung im gesamten Weltleben hält, und der sich deswegen den Anforderungen und Gesetzen dieses Weltlebens unterordnen muß. Für jemand aber, der dieses Leben für sein ganzes Leben hält, hat ein solches Opfer keinen Sinn – und da er nicht imstande ist, das Opfer zu bringen, kann er das Übel im Leben auch nicht vernichten oder verringern. Er wird das Übel stets von einer Stelle nach der andern hinbewegen, wird aber niemals imstande sein, es zu vernichten.

Und deswegen gibt es nur eine Befreiung der Menschen von dem Bösen, das sie erdulden: unter allen Völkern die eine wahre, für unsre Zeit höchste religiöse Lehre zu verbreiten, von der ein dunkles Bewußtsein den Menschen schon innewohnt.

XII.

So lange die Menschheit sich nicht eine allen gemeinsame, vernünftige, dem Alter der Menschheit entsprechende Glaubenslehre angeeignet hat (wie die Menschen sich religiöse Lehren stets aneignen: die einen – die Minderheit – bewußt, frei; die andern aber – die Mehrheit – auf dem Wege des Glaubens, des Vertrauens, der Beeinflussung), so lange werden die Formen des Lebens sich wohl verändern, das Übel des Lebens aber wird nicht nur dasselbe bleiben, sondern es wird sich vergrößern und immer mehr vergrößern.

Und eine solche Glaubenslehre existiert schon lange und ist

den meisten Leuten der Gegenwart bereits bewußt. Diese Lehre ist die allen bekannte, von allen anerkannte christliche Lehre in ihrer wahren, von Verdrehungen und falschen Auslegungen befreiten Bedeutung. Diese Lehre in ihren hauptsächlichsten sowohl metaphysischen, als auch ethischen Prinzipien wird von allen Menschen, nicht nur Christen, sondern auch von Angehörigen andrer Glaubenslehren bekannt, da sie mit allen großen Religionslehren der Welt in ihrer unverdorbnen Form völlig zusammenfällt – mit dem Brahmanismus, dem Konfuzianismus, dem Taotsismus [sic], dem Judentum, dem Mohammedanismus, den Swedenborgianismus, dem Spiritualismus, der Theosophie und sogar mit dem Positivismus Comtes.

Das Wesen aller dieser Lehren besteht darin, daß der Mensch ein geistiges Wesen sei, das seinem Ursprung: Gott gleiche; daß die Bestimmung des Menschen – die Erfüllung des Willens seines Ursprunges: Gottes sei; daß Gottes Wille dem Menschen zum Heile diene; daß das Heil der Menschen durch Liebe erreicht werde, die Liebe aber darin zutage trete, daß man andern tue, was man sich selbst wünsche. Darin besteht die ganze Lehre.

Diese Lehre ist keine mystische Offenbarung von übernatürlichen Erscheinungen einer Gottheit und deren Dogmen und Satzungen, wie die christliche Kirche behauptet, und ist auch nicht nur eine Morallehre, die ein harmonisches, für alle vorteilhaftes und vernünftiges, soziales Leben betrifft, wie die irreligiösen Männer der Wissenschaft das Christentum auffassen. Diese Lehre ist eine vernünftige Erklärung des Sinnes des menschlichen Lebens, derzufolge die Richtschnur für das Handeln nicht als eine bestimmte Regel von außen gegeben wird, sondern von selbst aus dem Sinne entspringt, den der Mensch seinem Leben beimißt. Wenn diese Lehre auch nichts Übernatürliches anerkennt, wie die Kirche fälschlich behauptet, so ist sie doch auch nicht nur eine aus der Vernunft entspringende Richtschnur im sozialen Leben, wie die irreligiösen Männer der Wissenschaft glauben.

Diese Lehre ist die Religion, d. h. die Bestimmung der Beziehungen des Menschen zur Welt und die Bestimmung seines

Ursprunges. Diese Lehre gibt Antwort auf die Fragen: Was ist ein Mensch in bezug auf die Unendlichkeit in Raum und Zeit, in denen er erscheint, und worin besteht die Bestimmung seines Lebens? Und sie gibt deswegen den Menschen, die sich zu dieser Lehre bekennen, nicht eine Reihe von Regeln und Vorschriften, die durch übernatürliche Wunder erhärtet würden, wie das die Kirche tut; und sie gibt ihnen auch keine zweifelhaften und wünschenswerten, bedingten und im gegenwärtigen Augenblick für das soziale Leben erwünschten Vorschriften für ihr Handeln, die aus der Erfahrung und aus Experimenten abgeleitet sind, wie das die Wissenschaft tut – sondern sie gibt eine vernünftige Erklärung des Sinnes des Lebens aller Menschen, aus der von selbst ewige und in allen Lagen stets gleichbleibende Regeln für das Handeln hervorgehen.

Dadurch unterscheidet sich die wahre christliche Lehre vom Kirchenchristentum mit seinem Mystizismus und seinen Wundern und von der utilitaristischen, auf nichts begründeten Morallehre irreligiöser Menschen, die, ohne es selbst zu bemerken, aus der von ihnen nicht anerkannten christlichen Lehre nur die Ergebnisse, aber nicht ihr Wesen selbst entnehmen.

Solange diese Lehre in der (von der Kirche) verdorbnen Form und nicht ihrer hauptsächlichen Grundlage geglaubt wird – solange sie des metaphysischen Prinzipes: der Beziehungen des Menschen zu Gott beraubt ist, solange diese Lehre nicht in ihrer wahren Bedeutung von den Christen erkannt und unter allen so verbreitet ist wie jetzt der kirchliche Glaube – solange werden auch alle die verschiednen Formen insbesondre der Regierungsgewalt, unter der die Menschen jetzt am allermeisten leiden, keine Änderung erfahren.

Welche Maßregeln müssen hierzu ergriffen werden?

Wir sind so an den falschen Gedanken gewöhnt, daß eine Verbesserung im Leben der Menschen durch äußere (meistens gewaltsame) Mittel bewirkt werden könne, daß es uns scheint, als ob auch die Veränderung des innern Zustandes der Menschen nur durch äußere, auf andre einwirkende Maßregeln erreicht werden könne. Aber das ist nicht so.

Und es ist ein großes Glück für die Menschen, daß das nicht so ist. Wenn es so wäre und die Menschen sich gegenseitig durch äußere Mittel verändern könnten, so könnten erstens unvernünftige, leichtsinnige Menschen andre irrtümlich verändern, sie verderben und ihres Heiles berauben; und zweitens könnte eine derartige Tätigkeit der Menschen zur Erreichung des Lebensheiles durch äußere Mittel unbezwinglichen Hindernissen begegnen.

Aber das ist nicht der Fall: die Veränderung des innern, geistigen Zustandes der Menschen steht stets in der Macht jedes einzelnen Menschen, und der Mensch weiß stets untrüglich, worin das wahre Heil seiner eignen Person und aller Menschen besteht, und nichts kann die Tätigkeit zur Erreichung dieses Zieles hemmen oder aufhalten. Der Mensch erreicht dieses Ziel aber – nämlich sein Heil und das Heil andrer Leute – nur durch innre Umwandlung seiner selbst, durch Erklärung und Befestigung des vernünftigen, religiösen Bewußtseins in sich und durch das diesem Bewußtsein entsprechende eigene Leben. Wie nur ein brennender Gegenstand andre Gegenstände entzünden kann, so verbreitet und bekräftigt auch nur wahrer Glaube und wahres Leben eines einzelnen durch Mitteilung an andre die religiöse Wahrheit. Und nur die Verbreitung und Bekräftigung der religiösen Wahrheit verbessert die Lage der Menschen.

Und deswegen besteht das Mittel zur Befreiung von allem Bösen, das die Menschen erleiden, darunter von dem schrecklichen Bösen, das die Regierungen vollführen (wie gegenwärtig alles Unglück in Rußland), so sonderbar das auch scheint, nur in dem einen – in der innern Arbeit jedes Menschen an sich selbst.

„Martha, Martha, du beunruhigst dich um vieles; eines ist not."

Jaßnaja Poljana, im Juni 1905.

Antéchrist assis sur le Léviathan. Liber Floridus (Ghent University) 1120
https://commons.wikimedia.org/wiki/File:Liber_floridus-1120-
Leviathan-p135.jpg?uselang=de

XI.
Aus dem Lesezyklus für alle Tage
(Krug čtenija, 1904-1906)

*Von Leo Tolstoi
ausgewählte oder selbst verfasste Texte*

A.

FREIWILLIGE KNECHTSCHAFT
Etienne de La Boëtie[1]

Etienne de La Boëtie war im Jahre 1530 geboren und schrieb 16 Jahre alt seine Rede von der freiwilligen Knechtschaft, aus der ein Auszug hier angeführt wird. De La Boëtie war ein Mitglied des Stadtrates in Bordeaux und nahe befreundet mit Montaigne. Letzterer schätzte ihn hoch als Schriftsteller und Mensch und ließ uns eine Beschreibung seiner Krankheit und seines Todes. De La Boëtie starb im Jahre 1563. Der Herausgeber seiner Rede sagt von ihr sehr schön, daß eine derartige Lektüre jenes Knochenmark der Löwen (*moëlle de lion*) darstelle, dessen die jetzigen Generationen, leider, entbehren.

Gewiß, die Ärzte geben den ganz richtigen Rat, an unheilbare Wunden keine Hand anzulegen, und ich handle nicht klug, wenn ich in solchen Dingen dem Volk, welches längst alle Besinnung verloren hat und dessen Krankheit sich schon darin als tödlich erweist, daß es sein Übel gar nicht mehr fühlt, Ratschläge geben will.

Es steht erstens, wie ich denke, außer allem Zweifel, daß wir, wenn wir nach den Gesetzen leben würden, welche die

---

[1] Textquelle I Leo TOLSTOI: Für alle Tage. Ein Lebensbuch. Band I. Erste vollständig autorisierte Übersetzung. Hrsg. von Dr. E[ugen]. H[einrich]. Schmitt und Dr. A[lbert]. Škarvan. Dresden: Verlag von Carl Reißner 1906, S. 524-534.

Natur uns gegeben hat, und nach den Lehren, in welchen sie uns unterrichtet, so würden wir naturgemäß unsern Eltern gehorsam, der Vernunft ergeben und keines Menschen Knechte sein. Von dem Gehorsam, welchen jeder ohne weitere Belehrung Vater und Mutter zollt, weiß jeder von selbst und für seine Person, was die Vernunft betrifft, so glaube ich nicht zu irren, wenn ich annehme, daß sich in unserer Seele eine natürliche Anlage der Vernunft vorfindet, die gerührt durch guten Rat und öffentliche Sitte zur Tugend sich entwickelt. Und wenn es überhaupt etwas Klares und Einleuchtendes in der Natur gibt, dem gegenüber es nicht gestattet ist den Blinden zu spielen, so ist das folgendes. Es hat uns die Natur alle nach derselben Form und wie es scheint, nach demselben Modell geformt, [um] uns alle als Genossen oder vielmehr als Brüder zu kennzeichnen. Und wenn sie in der Verteilung der Güter, die sie uns gegeben, einzelnen, sei es in bezug auf den Körper, sei es in bezug auf den Geist, einigen Vorteil gewährt hat, und den einen mehr verliehen als den andern, so hat sie es damit doch nicht darauf abgesehen, daß sie uns in diese Welt wie auf einen Kampfplatz sende und hat die Stärkeren und Geschickteren nicht hierher geschickt wie bewaffnete Räuber in einen Wald, um die Schwächeren zu vergewaltigen. Vielmehr scheint es mir glaubhafter, daß sie, indem sie einzelnen größeren Anteil gewährte und anderen kleineren, nur der brüderlichen Teilnahme zur entsprechenden Anwendung Gelegenheit geben wollte, so daß die einen die Macht besitzen Hilfe zu bringen, die andern aber derselben bedürfen.

Nachdem diese gute Mutter uns alle gleichsam aus dem gleichen Teig gebildet hat, auf daß wir uns einer im andern spiegeln und erkennen können, und uns allen gemeinsam jenes große Geschenk der Stimme und Sprache verliehen hat, um uns noch inniger in vertraulichem Umgang und Brüderlichkeit zu verbinden, und so durch Gewohnheit und gegenseitige Äußerung der Gedanken eine Gemeinsamkeit unseres Wollens zu vermitteln, wenn sie mit allen Mitteln bestrebt war, die Bande unserer gegenseitigen Verbindung und Vergesellschaftung zu verstärken, wenn sie so in allen Dingen uns gezeigt hat, daß sie uns in vollendeter Einigkeit hat verbinden wollen, so kann kein Zweifel darüber obwalten, daß wir alle gleiche Genossen sind, und kann es niemanden in den Sinn kommen, daß die Natur irgendwelche Menschen für die Knechtschaft bestimmt hätte, wo sie uns doch alle in gleicher Weise zueinander gesellt hat.

Es wäre in der Tat müßig darüber zu streiten, ob die Freiheit uns naturgemäß zukommt, denn man kann niemand in Knechtschaft halten, ohne ihm ein Unrecht anzutun, und es ist nichts der Vernunft so zuwider, als die Ungerechtigkeit. Es bleibt also nur die Annahme, daß die Freiheit allein natürlich ist, und aus demselben Grunde, wie ich denke, die Annahme, daß uns nicht bloß der Besitz unserer Freiheit angeboren ist, sondern auch der Trieb, sie zu verteidigen. Wenn wir aber etwa das Angeführte bezweifeln möchten und so entartet wären, weder unsere Gaben noch auch unsere natürlichen Triebe zu erkennen, so müßte ich solchen Menschen die Ehre erweisen, die ihnen gebührt, und die wilden Tiere die Kanzel besteigen lassen, um sie über ihre Natur und ihren Stand zu unterrichten. Daß Gott mir helfe, die wilden Tiere selbst, rufen, wenn nur die Menschen nicht ganz stocktaub sind, ihnen zu: es lebe die Freiheit! Denn unter diesen gibt es so manche, die lieber sterben, als in Knechtschaft zu geraten. Auch die andern, die größten ebenso wie die kleinsten, widersetzen sich mit ihren Nägeln, Hörnern, Füßen, Schnäbeln, wenn man sie ergreifen will, und zeigen so genug deutlich, welchen Wert sie auf die Freiheit legen, die sie verlieren. Und selbst gefangen, geben sie uns so auffallende Zeichen, wie sehr sie Kenntnis von ihrem Unglück haben, so daß man gut entnehmen kann, daß sie von da an mehr dahinschmachten als leben, und daß sie ihr Leben mehr in der Trauer um die verlorene Freiheit als im Wohlgefallen an der Knechtschaft verbringen; wir locken das Pferd seit seiner Geburt an, um es zur Dienstbarkeit zu zähmen und doch können wir ihm nicht so schmeicheln, daß es bei der Zähmung nicht in die Zügel beiße, nicht hinten ausschlage, wenn man es spornt, um so seine Natur zu zeigen und wenigstens dafür Zeugnis abzulegen, daß es uns nicht freiwillig diene, sondern weil wir es zwingen.

So empfinden denn alle Wesen, sofern sie überhaupt Empfindung haben, die Unterwerfung als ein Übel und streben nach Freiheit. Und wenn selbst diejenigen Tiere, die der Mensch sich erzieht, sich an die Knechtschaft nur mit dem Ausdruck ihres widerstrebenden Willens, unterwerfen, welches Unheil mochte wohl den Menschen zu einer derartigen Entartung führen, die ihm, der in Wahrheit für die Freiheit geboren ist, selbst seinen ursprünglichen Stand vergessen ließ und das Streben denselben wieder zu erlangen.

Es gibt drei Arten von Tyrannen (ich spreche von den bösen Herrschern): die einen gewinnen ihre Herrschaft durch die Wahl des Volkes, die andern durch die Gewalt der Waffen, die letzten schließlich durch ihre Abstammung und Geburt. Von denjenigen, die sie durch das Recht des Krieges erworben haben, weiß man sehr gut, daß sie sich, wie man zu sagen pflegt, in einem eroberten Lande befinden. Die als Könige geboren werden, befinden sich in der Regel in keiner besseren Lage, indem sie geboren und erzogen am Stamme der Tyrannei, schon mit der Muttermilch die Natur des Tyrannen in sich einsaugen. Sie betrachten die ihnen unterworfenen Völker als vererbte Sklaven und verfahren dann je nach ihrer geizigen oder verschwenderischen Neigung mit ihrem Königreich wie mit einer Erbschaft. Derjenige, dem das Volk selbst die Gewalt verliehen, sollte, wie mich dünkt, erträglicher sein. Und er würde es sein, wenn er nicht zu dieser Stelle erhoben, durch irgend etwas, ich weiß nicht was, was man Größe nennt, verlockt, darüber nachsänne, wie er sich in seiner Macht befestige, um die ihm ursprünglich vom Volk übertragene Macht seinen Kindern zu hinterlassen. Es ist nun eigentümlich, wie diejenigen, die einmal diese Ansicht gefaßt haben, in allen Lastern und selbst in der Grausamkeit die andern Tyrannen übertreffen. Sie sehen kein anderes Mittel, um die neue Tyrannei sicherzustellen, als die Knechtschaft möglichst auszudehnen und ihre Untertanen der Freiheit in dem Maß zu entfremden, daß selbst das Gedächtnis verschwinde, daß sie sie ihnen geraubt hatten. So bestände denn wirklich, wie ich sehe, einiger Unterschied zwischen ihnen, aber einen wesentlichen kann ich nicht bemerken und was die Mittel der verschiedenen Herrschaftsformen betrifft, so ist der Unterschied ungefähr dieser: die Gewählten, als hätten sie einen Stier zum zähmen übernommen, handeln wie beschrieben; die Erben verfahren, wie mit ihren natürlichen Sklaven.

Denken wir uns aber heute, daß einige ganz neue Menschen geboren würden, die an keine Unterwerfung gewöhnt, auch nicht gewöhnt an die Freiheit, und die nicht wüßten, was die eine oder die andere wäre, auch nicht einmal dem Namen nach, und man würde ihnen freistellen, entweder unterworfen zu sein oder in Freiheit zu leben, was würden sie wohl wählen? Es wird wohl keine Schwierigkeit machen, anzunehmen, daß sie nicht viel lieber der Vernunft allein gehorchen würden, als den Menschen dienstbar zu werden, wenn es nicht etwa die Leute vom Volke Israel wären, die ohne Zwang und ohne irgendeine Not sich einen Tyrannen krönten. Ich lese die Geschichte dieses Volkes nie, daß ich nicht in den äußersten Unwillen gerate, indem ich mich der vielen Übel entsinne, die diesem Volk widerfahren. So viel ist aber gewiß, daß alle Menschen, soweit menschliche Regung in ihnen wohnt, bevor sie sich knechten lassen, entweder dazu gezwungen sein, oder entartet sein müssen.

Es ist nicht glaublich, daß das Volk, von da an, wo es unterworfen ist, sogleich die Freiheit so vollständig vergesse, daß es nicht möglich wäre, daß es erwache, um sie wieder zu gewinnen und so freiwillig und gutmütig dienstbar sei, daß man, wenn man es betrachtet, meinen möchte, daß es nicht seine Freiheit, sondern seine Knechtschaft verloren hätte. Es ist wahr, daß man anfänglich gezwungen ist und besiegt von der Gewalt. Die aber nachher kommen, und die die Freiheit nie gekannt und die von ihr nichts wissen, sind dienstbar ohne Mißvergnügen und machen das freiwillig, was ihre Vorfahren nur gezwungen taten. Es verhält sich so, daß die Menschen unter dem Joch geboren, dann ernährt und erzogen in Knechtschaft, ohne weiter zu denken, sich begnügen so zu leben, wie sie geboren sind und gar nicht daran denken, daß sie andere Rechte und andere Güter hätten, als diejenigen, die sie vorfanden, und so den Zustand, in welchem sie geboren werden, als ihren natürlichen Zustand betrachten. Und doch gibt es keinen Erben, mag er noch so reich und gleichgültig sein, der nicht manchmal in seine Urkunden blickte, um zu sehen, ob er denn von allen seinen Erbrechten Kenntnis habe, und ob man nicht vielleicht ihm oder seinem Vorgänger etwas entzogen habe. Aber gewiß, die Gewohnheit, die in allen Dingen so große Gewalt über uns hat, zeigt in keinem Punkt größere Macht als darin, uns die Knechtschaft anzulernen – wie man von Mithridatis erzählt, daß er sich angewöhnte Gift zu trinken.

In allen Ländern, unter allen Umständen, ist die Knechtschaft etwas verkehrtes und ist es angenehm frei zu leben. Aber ich bin der Ansicht, daß man denjenigen gegenüber Mitleid haben soll, die sich schon bei ihrer Geburt unter dem Joch befinden, und daß man sie entweder entschuldigt, oder ihnen vergebe, die niemals auch nur den Schatten der Freiheit kennen gelernt haben, und in dieser Sache in keiner Weise unterrichtet sind, gar nicht bemerken, welch großes Übel ihre Knechtschaft bedeutet. Man beklagt nie etwas, was man nie besessen, und das Bedauern kommt immer nur nach dem Genuß. Es liegt zwar in der Natur des Menschen, frei zu sein und die Freiheit zu wollen, aber es liegt ebenso in seiner Natur, daß er die Gewohnheit annimmt, die man ihm anerzieht.

Sagen wir also, so wie dem Menschen alle Dinge natürlich sind, zu welchen er erzogen und an welche er angewöhnt wird, so ist doch nur das ursprünglich angeboren, wozu ihn seine einfache und unverdorbene Natur beruft. So ist denn der erste Grund seiner freiwilligen Knechtschaft die Gewohnheit. Wie denn die besten Pferde anfangs in die Zügel beißen, mit denen sie später spielen und sich nunmehr ganz wohl in ihrem Geschirr befinden, während sie unlängst noch beim Satteln ausschlugen, jetzt aber sich ganz stolz in ihrem Brustharnisch blähen, so sagen auch die Menschen, daß sie immer unterworfen waren, daß ihre Väter so lebten, sie meinen, daß sie verpflichtet sind, das Gebiß zu tragen und lassen es sich durch Beispiele bekräftigen und begründen so selbst mit der Zeit den Besitz derjenigen, die sie tyrannisieren. Immer aber finden sich einige mit besseren Anlagen als die andern, die das Gewicht des Joches fühlen, und sich nicht enthalten können, es zu brechen, die sich niemals mit der Unterjochung abfinden und immer, gleich Ulysses, der durch alle Meere und Länder nach dem Rauche seines heimatlichen Herdes ausblickte, nicht auf ihre natürlichen Rechte verzichten können und sich ihrer Vorfahren und ihres ursprünglichen Standes entsinnen. Das sind diejenigen, die ein richtiges Verständnis und einen klaren Geist besitzen und sich nicht, wie die große Menge, damit begnügen, nur das ins Auge zu fassen, was ihnen zu Füßen liegt. Es sind das diejenigen, die einen natürlich guten Verstand besitzen und denselben noch durch Studium und Wissenschaft verfeinert haben. Diese also werden, wenn die Freiheit ganz verloren gegangen und aus der Welt verschwunden ist, sich derselben doch entsinnen und von ihrem Gefühl durchdrungen, sie so im Geist genießend, der Knechtschaft keinen Geschmack abgewinnen können, wie fein man sie auch immer zurichte.

Der Großtürke hat ganz richtig erkannt, daß Bücher und Belehrung mehr als sonst irgend etwas im Menschen die Besinnung auf sich selbst und den Haß der Tyrannei wachzurufen geeignet seien. Ich meine nämlich, daß er in seinen Ländern keine weiseren Leute duldet, als ihm eben erwünscht sind. Denn in der Regel bleibt der Eifer und die Teilnahme derjenigen, die trotz solcher Zeitströmung der Freiheit ergeben sind, für die große Menge ohne Erfolg, es ist ihnen unter dem Tyrannen die Freiheit zu handeln und zu reden und gewissermaßen zu denken, ganz genommen, und sie bleiben ganz vereinsamt mit ihren Phantasien.

Die vornehmste Ursache, warum die Menschen freiwillige Sklaven sind, liegt darin, daß sie als Sklaven geboren und erzogen werden. Daraus folgt nun, daß die Menschen unter den Tyrannen leicht feige und weibisch werden.

Der Tyrann glaubt seine Gewalt niemals genügend gesichert, als bis er auf den Punkt hingelangt ist, daß sich unter seinen Untertanen überhaupt kein besserer Mensch mehr befindet. Die List der Tyrannen, ihre Untertanen zu vertieren, kann man am besten mit dem illustrieren, was Cyrus mit den Lydiern machte, nachdem er sich Sardes, der Hauptstadt Lydiens bemächtigt hatte und Krösus, der so reiche König kapituliert hatte und in Gefangenschaft geraten war. Da brachte man ihm die Kunde, daß die Sarder revolutionierten. Er hätte sie zwar leicht mit Waffen unterworfen, aber er wollte eine so schöne Stadt nicht zerstören und auch nicht immer dort ein Heer unterhalten, um die Stadt zu bewahren. So erdachte er sich ein vortreffliches Mittel, um sich sicher zu stellen. Er begründete Freudenhäuser, Trinkhäuser und öffentliche Spiele und ließ dies durch eine öffentliche Kundmachung kund tun, daß die Einwohner hievon Kenntnis nähmen. Und er befand sich mit dieser Garnison so gut, daß er nie wieder genötigt war, gegen die Lydier das Schwert zu ziehen. Diese armseligen Leute fanden ihr Vergnügen darin, allerlei Arten von Spielen zu erfinden, so daß die Lateiner von ihnen die Benennung für solche Spiele, die sie *ludi* nannten, entnahmen. Nicht alle Tyrannen haben so ausdrücklich eingestanden, daß sie ihr Volk demoralisieren wollten, aber was dieser Fürst förmlich anordnete, haben die meisten in der Tat unter der Hand ausgeführt, und es entspricht in der Tat der Natur des Volkes, wie es sich zumeist in den großen Städten vorfindet, daß es mißtrauisch ist demjenigen gegenüber, der es liebt, und arglos demjenigen gegenüber, der es betrügt. Es gibt keinen Vogel, der besser auf den Leim geht, noch einen Fisch, der am Köder williger anbeißt, als die Völker sich mit leichter Mühe durch die Knechtschaft angeln lassen, wie man zu sagen pflegt, durch jede Feder, die man an ihrem Mund vorbeistreifen läßt, und es ist wunderlich, wie sich alle so bald gefangen geben, wenn man nur ihre Sinne kitzelt. Theater, Spiele, Possen, Schaustellungen, Gladiatoren, wilde Tiere, Denkmünzen, Dekorationen und anderer Kram waren für die antiken Völker die Lockspeise der Knechtschaft, der Preis ihrer Freiheit und die Hilfsmittel der Tyrannei. Solche Mittel, solche Praktiken, solche Anlockungen hatten die Tyrannen der alten Welt, um ihre Untertanen unter ihrem Joch einzuschläfern und zu betäuben. So haben denn die verdummten Völker solchen Zeitvertreib schön gefunden, sich an eitlen Vergnügungen ergötzt, an dem, was man ihren Sinnen vorspiegelte, sich schwachsinnig der Knechtschaft anbequemend, in viel schlimmerem Sinne an bunten Bildern hängend, wie kleine Kinder, die lesen lernen.

Die Könige von Assyrien und nach ihnen die von Medien, zeigten sich vor der Öffentlichkeit nur so spät als möglich, um den Pöbel im Ungewissen zu lassen, ob sie nicht in irgendeiner Beziehung mehr als Menschen seien, und die Leute ihren Träumereien zu überlassen, die sich leicht Phantasiebilder von Dingen machen, über die sie aus dem Augenschein nicht urteilen können. So gewöhnten sich alle die Völker, die genug lange Zeit unter dem Joch der Assyrier lebten, bei solchem mysteriösem Verhalten daran, geknechtet zu werden, und unterwarfen sich der Knechtschaft williger, da sie ihren Herrscher gar nicht kannten und kaum wußten, ob sie einen hätten; sie fürchteten so alle, auf bloßen Glauben hin, jemanden, den niemand gesehen hatte. Die ersten Könige von Ägypten zeigten sich nur mit Zweigen oder einem Feuer auf dem Kopfe und übernahmen mit solcher Maskerade die Rolle von Gauklern. Zu solcher Weise umgaben sie ihre Personen durch solche Sonderbarkeiten mit einer gewissen Verehrung und Bewunderung, während sie bei Leuten, die nicht genug dumm oder knechtisch gewesen wären, zum Gegenstand des Scherzes und des Gelächters geworden wären. Es erregt Mitleid, wenn wir betrachten, aus was für Dingen nicht die Tyrannen der Vergangenheit Vorteile zur Befestigung ihrer Gewaltherrschaft zu schaffen wußten, was für kleinliche Mittel sie im großen anwendeten, um sich den Pöbel entsprechend zuzubereiten, den sie nicht umgarnt hätten, wenn er ihnen nicht so ins Garn gelaufen wäre, den sie stets in so billiger Weise zu betrügen wußten, und den sie sich niemals vollkommener unterwarfen, als dann, wenn sie sich über ihn am meisten lustig machten.

Doch ich frage, waren es bloß die Tyrannen, die, um sich zu versichern, das Volk nicht bloß zum Gehorsam und zur Knechtschaft, sondern auch zur Ergebenheit gewöhnt haben. Denn, wer in der bisher angeführten Weise die Menschen zu freiwilliger Knechtschaft führt, dient dem Tyrannen nur bei den kleinen

Leuten und bei der großen Menge.

Nunmehr aber komme ich meiner Ansicht nach auf den Punkt, der das eigentliche Geheimnis und die ursprüngliche Kraft der Gewaltherrschaft, die Stütze und das Fundament der Tyrannei bildet; wer denkt, daß die Hellebardiere und Garden, das Halten einer Wachmannschaft den Tyrannen ihre Sicherheit gewährleistet, täuscht sich meines Erachtens sehr. Diese dienen mehr als Formalität und als Vogelscheuchen, denn durch die wirkliche Sicherheit, die sie gewährten. Die Wachen verhindern nur die Ungeschickten, die keinerlei Mittel besitzen, nicht aber die Wohlbewaffneten, die ernstlich etwas unternehmen können, in den Palast zu dringen. Bei den römischen Kaisern ist es leicht nachzuweisen, daß viel mehrere derselben durch ihre Leibwachen getötet wurden, als durch Hilfe derselben irgendeiner Gefahr entronnen wären. Nicht die Banden der Bewaffneten zu Roß, oder die Kompagnien des Fußvolkes sichern den Tyrannen, sondern, und man möchte es für den ersten Augenblick gar nicht glauben, und es ist doch so, es sind immer vier oder fünf Menschen, die den Tyrannen erhalten, vier oder fünf, die ihm das ganze Land in Knechtschaft erhalten. Immer sind es höchstens fünf oder sechs gewesen, denen der Tyrann sein Ohr geliehen hat, die sich von selbst ihm angenähert oder durch ihn berufen worden und die Mitschuldigen seiner Grausamkeiten, die Genossen seiner Vergnügungen, die Kuppler seiner Wollust und die Spießgesellen seiner Plünderungen gewesen sind. Diese sechs wissen ihren Chef immer so zu lenken, daß er so schlecht sei, als es für die Genossenschaft nötig ist und sich nicht bloß der eigenen, sondern auch ihrer Schlechtigkeiten schuldig mache. Diese sechs nun haben sechshundert Leute, die von ihnen Vorteile ziehen und machen aus ihren sechshundert dasselbe, was sie, die sechs für den Tyrannen bedeuten. Diese sechshundert halten sich wieder sechstausend, die sie sich im Staate heranziehen, denen sie die Verwaltung der Provinzen oder die Manipulationen der Gelder anvertrauen, auf daß sie ihrem Geiz und ihrer Grausamkeit dienstbar seien, und ihnen jederzeit zur Verfügung stehen, und die dann so viel sonstiges Übel anrichten, daß sie nur unter ihrem Schutz bestehen können und sich nur mit ihrer Hilfe der Ahndung der Gesetze und der Strafe entziehen können. Und das alles hat noch ein großes Gefolge, wer sich damit unterhalten wollte, diesen Knäuel zu entwirren, würde sehen, daß nicht die sechstausend, sondern die zehntausend, die hunderttausend, die Millionen durch solche Verknüpfung sich an den Tyrannen halten und sich dessen bedienen. Daher kommt es, daß das Schaffen neuer Stände, die Wahl der Beamten, nicht wie man meinen möchte eine Herstellung der Gerechtigkeit, sondern nur eine neue Stütze der Tyrannei bedeutet. Im ganzen kommt man durch diese Begünstigungen, diese gegenseitigen Vorteile und Gewinne dahin, daß sich ungefähr so viel Leute finden, denen die Tyrannei profitabel zu sein scheint, als solche, denen die Freiheit mehr genehm ist. So wie die Ärzte sagen, daß wenn in unserem Körper irgend etwas verdorben ist, sich alles sogleich aus allen andern Körperteilen nach dieser kranken Stelle hin zieht, so wird sogleich, wie ein König sich als Tyrann entpuppt, alles Schlechte, der ganze Abschaum des Königreiches, – ich meine nicht die kleinen Gauner und Diebe, die in einem Staate weder Böses noch Gutes von Belang anrichten können, sondern diejenigen, die mit einem glühenden Ehrgeiz behaftet sind und einem hervorragenden Geiz, sich um denselben versammeln, um Anteil an der Beute zu gewinnen, und werden so, unter dem großen Tyrannen selber zu kleinen Tyrannen. In ähnlicher Weise handeln die großen Diebe und die berühmten Seeräuber: die einen entdecken das Land, die andern plündern die Reisenden; die einen bereiten die Falle, die andern sind auf der Lauer; die einen morden, die andern rauben. Und dann gibt es unter ihnen noch Grade; die einen erscheinen als die Diener, die andern als die Führer der Bande und es gibt keinen, der nicht an der guten Beute Anteil nehmen möchte oder wenigstens an der Nachlese.

So unterjocht der Tyrann seine Untertanen, die einen durch die andern, und wird beschützt durch diejenigen unter ihnen, von denen er sich, wenn sie nichts hereinbrächten, hüten müßte. Er schnitzt sich, wie man zu sagen pflegt, um den Baum zu fällen, Keile aus seinem Holz. Allerdings leiden sie auch oft durch ihn selbst. Aber diese Verlorenen, diese von Gott und den Menschen verlassenen, finden sich damit ab, Unrecht zu erleiden, nur um Unrecht tun zu können, nicht dem, der ihnen solches zufügt, sondern denjenigen, die in ähnlicher Weise, wie sie selbst Unrecht erleiden, aber wehrlos preisgegeben sind.

B.
ALLE WESEN SIND UNTRENNBAR MIT EINANDER VERBUNDEN
(Lesetexte für den 18. Juli)[2]

1.
Menschensohn, hast du nicht deine Brüder betrogen? – Nein, nein, denn du hast ihnen gesagt: „Kommet zu mir, und ich werde euch erquicken." Sind sie denn gekommen? Haben sie deine Lehre in Gesinnung und Tat angenommen? Haben sie einander wie Kinder eines Vaters lieb gewonnen? Wenn sie einander so liebten, sie würden alle einig sein, und wären sie alle einig, – wo wäre die Macht, die sie hindern könnte, endlich die Gerechtigkeit einzuführen, das Reich Gottes zu begründen? Jetzt aber sind sie ohnmächtig, weil sie getrennt sind, und vereinzelt jeder schwach ist und allein gegen die Unterdrücker nichts machen kann. Ohnmächtig sind sie, weil es ihnen an Glauben mangelt, an Glauben, der über alles siegt, und an Liebe, die noch mächtiger ist, als selbst der Glaube. Ohnmächtig sind sie, denn sie sind in ihrer Selbstsucht erstarrt, denn es fehlt ihnen dasjenige, was sie befähigt, sich zu opfern, was sie in den Stand setzt, zu kämpfen, nicht einen Tag, sondern alle Tage, ohne jemals zu ermüden, ohne jemals die Hoffnung einzubüßen. Sie sind ohnmächtig, weil sie die Menschen fürchten; weil sie nicht begreifen, was du ihnen durch Jesus sagen ließest, nämlich, daß, wer sein Leben

---

[2] Textquelle I Leo TOLSTOI: Für alle Tage. Ein Lebensbuch. Band II. Erste vollständig autorisierte Übersetzung. Hrsg. von Dr. E[ugen]. H[einrich]. Schmitt und Dr. A[lbert]. Škarvan. Dresden: Verlag von Carl Reißner 1907, S. 61-64.

bewahren will, es verliert, wer jedoch sein Leben verliert, um das Reich deines Gesetzes zu gründen, es errettet.

2.
Der, dem alle anderen stets Nicht-Ich waren, ja, der im Grunde allein seine eigene Person für wahrhaft real hielt, die anderen hingegen eigentlich nur als Phantome ansah, denen er bloß eine relative Existenz, sofern sie Mittel zu seinen Zwecken sein oder diesen entgegenstehen konnten, zuerkannte, so daß ein unermeßlicher Unterschied, eine tiefe Kluft zwischen seiner Person und allen jenen Nicht-Ich blieb, der also ausschließlich in dieser eigenen Person existierte, dieser sieht im Tode mit seinem Selbst auch alle Realität und die ganze Welt untergehen.

Hingegen der, welcher in allen andern, ja in allem, was Leben hat, sein eigenes Wesen, sich selbst erblickte, dessen Dasein daher mit dem Dasein alles Lebenden zusammenfloß, der verliert durch den Tod nur einen kleinen Teil seines Daseins: er besteht fort in allen andern, in welchen er ja sein Wesen und sein Selbst stets erkannt und geliebt hat, und die Täuschung verschwindet, welche sein Bewußtsein von dem der übrigen trennte.

Hierauf mag, zwar nicht ganz, aber doch zum großen Teil, die Verschiedenheit beruhen, zwischen der Art, wie besonders gute und überwiegend böse Menschen die Todesstunde entgegennehmen.
Arthur Schopenhauer. [1788-1860]

3.
Niemals will ich ein abgesondertes persönliches Heil suchen, niemals es annehmen. Ich mag nicht allein völliger Ruhe teilhaftig sein; aber stets und überall will ich leben und fleißig sein, indem ich das gemeinsame Heil aller Wesen in allen Welten erstrebe. So lange nicht alle befreit sind, will ich die sündige Welt, die Welt der Betrübnis und des Rumpfes nicht verlassen, sondern ich bleibe dort, wo ich bin.
Kwan-Chin. (*Chinesisch.*)

4.
Die Adamssöhne sind ja alle Brüder,
Aus einem Stoff, wie eines Leibes Glieder.
Hat Krankheit nur ein einziges Glied erfaßt.
So bleibt den andern weder Ruh noch Rast.
wenn And'rer Schmerz dich nicht im Herzen brennt,
Verdienst du nicht, daß man noch Mensch dich nennt.
Saadi.
[1194-1292, persischer Sultan und Dichter]
Übers, v. K. H. Graf.

5.
Das Leben des einzelnen muß ganz fest mit dem gemeinsamen Leben der Menschheit verwachsen, weil die ganze Schöpfung von Übereinstimmung und Einheit durchdrungen ist. Wie in der äußeren Natur, so bleiben auch in der geistigen Sphäre alle Lebenserscheinungen eng unter einander verbunden.
Marcus Aurelius [121-180 n. Chr.]

6.
Vernünftige Wesen, berufen an ein und derselben Arbeit gemeinsam zu wirken, erfüllen im gemeinsamen Weltleben die Bestimmung, welche die Glieder am menschlichen Körper erfüllen. Sie sind für ein vernünftiges Zusammenwirken geschaffen. Im Bewußtsein, daß man das Glied einer großen, geistigen Brüderschaft ist, liegt etwas Aufmunterndes und Tröstendes.
Marcus Aurelius.

7.
Die Menschheit beginnt es lebhaft zu erkennen, daß alle gemeinschaftlich sich aufrichten oder gemeinschaftlich fallen müssen. Die Menschen lauschen immer mehr und mehr auf die sanfte und leise innere Stimme.
Lucy Mallory [geboren 1846, USA].

———

Wähne nicht, es wäre ein Heil des Einzelwesens möglich, oder es wäre das Übel des Einzelnen nicht zugleich ein Übel der ganzen Welt und es wäre ohne Wirkung auf dich.

C.
Kirchentum und Christentum
Von Friedrich Nietzsche[3]
[1844-1900]

Man soll das Christentum, als historische Realität, nicht mit jener einen Wurzel verwechseln, an welche es mit seinem Namen erinnert. Es ist ein Mißbrauch ohne Gleichen, wenn solche Verfallsgebilde und Mißformen, die „christliche Kirche", „christlicher Glaube" und „christliches Leben" heißen, sich mit jenem heiligen Namen abzeichnen. Was hat Christus verneint? – Alles, was heute christlich heißt.

Die ganze christliche Lehre von dem, was geglaubt werden soll, die ganze christliche „Wahrheit" ist eitel Lug und Trug: und genau das Gegenstück von dem, was den Anfang der christlichen Bewegung gegeben hat.

Das gerade, was im kirchlichen Sinn das Christliche ist, ist das Antichristliche von vornherein: lauter Sachen und Personen statt der Symbole, lauter Historie statt der ewigen Tatsachen, lauter Formeln, Riten, Dogmen statt einer Praxis des Lebens. Christlich ist die vollkommene Gleichgültigkeit gegen Dogmen, Kultus, Priester, Kirche, Theologie.

Die Praxis des Christentums ist keine Phantasterei; sie ist ein Mittel, glücklich zu sein.

„Man soll keinen Unterschied zwischen Fremden und Einheimischen, Ausländern und Volksgenossen machen. Man soll sich gegen niemanden erzürnen, man soll niemanden geringschätzen. Gebt Almosen im Verborgenen. Man soll nicht reich werden

---
[3] Textquelle | Leo TOLSTOI: Für alle Tage. Ein Lebensbuch. Band II. Dresden 1907, S. 158-160. – Tolstoi ist Kritiker Nietzsches und hier doch zustimmender Leser!

wollen. Man soll nicht schwören. Man soll nicht richten. Man soll sich versöhnen, man soll vergeben. Betet nicht öffentlich.

Jesus geht direkt auf den Zustand los, das „Himmelreich" im Herzen, und findet die Mittel nicht in der Observanz der jüdischen Kirche –; er rechnet selbst die Realität des Judentums (seine Nötigung, sich zu erhalten) für nichts; er ist rein innerlich.

Ebenso macht er sich nichts aus den sämtlichen groben Formeln im Verkehr mit Gott ... er zeigt, wie man leben muß, um sich als vergöttlicht zu fühlen, und wie man nicht mit Buße und Zerknirschung über seine Sünden dazu kommt. Um göttlich zu werden, ist die Hauptsache, daß man „sich satt hat" ...

Das „Christentum" (der Kirchen) ist etwas Grundverschiedenes von dem geworden, was sein Stifter tat und wollte. Es ist die große antiheidnische Bewegung des Altertums, formuliert mit Benutzung von Leben, Lehre und Worten des Stifters des Christentums, aber in einer absolut willkürlichen Interpretation, nach dem Schema grundverschiedener Bedürfnisse: übersetzt in die Sprache aller schon bestehenden unterirdischen Religionen.

Es ist die Heraufkunft des Pessimismus (– während Jesus den Frieden und das Glück der Lämmer bringen wollte): und zwar des Pessimismus der Schwachen, der Unterlegenen, der Leidenden, der Unterdrückten.

Das Evangelium ist die Nachricht, daß den Niedrigen und Armen ein Zugang zum Glück offen steht, – daß man nichts zu tun hat, als sich von der Institution, der Tradition der Bevormundung der oberen Stände losmachen ... Eigentum, Erwerb, Vaterland, Stand und Rang, Tribunale, Polizei, Staat, Kirche, Unterricht, Kunst, Militärwesen: Alles ebenso viel Verhinderungen des Glücks, Irrtümer, Verstrickungen, Teufelswerke, denen das Evangelium das Gericht ankündigt.

Das Christentum wurde durch Paulus zu einer heidnischen Mysterienlehre umgedreht, welche sich endlich (im kirchlichen „Christentum") mit der ganzen staatlichen Organisation verträgen lernt ... und Krieg führt, urteilt, foltert, schwört, haßt.

Er (Paulus) hat nötig, den Begriff Schuld und Sünde in den Vordergrund zu bringen, nicht eine neue Praxis (wie sie Jesus selbst zeigte und lehrte), sondern einen neuen Kultus, einen neuen Glauben, – einen Glauben an eine wundergleiche Verwandlung („Erlösung" durch den Glauben).

Er (und nach ihm das kirchliche „Christentum") hat das große Bedürfnis der heidnischen Welt verstanden und aus den Tatsachen vom Leben und Tode Christi eine vollkommen willkürliche Auswahl gemacht, alles neu accentuiert, überall das Schwergewicht verlegt, er hat prinzipiell das ursprüngliche Christentum vernichtet.

Das Attentat auf die (heidnischen und jüdischen) Priester und Theologen mündete, dank dem Paulus, in eine neue Priesterschaft und Theologie, einen herrschenden Stand, auch eine Kirche.

Das ist der Humor der Sache, ein tragischer Humor: Paulus (und nach ihm die Kirchen) haben gerade das im großen Stile wieder aufgerichtet, was Christus durch sein Lieben annulliert hatte. Endlich, als die Kirche fertig ist, nimmt sie sogar das Staats-Dasein unter ihre Sanktion.

Die Kirche ist gerade das, wogegen Jesus gepredigt hat, und wogegen er seine Jünger kämpfen lehrte. –

Wenn der Verbrecher selbst, der Schächer am Kreuz, der einen schmerzhaften Tod leidet, urteilt: „So wie dieser Jesus, ohne Revolte, ohne Feindschaft, gütig, ergeben, leidet und stirbt, so allein ist es das Rechte", hat er das Evangelium bejaht: und damit ist er im Paradiese.

Das Christentum ist jeden Augenblick noch möglich; es hat schlechterdings keine Metaphysik nötig, noch weniger den Asketismus, noch weniger eine christliche „Naturwissenschaft". Christentum ist Leben. Es lehrt, wie man zu handeln habe.

Wer jetzt sagte, „ich will nicht Soldat sein", „ich kümmere mich nicht um die Gerichte", „die Dienste der Polizei werden von mir nicht in Anspruch genommen", „ich will nichts tun, was den Frieden in mir selbst stört: und wenn ich daran leiden muß, nichts wird mehr mir den Frieden erhalten als Leiden" … – der wäre ein Christ.

D.
PETER CHELCICKY [PETR CHEL'ČICKIJ]
Von Leo Tolstoi[4]

Es existiert ein Buch, das vor mehr als 450 Jahren von einem ungelehrten Manne, Peter aus dem Dorfe Chelcice, verfaßt ward, ein Buch, das beinah völlig unbekannt ist.

In diesem Buch, das den Titel *„Das Netz des Glaubens"* führt, finden wir nicht nur eine einfache, klare, kräftige und wahrhafte Überweisung jenes gräßlichen Betruges, in welchem die Menschen lebten und leben, indem sie an eine dem wahren Christentum ganz fremde Lehre glauben und sich einbilden, daß sie sich zur christlichen Lehre bekennen; wir finden in diesem Buch auch den klaren Hinweis auf den alleinigen und frohen Lebensweg, der den Menschen durch Christus eröffnet ward.

Jegliche Lebenswahrheit, die als Führer im Benehmen den Menschen dienen soll, wenn sie auch im Bewußtsein heiliger Männer mit einem Schlage zur Geltung kommt, taucht doch bei den meisten Menschen nur langsam, unmerklich, ruckweise auf, zeitweise scheinbar gänzlich verschwindend und dann mit neuen Stößen kommend, ähnlich wie die Geburtswehen.

So war das, und so trägt sich das auch jetzt noch mit dem Christentum zu. Die christliche Wahrheit wurde anfangs von einer kleinen Anzahl einfacher, unbedeutender, armer Menschen in ihrer vollen Bedeutung angenommen. Aber als sie in den Massen, unter der großen Menge und unter reichen und angesehenen Leuten Verbreitung fand, wurde sie immer mehr und mehr verderbt, und wurde seit den Zeiten der Gründung der Kirche (seit den Zeiten Konstantins, wie Chelcicky sagt), derart verdorben, daß ihre hauptsächliche wahre Lebensbedeutung völlig vor den Menschen verborgen und durch äußere, dem Wesen des Christentums fremde Formen ersetzt wurde.

Aber die Wahrheit, einmal in das Bewußtsein der Menschen gedrungen, kann nichts ersticken. Trotz der in der Kirche vor

---

[4] Textquelle | Leo TOLSTOI: Für alle Tage. Ein Lebensbuch. Band II. Dresden 1907, S. 238-244.

sich gegangenen Verunstaltung des Christentums blieben außerhalb derselben, in dem, was die Kirchlichen Ketzertum nannten, stets echte Bekenner und Vollstrecker der wahren christlichen Lehre. Und es traten immer neue und neue Anstrengungen, um sie wieder zu beleben, ein. Und jedesmal beteiligte sich eine immer größere Anzahl von Menschen an der christlichen Wahrheit in ihrer echten Bedeutung.

Solch ein echter Bekenner und Erwecker der christlichen Wahrheit war Chelcickv. Die Hauptschöpfung Chelcickys *„Das Netz des Glaubens"* ist ein Hinweis darauf, was die christliche Gesellschaft nach der Lehre ihres Gründers sein sollte und was aus ihr infolge der verunstalteten Lehre geworden ist.

Im Vorwort des Buches wird folgendes gesagt:

„Dieses Buch, das den Titel ,*Das Netz des Glaubens*' führt, wurde von Peter aus Chelcice verfaßt, der zu Zeiten des Magisters Rokycana lebte, mit diesem gut bekannt war und sich oft mit ihm unterhielt. Er hatte viele nützliche, gottesgelahrte Bücher zum Gedeihen der Kirche im Kampfe mit dem Antichrist und seinen Verlockungen geschrieben, und wenn dieses Buch bis jetzt nicht veröffentlicht worden war, so [tragen] daran die Priester die Schuld, die nicht aufhörten und nicht aufhören Peter Chelcickys Bücher dem Volke als irrig und ketzerisch darzustellen, und zwar einzig deshalb, weil er ihren Lebenswandel verdammt. Dem ungeachtet wird dieses Buch des Peter Chelcicky, wie auch andere seiner Schriften, von gar vielen Menschen aus allerlei Ständen gerne gelesen, trotzdem er ein Laie und im Latein ungelehrt war. Denn obzwar er kein Doktor der sieben Künste war, war er doch in der Tat ein Vollstrecker der acht Seligkeiten und sämtlicher Gebote Gottes und ist auf diese Art ein wahrer böhmischer Doktor gewesen. Chelcicky berührt in diesem Buche alle Stände, von Kaisern, Königen, Fürsten angefangen bis zu den Herren, Rittern, Bürgern, Handwerkern und bis zum Bauernstande hinunter; wendet jedoch eine besondere Aufmerksamkeit dem Priesterstande zu: den Päpsten, Kardinälen, Bischöfen, Erzbischöfen, Äbten und allen Ordensmönchen, Dekanen, Vorstehern der Kirchengemeinden, Vikaren. Im ersten

Teil dieses Buches wird dargelegt, auf welchem Wege und auf welche Art die gräßliche Verderbtheit in die heilige Kirche eingedrungen ist, und werden Beweise angeführt, daß man nur durch die Entfernung aller menschlichen Erdichtungen aus der Kirche zu ihrer wahren Grundlage – zu Jesus Christus gelangen könne. Im zweiten Teil wird vom Entstehen und der Vermehrung verschiedener Stände in der Kirche, die der wahren Erkenntnis Christi nur hinderlich seien, gesprochen, denn diese wären vom Geiste des Hochmutes erfüllt und widersetzten sich mit allen Kräften dem sanften und demütigen Christus."

Und in der Tat, Chelcicky bestreitet in diesem Buche ebensowenig, wie in seinen anderen Schriften, die kirchlichen päpstlichen Verordnungen und Dogmen, wie das vor ihm Hus und nach ihm Luther, Melanchthon, Kalvin getan haben, er weist nur darauf hin, daß das Leben der Menschen, die sich für Christen halten, kein christliches sei; daß der Christ keine Gewalt gebrauchen, keine Grundstücke oder Sklaven besitzen, nicht verschwenderisch, nicht ausschweifend leben, nicht strafen und, was die Hauptsache, nicht töten und Krieg führen kann.

Chelcicky streitet nicht über die Erlösung durch die Werke oder durch den Glauben, über die Prädestination und im allgemeinen über die Dogmen; er fordert nur, daß alle Bestimmungen der Kirche dem Verständnisse des Volkes zugänglich seien. Er verneint die Dogmen nicht, spricht aber vom Leben der Christen, weist darauf hin, daß die weltlichen Herrscher, das Militär, die Gerichte, der Priester- und Adelstand mit dem christlichen Leben unvereinbar sind (ja er hält sogar das Bürgertum für unvereinbar mit dem Christentume). Was aber die Hauptsache ist, er zeigt, daß Hinrichtungen und Kriege für den Christen undenkbar seien. Er zeigt, daß die Vereinigung des Christentums mit dem Staate – als sie zustande kam – das Christentum ins Verderben gestürzt und vernichtet habe, daß aber eigentlich das Umgekehrte eintreten sollte: das Christentum müßte, nachdem es mit dem Staate vereinigt ward, den Staat vernichten. Und er beweist, daß dies möglich sei, daß die Abwesenheit staatlicher Macht die Ordnung im Leben der Menschen nicht nur nicht vernichte, sondern daß sie die Unordnung und das Übel, von dem die Menschen zu leiden haben, vernichte.

Hierin liegt auch die Ursache, daß Chelcickys Buch und Tätigkeit so unbekannt geblieben sind. Chelcickys Buch und Tätigkeit nehmen im Bereich der christlichen Menschheit die nämliche Stellung ein, die das Christentum im Bereich der ganzen Menschheit einnimmt. Sie überholen gar zu sehr ihre Zeit. Die Vernichtung der päpstlichen Autorität, der Indulgencien[5] und vieles andere, was Luther getan hat, war den Kräften seiner Zeitgenossen angemessen, aber das, was Chelcicky sprach, konnte nicht angenommen werden, und zwar nicht deshalb etwa, als wäre es unklar oder unrichtig gewesen, – alles, was er gesprochen hat, ist im Gegenteil nur zu sehr klar und richtig, – sondern deshalb, weil das, was er sprach, seiner Zeit allzu sehr voraus war.

Das, was Chelcicky begehrte, kann auch jetzt nicht angenommen werden, um so weniger konnte es zu seiner Zeit angenommen werden. Das, was Chelcicky sprach, konnte nicht widerlegt werden; damals waren noch die Menschen wenigstens so ehrlich, daß sie für unmöglich hielten, zu bestreiten, Christus habe gelehrt, was er gelehrt hatte, nämlich, die Menschen sollen nicht nur einander, sondern auch ihre Feinde lieben, sollen Beleidigungen ertragen, das Schlechte mit Gutem vergelten – und alle Menschen für Brüder ansehen, und daß solche Lehre mit der bestehenden Lebenseinrichtung unvereinbar sei. Deshalb entstand unvermeidlich die Frage: was soll man behalten, das Christentum oder die eingeführte Einrichtung? Will man das Christentum behalten, so ist klar, daß die Gewalthaber auf ihre Gewalt, die Reichen auf ihre Reichtümer, der Mittelstand auf seine Versicherung mittelst Gewalt, die Armen und Untergestellten auf ihren Gehorsam bezüglich dessen, was dem christlichen Gesetze widerstrebt (im Staate aber widerstrebt die gesamte soziale Tätigkeit dem christlichen Gesetze), verzichten müssen, und deshalb sich den Verfolgungen aussetzen. Das alles aber ist schrecklich.

---

[5] [Ablässe; *Red.*]

Will man jedoch die bestehende Einrichtung erhalten, wissend, daß diese unchristlich ist, so heißt das – auf das Christentum verzichten. Und auch dieses ist schrecklich, was blieb also den Menschen zu tun übrig? Eines: vergessen, was Christus, was Chelcicky, was das Gewissen gesprochen hat; darüber nicht zu denken und nicht zu sprechen.

Das ist die Ursache, weshalb Chelcicky und sein Buch so unbekannt geblieben sind.

Das Buch wurde verschwiegen, wurde vergessen, wenn auch ein Dutzend Gelehrter darüber Kenntnis haben, so betrachten sie es bloß als literarisch-historisches Denkmal.

Aber die geistigen Schätze der Menschheit gehen niemals verloren, sondern reisen nur, wie das harte weggelegte Obst. Und je länger es seiner Reifung zu warten hat, um so wertvoller ist es. Dasselbe ist mit Chelcicky und seinem Buche der Fall.

Das Buch ward unlängst und zum ersten Male in der russischen Akademie der Wissenschaften veröffentlicht und, das versteht sich, kein Mensch hat es gelesen, keiner hat darüber etwas gehört, ganz so wie alles das, was mit so großen Spesen und mit so vielem Ernst in den Ausgaben der Akademie veröffentlicht wird. Die Schriften von Nietzsche, Zola, Verlaine sind in Dutzenden von Ausgaben und Hunderttausenden Exemplaren gedruckt. Allen sind die kleinsten Details aus dem Leben dieser Menschen bekannt, aber Chelcickys Bücher bleiben bis jetzt unveröffentlicht, selbst in Böhmen und in Deutschland, geschweige denn in England und Frankreich.

Über Chelcicky selbst ist ebenfalls so gut wie gar nichts bekannt. Man vermutet, er wäre um das Jahr 1390 geboren und um das Jahr 1450 gestorben. Die einen glauben, er wäre ein Adeliger gewesen, die anderen, daß er ein Bauer, nämlich Schuster oder Landmann, war. Ich bin der Meinung, er sei ein Landmann gewesen.

Daß er ein Landmann, ein Bauer war, schließe ich erstens aus der kräftigen, schlichten, klaren Sprache des Buches, zweitens aus der Weisheit desselben, vermöge welcher der Verfasser immer weiß, was wichtig, was unwichtig sei und stets das Wichtige auf den ersten Platz setzt; drittens, aus der Herzensgüte und Naivität, mit der er manchmal, nach Bauernart, grob und kräftig, mit Entrüstung, bisweilen mit bitterem Hohn über das spricht, was ihm augenscheinlich Seelenschmerzen bereitet.

„*Das Netz des Glaubens*" ist der Zeit nach ein altes Buch, aber seiner Bedeutung und seinem Inhalt nach ein allerneuestes Buch, so neu, daß die Menschen unserer Zeit noch lange nicht genügend von echter Aufklärung dazu vorbereitet sind, um imstande zu sein, es zu begreifen. Aber seine Zeit wird kommen und nahet schon.

Das Christentum ist doch keine Menschenerdichtung, ist nicht eine von jenen vergänglichen Formen, welche die menschlichen Gesellschaften ausgestalten, sondern, es ist die Wahrheit, – und wenn auch nicht auf steinernen Tafeln am Sinai-Berge geoffenbart, so doch viel tiefer noch, als in Stein, in die Herzen aller Menschen geschrieben. Und sobald die Wahrheit einmal ausgesprochen ist, kann man sie mit keinen Mitteln mehr aus dem Bewußtsein der Menschen ausmerzen. Diese Wahrheit hat lange gewartet und wird noch warten, eben dadurch aber wird sie nur um so offenbarer werden und wird nur um so dringender ihre Verwirklichung fordern.

Es kann aus dem Christentum nimmermehr ausgemerzt werden, daß die Christen, wie Chelcicky sagt, „keine Teilhaber weltlicher Weisheit", keine Beamten, Richter, Soldaten sein dürfen, sondern alles Unrecht demütig und geduldig erdulden müssen, ohne Böses mit Bösem zu vergelten, ohne zu murren und ohne sich zu rächen. Mögen sich die Menschen noch so viel bemüht haben und bemühen, diese Wahrheit hinweg zu sophistizieren, – diese Wahrheiten bleiben eben Wahrheiten und sie fahren fort, trotz aller im Laufe von Jahrhunderten zu ihrem Verbergen erfundenen Sophismen, direkt und unmittelbar die Menschenherzen zu ergreifen.

Was tun? Bis jetzt löste man das Dilemma dadurch, daß man das Christentum verschwieg oder grob darüber log, um den Staat aufrecht zu erhalten.

Aber die Menschen werden es nicht vermeiden können, auch

die zweite, entgegengesetzte Lösung zu erproben: auf den Staat Verzicht zu leisten und sich dem Christentum widmen.

Und diese Lösung wird um so vernünftiger sein, weil alle Staaten mit ihren gewalttätigen Einrichtungen bis jetzt nicht nur jene Güter, die sie versprochen, nicht gegeben haben, sondern im Gegenteil, den Kummer, den die Menschen tragen, noch immer mehr und mehr vergrößern, und die Menschen immer mehr und mehr ihr Zutrauen zu ihnen verlieren.

Eben diese neue und frohe Lösung ist es, die von diesem weisen, innigen und notwendigen Buche Chelcickvs gefordert wird.

Einige Auszüge daraus werden auch dieser Sammlung als Lesestücke für die Woche angereiht werden.

E.
Das Gesetz Gottes und das Gesetz dieser Welt
Von Peter Chelcicky[6] [*Petr Chelčický*]
[um 1390-1460; tschechischer Reformator, Laie]

Nur der Glaube allein kann den Menschen in der Welt vor Verirrungen und Ränken des Teufels bewahren; er allein lehrt uns Gut und Böse unterscheiden; durch ihn allein schließen wir uns den geistigen und göttlichen Dingen an.

Heutzutage wird an vieles geglaubt, woran nicht geglaubt werden soll; die wahre christliche Lehre wird für Irrtum und Ketzerei angesehen, die toten Gebräuche aber werden für Glauben gehalten. Entzweiung ist unter den Menschen eingetreten: eine Partei beschuldigt die andere der Ketzerei, und daraus entstehen Kriege und Zwistigkeiten, Mordtaten, Menschenverbrennungen und viele andere Sünden; so daß der Glaube jetzt nicht leicht zu erkennen ist, denn er ist ganz von Ketzerei und Feindseligkeiten verstunken. Unter solchen Um-

---

[6] Textquelle | Leo TOLSTOI: Für alle Tage. Ein Lebensbuch. Band II. Dresden 1907, S. 363-372. [Hier: behutsame Eingriffe in die Zeichensetzung, *pb*]

ständen müssen vernünftige Menschen den wahren Glauben wahren, der durch die Apostel ausgelegt und einst von Gott durch Jesus Christus gegeben wurde, und sich nicht von neuen Glaubensreformen, zu denen jetzt die Menschen angeeifert werden, hinreißen lassen.

Die Apostel hatten Gleichheit unter den ersten Christen eingeführt: keiner war den anderen verpflichtet, aber alle sollten einander lieben und einander dienen aus Liebe, indem sie einen Körper, aus vielen Gliedern zusammengesetzt, bildeten, und Christus zum Haupt hatten. Unter ihnen gab es keine Befehlshaber mit heidnischen Ämtern: keine Richter, keine Stadträte. Obzwar die Christen unter der Macht der Heiden gestanden haben, denen sie Steuern zahlen mußten, sie selbst aber haben keine heidnischen Ämter verwaltet. So hat das mehr denn dreihundert Jahre lang fortgedauert, bis Kaiser Konstantin, der sich als erster mit heidnischer Herrschaft und mit Beamten, was Heiden anstand, in die christliche Gesellschaft eingemischt hatte. Das Ziel, zu welchem die Apostel das Christenvolk führten, war ein viel erhabeneres und vollkommeneres, als das, welches die heidnischen Obrigkeiten verfolgten, weil einen Körper bilden und sich in religiösen und sittlichen Dingen einzig durch den Geist Gottes leiten lassen, viel höher steht, als jene irdische und schwache Gerechtigkeit verfolgen, die von den heidnischen Obrigkeiten mittelst verschiedener Zwangsmittel aufrechterhalten wird.

Wenn auch die Tribunalgerichte das entwendete Eigentum zurückerstatten helfen, so verleiten sie zu Sünden, von denen die Christen sich nicht anders befreien können, als indem sie auf solche Gerichte verzichten. Die Christen dürfen niemandem Unrecht tun und niemanden betrügen, sondern müssen das zugefügte Unrecht geduldig tragen, ohne Böses mit Bösem zu vergelten.

Die gegenseitigen Beziehungen, die unter den ersten Christen durch die Apostel angeordnet wurden, ruhten auf dem Gesetz Christi, welches bestimmt, wie man mit Glaubensfeinden, Verführern, Ketzern verfahren soll: man muß sie ermahnen und überführen, zuerst unter vier Augen, wenn aber das zu keinem Erfolg führt – vor Zeugen, endlich, der Gemeinde über sie Mitteilung machen; wenn sie aber auch auf die Gemeinde nicht hören, so muß man sie wie Heiden und Zöllner behandeln, d. h. mit ihnen nicht verkehren. Im nämlichen Sinne verbietet der Apostel den Verkehr mit Ehebrechern u. a. Eine derartige evangelische Einrichtung der Gesellschaft kann das verderbte Menschengeschlecht eher bessern, als die heidnische mit Hilfe von irdischen Königen und Richtern: bei der ersteren kann der Sünder von neuem die Gnade Gottes, der er durch seine Sünden verlustig geworden, erlangen, bei der zweiten ist jedoch für alle solche Sünde der Tod bestimmt.

Folglich genügte zur Organisierung der ersten Christengemeinden das Gesetz Christi vollkommen, und unter seiner alleinigen Leitung stehend, gediehen sie in sittlicher Beziehung; als sich aber dann später zwei andere Gesetze, das bürgerliche und päpstliche, dazu gesellten, begann die Sittlichkeit zu sinken. Dieses bekennen die Geschichtsschreiber und wir sehen es mit eigenen Augen, wie diese zwei Gesetze den Glauben und das göttliche Gesetz zerstören und ertöten. Deshalb sprechen wir, späte Nachkommen, die wir gewissermaßen im Schatten dieser Gesetze sitzen, so unsicher über das Gesetz und die Regierung Gottes, denn die Finsternis dieser zwei Gesetze benimmt uns das Sehen. Darum stelle ich mir, sozusagen tappend und ratend, die Frage: genügt das Gesetz Christi ohne die Hinzutat menschlicher Gesetze, um hier auf Erden die reine christliche Religion zu gründen und aufrecht zu erhalten? Ich antworte, wenn auch mit Zittern: ja, es genügt auch jetzt, weil es auch früher genügte zum Aufbau der christlichen Gesellschaft. Das Gesetz Christi wird nicht geschwächt, weder durch den Widerstand, den man ihm entgegensetzt, noch durch die große Anzahl von Bekehrten: im Gegenteil, es gewinnt dadurch nur um so größere Kraft, darum genügt es stets allein. Ferner, falls es zur Bekehrung der Ungläubigen genügte, so genügt es auch zur Einrichtung im Leben und in Sitten, weil letzteres leichter ist. Und weil eine Verwaltung mit Hilfe der Lehre Christi besser ist, als mit Hilfe menschlicher Zutaten, wer kann da zweifeln, daß die Menschen unter der Leitung des göttlichen Gesetzes vollkommener wären, als indem sie sich, wie mit Gift, mit verschiedenen Zutaten tränken?

Das bürgerliche Recht, oder das Recht der heidnischen Könige hat den Zweck, unter den Menschen Gerechtigkeit einzusetzen in allem, was sich auf den Leib des Menschen und das leibliche Gut bezieht, das evangelische hat, im Gegenteil, die geistige Vervollkommnung der Menschen zum Zweck. Da die Heiden ihr Wohl nur in der Sicherheit des Leibes und Besitzes vermeinen, deshalb halten sie auch fest an der bürgerlichen Verwaltung. Ebenso auch diejenigen Christen, die sich zum Heidentum bekehrten, indem sie sich von Gott und seinem Gesetze abgewandt und nur nach irdischen Vergnügungen, nach Freiheit und Ruhe in der Welt und nach materieller Bereicherung streben, sie stehen ebenfalls für die weltliche Macht ein, denn diese kommt ihren Wünschen nach und läßt, wenn Gefahr ihr Leben oder Gut bedroht, die Waffen wirken oder gewährt ihnen die Möglichkeit, das verlorene Eigentum auf Gerichtswegen zurückzustellen. Die Gerechtigkeit, welche die weltliche Macht einzusetzen sich bemüht, ist für die Regenten selbst notwendig: wenn einer gegen den anderen ziehen und im allgemeinen einer dem anderen Böses tun würde, da müßte auch das Königreich zu Grunde gehen. Um die übrigen Tugenden ist die weltliche Macht nicht bekümmert und läßt deshalb alle übrigen Sünden außer der Ungerechtigkeit zu.

Die Verwaltung Christi reinigt die Menschen geistig durch Tugenden und führt sie zu einer solchen Unschuld, in der sie Gott gefällig sein und sich einen Lohn in der Ewigkeit verdienen können. Bei dieser Verwaltung verhält sich der Mensch ganz anders inbezug auf leibliche Entbehrungen: er rächt sie nicht und sucht nach keiner Genugtuung bei Gericht, sondern trägt alles geduldig.

Unter den Christen war die Gleichheit eingeführt und keiner durfte sich über den anderen erhöhen; deshalb würde es ein wahrer Christ niemals wagen, ein Herrscher der Christen zu werden. Außerdem ist für den Christen das apostolische Gebot – einer des andern Lasten zu tragen, verpflichtend: **wie könnte also ein Christ sich entschließen, selbst die Last der anderen zu werden, indem er Herrscher wird?**

Daß die königliche Macht eine gar schwere Last für die Untertanen ist, ist daraus ersichtlich, daß nach dem Tode Salomos die Juden seinen Sohn baten, er möchte ihnen den harten Dienst und das schwere Joch seines Vaters erleichtern. Aber Rehabeam, ratschlagend mit eben solchen Verrückten, wie er selbst war, antwortete ihnen hart: „Mein kleinster Finger soll dicker sein denn meines Vaters Lenden." Daraus ist ersichtlich, daß auch der weise Salomon mit seiner Macht dem Volke eine schwere Bürde war.

Jesus Christus selbst verbot seinen Jüngern, sich über einander zu erheben: „Ihr wißt, daß die Herrscher der Völker sie unterjochen, und die Großen sie unterdrücken. So soll es bei euch nicht sein. Vielmehr, wer unter euch groß sein will, der soll euer Diener sein, wer unter euch der erste sein will, der soll euer Knecht sein." Auch im alten Testamente hatte Gideon den Vorschlag der Juden, ihr König zu sein, abgeschlagen und ihnen geantwortet: „Weder ich noch mein Sohn soll euer Herrscher sein: der Herr soll über euch herrschen."

Man kann im Menschen mit Zwangsmaßregeln keine Liebe zu Gott erwecken: sie gründet sich auf den freien Willen des Menschen und wird durch das Wort Gottes geboren, wenn aber der König die bösen Menschen durch das Predigen des Wortes Gottes bessern will, so wird er zum Priester werden und wird nicht zur Gewalt greifen, die nicht anders als mit dem Galgen die Menschen zu bessern versteht.

Bezüglich derjenigen, die sich die heidnische Macht anmaßen, um auf Kosten der Leiden anderer ein üppiges Leben sich einzurichten, kann das alttestamentarische Gleichnis **von den Bäumen** angewandt werden, die sich an die Olive, an den Feigenbaum und die Weinrebe mit der Bitte wandten, über sie zu herrschen. Keine von den dreien ging darauf ein, weil sie dabei alle ihre Anmut hätten einbüßen müssen, und nur der Dornstrauch gab zur Antwort: „Habt ihr mich zum König gewählt, so verweilt in meinem Schatten, und wollt ihr es nicht, so mögen Feuerflammen aus mir hervorgehen und die Zedern vom Libanon verzehren."

Menschen, die über Gaben der Gnade Gottes verfügen, tauschen diese um keine Gaben des Körpers und der Welt, um keine Herrschaft und Erhöhung ein, denn sie wissen, daß alles das Grausamkeit, Unbarmherzigkeit, Gewalt und Raub an seinen eigenen Brüdern zum Gefolge hat; aber der Dornstrauch, der stachliche und grausame, ruft ganz dreist: „Da ihr mich zum Herrn erwählt habt, so wisset, daß ich euer Herr bin und so über euch herrschen will, daß manchen ihre Haut nicht ganz bleibt: ich will ihnen die Flügel stutzen, will den Bauern wie den Lindenbaum schälen." Und mancher sagt noch darauf: „Das tut nichts! Schinde nur fort den Bauern: er wird schon zu sich kommen, wie die Weide am Bache." Menschen, die in Üppigkeit leben, einen Schmerbauch, mit Fett bewachsen, tragen, rechtfertigen sogar solches Verhalten zum einfachen Volke.

Kein menschliches Gesetz kann die sittliche Vervollkommnung der Menschen dermaßen fördern, als das Gesetz Gottes. Das Mosaische Gesetz war ein gutes Gesetz, aber ein christlicher Verwalter kann sich nicht danach richten, denn dieses ist bereits durch ein anderes Gesetz versetzt und ersetzt – durch das Gesetz Christi; das Gesetz Christi aber beruht auf der Liebe zu Gott und dem Nächsten. Das Einmischen zweier Herrscher in die christliche Kirche, – des weltlichen und des priesterlichen, – hat jenen Zustand von Reinheit und Unschuld aufgehoben, in den sie durch die Apostel eingesetzt wurde und dreihundertzwanzig Jahre lang währte. Und obzwar viele dieses Einmischen als nützlich für den Glauben ansehen, ist dennoch dieses Gift niemals ein Glaube gewesen und wird es auch nicht sein, sondern wird immer ein die Menschen vergiftendes und den Glauben ertötendes Gift bleiben; deshalb müssen die Christen dessen eingedenk bleiben, daß, wenn sie den wahren Glauben befolgen, sie nicht – nach heidnischer Sitte – über anderen herrschen dürfen. Indessen wird aber diese weltliche Macht von den Aposteln des

Antichrist als dritte Periode der Kirche betrachtet.

Nach der Lehre der römischen Kirche beruht die weltliche Macht auf der heiligen Schrift und zwar vor allem auf dem Text: „Da fragten ihn auch die Kriegsleute und sprachen: was sollen denn wir tun? Und er sprach zu ihnen: Tut niemand Gewalt, noch Unrecht, und lasset euch genügen an eurem Solde." (Luc. III, 14)

Diese Worte allein könnten nicht das Schwert der Christen schleifen, auf daß sie mit ihnen Menschenblut vergießen, aber die große Säule der römischen Kirche (Augustinus), die sie mächtig stützt, damit sie nicht falle, hat dieser Stelle den Sinn des scharfen Schwertes unter den Christen beigegeben. Er drückt sich folgendermaßen aus: „Wenn die christliche Lehre den Krieg vollkommen verwürfe, so würde den an Johannes sich wendenden Kriegern eher der heilsame Rat erteilt worden sein, die Waffen niederzulegen und den militärischen Beruf zu lassen; da er ihnen jedoch gebietet, mit ihrem Solde zufrieden zu sein, verwirft er nicht den Militärberuf und schmäht nicht den Krieg."

Eine andere Stelle, auf die sich die römische Kirche beruft, ist folgende: „Jedermann sei untertan der Obrigkeit, die Gewalt über ihn hat. Denn es ist keine Obrigkeit, ohne von Gott; wo aber Obrigkeit ist, die ist von Gott verordnet" usw. (Römer XIII, 1 usw.) Dies ist die Hauptgrundlage, mit welcher Gelehrte die weltliche Macht bekräftigen, und es wurde mir von einem Magister der Prager Universität gesagt, ich müsse dies anerkennen, und wenn ich es nicht anerkenne, da wäre ich ein Ketzer.

Hier noch einige von den Argumenten des Magisters zum Beweis dessen, daß das menschliche Gesetz, welches die Menschen für manche ihre Vergehungen mit dem Tode straft, mit dem Gesetze Gottes nicht in Widerspruch stehe: 1) Das Gebot: „du sollst nicht töten" verbietet nicht die Bestrafung derjenigen, die des Todes würdig sind, denn in diesen Fällen wäre nicht der Richter der Strafende, sondern das Gesetz, das ihn dazu zwingt, 2) Gott verbreitet Leben und Tod, deshalb kann Er auch töten: Ich töte und erwecke zum Leben; die Könige aber wären von Gott eingesetzt und darum können auch sie so tun; 3) der Apostel Paulus sagt: „Denn die solches tun, sind des Todes würdig und sie trägt das Schwert nicht umsonst", 4) im Evangelium: „Meine Feinde, die es nicht haben wollten, daß ich ihr König werde, führt sie hierher und zerfleischt sie vor mir", 5) Kyprian sagt bezüglich des alttestamentarischen Gebotes, die Götzenverehrer zu töten, daß wenn solches Gebot vor der Ankunft Christi Giltigkeit hatte, es um so mehr nach Seiner Ankunft beobachtet werden müsse, wie das die Worte des Apostel Paulus bestätigen: „Die solches tun, sind des Todes würdig."

In ähnlichem Sinne erklären das Gebot „du sollst nicht töten" auch Augustinus und Hieronymus.

Ebenso räsonniert darüber auch der heilige Gregorius und abermals der heilige Augustinus. Aus allen diesen Argumentationen ergibt sich, daß sie Gott doppelzüngig machen wollen so, daß er mit der einen Zunge also redet: „du sollst nicht töten," mit der anderen aber: „töte".

Jesus ist nun sehr arm geworden; es folgen Ihm keine Menschenscharen mehr, höchstens irgend ein verstoßener und Unvernünftiger schleppt sich Ihm elend nach, wie die Fliege aus dem Spülicht. Dafür sind die Gelehrten sehr reich und berühmt in der Welt, haben viele Gottesdiener in Waffen erzeugt, und alle Welt blickt zu ihnen empor, wenn irgend ein Weltweiser auf Jesus blickt, sieht er, daß Er von allen verlassen, mit Armut angetan ist, in Elend schmachtet, und so verläßt er Ihn und geht zu den Gelehrten hin, die haufenweise ihren Gesetzen nach Gott in den Kirchen dienen, im Kriege, als Herolde, bei den Foltergerüsten, in Rathäusern, bei den Schandpfahlen und unter den Galgen figurieren. An solchen weiten Gottesdienst klammert sich der weltliche Weise an, aber nur der Tor folgt Jesu nach, und er wird ausgepfiffen von der Welt.

Und zwar widerstrebt der Waffendienst der Lehre Christi vorzüglich deshalb, weil er total in der Vergeltung des Bösen mit dem Bösen beruht. Obzwar sie sich ausreden, daß das Schwert nicht für die eigene, sondern für die Sache Gottes erhoben wird; aber Gott weiß es, inwieferne diese Ausrede aufrichtig ist: wenn dem so wäre, so würden die Leute die ihnen zugefügten Beleidigungen und Unbilligkeiten nicht rächen; in Wirklichkeit aber stellt sich heraus, daß sie nicht die geringste Beleidigung mit Worten ungerächt lassen, während sie die ärgsten Gotteslästerungen zulassen. Christus hat im Gegenteil geboten, seine Feinde zu lieben und ihnen Böses mit Gutem zu vergelten. Von den Samaritern verstoßen, gestattete er den Aposteln nicht, das Feuer vom Himmel herabzubeschwören. Christus war mehr um die Seelen seiner Feinde besorgt, als um seine zeitlichen Leiden; wenn die Menschen den Worten Christi glauben und seinem Beispiele folgen wollten, so gäbe es keine Kriege auf Erden. Auch Schlächtereien und andere Mordtaten, und verschiedene feindliche Anschläge gegen andere und allerlei rächende Vergeltungen stammen einzig daher, weil wir unsere Feinde nicht lieben und die uns zugefügten Beleidigungen nicht mit Geduld tragen.

Mit der Einrichtung einer wahrhaft christlichen Gesellschaft, auf die in der heiligen Schrift hingewiesen wird, haben das Schwert und alle seine Werke, d. h. der Kampf und alles Blutvergießen gar nichts Gemeinsames, als Dinge, die der Bestimmung der Christen und den Tugenden, die ihnen gebühren, zuwiderlaufen. Die Christen sind einzig durch den Christusglauben vereinigt, sie beten einer für den anderen: verzeih uns unsere Sünden, so wie auch wir verzeihen unseren Schuldigen; sie sind mit dem Bunde der Liebe und des Friedens untereinander verbunden. Kann da nach allem Gesagten irgendeiner der alten Mönche, die als Heilige gepriesen werden, auf Grund des Glaubens beweisen, daß es bei Christen Kampf und Mordtaten geben muß? Christen, die Kriege erregen und anderes Blutvergießen anrichten, sind Christen nur dem Namen nach und folgen den Heiden nur mit dem Unterschiede, daß die Heiden Gott nicht gekannt und keinen Anteil an den geistigen Gütern gehabt haben, auf welche die Christen Anspruch erheben. Man kann nicht den Kampf unter den Christen mit den jüdischen Kämpfen vergleichen, denn letztere waren vom Gesetz erlaubt.

Christen, die in Gefechten einander töten, gehen in jedem Falle des Anteils an den geistigen Gütern, die Christus verheißen hat, verlustig. Wenn sie sich damit rechtfertigen wollen, daß sie gar zu viel zu tun haben und deshalb keine Zeit finden, auf höhere geistige Gegenstände zu denken und sie aufzufassen, solchenfalls kann ihnen kurz geantwortet werden, daß sie vergebens an Christus glauben, vergebens sich bekreuzen, vergebens ein Fegfeuer anerkennen, denn wer nicht mit Glaube und Liebe Anteil an Christo hat, den wird Christus nicht aus dem Fegfeuer erretten. Wenn sich jedoch die Christen für Teilhaber der Leiden Christi halten und auf die Errettung hoffen, gleichzeitig aber Christus in ihrem Innern kreuzigen, indem sie sich gegenseitig morden, da harret ihrer eine größere Strafe und Verfluchung, als der Heiden.

Der Streit unter den Christen widerstrebt dem Gesetz, der christlichen Liebe, welches jedweden feindseligen Angriff auf den Nächsten, auf seinen Leib, seine Seele, sein Vermögen, seine Ehre, – mit Worten oder Taten, – verwehrt, sondern das Unrecht, welches uns andere zufügen, demütig zu dulden uns lehrt.

Die gegenseitigen Beziehungen unter den Christen aber bestimmt der Apostel auf diese Weise: „Seid niemand nichts schuldig, denn daß ihr euch untereinander liebet." (Röm. XIII, 8.) In diesen Worten bekundet sich der Unterschied zwischen den Werken des Glaubens und den Werken heidnischer Herrschaft: die einen können nicht die anderen sein. Darum konnte auch keine Vereinigung des Heidentums mit dem Christentums gleich von Anfang an stattfinden. Zu Anfang fanden die einen ihre Freude daran, das Blut Christi zu trinken, die anderen, Menschenblut zu vergießen. Nun haben sich die einen wie die anderen in gemeinschaftlichem Gottesdienst vereinigt (!), trinken das Blut Christi und vergießen das Blut ihrer Nächsten.

Es gibt zwei Extreme: entweder man verschmäht Gott vollkommen und man verzichtet auf Ihn oder man wird Ihm mit ganzem Herzen zugetan. Aber den Menschen fällt das eine und das andere schwer; denn der Mensch ist nicht so lasterhaft, daß er Gott vollkommen verschmähen könnte; anderseits aber finden sich wenige, die mit dem ganzen Herzen Gott zugetan sein möchten. Der auf päpstlichen Gesetzen gegründete Glaube stellt ein Mittelding zwischen diesem und jenem dar, und die meisten

Menschen geben sich damit zufrieden. Er verordnet verschiedene gute Handlungen, falsche und vermeintliche, die in verschiedenartigen äußeren Zeremonien ihren Ausdruck finden, und die Menschen meinen, daß sie den wahren Glauben befolgen, indem sie Gott nur mit dem Munde bekennen, und ihre Verehrung nur mit äußeren Zeichen bekunden.

F.
DAS CHRISTENTUM UND DIE SPALTUNG UNTER DEN MENSCHEN
Von Peter Chelcicky[7]

Den Verfall des christlichen Glaubens erklärt Peter Chelcicky dadurch, daß Kaiser und Papst sich als Christen bekannt und dadurch das wahre Christentum verfälscht hatten. Es vergleicht Chelcicky diese Verdrehung des wahren Glaubens mit dem Zerreißen des Fangnetzes durch die großen Fische. Wie alle gefangenen Fische durch die Löcher, die von den großen Fischen gemacht wurden, entwischt sind, so sind auch alle Menschen, die in das Netz Christi geraten waren, infolge der Verfälschung des Glaubens durch Päpste und Kaiser, um den Glauben gekommen. Weiter wollen wir Chelcickys Worte selbst citieren:

Die von den Aposteln Eingefangenen verblieben in dem unversehrten Netze, aber als im Laufe der Zeit die Menschen sich außer Gefahr meinten und eingeschlafen sind, war der Feind gekommen und säete Unkraut unter den Weizen, und das Unkraut hatte sich dermaßen vermehrt, daß es den Weizen überwucherte und zu ersticken drohte. In tiefen Schlaf waren die Christen jener Zeit versunken, als der Kaiser dem Erzpriester Vermögen und Macht erteilte; unempfindlich vom tiefen Schlaf, wagten sie es, die Armut zu verschmähen, in der sie im Namen Christi verharrten, und diese gegen die kaiserliche, ja sogar höhere als die kai-

---

[7] Textquelle I Leo TOLSTOI: Für alle Tage. Ein Lebensbuch. Band II. Dresden 1907, S. 486-493. [Hier: behutsame Eingriffe in die Zeichensetzung, pb]

serliche, Herrschaft und Würde umzutauschen. Am Anfang verbargen sie sich in Höhlen, Grotten, Wäldern, dann aber, siehe, fährt der Kaiser selbst mit dem Erzpriester in Rom herum, indem er ihn auf einer weißen Stute reiten läßt. Dadurch ward die Reinheit und Unschuld des apostolischen Amtes beeinträchtigt. Deshalb bekam das Netz Petri einen großen Riß, als **diese zwei großen Walfische hineingeraten waren**, nämlich, der Erzpriester mit kaiserlicher Macht und einer Würde, die die kaiserliche übertraf, und der Kaiser, der seine heidnische Macht und heidnischen Ämter mit dem Lammfell des Glaubens bedeckte. Als diese zwei Walfische im Netz sich zu rühren begannen, wurde es so zerrissen, daß jetzt nur wenige Teile davon unversehrt geblieben sind. Diese zwei Walfische haben eine Menge ungerechter Stände erzeugt, die ihrerseits wieder das Netz des Glaubens zerreißen: erstens, Mönche, verschiedensten Schnittes und verschiedenster Farbe; dann Gelehrte, an Schulen und Universitäten, hiernach die Vorsteher von Pfarreien; dann aus den Ungelehrten verschiedene adelige Geschlechter, mit Wappen geschmückt, ferner die Bürgerstände. Alle diese Korporationen und Stände trachten zu herrschen, indem sie Land beschlagnahmen mittels Schlauheit, Gewalt oder Kauf, oder aber durch Erbschaften. Die einen von ihnen sind geistliche Herren, die anderen sind weltliche Herren.

Die römische Kirche **hat sich in drei Teile geteilt**: weltliche Herren, Könige und Fürsten, – die schlagen sich und beschützen die Kirche, die Geistlichkeit, – die betet, den dritten Teil aber bildet das Arbeitervolk, welches die leiblichen Bedürfnisse der ersten zwei Teile besorgen muß. Welche Ungleichheit entsteht da infolge solcher Teilung! Zwei Parteien haben es gut: sie führen ein müßiges Leben, fressen viel, es ist ihnen ein leichtes, Geld zu verschwenden und auf der dritten Partei zu reiten, nachdem sie dieselbe gesattelt haben, diese dritte Partei aber schleppt auf sich alles Gepränge jener zwei Vielfraße. Eine solche Teilung widerstrebt der Lehre Christi, der gemäß die ganze Welt ein einheitliches Ganzes, ein Herz und einen Geist bilden soll.

Am meisten haben das Netz des Glaubens diese zwei mächtigen Walfische zerrissen und sie zerreißen es noch immerfort: der geistliche Herrscher und der weltliche Oberherrscher. Der geistliche Herrscher – der Papst verletzt das Gesetz Christi, erstens, dadurch, daß er die Armut, Arbeit, Predigt und andere Hirtenpflichten verschmäht hat, weltliche Macht und Würde erlangte und fordert, man solle sich tief bis zur Erde vor ihm verbeugen, wie vor einem Gott. Er hat seine Gesetze, die dem Gesetz Gottes und dem Glauben zuwiderlaufen, vermehrt, so daß die Menschen wegen dieser Gesetze das Gesetz Gottes und den Glauben vergessen haben und nun glauben, der Glaube sei nichts anderes, als die Gesetze des Oberpriesters. Bei allen ihren gottesdienstlichen Verrichtungen richten sich die Geistlichen nach diesen Gesetzen: sie können nicht anders beten, als indem sie die vorgeschriebenen und zu gewissen Gelegenheiten angeordneten Litaneien herleiern, mit denen dicke Bücher vollgedruckt sind. Das wird für ein Gebet angesehen, wenn in der Kirche, laut, so daß es alle hören, ein Pfaffe mit dem anderen einander Worte und Verse zurufen. Das unwissende Volk, das nicht nachdenkt, hält alles dies für christlichen Glauben, auch ist das nicht zu verwundern, denn über den Glauben hat es nur so viel gehört, daß man Gott in der Kirche sehen könne und daß an Sonntagen das Pflügen verboten sei.

Der andere Walfisch, der sich in das Netz des Glaubens hineingewälzt und es zerrissen hat, ist der **Kaiser mit seiner heidnischen Verwaltung**, ihren heidnischen Einrichtungen, mit heidnischen Rechten und Gesetzen. Bis zur Annahme des Christentums durch Konstantin richteten sich die Christen einzig nach dem Gesetz Christi, ohne jede Beimischung päpstlicher und kaiserlicher Verordnungen; sie hatten keinen König aus ihrer Mitte und mußten nur Steuern zahlen und andere Verpflichtungen, als Untertanen der Heiden, verrichten. Nachdem aber der Kaiser Konstantin mit seiner heidnischen Verwaltung und seinen heidnischen Gesetzen in den Glauben aufgenommen wurde, da ging die Unschuld und Reinheit der Christen verloren.

Es ist unmöglich, alle die heidnischen Eigentümlichkeiten,

von denen der wahre Glaube und die wahre Gottesverehrung besudelt wird, aufzuzählen; wir wollen nur einige von denen, die Bezug auf den Kaiser haben, anführen: 1) Wenn sie über den Christen herrschen wollen, müßten Konstantin und seine Nachfolger ein Beispiel höchster Frömmigkeit zeigen, indessen aber leben sie unter Christen, indem sie vom Glauben abfallen und die gotteswidrigsten Taten verüben. Und ihre Diener und Hofleute führen ein ebenso unwürdiges Leben, so daß sie in der christlichen Gesellschaft als das Aas erscheinen, welches mit seinem Gestank alle ansteckt. Aber die Geistlichkeit und die Magister rechtfertigen sie noch, als die dritte Partei der satanischen Kirche, und sagen: „So ziemt sich's zu ihrem Stande; Hofleute müssen lustig, unbeengt und ungebunden sein."

Der Kaiser gebrauchct seine heidnische Macht nach seinem Eigenwillen, mit stolzer Zufriedenheit und Zuversicht, ohne sich im mindesten darum zu kümmern, daß er ein Christ ist und über Christen herrscht. **Weniger Bedeutung haben noch die physischen Bedrückungen**, die der Kaiser auf seine Untertanen ausübt, indem er sie mit Abgaben belegt und ähnliches: dadurch leiden sie Schaden an ihrem Vermögen und sind die Menschen mit schweren Arbeiten belastet; das Gewissen aber leidet nicht darunter, falls all dieser Zwang geduldig getragen wird; viel wichtiger ist, daß die weltliche Macht es sich für keine Sünde anrechnet, Menschen zu töten und allerlei Gewalttaten zu verüben und Christen dazu **zwingt**, daß sie sich gegenseitig bekriegen und auf solche Weise **das Gebot Christi zu übertreten**.

Der Zustand der ersten Kirche, als die Heiden mit den Christen nichts gemeinsam hatten, war für die Christen der günstigste und könnte bis heute noch fort bestehen, wenn durch die Ränke des Satans und die Blindheit zweier Personen, Sylvesters[8] und Konstantins, kein Gift in das Christentum geträufelt worden wäre, nämlich: die päpstliche und kaiserliche Macht. Mit Christi Kirche geschah ähnliches, wie mit den Juden geschehen war. Als

---

[8] Anm. Sylvester hieß der Papst, der Konstantin getauft hatte.

sie in das gelobte Land kamen, verblieben sie daselbst über vierhundert Jahre, ohne irgendwelchen irdischen Herrscher über sich, einzig unter dem Schutz Gottes und seines Gesetzes; später jedoch, nachdem sie Gott verleugneten, baten sie Samuel, ihnen einen König zu geben. Ihr Wunsch ward erfüllt, aber zum Zeugnis der großen Sünde, die sie begangen hatten, sandte Gott ein Zeichen: Donner und Regen. Etwas Ähnliches ist auch mit den Christen vor sich gegangen, bloß mit dem Unterschied, daß die Juden einen König wünschten, weil sie dem Irdischen zugetan waren, und hofften, daß ihre irdischen Geschäfte unter der Herrschaft eines irdischen Königs ihnen besser geraten müßten, als unter der Herrschaft des himmlischen Königs; die Christen aber haben Gott nicht verleugnet, auch sehnen sie sich nach keinem König mit heidnischer Verwaltung, und war dieses **unter dem Vorwande des Heils der Kirche** geschehen, welches sie von der Annahme des Christenglaubens durch den Kaiser erwarteten. Die Folgen erwiesen sich ganz entgegengesetzt: was der Kaiser zuvor durch Marterqualen unmöglich einführen konnte unter den Christen, das gelang ihm jetzt unter dem Vorwande des Wohlwollens ihnen gegenüber, und nachdem er sich im Glauben mit ihnen vereinigt hatte, zog er sie in heidnischen Unglauben. Schuldig sind an diesem Übel Sylvester und Konstantin, aber nicht weniger schuldig sind auch jene anderen Christen, die sich für die vollkommensten und klügsten in der Auffassung von Glaubenssachen haltend, **die Notwendigkeit weltlicher Macht für das Heil der Kirche zu beweisen suchen.**

Im Laufe der Zeit gesellten sich zur Zahl der Fische, die durch die Apostel gefangen wurden, oder, anders gesagt, zur Zahl der Gläubigen, viele Fische, oder schlechtes Gesindel von Menschen, die das Netz zerrissen haben. Dieses schlechte Gesindel will nicht im Glauben verbleiben, noch ihn befolgen, sondern zieht den Glauben in den Schlamm, und da ein jeder von ihnen seine Eigenschaften hat, die dem Glauben zuwider sind, möchten sie, daß diese für Glauben anerkannt werden. Vorerst wollen wir von dem wappengeschmückten Pack und Geschlechtern reden.

Diese vielfältigen, wappengeschmückten Geschlechter führen ein Leben, das den Geboten Gottes vollkommen zuwider ist, und sie übertreffen die anderen Menschen in der Entehrung des Gottes-Sohnes. Diese Geschlechter kommen mit doppelter Sünde zur Welt: erstens, mit der Sünde des Adam, wie alle Leute, und zweitens, mit dem sündhaften Bewußtsein ihrer adeligen Herkunft. Kraft dieses Adels trachten sie sich über alle anderen hervorzutun, mit allem, womit sie können: mit Namen, Manieren, Kleidern, Nahrung, Bauart ihrer Behausung, Sitten und Umgang. In allem ihren Lebenswandel, in ihren Gewohnheiten und Redensarten zeigt sich ihre Hoffart. Sie möchten sämtliche Güter des Leibes und der Welt besitzen, um Würde und Ruhm zu genießen, und meiden alles Unangenehme, was die Menschen ihrer Sünden wegen zu tragen haben. Für sie sind unschicklich angestrengte Arbeit, Geduld, Verfolgung, Einfachheit, Erniedrigung, Dienstfertigkeit: sie wollen ein unbeengtes, müßiges, leichtes Leben, wollen mit irdischen Gütern übersättigt sein, wollen Sauberkeit, Schönheit, Kleider von besonderen fantastischen und eleganten Schnitten; sie müssen prächtige Gastmähler veranstalten, allen zur Verwunderung, wie Götter und Göttinnen; sie brauchen saubere und weiche Lager, süßliche und einschmeichelnde Reden, voll von Falschheiten, mit der Hinzufügung: „Belieben Ihro Gnaden." Ihr Adel veranlaßt sie, häufige und ekelhafte Reinigungen mit Hilfe ihrer Dienerschaft zu unternehmen, die oft bis ins Sinnlose gehen; ihr Adel veranlaßt sie, sich zu schminken. Endlich fordert ihr Adel von ihnen, daß sie herrschen, und tatsächlich hat dieses wappengeschmückte Geschlecht den Boden an sich gerissen und Macht über die anderen Menschen erlangt. Durch die Leiden und den Schweiß der Bauern und der „hartköpfigen dummen Kerle" kann es seinen Adel zur Geltung bringen. Aber der Bauer braucht nur aufzuhören zu arbeiten, auf daß all dieser Adel verwelke und auf eine Stufe mit den Viehhirten sinke.

Die adelige Abstammung gründet sich auf den heidnischen Brauch, von Kaisern und Königen Wappen zu erwerben. Die einen erwerben sie durch Dienst als Vergeltung für irgendwelche

Heldentaten; die anderen kaufen sie der Würde halber, zum Beispiel, ein Burgtor, einen Wolfs- oder Hundskopf, eine Leiter, ein Halbroß, ein Horn, Messer, eine Schweinswurst und ähnliches. Auf solchen Wappen gründet sich der ganze Adel, und ihr Wert ist derselbe, wie der der Wappen. Gäbe es kein Geld zu ihrem Unterhalt, würde sie der Hunger antreiben, die Wappen fahren zu lassen und den Pflug zu ergreifen. Nicht in den Wappen, im Gelde steckt die Hauptkraft des Adels, und wenn kein Geld da ist, wird der edle Herr mit dem Bauern gleich und falls er sich zu arbeiten schämt, bleibt er ohne ein Stück Brot zum Mittagessen.

Die doppelte Geburt des adeligen Standes, in der Sünde des Adamus und im Bewußtsein seiner Adeligkeit, die sich auf die Wappen gründet, führt mit sich eine Menge neuer Sünden. Das Bewußtsein vom Adel erzeugt Eitelkeit, Mangel der Demut und Geduld. Versuche jemand, einen Adeligen gemein oder Bauer zu nennen, sofort läßt er ihn vor Gericht bringen, um sich von Bauerntum und Gemeinheit zu reinigen. Andere Sünden, die demselben Quell entspringen, sind – Müßiggang, Trachten nach Üppigkeit, heidnische Herrschsucht, Grausamkeit, Gewalt. Die Geistlichkeit aber sekundiert zu diesen Sünden und sagt den Herren: „Das ist keine Sünde, das gehört oder das paßt zu euerem Stande." Mit solchen und ähnlichen Reden wässert sie gleichsam diese Sünden, damit sie schneller gedeihen, und macht aus ihnen eine Tugend.

Diese Sünden gehen von den Eltern auf die Kinder über, die sie in den nämlichen Verirrungen erziehen, in denen sie selbst verharren, und entziehen auf diese Art Gott Seine Geschöpfe. Wegen ihrer adeligen Abstammung meinen die Herren, es sei notwendig, ihre Kinder an die Fürstenhöfe in deutschen Landen zu schicken, damit sie dort verschiedene Komplimente und andere Grimassen, „Schicklichkeiten", galante Posen mit Bücklingen lernen und an dem Gifte sich berauschen, das an den Höfen kredenzt wird. Alles dies geschieht aus Eitelkeit: sie lieben zu sehr die weltliche Herrlichkeit, und weil sie diese zu Hause schwer erlangen können, so schicken sie ihre Kinder zu den Mächtigen, um durch diese zu irgendeiner Würde zu gelangen, auf daß die Alten sich brüsten können: siehe unser Sohn war der Beschließer des Königs, und unsere Tochter macht zurecht oder trägt die Schleppe der Königin. Dermaßen haben sich diese Wappengeschlechter vermehrt, daß zu wenig Boden für sie da ist. Alle wollen sie herrschen, in Reichtum schwelgen, manche aber haben nicht die Mittel dazu: viele drückt das Elend, aber arbeiten wollen sie nicht, schämen sich der Arbeit, den Schlund aber haben alle gar groß. Manche stecken in endlosen Schulden drin, locken mit schmeichlerischen Reden und verschiedenen Versprechungen Geld heraus, arbeiten aber wollen sie um nichts in der Welt, um ihre adelige Herkunft mit Arbeit nicht zu blamieren. Diese Herren haben sich die ausgedehntesten und besten Felder angeeignet, und haben diese Felder in Wüstenland verwandelt, wo die Wölfe umherstreichen; sie selbst aber stehen auf, wie es bei Hofe Sitte ist, setzen sich und verbringen die Zeit bei unendlichen Gesprächen über verschiedene Neuigkeiten. In der heiligen Schrift gibt es nirgends einen Hinweis darauf, daß die einen Menschen besserer Abstammung seien, als die anderen. Salomo selbst hat seine Nichtigkeit erkannt, und wenn wir im Alten und Neuen Testamente das Wort „adelig" finden, so hat dies die Adeligkeit zu bedeuten, die in Tugend und Weisheit beruht. Wie das Leben dieser Adeligen widerwärtig ist, so widerwärtig ist auch die Kleidung, welche Männer und Frauen tragen. Im allgemeinen haben weder die Heiden, noch die Juden in solchem Grade den Glauben Christi entweiht, wie ihn diese Geschlechter, die sich auf Wappen gründen und sich auf unrechte Art dem Glauben beigesellt hatten, entweihen. Sie sind nicht Gott gefällig und auch den Menschen zum Schaden und zur Last. Das arbeitende Volk schleppt die Bürde ihres Adels auf seinem Rücken, sie aber sind bereit, dasselbe zu verschlingen, und trachten alles, was es an Gutem auf der Erde gibt, an sich zu reißen und zu verschlingen. Ein großer Schaden entsteht durch sie für alle Menschen dadurch, daß sie alle in die eigene Verderbtheit herabziehen und ihre Mitmenschen wie die Leiche mit ihrem Gift, das die Menschen vertilgt, anstecken. Vorerst stecken sie mit ihrer Verderbtheit an ihre Kinder und ihre Dienerschaft, indem sie ihnen

Eitelkeit und alle Hofmanieren beibringen, danach aber nimmt auch der städtische Stand ihre Lebensart an. Alles dieses wurde deshalb geschrieben, auf daß in diesem wappengeschmückten Gesindel der Antichrist erkannt werde, von dem der heilige Paulus spricht, indem er ihn als den Menschen der Ruchlosigkeit und Sohn der Verderbnis kennzeichnet.

G.
DIE KIRCHLICHE VERDREHUNG DES CHRISTENTUMS
(Lesetexte für den 20. Dezember)[9]

Die kirchliche Verdrehung des Christentumes hat die Verwirklichung des Reiches Gottes von uns entfernt, aber die christliche Wahrheit hat, wie das Feuer im trockenen Baum, ihre Decke durchbrannt und ist nach außen durchgedrungen. Die Bedeutung des Christentums ist allen sichtbar und sein Einfluß ist bereits stärker als der Betrug, der ihn verbirgt.

1.

Man muß die Religion, zu der sich Christus bekannt hat, befreien von der Religion, deren Gegenstand Christus ist. Und nachdem wir den Zustand der Erkenntnis, die den Grundkern und den Anfang des ewigen Evangeliums ausmacht, erkannt haben, müssen wir daran festhalten.

Wie die dürftigen Öllämpchen einer Dorfillumination und die kleinen Kerzen einer Prozession vor dem großen Lichte der Sonne verbleichen, ebenso werden die nichtigen, örtlichen, gelegenheitlichen und zweifelhaften Wunder vor dem Lebensgesetze des Geistes, vor dem großartigen Schauspiel der Menschengeschichte, die Gott dirigiert, verbleichen.

Amiel. [Henry Frédéric Amiel, 1821-1881 – Schweiz]

---

[9] Textquelle I Leo TOLSTOI: Für alle Tage. Ein Lebensbuch. Band II. Dresden 1907, S. 625-627 [Überschrift hier redaktionell, *pb*].

2.
Ich sehe eine neue Religion, die sich auf das Zutrauen zum Menschen gründet; die uns an die unberührten Tiefen mahnt, die in uns leben; die daran glaubt, daß der Mensch das Gute ohne den Gedanken an eine Belohnung lieben kann; daran, daß der göttliche Urgrund im Menschen lebt.
Salter. [Samuel Salter, 1710-1778]

3.
Es kann keine Gesellschaft ohne gemeinschaftlichen Glauben und gemeinschaftliches Ziel bestehen: die politische Tätigkeit ist Anwendung; die Religion stellt das Prinzip auf. Wo es nicht diesen gemeinschaftlichen Glauben gibt, dort herrscht der Wille der Mehrheit, der in fortwährender Unbeständigkeit und in der Unterdrückung der übrigen besteht. Ohne Gott kann man die Menschen zwingen, aber nicht überzeugen. Ohne Gott werden die Meisten Tyrannen, aber keine Erzieher der Menschen sein.

4.
Was uns not tut, was das Volk nötig hat, was unser Zeitalter fordert, um einen Ausweg zu finden aus dem Schlamm der Selbstsucht, des Zweifels und der Verneinung, in den wir versunken sind, das ist ein Glaube, in dem unsere Seelen das irrige Suchen persönlicher Ziele lassen könnten, damit wir einen gemeinsamen Weg schreiten, indem wir einen Ursprung, ein Gesetz, ein Ziel erkennen. Jeder starke Glaube, der auf den Trümmern alter, überlebter Glaubenslehren entsteht, ändert die bestehende Gesellschaftsordnung, weil jeder starke Glaube unbedingt auf jedem Gebiet menschlicher Tätigkeit angewandt wird.

Die Menschheit wiederholt in verschiedenen Formeln und Graden die Worte des Gebotes des Herrn: „Es komme dein Reich, wie im Himmel, so auch auf Erden."
Mazzini. [Giuseppe Mazzini, 1805-1872 – Italien]

5.
Ich sehe vor mir ein Volk, das die Livrée der Knechtschaft und der politischen Rechtlosigkeit trägt, ein Volk in Lumpen gehüllt, verhungert, ermüdet, die Abfälle aufsammelnd, die ihm vom üppigen Gastmahl der Reichen verächtlich zugeworfen werden, oder aber ich sehe es im Ausbruch grimmigen Aufruhrs wütend, von bestialischem Zorn und wilder Freude betäubt, und ich denke dabei, daß diese vertierten Gesichter an sich den Abdruck des Fingers Gottes tragen, zum Zeichen dessen, daß sie mit uns eine gemeinschaftliche Lebensbestimmung haben. Danach wende ich meine Blicke in die Zukunft, und da entsteht vor mir ein Volk, das in aller seiner Herrlichkeit sich erhebt, wie Brüder eines Glaubens, durch gemeinschaftliche Bande der Gleichheit und Liebe vereinigt von einem gemeinschaftlichen Ideal bürgerlichen Heldenmuts geleitet, in Schönheit und Kraft immer mehr gedeihend, ich sehe dieses Volk der Zukunft, vom Verderbnis des Luxus verschont, vom Elend nicht vertiert, vom Bewußtsein seiner Rechte und Pflichten durchdrungen. Bei dieser Vision zieht sich mein Herz schmerzhaft zusammen, ob der Gegenwart und es bebt freudig ob der Zukunft.
Mazzini.

6.
Man kann nicht hoffen, das Kommen des Reiches Gottes zu sehen, man darf aber nicht zweifeln, daß es kommen wird. Es kommt ohne Unterlaß.

Glaube nicht, das kirchliche Christentum sei zwar ein unvollständiges, einseitiges, formelles, aber immerhin ein Christentum. Glaube das nicht: das kirchliche Christentum ist ein Feind des wahren Christentums und steht jetzt angesichts des wahren Christentums so da, wie ein Verbrecher, der bei seinem Verbrechen *in flagranti* ertappt wurde. Es muß sich selbst vernichten, oder immer wieder neue Verbrechen begehen.

H.
STAATSRELIGION OHNE CHRISTUS
(Lesetexte für den 27. Dezember)[10]

Von der Stunde an, als die ersten Mitglieder der Konzilien den Ausdruck gebraucht hatten: „Es geruhte uns und dem heiligen Geiste", d. h. als sie die äußere Autorität über die innere aufgestellt, das Resultat erbärmlicher menschlicher Betrachtungen auf den Konzilien für wichtiger und heiliger erkannt hatten, als das einzig heilige, was es im Menschen gibt, – seine Vernunft und sein Gewissen, von dieser Stunde an hat jene die Leiber und Seelen der Menschen betäubende Lüge begonnen, die Millionen menschlicher Wesen vernichtet hat, und bis heutzutage ihr entsetzliches Werk fortsetzt.

1.
Wie sonderbar es auch scheinen mag, es ist zweifellos, daß nur in jenen christlichen Lehren, die Ketzerei hießen, das Christentum sich geäußert und fortbewegt, d. h. geklärt und verwirklicht hatte. Die Ketzereien konnten in sich Irrtümer enthalten, konnten aber auch das wahre Christentum enthalten. Die Lehren aber, die als staatliche anerkannt und durch Macht und Gewalt aufrecht erhalten wurden, konnten kein Christentum sein, weil ihre Grundlage die Gewalt, antichristlich war. Der Katholizismus, die Orthodoxie, das Luthertum, das Anglikanertum, konnten keine christlichen Lehren sein, weil sie die Grundlage des Christentums – die liebevolle Verständigung leugneten, und statt ihrer ein höchst antichristliches Verfahren – die Gewalt gebrauchten, die sie bis zu den ärgsten Martern, Einrichtungen, Verbrennungen kommen ließen. Alle diese mit der Staatsgewalt verbundenen Kirchen, die die Sektanten nicht umsonst die apokalyptische Buhlerin nennen, waren nicht nur niemals christlich, sondern waren stets die verworfensten Feinde des Christentums gewesen und fahren fort, auch jetzt es zu sein, ohne ihre Verbrechen zu

---
[10] Textquelle | Leo TOLSTOI: Für alle Tage. Ein Lebensbuch. Band II. Dresden 1907, S. 651-654 [Überschrift hier redaktionell, *pb*].

bereuen, wohl aber ihre ganze Vergangenheit für geheiligt erachtend, fahren sie auch fort, ebensolche Feinde des Christentums und das Haupthindernis für seine Aufnahme bei den Völkern zu sein.

2.
Die Basis jeder Staatsreligion ist die Gewalt, die Basis des Christentums ist die Liebe. Der Staat, das ist der Zwang, das Christentum ist die Überzeugung. Das Schwert und der Hirtenstab sind sich entgegengesetzt und können keine Verbündete sein.
Cunningham Giekie. [John Cunningham Geikie, 1824-1906]

3.
Das Anglikanertum war von Anfang an der kriecherischste und eifrigste Diener der Tyrannei gewesen und bemühte sich, mit Hilfe weltlicher Macht und vermittels üppiger Feierlichkeit dieselbe Stellung zu erlangen, die in Europa der Katholizismus erlangt hatte. Es appellierte in allen schwierigen Fällen an die Hilfe der staatlichen Gewalt.
Lecky. [William Edward Hartpole Lecky, 1838-1903]

4.
Im Jahre 1682 wurde in England Doktor Lytton, ein achtbarer Mann, der ein Buch gegen den Episkopat geschrieben hatte, vor Gericht gestellt und zu folgender, an ihn vollführter Strafe verurteilt: er wurde auf grausame Meise ausgepeitscht, dann schnitten sie ihm ein Ohr ab und schnitten ihm die eine Nasenhälfte aus, dann brannten sie ihm mit einem Glüheisen auf die Wange die Buchstaben „SS": Skandal-Stifter. Nach einer Woche wurde er neuerdings ausgepeitscht, ungeachtet dessen, daß seine Narbenwunden am Rücken noch nicht verheilt waren, und schlitzte man ihm die andere Nasenhälfte auf, und schnitt man ihm das andere Ohr ab und brannten ihm das Schandzeichen auch auf die andere Wange. Alles dies ward im Namen des Christentums vollbracht.
[*John*] *Morison Davidson.* [1942-1906, England]

5.
Christus hatte keine Kirche gestiftet, keinen Staat eingesetzt, keine Gesetze gegeben, keine Regierung und keine äußere Autorität eingesetzt. Er trachtete aber das Gesetz Gottes in die Herzen der Menschen zu schreiben, auf daß sie sich selbst regieren.
Herbert Newton.[11]

6.
Im Jahre 1415 wurde Johann Hus, weil er den Papst seiner ruchlosen Taten überführte, für einen Ketzer erkannt, gerichtet und zum Tode ohne Blutvergießen, d. h. zur Verbrennung verurteilt.

Die Richtstätte befand sich hinter dem Stadttor, zwischen den Gärten, neben dem Rhein. Als sie Hus zur Richtstätte brachten, fiel er auf die Knie und betete. Als ihm der Henker den Scheiterhaufen zu besteigen befahl, erhob sich Hus und rief mit lauter Stimme:

„Jesus Christus! Diesen schrecklichen Schandtod erdulde ich der Verkündigung Deines Wortes halber; ich will demütig leiden und mit Frömmigkeit!"

Die Henkersknechte entkleideten Hus und banden ihm die Hände rückwärts an den Pfahl; mit den Füßen stand Hus auf einer Bank. Um ihn herum wurde Holz und Stroh gehäuft. Der Scheiterhaufen reichte ihm bis zum Knie. Zum letzten Mal proponierte ihm der kaiserliche Marschall von Pappenheim, er solle sein Leben retten, indem er die Ketzerei widerrufe.

„Nein," sprach Hus, „ich bin mir keiner Schuld bewußt."

Darauf zündeten die Henkersknechte den Scheiterhaufen an.

Hus stimmte den Psalm an: „Christ, du Sohn des lebendigen Gottes, erbarme dich meiner!" Die Flammen, vom Winde angefacht, loderten hoch empor, und Hus verstummte bald darauf.

7.
Man sagt, die wahrhaft Gläubigen bilden die Kirche. Ob es solche wahrhaft Gläubige gibt oder nicht, können wir nicht wissen.

---

[11] [Herbert Newton Casson, 1869-1951 – kanadischer Autor (?)]

Jeder von uns möchte natürlich einer von diesen wahrhaft Gläubigen sein und trachtet danach, es zu werden; aber keiner kann weder von sich, noch von denen, die ebenso glauben, wie er, behaupten, daß sie die einzigen wahrhaft Gläubigen seien.

———

Wenn es eine Kirche gibt, so kann sie nicht gesehen werden von denen, die sich in ihr befinden.

XII.
Die Haltung der frühen Christen zum Krieg

Zusammengestellt von Nikolaj N. Gussew,
bearbeitet von Leo N. Tolstoi[1]
(um 1908)

„Der ganze Erdkreis steht in der Raserei eines gegenseitigen Blutvergießens, und Mord, der als Verbrechen gilt, wenn ein einzelner Mensch ihn verübt, wird als Tugend bezeichnet, wenn er in der Masse geschieht." – So schrieb der berühmte Cyprian[2] im dritten Jahrhundert über den Krieg.

Die gesamte christliche Gemeinschaft der ersten Jahrhunderte, bis hin zum fünften Jahrhundert, hatte dieselbe Einstellung zum Krieg. Die Leitungen der christlichen Gemeinschaft erkannten es klar, dass den Christen jede Art des Tötens verboten ist, also auch das Töten im Krieg.

Der Philosoph Tatian, der im zweiten Jahrhundert zum Christentum konvertierte, hielt Mord im Krieg für Christen ebenso wenig für akzeptabel wie jeden anderen Mord und betrachtete den militärischen Kranz zur Siegerehrung für einen Christen als unanständig. Im selben Jahrhundert sagte Athenagoras von Athen, dass Christen sich nicht nur niemals selbst töten, sondern es auch vermeiden, bei Morden anwesend zu sein.

---

[1] Textquelle | ОТНОШЕНИЕ ПЕРВЫХ ХРИСТИАН К ВОЙНЕ: Zuerst postum veröffentlicht 1917 in einer Ausgabe von Tolstois Lesezyklus „Krug čtenija, 1904-1908". Die Arbeitsgrundlage der hier dargebotenen Übertragung für die Tolstoi-Friedensbibliothek wurde übersetzt mit www.DeepL.com/Translator (sprachlich nachbearbeitet von P. Bürger); im Vergleich mit dem russischen Originaltext gegengelesen von Hannelore Tölke & Dmitriy Kostavarov, Textstand 24.01.2023).
[2] [Bischof von Kathargo]

Im dritten Jahrhundert stellte Clemens von Alexandria den heidnischen „kriegerischen" Nationen einen „friedlichen Stamm der Christenheit" gegenüber. Am deutlichsten aber brachte der berühmte Origenes die Abscheu der Christen gegenüber dem Krieg zum Ausdruck. Indem er die Worte Jesajas auf die Christen anwandte – dass nämlich die Zeit kommen wird, in der die Menschen Schwerter zu Sicheln und Spieße zu Pflugscharen umschmieden –, antwortete er ganz unmissverständlich: „Wir greifen nicht zu den Waffen gegen irgendein Volk, wir lernen nicht die Kunst des Krieges; denn durch Jesus Christus sind wir Kinder des Friedens geworden." Auf den Vorwurf des Celsus, die Christen würden sich dem Militärdienst entziehen, so dass das Römische Reich, wenn es christlich werde, untergehe, antwortete Origenes, dass die Christen mehr als andere für das Wohl des Kaisers kämpften – und zwar durch ihre guten Taten, ihr Gebet und ihren guten Einfluss auf die Menschen. Was aber den Kampf mit Waffen anbelange, so sei es vollkommen rechtschaffen, dass Christen nicht zusammen mit kaiserlichen Truppen kämpfen; sie würden auch nicht zum Kampf (der Soldaten) Folge leisten, wenn der Kaiser sie dazu zwingt.

Tertullian, ein Zeitgenosse von Origenes, betonte ebenfalls, dass es für einen Christen unmöglich ist, Soldat zu sein. „Es geht nicht an, gleichzeitig dem Zeichen Christi und dem Zeichen des Teufels oder einer Festung des Lichts und einer Festung der Finsternis zu dienen", sagt er über den Militärdienst, „eine Seele kann nicht zwei Herren dienen. Und wie könnte man zum Schwert greifen, das der Herr selbst (uns) weggenommen hat? Ist es möglich, das Schwert zu gebrauchen, wenn der Herr gesagt hat, dass jeder, der das Schwert hält, durch das Schwert umkommen wird? Und wie sollte ein Sohn des Friedens in den Kampf ziehen können?"

Im vierten Jahrhundert lehrte Lactantius das Gleiche. „Es soll keine Ausnahme geben von Gottes Gebot, dass es immer eine Sünde ist, einen Menschen zu töten", sagte er. – „Das Tragen von Waffen ist den Christen nicht erlaubt, denn ihre Waffe ist allein die Wahrheit." In den Regeln der ägyptischen Kirche des dritten

Jahrhunderts und im so genannten „Testament unseres Herrn Jesus Christus" ist es jedem Christen unter Androhung der Exkommunikation unbedingt verboten, sich zum Militärdienst zu melden.

Die „apostolische Geschichte"[3] enthält viele Beispiele für christliche Märtyrer der ersten Jahrhunderte, die leiden mussten, weil sie sich weigerten, weiterhin in den römischen Legionen zu dienen.

So antwortete zum Beispiel Maximilian, der zum Militärdienst eingezogen wurde, auf die Frage des Prokonsuls nach seinem Namen: „Ich heiße Christ und kann deshalb nicht kämpfen." Trotz dieser Aussage wurde er als Soldat eingezogen, verweigerte aber den Dienst. Ihm wurde gesagt, dass er zwischen dem Militärdienst und dem Tod wählen müsse. Er sagte: „Ich würde dann lieber sterben, denn zu kämpfen vermag ich nicht." Er wurde den Henkern übergeben.

Marcellus war ein Zenturio in der Trojanischen Legion. Im Glauben an die Lehre Christi und in der Überzeugung, dass der Krieg unchristlich ist, zog er vor den Augen der ganzen Legion seine militärische Rüstung aus, warf sie auf den Boden und erklärte, dass er, da er Christ geworden sei, nicht mehr im Militär dienen könne. Er wurde inhaftiert, aber selbst im Gefängnis sagte er: „Ein Christ darf keine Waffen tragen!" Er wurde hingerichtet.

Nach Marcellus verweigerte auch Cassianus, der in der gleichen Legion diente, den Kriegsdienst. Auch er wurde hingerichtet.

Unter Julian dem Apostaten weigerte sich Martin, der in einem militärischen Umfeld aufgewachsen war, den Militärdienst fortzusetzen. Während des Verhörs durch den Kaiser sagte er nur: „Ich bin Christ und kann deshalb nicht kämpfen."

Das Erste Ökumenische Konzil [Nicäa, 325 nach Chr.] hat für die Wiederaufnahme von Christen, die aus dem Dienst ausgeschieden sind, ein strenges Verfahren festgelegt. Der Originaltext

---

[3] [Bedeutung unklar; gemeint sein kann hier *nicht* die Apostelgeschichte; pb]

dieses Dekrets lautet in der von der orthodoxen Kirche anerkannten Übersetzung wie folgt:

„Diejenigen, die aus Gnade zum Bekenntnis des Glaubens berufen wurden und – dem ersten Impuls des Glaubenseifers folgend – ihren militärischen Gürtel abgelegt haben, dann aber wie Hunde zu ihrem Erbrochenen zurückgekehrt sind [zum Militär] … sollen sich zur Kirche begeben und zehn Jahre lang um Verzeihung bitten, nachdem sie zuvor drei Jahre lang nur in der Vorhalle die Heilige Schrift gehört haben."

Die Christen, die in der Armee blieben, waren verpflichtet, während des Krieges keinen Feind zu töten. Bereits im vierten Jahrhundert empfahl Basilius der Große, dass Soldaten, die gegen diese Vorschrift verstoßen, drei Jahre lang nicht zur Kommunion zugelassen werden sollten.

Nicht nur in den ersten drei Jahrhunderten des Christentums, während der Christenverfolgung, sondern auch in den Anfängen des Triumphs des Christentums über das Heidentum, als das Christentum als vorherrschende Staatsreligion anerkannt wurde, herrschte unter den Christen also die Überzeugung vor, dass Krieg mit dem Christentum unvereinbar ist. Ferrutius hat dies klar und deutlich zum Ausdruck gebracht (und wurde dafür hingerichtet): „Es ist für Christen nicht erlaubt, Blut zu vergießen, auch nicht in einem gerechten Krieg und auf Befehl christlicher Herrscher."

Im vierten Jahrhundert lehrte Luzifer, Bischof von Cagliari [gest. um 370], dass selbst das höchste Gut der Christen – ihr Glaube – „nicht durch die Tötung anderer, sondern durch ihren eigenen Tod" verteidigt werden müsse. Paulinus, Bischof von Nola, der 431 starb, drohte denjenigen, die dem Kaiser mit Waffen dienten, noch mit ewigen Qualen in der Hölle.

Dies war die christliche Sicht der ersten vier Jahrhunderte bezogen auf die Haltung des Christentums zum Militärdienst.

(Nach: Baron Taube, „Das Christentum und die internationale Welt" und Ruinart's „Die Akten der ersten Märtyrer"; zusammengestellt von N. N. Gussew; redigiert vom Herausgeber L. N. Tolstoi.)

XIII.
Es ist Zeit, zu begreifen

Ein staatskritischer Text über den
„Dschingis Khan mit Telegraphen"[1]
(Pora ponjat', 1909)

Leo Tolstoi

„Ein Staat, der auf Kalkül beruht und durch Furcht zusammengehalten wird, ist ein ebenso abscheuliches wie zerbrechliches Gebäude", sagt Amiel[2] an irgendeiner Stelle. Dem vermag man gar nicht zu widersprechen, und man kann es mit dem Verstand nachvollziehen; aber neben diesem verstandesmäßigen Zugang kann man mit seinem ganzen Wesen ein Gefühl des Ekels und des Entsetzens vor einem solchen Gebilde empfinden, wenn man in ihm lebt, und die ganze Hässlichkeit und Zerbrechlichkeit dieses Gebildes bleibt in keiner Weise verborgen. Die überwiegende Mehrheit der 150 Millionen Menschen in Russland teilt jetzt genau dieses Gefühl.

Es mag so sein, dass Abscheulichkeit und Zerbrechlichkeit des Gebäudes durch die ausgeklügelten Sophismen, die sich über Generationen eingeprägt haben, geschickt vor den Menschen verborgen werden; die Hauptsache ist hierbei, dass die Menschen so verstrickt sind, gefangen in diesem Gebäude durch ihre persönlichen Berechnungen der Eitelkeit und Gier, dass sie nicht sehen können, nicht mehr sehen wollen: den Wahnsinn, die Ungerechtigkeit, die Grausamkeit dieses Gebildes und – in Sklaverei verblendet – sich vorstellen, dass alle Einrichtungen des

---

[1] Textquelle | ПОРА ПОНЯТЬ (1909); hier Übertragung für die Tolstoi-Friedensbibliothek auf der Grundlage einer Übersetzung mit deepL.com/translator (stilistisch bearbeitet; Textkontrolle im Vergleich mit einer Übersetzung von Günter Dalitz; Untertitel redaktionell hinzugefügt, *pb*): Textversion 28.02.2023.
[2] [Henri-Frédéric Amiel, 1821-1881 – Schweiz]

Gebäudes – Gerichte, Polizei, Truppen, Ministerien, vor allem Parlamente – die notwendigen und segensreichen Institutionen sind, die ihre Sicherheit und Freiheit gewährleisten. Solche Menschen glauben aufrichtig, dass sie so frei sind, wie Menschen nur eben sein können, und dass jene Institutionen, die sie in Knechtschaft halten, unverzichtbare Bedingungen des Lebens aller Menschen sind, und dass, wenn irgendetwas an ihnen geändert werden muss, nur einige Einzelheiten zu ändern seien, aber im Allgemeinen alles so ist, wie es sein solle und nicht anders sein könne. So denken Engländer, Amerikaner, Franzosen, Deutsche, und sie mögen so denken; aber wir Russen können leider, oder besser gesagt: zu unserem Glück, besonders heutzutage, nicht so denken und fühlen. Die überwältigende Mehrheit von uns Russen versteht und fühlt mit ihrem ganzen Wesen, dass das ganze staatliche System, das uns gefangen hält, uns unterdrückt und korrumpiert, nicht nur nicht notwendig ist für uns, sondern etwas Feindseliges, Abscheuliches und absolut Unnötiges und Widersinniges bedeutet. Für jeden Menschen heutzutage in Russland mit ein wenig Verstand, auch für den Ungebildetsten, ist es ganz klar, dass er neben den gewöhnlichen Widrigkeiten, die das ruhige Leben des Menschen unterbrechen, ständig Entbehrungen und Leiden erfährt, deren Ursache einzig die Tätigkeit der Regierung ist, die ihn mit unerbittlicher Grausamkeit und Brutalität, ohne jede Notwendigkeit, ständig drangsaliert und bedrückt – es sei denn, er gehört selbst zu den Menschen, die die anderen bedrücken. Einerseits spürt der russische Mensch unserer Zeit diesen Druck besonders lebhaft, denn die Regierung, die auf keine Hindernisse mehr stößt, bedrängt, erwürgt, tötet, inhaftiert, verbannt alle, die es wagen, sich nicht nur zu widersetzen, sondern auch ihre Stimme zum Protest gegen sie zu erheben; andererseits empfinden die Menschen in Russland die Grausamkeit, die Grobheit und den hemmungslosen Despotismus der Regierung auch deshalb besonders lebhaft, weil die Leute in letzter Zeit, nachdem sie die Möglichkeit eines freieren Lebens im Vergleich zum bisherigen begriffen haben, zum Teil sich selbst als vernünftige Geschöpfe erkennen, denen das Recht eigen ist, sich im Leben von der Vernunft und dem Gewissen leiten zu lassen und nicht vom Willkürwillen dieses oder jenes Unbekannten, der zufällig die Rolle eines Regierenden eingenommen hat. Je brutaler, gröber und unkontrollierter die Macht der Regierung wurde, desto mehr wurde sich das Volk der Verrücktheit eines solchen Zustandes bewusst und der Unmöglichkeit, ihn aufrechtzuerhalten. Und sowohl die zügellose Willkür der Macht als auch das Bewusstsein der Unrechtmäßigkeit dieser Macht, das von Tag zu Tag und von Stunde zu Stunde zunimmt, haben in letzter Zeit einen höchsten Grad erreicht. Obwohl jedoch die Mehrheit des Volkes sich der Nutzlosigkeit und Bösartigkeit der Regierung klar bewusst ist, kann sich das Volk nicht mit Gewalt von ihr befreien, da die praktischen Vorrichtungen wie Eisenbahnen, Telegraphen, Druckereimaschinen u.s.w., über die die Regierung verfügt, alle Emanzipationsversuche des Volkes stets sofort unterdrücken können. So befindet sich die russische Regierung gegenwärtig in jenem Zustand, von dem [A.] Herzen mit Entsetzen gesprochen hat. Sie ist jetzt eben jener Dschingis Khan mit Telegraphen, dessen Potenzen ihn so erschreckten. Und Dschingis Khan ist nicht nur ausgestattet mit Telegraphen, sondern mit einer Verfassung, mit zwei Kammern, der Presse, den politischen Parteien und ‚*tout le tremblement*'3.

Despotismus! Meine Güte, was für ein Despotismus, wenn wir zwei Kammern, politische Blöcke, Parteien, Fraktionen, Untersuchungen, die Präsidentschaft, den Premierminister, die Parlamentsgebäude haben – alles, wie es sein sollte. Was für eine Willkür, wenn wir einen Chomjakow und einen Maklakow und den führenden Minister haben. Es gibt ein Gesetzeswerk, Zivil- und Strafgerichte, Militärgerichte, es gibt eine Zensur, es gibt die Kirche, Metropoliten, Bischöfe, es gibt Akademien und Universitäten. Wie sollte man da von Despotismus sprechen? – Dass dies alles nur dem Scheingebilde gleichkommt, mit dem man die Menschen in Europa täuschen kann – doch gegenwärtig nicht mehr die Leute in Russland, mit Ausnahme der Beteiligten –, das

---

3 [*allem Spektakel; Getöse*]

macht Dschingis Khan nichts aus, denn er hat andere Mittel. Er verfolgt seine Sache in aller Ruhe weiter, in der Hoffnung, dass sich das Volk, wie es in allen sogenannten christlichen Ländern geschah und geschieht, an die Verhältnisse gewöhnt, sich darin verstrickt und der Verwirrung anheimfällt. Dschingis Khan bleibt Dschingis Khan – nur nicht mehr mit einer Horde wilder Mörder, sondern heute mit wohlerzogenen, höflichen, sauberen Mördern, denen es gelingt, die Arbeitsteilung so zu gestalten, dass Rauben und Töten ein einziges Vergnügen ist und auch von feinfühligsten Menschen ins Werk gesetzt werden kann. Die Morde zum Beispiel, Hinrichtungen genannt, werden also nicht einfach begangen, sondern vor jedem solchen Mord kommen fünf Männer in Uniform zusammen, setzen sich auf Sessel und an einen mit einem Tuch bedeckten Tisch, schreiben und sagen mancherlei, und obwohl sie wissen, dass ihr Gerede rein gar nichts am Schicksal desjenigen ändert, den sie hängen wollen, tun sie so, als ob sie urteilen und verurteilen würden. Und mittels dieser Vorgehensweise töten sie drei bis sieben Menschen pro Tag. (Heute, am 25. November, gab es zwölf öffentliche Vorbereitungen für einen Mord – Verurteilungen – und fünf Morde). Und so geht es nun schon über einen Zeitraum von vier, fünf oder mehr Jahren. Die Damen sagen: *„C'est terrible. Je ne puis jamais lire sans frémir."*[4] Die Männer stellen ihren männlichen Mut und ihre Vernunft unter Beweis und klären die Damen darüber auf, dass dies für das Gemeinwohl notwendig sei. Die Zeitungen sind entsetzt über die fortgesetzten Hinrichtungen. Wichtige Beamte und Mitglieder der Duma erklären in ihrer Liberalität, dass es höchste Zeit sei, dieser *boucherie* (Schlachterei) ein Ende zu setzen. Das Abschlachten (*boucherie*) muss beendet werden, aber die maßgeblichen Schlachthaus-Direktoren lächeln über diese Sentimentalität. Sie wissen, wie unvermeidlich, notwendig und nützlich es ist. Wartet ab, sagen sie, die Zeit wird kommen und wir werden aufhören. Aber sie haben gar keinen Grund, aufzuhören. Alles läuft gut, und es ist sehr gut möglich, dass alles nur wegen

---

[4] [*Das ist schrecklich. Ich kann es nie ohne Erschaudern lesen.*]

dieser „vernünftigen" Maßnahmen so vorzüglich läuft. Warum sollte man sie also aufgeben? So steht es um die Morde, die von den Behörden begangen werden. Das Gleiche gilt für die Haftbedingungen in Gefängnissen. Die Gefängnisse sind überfüllt, es gibt nicht genug Platz. Menschen sterben an Schwindsucht oder Typhus, laufen weg, revoltieren, bringen sich gegenseitig um, aber die Behörden wissen, dass dergleichen nützlich ist, zumindest nicht schädlich, und unter den bekannten, anständigen, begleitenden Beratungsgremien und Schriftsätzen stecken sie immer mehr Gefangene ins Gefängnis. Ob diese schuldig oder unschuldig sind, ist dabei egal. Es ist allemal besser, einen Menschen in Sicherheitsverwahrung zu nehmen, von dem etwas Unangenehmes ausgehen könnte. Es wird uns nicht schaden, wenn er zwei Jahre im Gefängnis sitzt oder dort stirbt, aber wenn er nicht eingesperrt wird, richtet er vielleicht doch Schaden an. Es ist immer besser, übereifrige Dienstbeflissenheit an den Tag zu legen, als sich zu wenig in die Pflicht nehmen zu lassen. Es gibt mehr als hunderttausend Menschen in Gefängnissen, die nur für 70.000 Menschen gebaut wurden. Aber das ist noch nicht der Gipfel. Sobald es auch nur den geringsten Anhaltspunkt dafür gibt, dass ein Mensch denken und sagen könnte, was er über die Handlungen der Regierung denkt, wird er ergriffen, ins Gefängnis geworfen und am Ende sogar an die entlegensten, übelsten Orte gebracht, wo er darben muss – belegt mit dem Verbot, den Ort zu verlassen. Obwohl es schwer zu verstehen ist, wozu dem Dschingis Khan dies nützt, ist es offensichtlich, dass er all dies fleißig tut und sogar eine Menge Geld für diese Verbannten ausgibt. So gibt es auch Hunderttausende von solchen Unglücklichen. Diese Menschen werden verbittert, übertragen ihre Verbitterung auf jene friedlichen Bewohner, die vor ihrer Ankunft nicht an die Regierung dachten; aber Dschingis Khan schert sich nicht darum, er hat Telegraphen, Telefone, Schnellfeuergewehre, Revolver, und es interessiert ihn nicht, was die von ihm gepeinigten Menschen denken und fühlen. Aber das ist bei weitem noch nicht alles. Das Wichtigste vollzieht sich weiterhin zu Hause, in den Regierungssitzen, in den Großstädten, in der Presse und vor allem in den Schulen, von den Universitäten angefangen bis hin zu den Elementarschulen. Alles, was den Menschen nur irgendwie die Augen öffnen könnte, wird verboten; alles, was die Menschen in der Presse, in den Schulen und vor allem in der Religion vernebeln und blenden kann, wird gefördert.

Als unmöglich sollte es uns erscheinen, all das, was getan wurde und getan wird, mit dem Bekenntnis einer Religion, die sich christlich nennt, in Verbindung zu bringen, noch weniger, all diese Grausamkeiten mit der christlichen Religion zu rechtfertigen; aber es gibt eine ganze Berufsgruppe von Menschen, die sich einer solchen Perversion des Christentums widmet, in der alle Arten von Verbrechen, Plünderungen (Steuern, Landbesitz), Folterungen, sogar Morde, Hinrichtungen, Kriege als etwas den Christen gut zu Gesichte Stehendes gelten. Und das scheinbar Unmögliche wird vollbracht. Der Glaube an die Lehre Christi wird durch den blasphemischen Glauben ersetzt, dass Christus Gott sei, Vollbringer der seltsamsten und unnötigsten Wunder, und dass man, wenn man an diesen Christus glaubt, auch an Wunder glauben muss, die von einer imaginären Himmelskönigin, von Reliquien, Ikonen u.s.w. ausgehen. All dies wird als heilige Wahrheit vermittelt, und daneben wird den Menschen als ebenso heilige Wahrheit die sklavische Unterwerfung unter Dschingis Khan eingeflößt. Dieser furchtbare Betrug wird an den Erwachsenen und mit besonderem Eifer und Nachdruck ganz unverfroren an der jüngeren Generation begangen, und zwar unter dem Deckmantel, eine vorsätzliche Lüge namens Gesetz Gottes zu unterrichten. Bei jeder Religionsprüfung – und alle Kinder absolvieren eine solche Prüfung – geschieht immer aufs Neue das Folgende:

Priester: Ist Töten nach dem christlichen Gesetz erlaubt?
Schüler: Nein.
Priester: Ist es immer unrechtmäßig?
Schüler: Nein, nicht immer.
Priester: Wann ist es rechtmäßig?
Schüler: Es ist erlaubt als Maßnahme nach Verbrechen und wenn es der Verteidigung des Vaterlandes dient.

So hält man es bei allen Prüfungen. Und es gibt keinen russischen Analphabeten im ganzen Reich, der in jenem Alter, in dem er kaum zu denken in der Lage ist, nicht dieser Verlästerung Gottes, dieser Verhöhnung Christi und des menschlichen Verstandes unterworfen worden ist. Und Dschingis Khan, als Vertreter der aufgeklärten Regierung, nutzt das vom Volk geraubte Geld zum Betreiben von öffentlichen Schulen, die solche Dschingis-Khan-Lehrpläne verbreiten sollen.

So wurde das russische Volk physisch und geistig von einem Dschingis Khan mit Telegraphenapparaten unterdrückt und abermals unterdrückt; Dschingis Khan bleibt derweil ruhig und er hofft – jetzt mit Verfassung und Chomjakow und Maklakow und dem Präsidium und der Rechten und der Linken und der Mitte und Gutschkow und dem Klerus und den Vereinigungen im russischen Volk und der Presse und den Schulen –, alles werde so bleiben wie es ist, wenn er nur nicht mit dem Geld für die Spionage sparen würde. Das geplünderte Geld müsse nur verwandt werden für Spione und für Gefängnisse, Gerichte, Galgen für die Erwachsenen und Unterrichtseinrichtungen für die Kinder zwecks Lehren, Verbreiten und Aufrechterhalten der Verhöhnung der christlichen Lehre in Form einer abscheulichen Fälschung, die man das „Gesetz Gottes" nennt, – so werde dann alles den gewohnten Weg gehen, und der einzige Unterschied zwischen Dschingis Khan mit Telegraphen und dem alten wird sein, dass der neue Dschingis Khan noch mächtiger sein wird als der alte. – Doch zum Unglück von Dschingis Khan und zum Glück des russischen Volkes hat sich Dschingis Khan geirrt. Einerseits, weil die Diener des neuen Dschingis Khan und ihre Taten zu dumm und grobschlächtig waren, andererseits, weil sie in ihrer Gewalttätigkeit die Grenze überschritten haben, über die hinaus die Menschen ihre Versklavung und die Verhöhnung ihres Verstandes nicht mehr ertragen können; schließlich, weil Eisenbahnen, Telegraphen, Presse und alles, was als ein mächtiges Instrument in den Händen von Dschingis Khan liegt, die Menschen auch in demselben Bewusstsein vereinen [können]. – Oder auch, weil das russische Volk, die Mehrheit, das wirkliche Volk, das Bauernvolk, noch nicht durch Schulen verdorben ist. Es ist ihm eigen, die christliche Lehre in jenem wahren Sinne zu verstehen, der die Gleichheit und Brüderlichkeit der Menschen anerkennt – eine Lehre, die nicht nur Mord, sondern auch schon jegliche Gewalt gegeneinander verbietet. Sei es nun von diesem oder von jenem, eines ist gewiss, dass nämlich das russische Volk, das wirkliche russische Volk, in der gegenwärtigen Zeit wegen der an ihm begangenen Verbrechen nicht nur die Achtung vor seiner Regierung, sondern auch den Glauben an die Notwendigkeit jeder Regierung verloren hat und nicht mehr gezwungen werden kann, der bestehenden Regierung zu gehorchen und sich an deren Maßnahmen zu beteiligen. Die kürzliche Fahrt des Zaren mit all ihren abscheulichen Begleitumständen war, wie mir scheint, der Anstoß, der einen flüssigen Körper bei Unterkühlung augenblicklich in einen festen verwandelt.

Diese Fahrt rief, wo immer sie herführte, dasselbe Gefühl hervor: ein Bewusstsein der offensichtlichen Nutzlosigkeit und daher Schädlichkeit des Zaren und all seiner Gehilfen.

Hier kommt der Zar daher gefahren, jener Mann, der an der Spitze der Regierung steht, der Mann, von dem man annimmt: dass er vom ganzen Volk als sein Herrscher anerkannt wird, dass er der Mann ist, der durch seine Macht sowohl Einzelne als auch Gesellschaften und ganze Klassen veredeln kann, dass diese Person dem ganzen russischen Volk heilig ist. Es wird auch angenommen, dass dieser Mann nichts für sich selbst braucht und dass er über alle Wünsche und Ängste erhaben ist. Es scheint, dass es für eine solche Person, wie ehedem zu Zeiten Nikolais' des Ersten, nur ein einziges Gefühl geben kann: das Verlangen, sie zu sehen, das Verlangen, um diese oder jene Gunst zu bitten, das Verlangen, ihr ehrfürchtige Verehrung und Liebe zum Ausdruck zu bringen, – und die Rolle aller, die den Zaren umgeben, kann also nur darin bestehen, die begeisterte Menge, die nach diesem Objekt ihrer ehrfürchtigen Verehrung lechzt, in geordneter Bahn zu halten. So müsste es sein, so war es einmal. Doch wie verhält es sich heute? Wenn der Zar und seine Gehilfen, die

Menschen, die ihm am nächsten stehen, die Ausführenden seines Willens, wenn sie alle wissen, dass in dem Volk, über das sie herrschen und unter dem sie sich jetzt bewegen müssen, Tausende, Zehntausende von Menschen wohnen, die den Zaren samt Anhang hassen und begehren, sie zu töten, so versuchen sie, sich und den Zaren vor diesem Hass zu schützen, bilden Dreier- und Viererreihen von geheimen und offiziellen Wachen entlang derjenigen Straßen, die zu durchqueren sind. Wenn der Zar durch sein Reich reitet, stehen drei Reihen von Soldaten und Polizisten, von zum Anlass gekleideten und unentgeltlich arbeitenden Bauern einen Tag, zwei Tage, eine Woche, eine weitere da, warten auf die Durchfahrt und schimpfen auf den, der diese Situation verursacht. Der Tag des Durchzugs wird absichtlich nicht bekanntgemacht, damit diejenigen, die den Zaren töten wollen, nicht wissen, wann er vorbeikommt. Aus demselben Grund gibt es nicht nur einen Zarenzug, sondern mehrere, so dass niemand wissen kann, welcher der echte ist. Und so fliegt dieser Mann schließlich heimlich, wie ein Flüchtiger und Verbrecher, zwischen drei Reihen von Wachen hindurch, und niemand sieht ihn, außer den Beamten und wichtigen Personen, die in den Städten, in denen er Halt macht, anwesend sind, mit denselben Vorsichtsmaßnahmen, die ihn vor Anschlägen auf sein Leben schützen, welche immer und überall zu befürchten sind.

Denn man geht gewöhnlich davon aus, dass das Volk mit stillschweigendem Einverständnis die Notwendigkeit und Wohltätigkeit der Zaren-Regentschaft anerkennt. Wenn sich jetzt indessen herausstellt, dass der Zar in seiner Machtfülle das Volk so behandelt hat, dass er es nicht wagt, sich ihm zu zeigen, sondern sich vor ihm versteckt und vor ihm davonläuft wie ein Dieb vor denen, die er beraubt hat, was ist dann der Zweck dieser Machtveranstaltung des Zarentums? Was, wenn die Position der Macht nicht mehr durch die Anerkennung ihrer Notwendigkeit seitens der Menschen gestützt wird, sondern durch Gewalt, Gewehre und Säbel, und die Macht selbst sich vor den Menschen versteckt? Dass dies so ist, wird immer offensichtlicher, und es steht nun der großen Mehrheit des Volkes klar vor Augen.

Was ist der Zar, wenn er sich versteckt? Und wenn er sich versteckt, dann sicher nicht umsonst; es bedeutet, dass er meint, er könne, nach dem, was er getan hat und immer tut, nicht anders, als sich zu verstecken. Das ist es, was die große Mehrheit denkt. Ganz zu schweigen von all den Gefangenen, Verbannten, von denen ein großer Teil unschuldig ist – es sind Zehntausende, und sie alle haben – wie die Ermordeten – Väter, Mütter, Brüder, Schwestern, Ehefrauen, Freunde, die nicht anders können, als den einen Verursacher ihres Leids und alle Verantwortlichen zu hassen. Aber ganz abgesehen von diesen Hunderten, Tausenden von Menschen, die solche naheliegenden Gründe haben, den Zaren und seine Helfer zu hassen, ist zu sprechen auch von der Hauptmasse des Volkes, von den Bauern, allen Bauern – mit Ausnahme einer kleinen Anzahl hypnotisierter Menschen –, von allen Bauern, die jetzt durch die Enteignung in eine schlimmere Lage geraten sind als die, in der sie sich vor fünfzig Jahren unter der Leibeigenschaft befanden, den Bauern, die jetzt auf die Befreiung aus dieser Landsklaverei warten, die schlimmer ist als die Leibeigenschaft – sie alle können nicht anders, als den Zaren, den Urheber dieses Unrechts, dessen sie sich bewusst sind, mit denselben unfreundlichen und feindseligen Gefühlen zu betrachten, wie sie all die Zehn- oder Hunderttausende hegen, die als direkt Betroffene unter der Grausamkeit des Zaren und seiner Helfer leiden. Die Bauern wissen, dass alle Versuche, sie aus der Landsklaverei zu befreien, immer an der Härte der zaristischen Regierung gescheitert sind, die ihnen – unter Verhöhnung ihrer berechtigten Forderungen – das Gesetz vom 9. November beschert hat, welches ihrer verzweifelten Lage nur noch mehr Übel hinzufügt. Und deshalb ist es für den Zaren und seine Gehilfen unmöglich, keine Angst zu haben vor den Bauern, die die Regierung hassen, keine Angst davor zu haben, dass die Gereiztheit der Bauern in Hass umschlägt, weil die Herrschenden ihr Leid nicht hören und die schreiende Ungerechtigkeit, unter der sie leiden, nicht korrigieren.

Es ist wahr, dass der unglückliche Dschingis Khan um sich Leute hat, die ihm versichern, das ganze Volke stehe in Treue zu ihm, in jener Festigkeit des Glaubens an Gott und an den Herrscher, wie er einst im Volk anzutreffen war. Doch leider glauben diese Leute selbst nicht an das, was sie dem Zaren versichern, und sie lenken ihn mit ihren unverschämten Lügen nur von seiner wirklichen Situation ab. So zerstört der unglückliche Dschingis Khan, indem er ihnen Glauben schenkt und sein brutales Vorgehen fortsetzt, am Ende die letzten Grundlagen, auf denen seine Macht beruhen könnte.

Eine große Mehrheit des Volkes hat jetzt mehr oder weniger klar erkannt, wie unnötig, sinnlos und schädlich die Zarenherrschaft ist. Es ist schwer vorauszusehen, welche Folgen dieses neue Bewusstsein haben wird, aber die Folgen, die für die Regierung zwangsläufig katastrophal sein müssen, sind unausweichlich. Es kann sein – so unwahrscheinlich dies auch erscheinen mag –, dass die Macht mit all den äußeren materiellen Mitteln, die sie besitzt, noch einige Zeit durchhält. Es ist auch möglich, dass die Revolution erneut ausbricht und niedergeschlagen wird, weil die den Kampfparteien zur Verfügung stehenden Mittel zu ungleich sind. Aber in beiden Fällen ist es unvermeidlich, dass die Erkenntnis von der Nutzlosigkeit der Regierung und dem verbrecherischen Charakter des Regierungshandelns den Menschen in Russland immer deutlicher wird, und schließlich wird es geschehen, dass die große Mehrheit der Bevölkerung – nicht wegen irgendwelcher äußerer Ziele, sondern nur, weil ihr moralisches Bewusstsein die Verhältnisse klar beurteilt und als schmerzhaft empfindet – sich außerstande sieht, der Regierung zu gehorchen und die unmoralischen Forderungen zu erfüllen, an denen diese festhält. Sobald dies der Fall ist, sobald es jedem Menschen klar ist, dass das, was man Regierung nennt, nur ein Zusammenschluss von Menschen ist, die ihre Stellung durch eine Abfolge permanenter Verbrechen behaupten, wird es zwangsläufig vorbei sein mit dem Gehorsam gegenüber einer solchen Macht und mit der Unterstützung der Regierungseinrichtungen, durch welche allein die Obrigkeitsmacht fortbestehen kann.

„Man verpflichtet mich, mit den Regierungseinrichtungen zu kooperieren", wird sich ein Mensch sagen, der sich von allen Täuschungen hinsichtlich des Regierungsapparates befreit hat (und diese Befreiung vollzieht sich jetzt in Tausenden und Abertausenden von Menschen), „man verpflichtet mich, an der Zahlung und Erhebung von Steuern mitzuwirken, und an den Belangen der Verwaltung, der Justiz, der Polizei mich zu beteiligen; man will mich verpflichten, an den Kriegsangelegenheiten des Staates teilzunehmen. Aber warum sollte ich all das tun, wenn ich weiß, dass alle diese Mitwirkungen mich meiner Würde und meiner Freiheit berauben und mich vor allem zu einem Mitverursacher von Dingen machen, die sowohl dem gesunden Menschenverstand als auch den Anforderungen der grundlegendsten Moral widersprechen." Für die Menschen, die verstanden haben, dass sie sich selbst versklaven, indem sie der Macht gehorchen und sich (dadurch) selbst der grundlegendsten und geistigen Güter berauben, kann es also nur eine Haltung gegenüber der Obrigkeitsmacht geben, und zwar diejenige, mit welcher ein Mensch auf alle Forderungen der Regierung immer nur eines antwortet: „Mit mir könnt ihr, solange die Macht in euren Händen ist, machen, was ihr wollt, mich einsperren, verbannen, hinrichten. Ich weiß, dass ich mich euch nicht widersetzen kann und nicht widersetzen werde. Aber ich weiß auch, dass ich mich nicht an all euren bösen Taten beteiligen kann und will, egal wie ihr sie rechtfertigt, egal, welches Deckmäntelchen ihr ihnen umlegt, und egal, womit ihr mir droht."

Eine so ausgerichtete Einstellung zu dem, was man die russische Regierung nennt, kennzeichnet bereits heute das Bewusstsein der meisten russischen Menschen. Und wenn die verrückte, unmenschliche und unvorstellbar grausame Tätigkeit dieser Regierung noch einige Zeit andauert, wird das, was jetzt nur im Bewusstsein ist, unweigerlich auch in die Tat übergehen. Wenn das Bewusstsein in die Tat übergehen wird, so heißt das, die Mehrheit der Menschen wird aufhören, der Regierung zu gehorchen und sich an den Regierungsverbrechen zu beteiligen. Das abscheuliche, veraltete russische System, dessen Existenz seit langem mit den moralischen Anforderungen unserer Welt unvereinbar ist, wird von selbst und ohne Kampf fallen.

6. Dezember 1909.

Collection Otto Janke.

Preis 1 Mark.

Christentum
und
Vaterlandsliebe.

Von
Graf Leo N. Tolstoi.

Nach einer Copie des Original-Manuscripts mit Zusätzen des Verfassers

aus dem Russischen übersetzt

von

L. A. Hauff.

BERLIN, OTTO JANKE.

Da Tolstoi für seine nach 1881 verfassten Schriften auf ein geschütztes Urheberrecht verzichtete, kam es zeitnah nicht selten zu Mehrfachübersetzungen für deutschsprachige Leser – so auch 1894 bei seiner Schrift über ‚Christentum und Patriotismus'.

Gesamtübersicht und Anmerkungen zu den ausgewählten Texten

Dieser Band erscheint in der Reihe B des Editionsprojekts ‚Tolstoi-Friedensbibliothek' (thematische Sammelbände und Lesebücher, Editionen von Selbstzeugnissen) zur nichtkommerziellen (Neu-)Erschließung *gemeinfreier Übersetzungen* von Schriften Leo N. Tolstois. Zu den Angeboten sowie zum Kreis der Beteiligten (Konzeption und Herausgeberschaft, Bearbeitung, Beratung, Kooperationspartner*innen) vgl. die Projektseite: www.tolstoi-friedensbibliothek.de

Bei Angaben zur russischen Werkausgabe folgen wir den bibliographischen Verzeichnissen von Christian MÜNCH in: Martin George / Jens Herth / Christian Münch / Ulrich Schmid (Hg.): Tolstoj als theologischer Denker und Kirchenkritiker. (Übersetzung der Tolstoj-Texte von Olga Radetzkaja und Dorothea Trottenberg, Kommentierung von Daniel Riniker). Zweite Auflage. Göttingen: Vandenhoeck & Ruprecht 2015, S. 731-746. – Einige Direkt-Links zur großen russischen Online-Ausgabe sind dem Herausgeber dieses Bandes von Menschen mit entsprechenden Sprachkenntnissen zur Verfügung gestellt worden.

I. ERNSTE GEDANKEN ÜBER STAAT UND KIRCHE
(Cerkov' i gosudarstvo, 1879)

Russischer Text | Cerkov' i gosudarstvo (Kirche und Staat, Fragment 1879). L. N. Tolstoi: PSS – Russische Gesamtausgabe in 90 Bänden, Moskau 1928-1957ff (Polnoe sobranije sočinenij), Band 23, S. 475-483. [Als Internet-Ressource: http://tolstoy.ru/creativity/90-volume-colection-of-the-works]

Textquelle | [Lev Nikolaevič TOLSTOJ:] Ernste Gedanken über Staat und Kirche – von Graf Leo Tolstoi. Aus dem russischen Manuskript übersetzt. Berlin: Verlag Cassirer & Danzinger 1891. [28 Seiten; erster Druck der Schrift, jedoch nach einer textologisch unzuverlässigen Vorlage.]

Weitere Übersetzung | L. Tolstoj: Kirche und Staat, übersetzt von Olga Radetzkaja. In: Martin George / Jens Herth / Christian Münch / Ulrich Schmid (Hg.): Tolstoj als theologischer Denker und Kirchenkritiker. Zweite Auflage. Göttingen: Vandenhoeck & Ruprecht 2015, S. 72-82. [Mit Hinweisen zur Text- und Editionsgeschichte auf S. 72: „Das Fragment mit dem Titel ‚Kirche und Staat' dürfte im Winter 1879/1880 entstanden sein. ... Pavel Birjukov berichtet, wie er um 1885 im Arbeitszimmer von Tolstoj zufällig auf eine Abschrift von ‚Kirche und Staat' gestoßen sei ... Tolstoj stellte Birjukov diese Abschrift bereitwillig zur Verfügung, die kurz darauf in Studentenkreisen in St. Petersburg in vervielfältigter Form zu kursieren begann – wovon Tolstoj, der keine Anstrengungen unternahm, seinen Aufsatz zu veröffentlichen, allerdings erst später erfuhr. ... Die erste gedruckte

Ausgabe von ‚Kirche und Staat' erschien 1891 in Berlin, allerdings in einer textologisch unzuverlässigen Fassung. Čertkov veröffentlichte das Fragment 1904 im 10. Band der in Russland verbotenen Schriften Tolstois (L. N. Tolstoj, *Polnoe sobranie sočinenij, zapreščennych v Rossi*, Bd. 10, Christchurch 1904). In Russland wurde dieser Text erstmals 1906 publiziert."]

II. PATRIOTISMUS UND CHRISTENTUM
(Christianstvo i patriotizm, 1894)

Russischer Text I ХРИСТИАНСТВО И ПАТРИОТИЗМ – Christianstvo i patriotizm (Christentum und Patriotismus, 1894). L. N. Tolstoi: PSS – Russische Gesamtausgabe in 90 Bänden, Moskau 1928-1957ff (Polnoe sobranije sočinenij), Band 39, S. 27-80. [Als Internet-Ressource: https://tolstoy.ru/online/90/39/#ref4]
Textquelle I Graf Leo TOLSTOI: Patriotismus und Christentum. Deutsch von Adele Berger. Berlin SW: Verlag Hugo Steinitz 1894. [118 Seiten]
Weitere Übersetzung I Leo N. Tolstoi: Christentum und Vaterlandsliebe. Nach einer Copie des Original-Manuscripts mit Zusätzen des Verfassers aus dem Russischen übersetzt von L. A[lbert]. Hauff. Berlin: Otto Janke [1894]. [120 Seiten]

III. BRIEF AN DIE REDAKTION DER LONDONER ZEITUNG
„DAILY CHRONICLE" (1894)

Textquelle I Brief an die Redaktion der Londoner Zeitung „Daily Chronicle" (15.12.1894). In: Graf Leo N. TOLSTOI: Meine ersten Erinnerungen sowie verschiedene kleine Schriften. Aus dem Russischen übersetzt von L. A[lbert]. Hauff. Berlin: Verlag von Otto Jahnke o.J. [1910].
Weitere Übersetzungen I Leo TOLSTOI: Religiöse Briefe. Übersetzt und herausgegeben von Karl Nötzel. Sannerz und Leipzig: Gemeinschafts-Verlag Eberhard Arnold [1923], S. 97-100; Leo TOLSTOI: Briefe 1848-1910. Gesammelt und herausgegeben von P. A. Sergejenko. Autorisierte vollständige Ausgabe. Berlin: Verlag J. Ladyschnikow 1911, S. 361-365.

IV. SINNLOSE HIRNGESPINSTE
(Bessmyslennye mečtanija, 1895)

Russischer Text I Bessmyslennye mečtanija (Unsinnige Träume, 1895). L. N. Tolstoi: PSS – Russische Gesamtausgabe in 90 Bänden, Moskau 1928-1957ff (Polnoe sobranije sočinenij), Band 31, S. 185-192. [Als Internet-Ressource: http://tolstoy.ru/creativity/90-volume-colection-of-the-works]
Textquelle I Leo TOLSTOI: Sinnlose Hirngespinste. Eine Auseinandersetzung über Autokratie und Demokratie ([1895], aus dem unveröffentlichten Nachlass des Dichters). Bern: Der Freie Verlag 1918. [16 Seiten]. – Späterer Neuabdruck in Leo TOLSTOI: Göttliches und Menschliches. Gesammelte Novellen / Sechster Band. Übertragen von Ludwig und Dora Berndl. Erstes bis drittes Tausend. Jena: Eugen Diederichs Verlag 1928, S. 383-399 („Sinnlose Hirngespinste").

Weitere Übersetzung | Lew TOLSTOI: Unsinnige Träume, übersetzt von Günter Dalitz. In: Lew Tolstoi: Philosophische und sozialkritische Schriften. (= Gesammelte Werke in zwanzig Bänden, herausgegeben von Eberhard Dieckmann und Gerhard Dudek, Band 15). Berlin: Rütten & Loening 1974, S. 741-752 und Anmerkungen S. 803 („Diesen Aufsatz schrieb Tolstoi als Erwiderung auf eine Rede, die Nikolai II. vor einer Semstwo-Delegation am 17. Januar 1895 in Petersburg gehalten hatte. [...] Der Aufsatz wurde erst postum 1917 in der Zeitung ‚Utro Rossii' (Rußlands Morgen) gedruckt. Der Titel stammt von dem Herausgeber des Artikels, von Tolstois Vertrautem Wladimir Grigorjewitsch Tschertkow.")

V. BRIEF AN EINEN POLEN (1895)

Textquelle | Brief an einen Polen (10.09.1895). In: Graf Leo N. TOLSTOI: Meine ersten Erinnerungen sowie verschiedene kleine Schriften. Aus dem Russischen übersetzt von L. A[lbert]. Hauff. Berlin: Verlag von Otto Jahnke o.J. [1910].
Weitere Übersetzungen | Graf Leo TOLSTOI: Patriotismus oder Frieden? Vom Verfasser autorisierte Uebersetzung aus dem Manuskript von Sophie Behr. Berlin: Verlag von August Deubner 1896, S. 26-40 [Brief an Marian Edmundowitsch]; Leo TOLSTOI: Religiöse Briefe. Übersetzt und herausgegeben von Karl Nötzel. Sannerz und Leipzig: Gemeinschafts-Verlag Eberhard Arnold [1923], S. 103-107.

VI. PATRIOTISMUS ODER FRIEDEN
(Patriotizm ili mir?, 1896)

Russischer Text | ПАТРИОТИЗМ ИЛИ МИР? – Patriotizm ili mir? (Patriotismus oder Frieden?, 1896). L. N. Tolstoi: PSS – Russische Gesamtausgabe in 90 Bänden, Moskau 1928-1957ff (Polnoe sobranije sočinenij), Band 90, S. 45-53. [Als Internet-Ressource: https://tolstoy.ru/online/90/90/#h000011004]
Textquelle | Graf Leo TOLSTOI: Patriotismus oder Frieden? Vom Verfasser autorisierte Uebersetzung aus dem Manuskript von Sophie Behr. Berlin: Verlag von August Deubner 1896, S. 6-25. [Gesamtumfang des Bandes: 40 Seiten; dort auf S. 26-40: Brief an Marian Edmundowitsch, siehe →V.]

VII. CATHARGO DELENDA EST (1898)

Russischer Text | Carthago delenda est (Kathargo muss zerstört werden, 1898). L. N. Tolstoi: PSS – Russische Gesamtausgabe in 90 Bänden, Moskau 1928-1957ff (Polnoe sobranije sočinenij), Band 39, S. 197-205. [Als Internet-Ressource: https://tolstoy.ru/online/90/39/#ref11]
Textquelle | Graf Leo TOLSTOI: Über Krieg und Staat. Deutsch von Dr. N[athan]. Syrkin. Berlin SW: Hugo Steinitz Verlag [1901], S. 73-92. [Gesamtumfang des Bandes: 111 Seiten]
Weitere Übersetzung | Lew TOLSTOI: Carthago delenda est (23. April 1898), übersetzt von Günter Dalitz. In: Lew Tolstoi: Philosophische und sozialkritische Schriften. (= Gesammelte Werke in zwanzig Bänden, herausgegeben von Eber-

hard Dieckmann und Gerhard Dudek, Band 15). Berlin: Rütten & Loening 1974, S. 520-530 und Anmerkungen zum Text S. 791-793.

VIII. PATRIOTISMUS UND REGIERUNG
(Patriotizm i pravitel'stvo, 1900)

Russischer Text I ПАТРИОТИЗМ И ПРАВИТЕЛЬСТВО (Patriotizm i pravitel'stvo, Mai 1900). L. N. Tolstoi: PSS – Russische Gesamtausgabe in 90 Bänden, Moskau 1928-1957ff (Polnoe sobranije sočinenij), Band 90, S. 425-444. [Als Internet-Ressource: https://tolstoy.ru/online/90/90/#h000022001]
Textquelle I Leo TOLSTOI: Patriotismus und Regierung. Einzige im Auftrag des Verfassers hergestellte Übersetzung von Wladimir Czumikow. Leipzig: Eugen Diederichs 1900, S. 5-47. [Buchumfang: 51 Seiten] [Folgeauflagen erschienen zunächst: 1901, 1911, 1917.] [Ab 1968 mit einigen Kürzungen auch abgedruckt in einem Insel-Taschenbuch; eingesehen: Leo N. Tolstoj, Rede gegen den Krieg. Politische Flugschriften. Herausgegeben von Peter Urban. Frankfurt a. M.: insel taschenbuch 1983, S. 47-62.]
Weitere Übersetzung I Leo TOLSTOI: Patriotismus und Regierung. In: Graf Leo TOLSTOI: Über Krieg und Staat. [Enthält: I. Wo ist der Ausweg? II. Patriotismus und Regierung. III. Cathargo delenda est. IV. Über den Transvaalkrieg. V. Über den Sinn des Lebens. VI. Über den Selbstmord]. Deutsch von Dr. N[athan]. Syrkin. Berlin SW: Hugo Steinitz Verlag [1901], S. 31-72. [Gesamtumfang des Bandes: 111 Seiten] [Dasselbe auch im Berliner Globus Verlag: Inhalt, Druckbild und Seitenzählung gleich.] [Mit Kenntlichmachung mehrerer Zensur-Passagen in ‚Patriotismus und Regierung' durch Punktlinien.]
Anmerkungen zum Hintergrund I Anfang März erhielt Tolstoi einen Brief von einem deutschen Soldaten, Johann Kleinpoppen, datiert auf den 16. März 1900. Darin beschrieb Kleinpoppen die Schrecken des Krieges und seine verheerenden Folgen und bat Tolstoi, ‚ein gutes Buch gegen den Krieg' zu schreiben. Tolstoi antwortete ihm am 13. und 25. März, dass er ‚jetzt daran arbeite' und bat um die Erlaubnis, Kleinpoppens Brief zu übersetzen und in russischen Zeitungen zu veröffentlichen. – Den Artikel „Patriotismus und Regierung", in dem der Brief aus Deutschland zitiert wird, hat L. Tolstoi von Februar bis Mai 1900 – in mehreren geänderten Fassungen – bearbeitet. Er wurde zuerst von V. G. Chertkov veröffentlicht (‚Freies Wort' England) und sehr bald in Berlin nachgedruckt [die deutschen Übersetzungen sind wegen der Zensur-Bedingungen unzuverlässig]. Eine St. Petersburger Edition 1906 fiel der Beschlagnahmung zum Opfer. 1917 erschienen Fassungen in Moskau und in Charkow; 1918 brachte u. a. das Kommissariat für Volksbildung der Provinz Smolensk einen Nachdruck heraus. Die Gesamtzahl der Manuskripte zum Thema „Patriotismus und Regierung" wird auf 549 Blätter in verschiedenen Formaten (einschließlich Auszügen) geschätzt. (Mit Hilfe des Übersetzungsprogramm www.deepL.com/translator recherchiert unter: https://tolstoy.ru/online/90/90/#h0000 22001). – Die von uns dargebotene Version der Schrift kann eine (bislang noch nicht vorliegende) Übersetzung nach der textkritischen russischen Gesamtedition nicht ersetzen.

IX. MUSS ES DENN WIRKLICH SO SEIN?
(Neuželi èto tak nado?, 1900)

Russischer Text | Neuželi èto tak nado? (Muss es denn wirklich so sein, 1900). L. N. Tolstoi: PSS – Russische Gesamtausgabe in 90 Bänden, Moskau 1928-1957ff (Polnoe sobranije sočinenij), Band 34, S. 216-238. [Als Internet-Ressource: http://tolstoy.ru/creativity/90-volume-colection-of-the-works]

Textquelle | Graf Leo TOLSTOI: Ein Aufruf an die Menschheit. (Muss es denn wirklich so sein? / Wo ist der Ausweg / Gedanken über Gott). Einzig bevollmächtigte Übersetzung von Wladimir Czumikow. Mit Buchschmuck von John Jack Vrieslander. Leipzig: Eugen Diederichs 1901, S. 3-49. [Gesamtumfang des Bandes: 113 Seiten.] [Ebenfalls später im Serienband „II/10" der Neuedition der ‚Tolstoi-Werke im Diederichs-Verlag' 1911.] – Das Vorwort dieses Bandes auf S. 1-2 lautet: „Die beiden hier vorliegenden Aufsätze ‚Muß es denn wirklich so sein? Ein Aufruf an die Menschheit' und ‚Wo ist der Ausgang?' wurden von dem Autor bereits im Jahre 1898 entworfen, jedoch dem Druck nicht übergeben. Erst im Jahre 1900 entschloß sich Graf Tolstoi, den Bitten seines Freundes und Verlegers, Herrn Tschertkoff in Christchurch, England, nachgebend, die Aufsätze einer endgültigen Bearbeitung zu unterwerfen und seine Zustimmung zur Veröffentlichung derselben zu erteilen. Inzwischen aber war bereits die so viel Aufsehen erregende Schrift Tolstois ‚Patriotismus und Regierung' (Verlag Eugen Diederichs, Leipzig) erschienen, die denselben Gegenstand, wie die erstgenannten Aufsätze, in erweiterter Form behandelt. Daher kommt es, daß sich manche Gedanken in allen drei Schriften fast in der gleichen Form wiederfinden, wogegen sich eine so wichtige, in der Erkenntnisgeschichte der Menschheit geradezu epochemachende Idee, wie die Hinweisung auf das f a l s c h e Christentum, als auf die einzige Ursache aller sozialen Schäden unserer Zeit, in ‚Patriotismus und Regierung' nicht findet, und die in den ‚Aufruf an die Menschheit' offenbar erst nachträglich aufgenommen wurde, als die letzte und höchste Erkenntnis des großen Weisen. – Da im Gegensatz dazu die Definition des w a h r e n Christentums von Tolstoi nur in seinen älteren Werken gegeben wird, deren Umfang zu den vorliegenden Schriften in keinem Verhältnis steht, so meinten wir durch die Anreihung der Serie ‚Gedanken über Gott', die wenigstens in aphoristischer Form die heutige Auffassung Tolstois von Gott und Religion wiederspiegelt, den Lesern einen Dienst zu erweisen. Diese ‚Gedanken' sind mit Genehmigung des Autors einer Reihe seiner noch unveröffentlichten Schriften, auch seinen Privatbriefen und Tagebüchern entnommen, und in ihrer jetzigen Zusammenstellung von dem Autor gebilligt worden. Immerhin werden diese ‚Gedanken', infolge ihrer ursprünglich zum Teil nicht für den Druck bestimmten Form und der Zufälligkeit ihres Ursprungs, ein mehr oder weniger vollkommenes Bild von der p o s i t i v e n religiösen Weltanschauung Tolstois nicht geben können, und wir behalten uns daher vor, in einer Gesamtausgabe von Tolstois Werken durch die spätere Veröffentlichung der Werke ‚Das Reich Gottes ist in Euch'; ‚Kritik der dogmatischen Theologie'; ‚Kritik des Evangeliums' u. a. diese für das deutsche Publikum gewiß empfindliche Lücke in der Kenntnis des großen russischen Schriftstellers auszufüllen. – Der Verleger / Der Übersetzer."

Weitere Übersetzung | Graf Leo Tolstoi: Muß es denn so sein? Deutsch von Dr. N[athan]. Syrkin. Berlin: Hugo Steinitz Verlag 1901, S. 7-60. [Gesamtumfang des Bandes 108 Seiten; enthält: Muß es denn so sein?, Über den kirchlichen Glauben, Der Zar und seine Helfershelfer, Aus Tolstois Privatbriefen an W. und A. Tschertkoff für 1900.] – Diese Edition weist auf Umschlag und Deckblatt folgende Sentenz auf: „Gott ist nicht in der Macht, / Sondern in der Wahrheit." Übersetzer N. Syrkin schreibt in seinem Vorwort auf S. 5-6: „Der allerletzte Aufsatz Tolstois: ‚Muß es denn so sein?' ist ebenso wie der vorletzte: ‚Wo ist der Ausweg' bereits im Jahre 1898 verfaßt worden und ist in der Sammlung: ‚Über Staat und Krieg' enthalten (Hugo Steinitz Verlag). Da nun aber Tolstoi einige in diesen Aufsätzen aufgeworfene Fragen näher untersuchte und die Resultate seiner Forschungen in der Schrift ‚Die Sklaverei unserer Zeit' veröffentlichte, so legte er diese beiden Aufsätze vorläufig zurück. Da indessen diesen Arbeiten ein selbständiger Wert zukommt, gab Tolstoi den Bitten seiner Freunde und Anhänger in London nach und stellte diese Aufsätze der Öffentlichkeit zur Verfügung. Das Originelle und Neue in dem hier vorliegenden Aufsatz: ‚Muß es denn so sein?' ist Tolstois Behauptung, alle Übel des modernen Lebens beruhen auf Einrichtung der Kirche – dem entstellten Christentum. – Der Übersetzer glaubte dieser Abhandlung noch zwei kleinere Arbeiten Tolstois anreihen zu können, die das Problem der christlichen Kirche behandeln."

X. „EINES IST NOT" – ÜBER DIE STAATSMACHT
(Edinoe na potrebu, 1905)

Russischer Text | Edinoe na potrebu (Eines ist not, 1905). L. N. Tolstoi: PSS – Russische Gesamtausgabe in 90 Bänden, Moskau 1928-1957ff (Polnoe sobranije sočinenij), Band 36, S. 166-205. [Als Internet-Ressource: http://tolstoy.ru/creativity/90-volume-colection-of-the-works]
Textquelle | Leo TOLSTOI: „Eines ist not". Über die Staatsmacht. Berechtigte Übersetzung von Adolf Heß. München: Albert Langen – Verlag für Litteratur und Kunst 1906. [79 Seiten] – [Ab 1968 abgedruckt auch in einem Insel-Taschenbuch; eingesehen: Leo N. Tolstoj, Rede gegen den Krieg. Politische Flugschriften. Herausgegeben von Peter Urban. Frankfurt a.M.: insel taschenbuch 1983, S. 63-115.]
Zu Kapitel IX. | In den Ausführungen zur französischen Revolution erteilt Tolstoi dem Freiheitsringen mitnichten eine Absage. Vielmehr geht es ihm darum, den Widerspruch und dunklen Schatten jenes bürgerlichen Sendungsbewusstseins zu entlarven, welches seine Mission im Dienste der „Freiheit" als Waffengang organisiert und Andersdenkende mit Gewalt zur Glückseligkeit führen will.

XI. AUS DEM LESEZYKLUS FÜR ALLE TAGE –
VON LEO TOLSTOI AUSGEWÄHLTE UND SELBST VERFASSTE TEXTE
(Krug čtenija, 1904-1906)

Russischer Text | Lew TOLSTOI (Hg.): Krug čtenija [Lesezyklus, 1904ff]. = PSS [Russische Gesamtausgabe in 90 Bänden, Moskau 1928-1958ff: Polnoe sobranije sočinenij], Band 41/42. [Als Internet-Ressource: http://tolstoy.ru/creativity/90-volume-colection-of-the-works]

Textquellen | Leo TOLSTOI: Für alle Tage. Ein Lebensbuch. Band I. Erste vollständig autorisierte Übersetzung. Herausgegeben von Dr. E[ugen]. H[einrich]. Schmitt und Dr. A[lbert]. Škarvan. Dresden: Verlag von Carl Reißner 1906. [572 Seiten] – Leo TOLSTOI: Für alle Tage. Ein Lebensbuch. Band II. Erste vollständig autorisierte Übersetzung. Herausgegeben von Dr. E[ugen]. H[einrich]. Schmitt und Dr. A[lbert]. Škarvan. Dresden: Verlag von Carl Reißner 1907. [712 Seiten]

Alternative Übersetzung des Werkes (letzte Gesamtausgabe, erweitert) | Lew TOLSTOI: Für alle Tage. Ein Lebensbuch. Mit einem Geleitwort von Volker Schlöndorf und einem Nachwort von Ulrich Schmid. Auf Grundlage der russischen Ausgabe letzter Hand von Christiane Körner revidierte und ergänzte Übersetzung von E. Schmitt und A. Škarvan. München: C.H. Beck 2010. [Sowie Lizenzausgabe, Berlin: Fröhlich & Kaufmann Verlag 2018.]

Zu Petr Chelčický (Peter von Cheltschitz, ca. 1390-1460) | Leo N. Tolstoi: Petr Chel'čickij (1905). In: PSS [Russische Gesamtausgabe, Moskau 1928-1957ff: Polnoe sobranije sočinenij. Jublejno izdanie], Band 42, S. 46-50.

Heute vorliegende Übersetzungen von Texten des tschechischen Nichtklerikers | Peter Cheltschitzki: Das Netz des Glaubens [Sieť viery]. Aus dem Alttschechischen ins Deutsche übertragen von Dr. Carl Vogl. Dachau bei München: Einhorn-Verlag 1924. [318 Seiten]; Christian Staffa: Das Gift der Heiligen Kirche. Eine Polemik um die Macht der Kirche in der Zeit der böhmischen Reformation. Die Replik von Chelčický an Bischoff Rokycana. / Übersetzung der Replik Chelčický an Rokycana. Pariser Bibliothek. Slavische Quellen 29/125b-154a, von Jana Vašinova, Wolfgang Spitzbarth und Christian Staffa. Berlin (West): Alektorverlag 1993. [182 Seiten].

Weitere in der dt. Nationalbibliothek und Theologischen Realenzyklopädie verzeichnete Teilübersetzungen (nicht eingesehen) | Petr Chelčický: Vom Frieden Gottes [Auszug aus: Postilla. Übersetzt von Anton Stanislav Mágr]. Leipzig: Reclam [Privatdruck] 1920. [2 Blätter]; Petr Chelčický: Vom guten Willen [Auszug aus: Postilla. Ins Deutsche gebracht von Anton Stanislav Mágr und zu Weihnachten für Freunde gedruckt]. Leipzig: Ph. Reclam jun. 1921. [4 Seiten]; Petr Chelčický: Das Gesetz Gottes. [Hg. Anton Stanislav Mágr. Für Freunde gedruckt.] Weihnachten 1922. [2 Seiten; Bibliotheksort Leipzig]; Petr Chelčický: Wir Narren um Christi Willen [Traktáty]. Prag: Selbstverlag (Orbis) 1929. [12 Seiten]; Petr Chelčický: Sermon von der Grundlage der menschlichen Gesetze [Menší spisy]. Prag: Selbstverlag des Übersetzers 1936. [Nachwort von Kamil Krofta; aus dem Tschechischen übertragen und Kamil Krofta zum 60. Geburtstag am 17. Juli 1936 gewidmet von A. St. Mágr].

Literaturauswahl zu Petr Chelčický | Carl Vogl: Peter Cheltschizky – ein Prophet an der Wende der Zeiten. Zürich und Leipzig: Rotapfel-Verlag 1926. [270 S.]; Carl Vogl: Peter Chelčický und die Böhmischen Brüder. In: Gewalt und Gewaltlosigkeit. Handbuch des aktiven Pazifismus. Im Auftrage der Internationale der

Kriegsdienstgegner herausgegeben von Franz Kobler. Zürich und Leipzig: Rotapfel-Verlag 1928, S. 191-197; Sebastian Kalicha/Gustav Wagner: Peter Chelčický. In: Sebastian Kalicha (Hg.): Christlicher Anarchismus. Facetten einer libertären Strömung. Heidelberg: Verlag Graswurzelrevolution 2013, S. 173-189.

XII. DIE HALTUNG DER FRÜHEN CHRISTEN ZUM KRIEG
Zusammengestellt von Nikolaj N. Gussew,
bearbeitet von Leo N. Tolstoi (um 1908)

Russischer Text | ОТНОШЕНИЕ ПЕРВЫХ ХРИСТИАН К ВОЙНЕ (Die Einstellung der frühen Christen zum Krieg). In: Lew TOLSTOI (Hg.): Krug čtenija [Lesezyklus, 1904-1908]. = PSS [Russische Gesamtausgabe in 90 Bänden, Moskau 1928-1958ff: Polnoe sobranije sočinenij], Band 41/42, S. 501-515. [Wochenlektüre 14. Juli]. https://tolstoy.ru/online/90/41/#ref37

Textquelle | Die Arbeitsgrundlage der hier dargebotenen Übertragung wurde übersetzt mit www.DeepL.com/Translator (sprachlich nachbearbeitet von Peter Bürger); im Vergleich mit dem russischen Originaltext gegengelesen von Hannelore Tölke und Dmitriy Kostavarov, Textstand 24.01.2023).

Editionsgeschichte | In den Anmerkungen der russischen Gesamtausgabe folgen noch Informationen zur Editionsgeschichte dieses Textes: „Der für die zweite Ausgabe des ‚Lesezirkels' vorgesehene Artikel wurde von Gussew im Auftrag von Tolstoi zusammengestellt und stützt sich hauptsächlich auf folgende Bücher: M. A. Taube, ‚Christianity and the International World' (1905) und Ruinart's ‚Acts of the Saints'. – Das Manuskript des Artikels, das fünf beidseitig beschriebene 4°-Folios umfasst, wurde von Tolstoi redigiert. Tolstois Korrekturen dienten in erster Linie dazu, den trockenen akademischen Ton, den Gussew dem Artikel absichtlich verliehen hatte, um ihn der Zensur zu entziehen, zu beleben. Aufgrund der Zensurbestimmungen erschien der Artikel jedoch nicht in der zweiten Ausgabe des ‚Lesezirkels' und wurde erstmals in der ersten unzensierten Juli-Ausgabe des ‚Lesezirkels' gedruckt, die 1917 in Moskau erschien (Unity), herausgegeben von W. G. Tschertkow, pp. 33-35." (https://tolstoy.ru; übertragen mit Hilfe von deepL.com/translator)

Weitere Übersetzung | In der 1906/1907 erschienenen deutschsprachigen Ausgabe fehlt der Text, weil er erst für eine erweiterte Neuauflage des Lesewerkes vorgesehen war. Vgl. aber die einzige uns bislang bekannte deutsche Übersetzung („Die Haltung der ersten Christen zum Krieg") von Christiane Körner in der beeindruckenden Edition „Lew Tolstoi: Für alle Tage. Ein Lebensbuch. Mit einem Geleitwort von Volker Schlöndorf und einem Nachwort von Ulrich Schmid. Auf Grundlage der russischen Ausgabe letzter Hand von Christiane Körner revidierte und ergänzte Übersetzung von E. Schmitt und A. Škarvan. München: C.H. Beck 2010." [Lizenzausgabe, Berlin: Fröhlich & Kaufmann Verlag 2018, S. 366-368.]

XIII. ES IST ZEIT, ZU BEGREIFEN
Ein staatskritischer Text über den „Dschingis Khan mit Telegraphen" (1909)

Russischer Text | Pora ponjat' | Пора понять (Es ist Zeit, zu begreifen, 1909). In: L. N. Tolstoi: PSS – Russische Gesamtausgabe in 90 Bänden, Moskau 1928-1957ff (Polnoe sobranije sočinenij), Band 38, Moskau 1936, S. 160-169. – Als Internetressource: https://tolstoy.ru/creativity/publicism/896/
Textquelle | Hochdeutsche Übertragung für die Tolstoi-Friedensbibliothek, Stand 28.02.2023 (www.tolstoi-friedensbibliothek.de) auf der Grundlage einer Übersetzung mit deepL.com/translator (stilistisch bearbeitet; Textkontrolle im Vergleich mit der Übersetzung von G. Dalitz; Untertitel redaktionell hinzugefügt, pb).
Weitere Übersetzung | Lew TOLSTOI: Begreift doch endlich! (6. Dezember 1909), übersetzt von Günter Dalitz. In: Lew Tolstoi: Philosophische und sozialkritische Schriften. (= Gesammelte Werke in zwanzig Bänden, herausgegeben von Eberhard Dieckmann und Gerhard Dudek, Band 15). Berlin: Rütten & Loening 1974, S. 689-701.
Zum Hintergrund | Der 1909 entstandene Artikel erschien zuerst 1911 in Paris. In Russland kam es zunächst nur zu einer Veröffentlichung 1918 in der Ausgabe des Buchverlags „Mediator"; 1936 erfolgte die textkritische Edition in Band 38 der vollständigen (Jubiläums-)Ausgabe der Gesammelten Werke von Leo Tolstoi in 90 Bänden. In der Online-Edition zur russischen Gesamtausgabe wird über den Text „Pora ponjat' | Пора понять" mitgeteilt: »Leo Tolstoi, 80 Jahre alt, predigt das christliche Gesetz der Liebe und die Befreiung der Völker vom Gehorsam gegenüber der Gewalt der Regierungen und den Lügen der Päpste – im Sommer 1909 erfährt er, wie es uns scheint, besonders viel Leid [...] Auf der Suche nach Frieden und Arbeitsmöglichkeiten begibt er sich am 3. September auf das Landgut Krekschino, zu seinem [...] Freund Wladimir Grigorjewitsch Tschertkow [...] Hier, am 16. September 1909, begann Leo Tolstoi mit der Niederschrift seines Artikels mit dem Titel „Es ist Zeit zu verstehen". Den Anstoß zum Schreiben des Artikels gab die Überfahrt von Nikolaus II. nach Livadia, für die erhöhte Sicherheitsvorkehrungen eingeführt wurden. Im Tagebuch, das auf den 16. September datiert ist, heißt es: „Ich habe versucht, darüber zu schreiben, dass ich zu Hause ein Anarchist bin, und es hat nicht geklappt". – Der ursprüngliche Titel dieses Artikels lautete „Anarchismus". – Wie aus dem Tagebuch und dem Manuskript hervorgeht, dauerte die Arbeit an dem Artikel den ganzen September über an und wurde am 4. Oktober 1909 abgeschlossen. – Der Titel des Artikels änderte sich im Laufe der Arbeit: Statt „Anarchismus" hieß es zunächst „Befreiung", dann „Dschingis Khan mit Telegraphen" und schließlich „Zeit zum Verstehen". – [...] S. L. Tolstoi erinnert sich: „Mein Vater [...] wiederholte oft die folgende Meinung von [Alexander Iwanowitsch] Herzen [1812-1870] über Nikolaus I. und wandte sie allgemein auf die despotische Regierung an: Dschingis Khan war natürlich sehr furchterregend, und es war schwierig, ihn zu bekämpfen. Aber Dschingis Khan ist noch furchteinflößender, wenn er über Kanonen, Eisenbahnen, Telegraphen und ganz allgemein über alle Errungenschaften der modernen Technik verfügt. Es ist fast unmöglich, mit einem solchen Dschingis Khan zu kämpfen" (S.L. Tolstoi: Mein Vater in den siebziger Jahren. Krasnaja

Nowy, 1928). – Herzen äußerte diese Meinung in seinem „Brief an den Zaren Alexander II. […]", abgedruckt […] 1857: „Hätten wir alle Fortschritte nur in der Regierung gemacht, so hätten wir der Welt ein noch nie dagewesenes Beispiel von Autokratie gegeben, bewaffnet mit allem, was die Freiheit hervorgebracht hat; Sklaverei und Gewalt, unterstützt durch alles, was die Wissenschaft gefunden hat. Es wäre so etwas wie Dschingis Khan mit Telegraphen, Dampfschiffen, Eisenbahnen, […] mit Minier-Geschützen und Congreve-Raketen […]" (Herzen: Complete Works and Letters, edited by M. K. Lemke. Vol. IX. 1919). – Tolstoi hat diese Idee von Herzen in Gesprächen und in Briefen wiederholt. In einem Brief an B. N. Chicherin vom 31. Juli 1890 […]: „Nicht umsonst sprach Herzen davon, wie schrecklich Dschingis Khan mit Telegraphen, Eisenbahnen und Journalismus gewesen wäre. Bei uns ist genau das jetzt erreicht worden." (Briefe von Tolstoi und an Tolstoi. Jubiläumssammlung. 1928). […]« (Lvyonok Yasnopolyanskiy, 07.10.2016: https://tolstoy.ru/creativity/publicism/896/; übertragen mit Hilfe des Übersetzungsprogramms deepL.com/translator)